制定具有吸引力的
旅游产品价格

掌握科学的
旅游市场管理策略

构建创新型
旅游市场营销理念

构建高效的
旅游产品销售渠道

形成旅游
企业营销新思维

打造具有竞争力的
旅游产品

熟悉旅游营销机构的
运营与管理

运用多元化的
旅游促销策略

掌握旅游
营销沟通与管理技巧

TOURISM

（2006–2010）教育部高等学校高职高专餐旅管理与服务类专业教学指导委员会推荐教材
全国高职高专旅游类立体化示范教材

旅游市场营销

TOURISM

第2版

本教材编写委员会
主　编　刘晓琳　谢　璐　徐富民
副主编　孙　赫　曲春蕾　孙　鹏

南京师范大学出版社
NANJING NORMAL UNIVERSITY PRESS

图书在版编目(CIP)数据

旅游市场营销/刘晓琳,谢璐,徐富民主编.—2版.—南京:南京师范大学出版社,2019.9 (2021.12重印)
(全国高职高专旅游类立体化示范教材/黄震方总主编)
ISBN 978-7-5651-4303-8

Ⅰ.①旅… Ⅱ.①刘… ②谢… ③徐… Ⅲ.①旅游市场-市场营销学-高等职业教育-教材 Ⅳ.①F590.8

中国版本图书馆CIP数据核字(2019)第175201号

丛 书 名	全国高职高专旅游类立体化示范教材
书　　名	旅游市场营销(第2版)
主　　编	刘晓琳　谢　璐　徐富民
责任编辑	许晓婷
出版发行	南京师范大学出版社
地　　址	江苏省南京市玄武区后宰门西村9号(邮编210016)
电　　话	(025)83598919(总编办)　83598412(营销部)　83373872(邮购部)
网　　址	http://press.njnu.edu.cn
电子信箱	nspzbb@njnu.edu.cn
印　　刷	江苏淮阴新华印务有限公司
开　　本	787毫米×1092毫米　1/16
印　　张	14.75
字　　数	331千
版　　次	2013年8月第1版　2019年9月第2版　2022年12月第4次印刷
书　　号	ISBN 978-7-5651-4303-8
定　　价	45.00元

出 版 人　张志刚

教材专家指导委员会

教材编审委员会

目 录

总 序

近年来，我国高等职业教育主动适应社会经济发展的需要，以培养生产、建设、服务、管理第一线的高素质技能型专门人才为主要任务，坚持以服务为宗旨、以就业为导向，走产学研结合发展道路，通过不断深化教育教学改革，推进体制机制和办学模式创新，办学思路日益明确，教育规模不断扩大，人才培养质量显著提升，为经济社会的发展提供了强大的人才支撑和智力支持。

现阶段是我国高等职业教育稳步发展和全面提升的关键时期，是办学活力明显增强、办学水平整体提升、服务能力显著提高的重要时期，是高等职业教育深化改革、创新发展的攻坚时期。这一时期，也是我国文化和旅游业大发展、大繁荣的黄金机遇期。高等职业旅游教育面临着巨大的行业人才需求，也肩负着深化教育教学改革、全面提高教育质量、培养高素质技能型旅游专门人才的历史重任。

教材是实现教育目的的主要载体，是教学的基本依据，是培养高质量优秀人才的基本保证。伴随着我国高等职业旅游教育的发展，教材建设也取得了明显的成果，教材种类大量增多，教材内容不断丰富，对促进高等职业旅游教育发展起到了积极的作用。但是，现有的高职旅游教材还存在一些不足，主要表现在：一是高职教育特色不强，仍然没有完全摆脱本科压缩型的教材模式；二是教材内容与生产实践结合不紧，实践性内容相对不足，没有充分体现行业生产实践和职业技能鉴定规范的要求；三是教材低水平重复建设现象比较严重；四是教材内容比较单调、陈旧，难以适应现代技术、行业发展和教学改革要求。

高职旅游教材的编写是一项研究课题，需要变革和创新。应根据高职培养目标准确进行教材定位，按照应用导向设计教材内容结构，将“做中学”“用中学”“工学结合”等现代性、实用性观念融人教材，带人课堂教学。必须面向广大学生，研究专业的职业特点及培养目标的业务规格，突破传统教材框架，探索易于高职学生接受的编写模式和内容体系，编写体现高职院校自身特色的专业教材，使教材真正成为实现旅游教学与职业紧密对接的现代教学媒体。

高职旅游示范教材的编写更是一项系统工程，需要多领域高水平协同研发。南京师范大学出版社在全国范围内精心组织编审、编写团队，其研发历经三年多时间。从深入一线课堂进行调研，听取相关领域众多师生的意见；到向全国不同教学层次学者、行业专家征求高职旅游课程建设与教材改革、行业发展新建议、新要求，在全国多所骨干、示范性高职院校旅游类重点建设专业和精品课程负责人中遴选作者；再到多次召开调研会、编委会、组稿会、统稿会、评审会……其目的在于让教材跟上时代步伐、体现高职旅游类课程改革最新成果、彰显示范性。

本套教材结合高职旅游专业的特点，围绕工作过程（任务）系统化的课程要求，在遵循科学性、职业性、实用性、创新性、示范性的编写原则的同时，在现代职业教育理念与教材有机融合、体现课程改革与高职教材特点、教材框架体系与教材内容选择、教材编写队伍与编写方式、教材立体化开发和呈现形式等方面，体现出较好的示范作用。

本系列教材基本涵盖了当前高职高专院校旅游管理、酒店管理专业基础课、专业核心课程。编写体例分两个版本：A 版偏重理论知识的课程体例，提倡以案例化、能力活动化形式展现；B 版偏重实践操作的课程体例，提倡以情境化、实操化形式展现。无论是 A 版还是 B 版，其基本体例都包括“目标—过程—评价”。为了让学生在学习的过程中能够了解并熟悉行业要求，我们在体例设置上把“目标”进一步细化，分为“行业要求”和“学习目标”或“终极目标”）；为了把“知识和技能”融进学习任务或工作任务中，在每个教学任务下分设了“任务目标”“案例聚焦”“任务执行”“任务拓展”“任务反馈”栏目（另外，有些教材在栏目的增减或措辞上稍有差异，以适应相关课程的具体发展要求），加强了任务与任务、项目或模块与任务之间的条理性和系统性，突出了每个栏目下内容都是科学设置、合理设计的特点；为了使得学习过程和教学过程更加完整，我们在“模块评价”（或“项目评价”）栏目下分设了“知识/技能评价”“能力应变”（或“实训演练”）和“模块链接”（或“项目链接”）三个小栏目，与行业动态、实训内容等相联系，使得学生在过程评价或实践演练中培养素质、积累经验、提高技能。

本套教材凝聚了国内多位高职旅游院校优秀教师和行业精英的智慧和经验，体现了现代旅游职业教育的特点和教育教学改革的成果，是高职旅游专业教材改革创新的一次有益尝试，对提高旅游专业教材质量、推进专业教材建设具有积极意义。

期待这套教材的出版，能在我国旅游人才的培养中发挥重要的作用，为促进高等职业旅游教育的发展做出更大的贡献。

（2006—2010）教育部高等学校高职高专餐旅管理与
服务类专业教学指导委员会　主任委员

南京师范大学旅游系主任、教授、博士生导师　黄震方

第 2 版修订说明

2018 年 8 月，教育部印发《关于狠抓新时代全国高等学校本科教育工作会议精神落实的通知》，要求各高校要认真查找课堂建设和管理中存在的突出问题和薄弱环节，严管、严抓教学秩序，制定整改措施，明确时间节点，落实责任到人，把从严管理的规矩立起来、把课堂教学建设强起来、把课堂教学质量提起来。同时，要全面梳理各门课程的教学内容，淘汰"水课"、打造"金课"，合理提升学业挑战度、增加课程难度、拓展课程深度，切实提高课程教学质量。

"建设中国'金课'，没有旁观者，都是建设者。"教育部高等教育司司长吴岩表示，课程是人才培养的核心要素，是教育的微观问题，解决的却是战略大问题。课程是"立德树人成效"这一人才培养根本标准的具体化、操作化和目标化体现，也是当前中国大学带有普遍意义的短板、瓶颈和关键所在。

究竟什么样的课是"金课"？"两性一度"，这是吴岩所提出的"金课"标准，即高阶性、创新性、挑战度。与课程配套的教材建设，也是打造金课的必备条件之一。

《旅游市场营销》自 2013 年 8 月出版以来，受到了广泛的好评，无论是理论架构，还是内容分析，都满足了高职旅游管理相关专业的教学要求。随着旅游业的快速发展，市场营销的教育教学发生了深刻的变化。本书正是在这样的历史背景下展开修订的。本书主要进行了以下几方面的修订：

一是丰富了每章节的案例分析内容。本书结合最近五年旅游业的发展形势，将原有的部分案例进行更新，适时地选用了一些较为科学、理性的案例，从而使学生能够接触到最新的旅游业发展信息和最前沿的管理动态。通过问题的设定和讨论，综合提升学生的素质和能力，满足了"金课"的高阶性要求。

二是更新了每个项目后的拓展路径。去除了原有的阅读链接内容，更换和增加了更符合互联网时代下的行业发展规律和发展趋势的文章，让学生能够更为深入地了解行业动态，与时俱进。

三是更正了第一版教材中的个别错误。在第一版教材使用过程中，承蒙各位专业教师和同学们的厚爱，提出了很多宝贵意见。本次修订一并将其中的一些小问题和小缺陷进行了整改。在此对各位师生表示由衷的感谢!

最后,再次对使用本教材的酒店同仁和奋斗在旅游教学一线的教师和同学们致敬!同时衷心感谢南京师范大学出版社和山东旅游职业学院的领导和同事们。在旅游职业教育事业大发展的今天,让我们不忘初心,牢记使命,共同努力,共创辉煌!

于泉城济南

2019 年 8 月

前言

经过多年来的持续稳定发展，目前中国已成为世界第三大入境旅游接待国和出境旅游消费国，形成了全球最大的国内旅游市场，旅游业作为国民经济战略性支柱产业，进入了大众化、产业化发展的新阶段。与此同时，旅游市场的竞争日趋激烈，营销环境的不断变化对旅游业的发展提出了更大的挑战。营销，成为旅游企业实现盈利的必然之路，营销理念与营销实战策略在旅游企业和旅游目的地的运营中不可或缺。具备科学灵活的营销理念与操作实务成为当前旅游行业从业人员的一项重要的要求。因此，在高职旅游教育中，教师应重视学生在营销方面知识与能力的提升。

旅游市场营销课程在旅游企业营销人才培养过程中扮演着非常重要的角色。为了适应现代旅游业对于人才的需求，突出学生的营销理念、营销意识以及营销能力的培养，本书将应用能力的培养放在首位，依托项目驱动、任务引领的理念，结合旅游业的实际特点，采用任务工作单的形式，在每个项目中设置相应的工作任务，通过典型工作任务的完成，强化学生营销技能的操作训练，达到学以致用的目的。本书本着系统、全面、实用的原则，紧扣当前旅游企业营销实践的需要，对传统教材进行了大胆的取舍，吸收了最近几年旅游营销实践中的新成果，力求达到够用、好用的目标。本书结构合理，文笔简练，案例突出，与实践和行业联系密切，内容深入浅出，特色鲜明，既适合高职类旅游专业学生的在校学习，也适合旅游从业人员的在职培训和自学。

全书共分十个项目，涵盖了旅游市场营销的基本理念、旅游营销机构的运营与管理、旅游市场营销环境与调研、旅游市场营销管理策略、旅游产品策略、旅游价格策略、旅游销售渠道策略、旅游促销策略、旅游营销的新兴理念以及旅游营销中的客户关系管理和实用沟通技巧等内容。同时，为了便于学生的主动学习，本书每个任务都配有与本项目内容相关的典型案例和案例点评，每项目任务后附有任务拓展、任务反馈、知识/技能评价、实践演练、项目链接等栏目，便于学生课后的复习与操练，另外，本书提供了课堂之外知识拓展的渠道与途径。

本书的编写具备以下特点：

1. 导入案例，课前热身

每个项目的每项任务前都先导入一个与该部分内容密切相关的案例，并进行精炼的点评，力图通过这一方式激发学生的学习兴趣，引发学生思考，达到热身的目的。

2.突出能力，强调实践

在每项任务中都配有任务工作单，并设计了与该项任务相关的操作内容，让学生在实战练习中得到锻炼，能够将所学的知识真正转化为操作技能。

3.内容全面，重在实用

本书在体系架构上涵盖了旅游营销的基础理论，并结合当前旅游业发展的现状与要求，增加了网络营销、客户关系管理、实用沟通技巧等内容，力求能适应日新月异的旅游市场变化，体现了紧扣行业、服务行业的编写思路。

本书由山东旅游职业学院刘晓琳教授负责全书框架设计、拟定大纲、审定书稿，山东旅游职业学院谢璐、孙赫、曲春蕾、孙鹏等老师参与编写。本书在编写过程中借鉴了国内外相关的学术著作和研究成果，也得到了山东旅游职业学院领导的大力支持与帮助，在此一并表示诚挚的谢意！

由于编写时间仓促，编写水平和能力有限，本书尚存遗漏等不足之处，恳请广大读者批评指正，以便进一步修订完善。

基础理论篇

项目一　构建创新型旅游市场营销理念

◆项目目标

【行业要求】

① 熟悉各种营销观念对旅游企业营销活动的指导意义；② 初步掌握运用现代营销新理念分析旅游企业运营中的实际问题。

【学习目标】

① 理解市场、市场营销与旅游市场营销的含义；② 了解营销观念的演变历程，初步掌握运用市场营销的观念指导营销实践；③ 构建现代旅游营销新理念并能加以运用。

◆项目任务

在这一项目任务中，学生通过学习和理解从市场营销到旅游市场营销到现代旅游市场营销的新观念，层层推进对营销概念的理解，形成宏观的认识，为此后的学习与实践奠定理论基础。

任务一　揭开市场营销的面纱

【任务目标】

学生应认识市场，熟悉市场营销的基本概念、营销观念的演变历程，掌握如何在企业营销活动中规避错位的营销理念。

【案例聚焦】

"抖音"带热的旅游目的地

2018 年春季以来，西安市永兴坊的一间酒铺特别火爆，游客们慕名而来，排起长队，就为了体验 5 元一碗的"摔碗酒"，将一饮而尽的酒碗重重砸到破碎酒碗堆成的陶片山上。因为在抖音上意外爆火的这段摔碗短视频，西安的旅游发展委员会还专门与抖音达成合作。数据显示，2018 年春节假期和清明假期中，西安接待的游客量分别同比增长 66.56%和 38.76%。截至 2018 年 3 月，抖音上关于西安的视频量超过 61 万条，播放总量超过 36 亿次。

类似的短视频效应还出现在了济南，抖音上已经有三千多个视频用《hello，济南宽厚里》这首歌作为背景，还有 8 万多人使用了《济南　济南》。济南当地媒体在采访中发现，不少游客前来，就是为了寻找抖音上看到过的宽厚里螺蛳粉店、或者歌词里提到趵突泉、大明湖。有感于这类新形势的目的地宣传渠道，携程和猫途鹰也在抖音平台上开设帐号试水。

尽管如此，摔碗酒的爆火更多被看作是目的地营销行业的一个偶然。这种简短但有震撼力的特定场景，十分适合通过短视频的方式生动而快速地传播，引起观者共鸣。类似的场景还有1 000多架无人机升起并点亮在西安古城墙上空。抖音、火山等短视频平台的飞速发展，影响着旅游者的社交生活，主流内容形式的变化同时在影响目的地营销的方式。

案例点评：旅游目的地营销，经过多年发展，越来越被目的地所重视，并且在操作流程、执行方式上也逐渐成熟。互联网时代，通过营造大众热门视点，可以有效推动、制造旅游热门目的地。

图1-1　西安永兴坊游客聚集（资料图片）

【任务执行】

任务工作单1-1

任务名称	揭开市场营销的面纱					学时	1
学习小组		姓名		学号		指导教师	

工作任务描述

熟悉市场营销的概念，了解市场营销理念的不同发展阶段，并掌握其优缺点。通过查阅图书、资料、网络等资源，寻找典型企业营销成功的案例，每个小组从中选择一个案例，进行讨论分析，并提交分析报告。

具体工作任务

(1) 获取相关资料与信息：

① 搜索相关资料，熟悉什么是市场营销。

② 网上搜索企业营销的典型案例。

(2) 讨论：

① 市场营销工作的要点是什么？

② 在市场营销的不同发展阶段，各种营销理念发挥了怎样的作用？

③ 选择一个旅游企业营销活动的成功案例进行分析，并描述你对市场营销的理解。

(3) 成果展示：各小组汇报讨论结果，将案例分析通过幻灯片在课堂上展示。

(4) 提交工作记录单和案例分析报告。

学习条件

(1) 市场营销实训室；

(2) 每个小组配备一台可上网的电脑；

(3) 任务工作单、工作记录单、学习情境练习单等；

(4) 课件、视频资料、题库等。

一、市场营销的概念

在市场经济的条件下，任何一个旅游企业都离不开和市场的交流。一方面旅游企业从市场上获得相关的需求信息，另一方面旅游企业的相关产品信息被传递到市场上。旅游企业只有始终同市场保持良好的互动，才能获得生存的权利和持续的发展。市场是旅游企业经营活动的起点和终点，同时也是检验旅游企业经营活动成败的标尺。所以，市场营销成为了旅游企业日常管理和经营的一项重要任务。

（一）认识市场

市场(market)是生产力发展到一定阶段的产物，是社会分工进一步深化的结果。在我国古代，北方有“集市”，或称为“赶集”，南方则有“赶场”或“赶圩”的说法，这就是早期的市场。后来，伴随着经济活动的日渐繁荣，市场的内涵日益丰富，发展成为交易会、百货商店、超级市场、连锁超市等多种形式。所以，从经济学的角度看，市场是商品交换的场所，反映了买卖双方的供求经济关系。

而从市场营销的角度看，在买卖双方进行的交换中，卖方构成行业或企业，买方则构成市场。美国著名的市场营销学家菲利普·科特勒将市场定义为“可能与卖者交易的现实的和潜在的买者构成的集合”。也就是说，市场是在一定时间、地点、条件下，具有购买力、购买欲望和购买权利的群体。市场规模的大小，取决于具有共同需要、有购买力或其他被人认可的资源，并且愿意用这些资源换取其需要的东西的人数。

现代市场营销学重点研究在买方市场条件下，企业如何在竞争激烈和不断变化的经营环境中开展经营活动以求得生存、发展和盈利。所以，市场营销学是站在企业的立场，即站在卖方角度来研究买方行为，研究如何满足买方需求来实现商品交换，从而实现企业的经营目标。

（二）市场营销的含义

市场营销源自英文“marketing”一词，其思想产生于20世纪初期的美国。最初的内容是指“推销术”和“广告术”，与今天人们所提及的市场营销有一定的差别。真正的市场营销思想开始于第二次世界大战结束后的20世纪50年代，并在最近几十年中获得了突飞猛进的发展，在世界各国得到了广泛的应用。而关于市场营销的研究也伴随着市场的不断成熟而逐渐展开。

美国市场营销协会(American Marketing Association，简称AMA)1960年对市场营销下的定义是：市场营销是“引导产品或劳务从生产者流向消费者过程中的一切企业活动”。这一定义基本将“营销”等同于“销售”，但对现代企业营销活动的全过程并未给出确切和全面的表述。

1985年，美国市场营销协会再次对市场营销下了新的定义：市场营销“是对思想、产品及劳务进行设计、定价、促销及分销的计划和实施的过程，从而产生满足个人和组织目标的交换”。这一定义较之以前更为全面和完善。

美国西北大学的教授菲利普·科特勒(Philip Kotler)是营销思想的发展过程中里程碑式的人物，他在《营销管理》中对其给出的定义是：“营销是个人和团体通过为他人创造产品和价值并进行交换以满足其需要和欲望的社会过程和管理过程。”为了更好地解释这个定义，他同时又提出了“需要—欲求—需求、产品、交换—交易、市场”这一组核心概念。

二、市场营销观念的演进历程

市场营销观念是企业决策者在组织和谋划企业的整体实践活动中所依据的指导思想，也可以称为是指导营销管理的哲学思想。一种市场营销观念的形成是社会经济发展到一定阶段的产物，是企业决策者在市场宏观背景下，为实现企业的生存和发展而逐渐形成的。这种观念在形成的同时也会对企业的经营和管理产生直接的影响。一般来讲，市场营销观念的演进可划分为五个阶段：

（一）生产观念

生产观念是指导市场卖方行为的最古老的营销哲学观念之一。这一观念认为，消费者最中意的产品是那些容易得到的和支付得起的，所以管理人员就应该关注生产和分销的效率。这种观念通常产生于商品供不应求的市场环境下，消费者没有选择的权利，而企业则是以产定销，专注于集中一切力量扩大生产、降低成本，生产出尽可能多的产品来获得更多的利润。这种生产导向型的企业提出的口号是“我们会生产什么就卖什么”，并不关心具体的市场需求。

生产观念是卖方市场的产物，所反映的是在市场供求关系极不利于消费者的状况下企业对消费者的漠视。伴随着市场供求形势的变迁，市场的主导权逐步向需求方过渡，市场竞争的现象开始不断出现，生产观念开始成为企业发展的障碍，这时企业需要选择新的市场营销观念。

（二）产品观念

产品观念认为，消费者更喜欢现有的产品和产品形式，管理人员的工作是去更好地翻版这些产品。这种观念仍然适用于供过于求的市场环境中，属于内视型的营销观念。这种以产品为导向的企业会把重点放在开发优良产品上，并对生产环节加以改进，讲求“以质取胜”。

产品观念的奉行使许多企业将自己的注意力集中在现有的产品上，企业主要的技术、资源都用于产品的开发和大规模的生产。生产部门是整个企业的核心，而商品销售、广告推广等都被认为是无足轻重的。他们看不到消费者需求的不断发展变化，容易患上“营销近视症”，即因为过分钟爱自己的产品而忽略了顾客的需要，看不到新的市场需求，容易造成产品单一，款式老旧。

相关链接

营销近视症

营销近视症（Marketing Myopia）是著名的市场营销专家、美国哈佛大学管理学院西奥多·莱维特（Theodore Levitt）教授在1960年提出的一个理论。营销近视症就是不适当地把主要精力放在产品或技术上，而不是放在市场需要（消费需要）上，其结果是导致企业丧失市场，失去竞争力。这是因为产品只不过是满足市场消费需要的一种媒介，一旦有更能充分满足消费需要的新产品出现，现有的产品就会被淘汰。同时消费者的需求是多种多样并且不断变化的，并不是所有的消费者都偏好于某一种产品或价高质优的产品。莱维特断言：市场的饱和并不会导致企业的萎缩，造成企业萎缩的真正原因是营销者目光短浅，不能根据消费者的需求变化而改变营销策略。

营销近视症的具体表现是：① 自认为只要生产出最好的产品，不怕顾客不上门；② 只注重技术的开发，而忽略消费需求的变化；③ 只注重内部经营管理水平，不注重外部市场环境和竞争等。

（三）销售观念

销售观念认为，除非一个组织作出大量的销售和促销的努力，否则消费者是不会购买足够多的该组织的产品的。销售观念的导向目标是尽可能地获得每一笔生意，并不关心销售之后顾客的满意程度，也不担心销售的经济效益。

销售观念盛行的时期，由于科技的进步和大规模生产技术的推广，商品产量迅速增加，社会生产已经由供不应求进入了商品过剩，市场供求关系发生了逆转，买方市场逐渐形成。在销售观念的指导下，企业认为“我卖什么，就设法让顾客买什么”，并开始致力于产品的推广和广告促销，以说服消费者大量购买该企业的产品。企业通过提高市场占有率，以期待获得丰厚的利润。这一时期，企业的组织形式也由过去以生产为中心转向以销售为中心，扩大了销售部门的职权，增加了市场调研、广告宣传等部门的设置。

但是，销售观念并不能建立长久的顾客关系，因为它的指导思想是甩掉手中所拥有的所有货品，而不是创造市场所需要的货品。比如，一家餐馆面临着就餐率日渐变低的困难，经营者不是先分析导致生意清淡的原因，而是更多地忙于促销和打广告，通过增加广告宣传的力度和提供更多的折扣把产品推销给顾客。这种做法最终会导致餐馆因为产品不适合顾客需要而被迫退出市场。

（四）市场营销观念

市场营销观念的形成是企业经营理念的一次革新，它的出现对上述三种观念提出了挑战和质疑。这一思想的核心原则在 20 世纪 50 年代基本形成，并逐渐成为世界范围内企业经营的主导理念。市场营销观念认为，组织目标的实现，离不开对目标顾客需要和欲求的识别，更依赖于能比竞争者更有效地满足顾客的需要和欲求。

1. 市场营销观念的形成

自 20 世纪 50 年代以来，西方发达国家的市场已经完全转变为买方市场，卖方之间的竞争日趋激烈，科学技术和生产力的发展使消费者的需求向多样化发展，并且变化频繁，他们不再满足于企业所提供给他们的既定产品，而是要求企业不断翻新花样去满足自己个性化的需求和欲望。市场营销观念就是在这种新的市场形势下应运而生的。市场营销观念的形成，第一次转换了企业和顾客的位置，消费者真正成为市场规则的主导者。企业提出了“顾客需要什么，我们就生产什么”，“顾客就是上帝”等口号。

2. 市场营销观念和销售观念的区别

市场营销观念经常被混同于销售观念，其实二者是有本质区别的。销售观念注重的是卖方的需求，以现有的产品为出发点，主要采用促销和广告的方式，促进现有产品的销售，进而通过提高销售量达到企业的利润目标。而市场营销观念则是从买方的需要出发，根据顾客的需求和欲望，研究如何设计和生产产品、制订产品计划、向消费者传递产品的信息、制定买方认可的价格、提供方便的购买渠道等一整套的营销策略以达到企业最终的获利。市场营销观念是一种以消费者为导向的观念，认为该生产什么的决定权不在企业手中，而是在顾客手中，企业应该生产消费者所需要的商品才能使消费者的利益达到最大化，进而使企业获得合理的利润。

以下的对照表更直观地显示了二者的区别。

表 1-1　销售观念与营销观念对照表

观念	起点	焦点	途径	结果
销售观念	工厂	现有产品	销售促销	通过增加销量获得利润
营销观念	市场	顾客需要	整体营销	通过使顾客满意而获利

3. 市场营销观念指导下企业营销活动的特征

(1) 顾客需求是企业营销活动的出发点。长期以来，企业活动的重点和出发点一直放在企业内部的生产环节上，企业往往按照自身的生产条件来组织生产，当产品生产出来之后再采取一些促销手段，在产品生产之前从不考虑市场需求状况。而以顾客为核心的市场营销观念则把顾客需求作为企业活动的出发点，成立专门的市场调研部门，安排专业的市场分析研究人员，花费较大的人力、物力、财力来了解顾客的需求特点和变动趋势，再根据市场需求组织生产，使顾客需求由过去的被动地位转化为主动地位，并成为企业经营的主导因素。

(2) 发现目标市场和顾客的潜在需求，然后集中企业的一切资源占领目标市场是企业成功的关键。既然企业将顾客需求视为其经营活动的出发点，那么企业首先要发现顾客的潜在需求，重视顾客潜在需求的挖掘，然后根据市场机会确定目标市场，一旦目标市场明确，企业就集中一切可控资源占领目标市场。这样就改变了企业过去片面注重销售手段而使营销活动顾此失彼的被动局面。

(3) 营销观念和活动贯穿于企业经营管理的全过程。要满足顾客需要并实现企业的营销目标，就必须综合运用各种营销手段，使企业的营销管理活动形成一个有机的整体，并贯穿于企业经营活动的全过程，只有这样才能发挥营销的整体效果。

(4) 追求企业的长远利益和长久发展。过去，企业仅仅追求眼前的利益，甚至是为了产品的销售额而不惜牺牲企业真正的长远利益，使企业发展缺乏后劲。随着以顾客为中心的营销观念的确立，企业开始注重自身的长远利益。营销人员意识到企业追求利润的手段应该建立在满足顾客需求的基础上。消费需求满足的程度越大，说明企业在顾客心目中的地位越高，企业盈利的可能性就越大。

市场营销观念虽然抓住了顾客这个市场核心，实现了企业指导思想的根本变革，但仍存在不足。例如，片面注重顾客需求和供求两方面利益而忽视了其他社会利益的存在。一些企业在贯彻营销观念的过程中甚至伤害了其他公众的社会福利。营销观念又期待着新的革命。

（五）社会营销观念

20世纪70年代以来，随着社会形势新的发展和人们消费的日趋多样化，大量的生产消耗造成了资源短缺、环境污染、通货膨胀等负面效应。美国的一些营销学家对以顾客为核心的营销观念产生了怀疑，发现单纯满足消费者需要而获得利润的企业，可能忽略了消费者利益和社会长远利益的矛盾。于是市场学家们又提出了社会营销观念。

社会营销观念认为，企业提供的产品和服务不仅要满足消费者的市场需求和短期欲望，而且要符合消费者的长远利益和社会的长远发展，改善社会福利。为此，要求企业的经营者在制定营销策略时要注意三方面利益，即消费者利益、企业利益和社会利益；综合运用各种营销手段，引导消费者合理消费，实现企业利益和社会利益的统一。

【任务拓展】

选择两家同等级的酒店，观察酒店的清洁程度、室内设计、产品特色、服务水平及其他特征，记录下所见所闻，说明哪家酒店的营销意识更强，并分析原因。

【任务反馈】

市场营销作为企业经营的一项重要内容，是否需要企业各部门都参与协作？每一家企业都会经历市场营销观念的五个阶段吗？

释疑：市场营销作为企业经营的一项重要内容和过程，需要企业各部门、全体员工的参与协作才能完成，仅有营销部门是无法独立完成营销工作的，因此很多企业提出了“全员营销”的理念。只有企业各部门、全体员工通力合作，才能提供最优的产品，满足客户的需求。

市场营销观念的演进历程，是根据世界经济发展规律总结出来的，是国外大多数企业，尤其是欧美企业所共同经历的发展历程。从我国经济发展来看，主要是从20世纪80年代改革开放以后，企业基本也遵循了这样的市场营销导向演进的规律。对企业来讲，由于其所处的环境不同，企业的经营重点和营销导向就不同。现今的世界经济发展趋势就更加明确地指出了企业发展的社会营销导向是大势所趋。

任务二　走近旅游市场营销

【任务目标】

学生应掌握旅游市场营销的概念、特征以及现代旅游营销新观念。

【案例聚焦】

玩转“世界最好的工作”

——澳大利亚昆士兰州的另类营销

澳大利亚的大堡礁，虽然被誉为世界七大自然奇观之一，但在旅游者的心目中并不拥有广泛的知名度。为了改善这一状况，2009年3月，澳大利亚昆士兰州旅游局在全球范围内发布了一则特殊的招聘广告：招聘"小岛管理者"，当选者将会与白沙、碧海、艳阳为伴，每日遨游海中，探索大堡礁的各个岛屿，与鲸鱼、海龟嬉戏，还可畅享豪华海景套房和半年15万澳元（时约合65万元人民币）的丰厚回报……

这则诱人的广告吸引了全球来自200多个国家和地区的近3.5万人竞聘，在为期两个月的海选阶段，全球各大媒体给予这个事件充分的关注和报道，哈密尔顿岛从原来的籍籍无名，一举成为世人关注的热门旅游地区。在这项精心的策划中，昆士兰州旅游局仅仅投入了170万澳元（约合735万元人民币）的营销成本，但却取得了超过1亿澳元（约合4.7亿元人民币）的市场效益。

案例点评：昆士兰州旅游局在金融风暴席卷全球的大背景下，通过打造"世界上最好的工作"这一概念，成功地吸引了各方媒体及公众的眼球，同时借助于网络平台与互动营销的方式，达到了四两拨千斤的营销效果。

【任务执行】

任务工作单 1－2

<table>
<tr><td>任务名称</td><td colspan="5">走进旅游市场营销</td><td>学时</td><td>1</td></tr>
<tr><td>学习小组</td><td></td><td>姓名</td><td></td><td>学号</td><td></td><td>指导教师</td><td></td></tr>
<tr><td colspan="8">工作任务描述
熟悉现代旅游市场营销的概念，了解旅游市场以及旅游市场营销的特点，通过查阅图书、资料、网络等资源，寻找旅游企业营销成功的典型案例，每个小组从中选择一个案例，进行讨论分析，并提交分析报告。</td></tr>
<tr><td colspan="8">具体工作任务
（1）获取相关资料与信息：
① 搜索相关资料，熟悉什么是旅游市场营销。
② 搜索相关资料，了解当前旅游市场的发展现状。
③ 网上搜索旅游企业营销成功的典型案例。
（2）讨论：
① 现代旅游业及旅游市场发展具有怎样的特征？
② 在现代旅游企业的发展中有哪些营销行为？
③ 营销在现代旅游企业的发展中发挥了怎样的作用？
④ 选择一个旅游企业营销活动的成功案例进行分析，并描述你对它的理解。
（3）成果展示：各小组汇报讨论结果，将观点总结及案例分析通过幻灯片在课堂上展示。
（4）提交工作记录单和案例分析报告。</td></tr>
<tr><td colspan="8">学习条件
（1）市场营销实训室；
（2）每个小组配备一台可上网的电脑；
（3）任务工作单、工作记录单、学习情境练习单等；
（4）课件、视频资料、题库等。</td></tr>
</table>

一、旅游市场营销的内涵

旅游市场营销是市场营销的一个分支,它具备市场营销的一般内涵。可以这样理解旅游市场营销:它是旅游经济组织或个人通过交换提供满足旅游者需求的产品的管理过程。

在现代旅游企业的经营管理过程中,市场营销的核心作用是毋庸置疑的,市场营销的作用在于沟通旅游企业和客源市场间的供求关系,以促使旅游企业获得最佳经济效益,因而旅游企业的市场营销活动成为旅游企业经营管理的核心。

二、现代旅游市场营销的特点

旅游产品是有形的设施设备与无形服务的结合,这就决定了旅游产品与一般物质性的商品相比具有自己的独特特性,如无形性、不可储存性、不可转移性、生产与消费的同一性等。基于旅游产品的这些特征,旅游营销活动具有以下特点:

(1) 旅游产品的无形性强化了旅游市场营销的必要性。旅游企业营销人员必须通过不断地与顾客进行交流,为他们提供可靠、有效的产品信息,通过广告、宣传手册等资料来展示旅游产品,使无形的产品有形化,尽量使旅游企业的设施、服务水平、产品品质以及可以带给顾客的相关利益等信息充分地传达给公众,并使它们与众不同且真实可信。

(2) 旅游产品的不可储存性增加了旅游营销的艰巨性。对于旅游企业而言,其产品的不可储存性至少有两层含义。一是像酒店中客房、康乐设施、会议室、宴会厅等,一天不出租,一天就不能创造价值。它们作为旅游产品的组成部分是不能像有形的商品一样储存起来,日后再卖的。二是由旅游服务的直接性决定的。旅游企业向顾客提供的服务也是无法储存和搬运的,只有当顾客光顾或消费时才能进行;当顾客消费结束后,旅游服务也随之终止。这种产品特性就对营销人员的工作提出了更大的挑战,它要求营销人员要尽量提高旅游产品的使用率。因为如果营销人员不能将其推销出去,那么产品当天的价值将永远无法收回。

(3) 旅游产品需求的波动性更增加了旅游营销的难度。旅游产品不仅无法储存,而且其需求量还存在着极为明显的波动性。在每年的不同季节、每月的不同日期甚至每天的不同时间都会存在需求量的波动。这种不可储存性和波动性结合在一起,给旅游企业的经营带来了巨大的压力。营销人员必须通过创造性的定价、促销和有计划的营销活动来加强旅游产品的销售。比如在淡季,酒店可以采用降低价格,以及强调酒店可以带给顾客更多的特殊附加价值等方式来提高酒店产品的使用率。

(4) 旅游产品的不一致性及质量的难以控制性等特点也对旅游营销提出了更高的要求。旅游产品是以服务性产品为主的,而服务是由服务人员来提供的,他们的素质、知识、技能、态度各不相同,营销人员为了能使顾客对旅游服务产生良好的看法和态度,必须重视对于旅游从业人员的培训与激励。此外,还必须通过各种渠道来了解顾客对旅游服务的满意程度,以便减少由于服务质量不稳定而产生的各种负面影响,进而为营销工作的开展奠定良好基础。

三、旅游市场营销学

旅游市场营销学是市场营销学的一门分支学科，是专门针对旅游业，指导旅游企业的营销活动并研究其内在活动规律的学问。它是市场营销学在旅游经济领域中的具体应用。

（一）旅游市场营销学的研究对象

市场营销学是以商品的供求关系为研究对象的，探讨如何在满足消费者利益的前提下，适应市场需求，有计划地组织整体企业活动，向市场提供满足消费者需要的产品和服务，最终获得企业长期的最大的经济效益。旅游市场营销学作为市场营销学的一个分支，属于服务市场营销学的范畴。由于旅游活动是商品经济高度发展的产物，在当前旅游供大于求的基本状况下，旅游市场必然存在激烈的竞争。同时，旅游产品本身的无形性、不可储存性、易损坏性及生产与消费的同步性等特征也决定了旅游市场竞争的激烈性。所以，旅游市场营销学必然要打破流通领域的限制，不仅要研究怎样疏通旅游中间商的销售渠道、提高推销的效率、增加产品销售量，同时要更深入地研究目标市场在哪里，旅游者的需求是什么，旅游者有哪些不同的消费习惯、价值观念、年龄特点、职业特征、收入状况、宗教信仰、兴趣偏好等。在调查研究的基础上，根据消费者的需求并结合本地旅游资源的特点和现实条件策划出具有强大吸引力的旅游产品，制定合理的有竞争力的价格策略，加强促销技巧，疏通分销渠道，并针对不断变化的市场环境及时调整营销策略，创造出适应新的消费需求的更新换代产品，最终实现旅游经济个体获取最大经济效益和社会效益的营销目标。

综上所述，旅游市场营销学所研究的是如何在满足旅游者利益的基础上刺激与调控旅游者的需求，根据社会和企业的具体条件，怎样有计划地进行企业的整体市场营销活动，提供满足旅游者需要的服务，并从中获得企业和社会的长期效益。

（二）旅游市场营销学的内容体系

市场营销学认为，企业的利润目标及其他目标能否实现，企业能否在激烈竞争的市场上求得生存和发展，最终都要取决于消费者或用户是否购买该企业的产品。因此，市场营销学的全部研究都是以产品适销对路、扩大市场营销为中心而展开的，并为此提供理论、思路和方法。它的核心思想是：企业必须面向市场、面向消费者，必须适应不断变化的环境并及时作出正确的反应；企业的存在要为消费者或用户提供令人满意的各种商品或服务，并且要用最少的费用、最快的速度将产品送达消费者或用户手中；企业应该而且只能在消费者或用户的满足之中实现自己的各项目标。

从市场营销学的理论思想出发，旅游市场营销学的主要内容大体可以归纳为三个部分：环境与市场分析；营销活动与营销决策研究；营销组织与营销控制研究。

第一部分内容为分析旅游企业与旅游市场的关系，分析影响企业营销活动的宏观环境和微观环境，分析各类旅游市场需求和购买行为，进而讨论企业如何面对环境变化所带来的机会或威胁，制定自己的发展战略和营销战略，提出旅游企业进行市场细分和选择目标市场的理论和方法。这部分内容具有基础意义，阐述了旅游市场营销的若干基本原理和基本思路。

第二部分内容即旅游企业营销活动与营销决策的研究，是市场营销学的核心内容。其任务在于论述企业如何运用各种市场营销手段以实现企业的预期目标，因而全部内容都是围绕企业经营决策展开的。美国著名营销学家麦卡锡从管理决策的角度，将企业可控制的各种营销手段归纳并简化为四个基本方面，即产品(Product)、分销渠道(Place)、价格(Price)和销售促进(Promotion)。由于这四个词的英文字头都是P，这四个方面也就简称为“4Ps”。对于“4Ps”亦即产品策略、渠道策略、价格策略、促销策略的研究，构成了营销活动研究的四大支柱。这部分内容相当丰富，不仅分述了多种可供选择的具体策略，而且从总体上提出了“市场营销组合”的概念，强调了企业要综合地而不是孤立地、系统地、分割地运用各种可控制的市场营销手段，应制订并选择与动态市场营销环境相适应的最佳营销组合方案，来实现企业的预期目标。

第三部分关于营销组织与营销控制的研究，主要讨论旅游企业为保证营销活动的成功应在计划、组织、调研、控制等方面采用的措施与方法。

(三) 旅游市场营销学的研究方法

市场营销活动受到诸多因素的影响，旅游市场营销活动尤其如此，旅游产品和旅游业的特殊性，使其更加错综复杂。因此，对旅游市场营销学的研究必须建立在定量与定性分析的基础上。它主要的研究方法如下：

1. 宏观分析和微观分析相结合

分析影响旅游宏观环境和旅游微观环境的因素，既研究旅游市场和市场环境，又研究旅游市场中众多的消费者。

2. 定量分析和定性分析相结合

定量分析是建立在数学、统计学、系统论、控制论、信息论、运筹学、计算学和计算机学等学科的基础上，运用图表、模型和计算机等进行的数量分析。定性分析是建立在经验和逻辑思维的基础上，运用历史分析法、描述法、交叉影响分析法等对旅游者的态度、行为、动机以及旅游市场趋势进行的分析。

3. 动态分析的方法

动态分析的方法是相对静态分析而言的。一般说来，在研究工作中，研究者既要采用动态分析，又要采用静态分析。在旅游市场营销的研究中，之所以主要采用动态分析的方法，是因为：(1) 影响营销的外在因素，即旅游市场环境因素，如政治、经济、社会、文化、法律、技术等市场环境不是固定不变的，而是经常变动的。旅游市场营销学必须研究国内外旅游市场环境的变化，以便制定出正确的旅游营销战略和竞争策略来与发展变化了的外部环境相适应。(2) 竞争对手的选择、市场占有率等情况，客观上是经常变动的，因此，对竞争对手的研究就不能采用静止分析的方法。竞争对手包括现实的竞争对手和潜在的竞争对手。研究潜在的竞争对手，更需要采用动态分析的方法。(3) 旅游营销的内在因素，如旅游企业的市场营销组合、产品策略、促销策略、价格策略、渠道策略等，这些因素的共同特点是企业可以主动进行调整。然而，企业的主动调整绝不能主观地进行，必须符合客观要求，也就是必须与客观变化的情况相适应。这就要求对其采用动态分析的方法。

4. 数理、统计分析方法

运用这种分析方法（如线性方程、概率、矩阵、排列组合），必须掌握数学、统计学、宏观经济学、微观经济学等基础理论。

【任务拓展】

一家餐厅由于连续十年提供品质如一的食品而闻名遐迩，每到周末便顾客爆满，而平时也是常常满座。餐厅的经营者却说，他们没有做过什么营销活动，也没有必要去做，因为他们的生意很好。这家餐厅真的没有做什么营销的努力吗？你认为的营销应该包含哪些方面的内容？

【任务反馈】

在旅游市场营销工作中为什么要强调服务的重要性？

释疑：由于旅游产品既包含了设施设备等硬件产品，又包含了服务等软件产品，所以在旅游营销过程中，良好的对客服务不仅能够充分展示旅游企业良好的品牌形象，同时能够及时地弥补由于硬件条件不足而带给客人的不利影响，还有利于帮助旅游企业建立忠诚的客户关系。因此，旅游营销本身就是一项服务工作，服务工作贯穿了旅游营销的全过程。

◆项目评价

本项目介绍了旅游市场以及旅游市场营销的概念，同时也探寻了旅游市场营销观念的演进过程。在不同的经济发展阶段所产生的不同的营销观念，必然同时兼具了促进经济发展的积极意义与不符合时代进程的不足之处，我们要善于利用积极的方面，而尽量规避由此所带来的消极方面。

现代旅游营销因旅游市场及旅游产品的特殊性，其营销活动必然也呈现出不同的特点。对于现代旅游企业而言，掌握正确的营销观念尤其重要。

【知识/技能评价】

① 名词解释。

市场　市场营销　旅游市场营销

② 简述市场营销的发展过程。

③ 简述旅游市场营销的特点。

④ 通过资料检索，分析和阐释我国目前旅游市场营销的现状。

⑤ 你认为旅游企业应该如何在实践中运用市场营销？

【实训演练】

① 通过了解当前旅游业发展的现状，探讨旅游企业开展营销活动的必要性。

② 调查或访问旅行社、酒店、旅游景区等旅游企业，了解它们的营销理念和营销措施。

③ 通过分析旅游企业成功营销的典型案例，把握旅游营销活动的特点与难点。

【项目链接】

文旅融合新时代

——走心营销才能更好“赢销”

2018 国庆节期间，河南老君山国家5A级旅游景区推出了“无人值守1元午餐”公益活动，即游客只需付款一元，就能吃到一碗糊涂面、一个馒头和一根烤肠。景区的慷慨之举，立即引发了全网热议，闻讯而来的游客络绎不绝，各路媒体争相报道。虽然这是老君山景区策划的一次公益活动，未曾想借此盈利，但从营销推广的角度来说，这次活动非但没有赔本，反而赚足了人气和口碑，是一笔划算的“买卖”。

在如今旅游产品供给丰富、行业竞争激烈的时代，如果没有成熟的营销推广运作模式、没有创新出奇的营销噱头，再好的旅游硬件设施和服务水平也无法立即吸引游客关注。前有西安永兴坊“摔碗酒”的“一摔成名”，后有河南老君山“一元午餐”的“温情呼唤”，巧妙、得体的营销方案往往能让景区的推广工作事半功倍，备尝甜头。如何通过有效营销拉动客流增长，已然成为各旅游景区（目的地）研究营销法则的题中之义。

一、酒香也怕巷子深

“即便旅游行业发展已经进入了一个相对繁荣的阶段，但业界对于旅游的重要组成部分——旅游营销却还存在一定的误区。”中国旅游研究院博士战冬梅如是说。

首先，旅游景区的营销工作还存在一些观念上的误区。比如认为“酒香不怕巷子深”，不必花很大力气在营销上；认为景区营销是形象工程，投入多收效微，得不偿失；认为营销就是夸大宣传、断章取义，结果错误营销引起了游客反感。营销理念的落后，致使部分景区将营销与盈利划上等号，一心只想卖产品，却没有品牌意识和服务意识。长此以往，不但营销效果欠佳，景区（目的地）在游客心中形成的不良印象也很难消除。

其次，旅游景区（目的地）营销往往只看重自身的利益，没有充分调动其他涉旅企业、区域伙伴参与进来，这样的营销方式和营销效果往往不够持续、不够震撼。旅游者购买的是一次完整的旅游经历，这就要求景区（目的地）营销串点成线，形成整体营销模式。但目前由于各方面的原因，旅游景区还存在条块分割、利益不平衡、旅游企业间缺乏合作等矛盾，所以，单个景区或旅游企业常常因自身财力、物力方面的限制，无法形成规模营销，造成了资金的浪费和游客的流失，往往变成一场自娱自乐式狂欢。

如此，旅游景区（目的地）不仅要重视起营销活动，更应该加强创新与融合，提升营销的内涵与品位，与旅游大发展同步匹配。

二、成功营销可以策划

从20世纪80年代至今，旅游营销大致经历了三个阶段。旅游营销1.0时代是以报纸、杂志和电视等平台为主的硬广宣传，如华侨城集团早期在中央电视台的晚会、节目中投放的广告，以及在特区报、南方周末、中国旅游报等主流媒体做的硬广等；旅游营销2.0时代是以户外广告（户外广告牌、车体广告、电梯广告等）为主的营销模式，此时营销已经开始呈现分众化、碎片化趋势，如黄山、庐山在车站投放的户外广告牌等；旅游营销3.0时代是以网络平台营销等为主的营销方式，如三亚蜈支洲岛、北京慕田峪长城等景区植入电影、综艺，各大景区入驻微博、微信等社交平台。与此同时，这一时期的营销更注重线上与下线活动的协调、配合。

成功的营销往往都是经过系统策划的完美呈现。战冬梅说，几十年来，旅游营销不论在内容设计还是传播渠道方面，都发生了一系列变化，遵循着传播平台的发展和大众审美、兴趣的转变规律，只有抓住每个时代的传播特点、大众关注的焦点，旅游营销才能做到全面、深入、生动、有效。

三、把握营销的主动脉

随着互联网的发展，网络与大众生活的联系越发密切，互联网也成为旅游营销的重要渠道之一，如在网络平台查询旅游攻略、订购景区门票和相关服务等。因此，基于互联网和移动终端的营销方式可以视作当下营销的主战场。

而从营销内容上来看，事件营销和泛娱乐营销为主要呈现方式。事件营销是指有计划地策划、组织、举办和利用具有新闻价值的景区外部发生和景区内部策划型事件，进行营销组合，运用新闻公关等进行正面宣传，吸引现实和潜在的旅游消费者的注意和兴趣，以扩大产品销售，增加景区（目的地）收入和提升旅游品牌知名度与美誉度的一种现代营销手段。

当下，随着网红直播经济热潮翻涌，“旅游＋直播”已经成为一种新的泛娱乐营销玩法。如此前去哪儿网联合“斗鱼直播”推出的旅游直播节目，10余名网红主播分赴广州长隆、四川九寨沟、香港迪士尼等八大热门景区景点直播，互动、营销效果双增。如今，各路网红、网络主播等自媒体人边旅游边直播早已经不是什么新鲜事了，旅游直播正在趋势化和主流化。

四、文旅融合讲好品牌故事

如今，旅游品牌营销已经走过了拼景观资源、拼投放渠道的时代，在未来的旅游营销竞争中，一定是以文化为内核来提升、打造文化吸引力，以当地独特的文化脉络为依托，以故事、人物和经历来讲“活”一座城。这既是文旅融合、全域旅游背景下旅游营销发展的必然选择，更是大众文化素养提升、消费能力升级所推动产生的必然趋势。

战冬梅表示，随着旅游市场变化和消费不断升级，会有越来越多的企业意识到烧钱并不能解决问题，唯有专业营销、精准投放，才能实现客流和消费的增长。同时，在旅游营销的过程中，只有线上、线下两手抓，营销、内涵两手硬，才能在赢得人气的同时，赢得游客的口碑。同时，她认为，在条件允许的情况下，专业的事情应该交由专业的人来做，比如专业的景区运营团队负责景区运营，专业的营销策划团队负责营销推广……往往投入和产出成正比，对接市场更科学，营销覆盖更全面，营销效果才能达到预期。

拓展路径

1. 扫下面二维码，阅读文章《度假视角下，文旅业的未来趋势和增长驱动在哪里》，了解在休闲度假为趋势的文旅发展新阶段，旅游行业的发展走向。

2. 扫下面二维码，阅读文章《国务院新政提振文旅消费信心》，了解国家最新文旅政策。

项目二 熟悉旅游营销机构的运营与管理

◆项目目标

【行业要求】

① 审视营销部门岗位职责、工作流程的设计；② 查找营销部在运营与管理中存在的实际问题，加以完善。

【学习目标】

① 初步了解旅游营销机构的岗位设置、各岗位的岗位职责和工作流程；② 理解营销人员的基本职业素养。

◆项目任务

在这一项目任务中，学生通过了解与掌握营销部的岗位职责和工作流程，对营销部的管理和运营有初步的了解，对旅游营销机构有初步的感性和理性认知，为后面对旅游营销知识的学习奠定基础。该项目强调学生对旅游营销人员职业素养的认识，注重培养学生的从业职业素养。

任务一 知晓营销部的具体职责与岗位设置

【任务目标】

学生应了解营销部的具体职责与各岗位设置。

【案例聚焦】

某年圣诞节前的一个晚上，某酒店总机当班的李小姐，接到某外贸公司的一位客人的电话，询问圣诞活动一事，并说曾打电话给另一家酒店，那家酒店总机接待员告之订票处已下班，于是他转而打电话到该酒店询问。李小姐是个有心人，事先已经将酒店的圣诞安排了解得一清二楚，于是她马上热情、细致地把酒店圣诞活动安排有关情况向客人一一作了介绍。客人听了非常满意，第二天，他们来酒店订了35张圣诞活动票。

案例点评：营销，作为旅游企业最重要的一项管理职能，不仅仅是营销部所应承担的工作，而是所有企业员工都应该践行的理念。

【任务执行】

任务工作单 2-1

任务名称	营销部的具体职责与岗位设置(以酒店为例)					学时	2
学习小组		姓名		学号		指导教师	
工作任务描述 了解酒店营销部的具体职责与岗位设置,通过查阅图书、资料、网络等资源,寻找酒店营销部门的岗位设置与具体职责的典型案例,每个小组从中选择一个案例,进行讨论分析,并提交分析报告。							
具体工作任务 (1)获取相关资料与信息: ① 搜索相关资料,熟悉营销部的具体岗位设置。 ② 网上搜索企业营销岗位设置的典型案例。 (2)讨论: ① 酒店营销部有哪些职责? ② 酒店营销部有哪些岗位是必不可少的? ③ 选择一个酒店营销部的职责与岗位设置的成功案例进行分析,并描述你对酒店营销部门岗位设置及具体职责的理解。 (3)成果展示:各小组汇报讨论结果,将案例分析通过幻灯片在课堂上展示。 (4)提交工作记录单和案例分析报告。							
学习条件 (1)市场营销实训室; (2)每个小组配备一台可上网的电脑; (3)任务工作单、工作记录单、学习情境练习单等; (4)课件、视频资料、题库等。							

旅游业包含丰富的行业内容,不同企业的营销部的构建会有其不同的特点,考虑到营销部架构的规范性和针对性,在此以酒店业为例,就营销部的运营与管理进行阐释。

一、酒店营销部的具体职责

1. 抓住客户需求,积极开发和维护客户,从而更好地销售酒店产品

(1)制订酒店旅行社业务的工作计划,保持与当地各大旅行社的联系,并与各大旅行社建立良好的关系。针对旅行社开展日常销售工作,积极完成酒店下达的旅行社业务的销售任务。

(2)制订酒店商务业务的工作计划,拓展、开发、维护企事业单位、行会、协会等商务客户,与客户保持良好的关系。针对商务客户开展日常销售工作,积极完成酒店下达的商务业务的销售任务。

(3)制订酒店会议业务的工作计划,积极开发各企事业单位、政府机关等酒店的潜在会议客户,维护好与会议客户的关系。针对会议客户开展日常销售工作,积极完成酒店下达的会议业务的

销售任务。

(4) 制订酒店宴会业务的工作计划,通过各种途径宣传推广酒店宴会业务的产品与服务,积极开发酒店宴会客户,并维护好酒店与宴会客户的关系。针对宴会客户开展日常销售工作,积极完成酒店下达的宴会业务的销售任务。

(5) 在日常销售工作中,分析各类客户的实际需求,将市场合理细分,积极为酒店开发各类客户,并努力维护酒店与各类客户的关系,力争将酒店的新客户培养成忠诚客户。在日常销售工作中要多看、多听、多观察、多分析,密切关注顾客需求的变化,为酒店制定或调整营销策略、推出新产品及服务提供依据。建立、完善客史档案,对客史档案进行及时的修改或补充。

2. 处理客户的预订信息并接待好每一位客户

(1) 营销部工作人员要热情地处理客户的预订信息,包括客户的预订、改订、取消预订等要求。做好协调工作,及时把客户的预订信息传达到有关部门,以保证对客服务质量。

(2) 整理、统计各类销售、预订信息并及时归档。

3. 开展日常销售、促销工作,负责酒店产品的广告宣传。积极维护酒店形象,做好酒店公共关系工作

(1) 制订各大促销活动的方案,运用宣传手段强化促销效果。

(2) 对酒店的产品和服务进行广告宣传,负责酒店新产品的宣传、销售及推广。

(3) 建立并维护酒店的销售渠道。

(4) 组织和开展各类公共关系活动,取得公众的信任和支持,扩大酒店知名度和美誉度。树立酒店良好的形象。

(5) 帮助酒店进行品牌建设,积极树立酒店品牌形象。

4. 及时关注竞争对手的表现,根据竞争对手的变化及时调整营销策略

二、酒店营销部的岗位设置

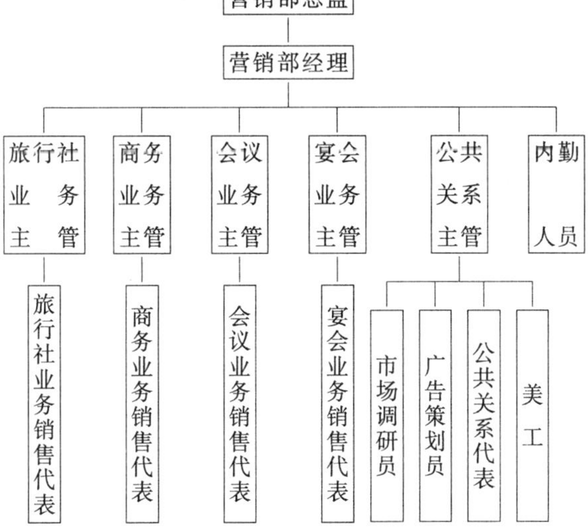

图 2-1 酒店营销部岗位设置图

以上是较为常见的酒店营销部的岗位设置情况，也有酒店的营销部岗位设置有不同之处。虽然岗位设置稍有不同，但是工作内容都是大体相同的。

三、酒店营销部各岗位的岗位职责

（一）营销总监岗位职责

（1）制定营销部的管理制度、工作程序，并负责监督营销部工作人员贯彻落实。

（2）营销总监要以身作则，严格遵守营销部的管理制度和工作程序，按酒店规定进行奖惩。

（3）严格按照酒店规定的标准控制营销部经费开支，控制和监督营销部工作人员的工作经费的使用情况，做到公平、公正、公开。

（4）根据酒店总体经营战略及目标，制定酒店市场开发及维护战略与销售策略，并报请上级主管领导审批。

（5）根据酒店市场战略与销售的需要，指导公共关系主管编制公共关系工作计划及活动方案，并监督执行。

（6）根据酒店营销策略与计划，督促营销部经理及各岗位主管编制工作计划，并监督执行。

（7）督促各类公共关系活动按计划开展，维护酒店公共关系形象及品牌形象。

（8）积极督促广告主管推进酒店产品及服务宣传，并按酒店规定的标准审核、控制广告费用。

（9）根据酒店工作的需要，参与营销部经理及主管的招聘与考核工作。

（10）建设酒店营销队伍，加强部门的团队协作与团队精神，促进团队内部的沟通和谐。有权力核准部门各岗位主管的任免提议权。

（11）监督营销经理定期组织和开展营销部的培训工作，丰富培训内容，提升部门工作人员工作技能和职业素养，力争为客户提供一流的服务。

（12）指导并监督销售部的客户关系管理工作。定期对酒店的客户关系进行分析。

（13）督促部门销售人员按时、保质保量完成酒店下达的销售任务。

（14）督促部门销售人员做好客户信息保密工作。

（二）营销部经理岗位职责

（1）服从营销总监的管理，向营销总监提交工作计划，进行工作汇报，对营销总监负责。

（2）向部门各岗位主管下达营销任务，并监督指导执行。

（3）协同其他部门，根据市场和酒店的经营情况，制定符合市场需求、适合酒店经营发展的产品价格策略和产品组合策略。

（4）按照公共关系计划开展各项公共关系活动，确保达到预期目标。

（5）监督并指导酒店广告计划的执行，保证酒店广告的质量，确保达到预期目标。

（6）指导并监督下属按时完成客户走访与客户关系维护工作，及时处理客户意见。

（7）组织建立客户档案，督促相关工作人员及时整理客户档案，并做好归档、查阅与保管工作。

（8）监督部门员工做好客户信息保密工作。

(9) 组织开展部门主管及员工的培训工作，丰富培训内容，不断提高部门员工的销售技能、管理能力与职业素养。并将培训情况及时向营销总监汇报。

(10) 监督、指导各岗位主管的日常工作，对他们的工作绩效进行考核。

(11) 指导下属按计划保质保量完成日常工作，确保销售部销售任务按时、保质保量完成。

（三）旅行社业务主管岗位职责

(1) 制订旅行社销售策略和旅行社走访计划，并落实执行。

(2) 组织销售代表定期走访旅行社，与有意向的客户洽谈合作事宜。

(3) 做好旅行社的客户关系维护工作，发现客户意见及时处理。若有重大客户关系问题需上报销售部经理，协调处理。

(4) 保持与其他旅行社、企事业单位的联系，及时发现客户需求，发掘潜在客户，拓展旅行社业务范围。

(5) 协调好来店消费客户的接待工作，全程跟踪服务，保证服务质量。

(6) 记录、整理客户消费信息，形成销售工作笔记，并及时更新客史档案。

(7) 关注旅游市场动态，组织做好市场情报的收集和整理工作。及时统计、分析各类市场信息，定期向营销部经理提交分析报告。

(8) 组织下属定期参加部门培训，对下属工作绩效进行考评。

(9) 根据任务需要，协助其他部门开展工作。

（四）旅行社业务销售代表岗位职责

(1) 按计划定期走访旅行社客户，与旅行社建立良好的合作关系。做好日常客户关系维护工作。

(2) 与有合作意向的旅行社谈判，签署协议或合同，建立合作关系。

(3) 保持与其他旅行社的交流，及时沟通信息。

(4) 协调酒店相关部门，做好来店旅行社团队客人的接待工作，并保证服务质量。

(5) 对客人住店期间的消费进行跟进，及时向相关部门传达客人的需求、意见或投诉。

(6) 时刻关注市场动态，收集合作旅行社及竞争对手的相关信息，并进行整理。

(7) 按时统计、分析收集的资料，定期提交工作报告。

(8) 完成酒店下达给个人的销售任务。

（五）商务业务主管岗位职责

(1) 制订商务客户的销售目标及走访计划，并监督下属执行。

(2) 制订长包房的销售策略和销售计划。

(3) 组织下属开展客户走访工作，指导下属做好客户关系维护工作，加强与客户的联系与沟通。

(4) 不断开拓酒店的商务客户市场，扩大销售网络。

(5) 收集客户反馈信息，及时发现客户需求的变化。及时解决客户反映的问题。

(6) 协调好来店消费客户的接待工作，全程跟踪服务，保证服务质量。

(7) 记录、整理客户消费信息，形成销售工作笔记，并及时更新客史档案。

(8) 关注旅游市场动态，组织做好市场情报的收集和整理工作。及时统计分析各类市场信息，定期向营销部经理提交分析报告。

(9) 组织下属定期参加部门培训，对下属的培训情况进行考核，对下属工作绩效进行考评。

(10) 根据任务需要，协助其他部门开展工作。

（六）商务业务销售代表岗位职责

(1) 收集酒店附近区域各类单位、组织的信息资料、联系方式，积极发掘潜在客户。

(2) 关注行业趋势和市场波动，开展竞争对手价格策略、销售情况、服务内容等信息的收集工作。

(3) 维护酒店与政府机关、各类企事业单位的关系，定期拜访客户，做好客户关系维护工作。

(4) 积极宣传酒店的产品及服务，开发新客户的同时留住老客户。及时更新客史档案。

(5) 按照规定，与商务客户洽谈、签订合同或协议，积极完成销售工作。

(6) 对客人住店期间的店内消费进行跟进，及时向相关部门传达客人的需求、意见或投诉。

(7) 时刻关注市场动态，收集竞争对手的相关信息，并进行整理。

(8) 按时统计、分析收集的资料，定期提交工作报告。

(9) 协助财务部门做好商务客人的资信调查、结账工作。

(10) 完成酒店下达给个人的销售任务。

（七）会议业务主管岗位职责

(1) 制订酒店会议服务或产品的销售计划，并监督下属执行。

(2) 指导下属定期走访会议客户，积极维护与客户的关系。

(3) 积极开发新客户，组织做好有意向客户来酒店参观、咨询、洽谈接待工作。

(4) 跟踪会议客户的服务，并根据客户端的要求监督指导会议前的准备工作。

(5) 组织做好客户资料的收集、整理、分析工作，以便全面掌握客户消费需求的变化，及时更新客史档案。

(6) 积极听取客户对酒店会议设施及服务的反馈意见，并及时传达给相关部门。

(7) 关注旅游市场动态，组织做好市场情报的收集和整理工作。及时统计、分析各类市场信息，定期向营销部经理提交分析报告。

(8) 组织下属定期参加部门培训，对下属工作绩效进行考评，对下属的培训情况进行考核。

(9) 根据任务需要，协助其他部门开展工作。

（八）会议销售代表岗位职责

(1) 按计划完成客户联系、走访工作。根据实际情况，积极开展会议服务及产品的宣传及推介。

(2) 在授权范围内，开展会议预定的洽谈、签约工作。

(3) 接待来酒店参观、咨询的会议客户，热情介绍酒店的会议设施及服务。

(4) 积极与客户联系，做好会议接

待前的准备工作。落实并定时检查会议接待所需要的各项设施设备及服务的准备工作。

(5) 在会议接待过程中，全程跟进服务，协调酒店各部门完成好会议服务工作。及时处理客户的意见及提出的问题。

(6) 及时整理会议销售及会议接待中的各类资料信息、客户反馈意见等，建立客户档案，并及时对客户信息进行更新。

(7) 时刻关注市场动态，收集竞争对手的相关信息，并进行整理。

(8) 按时统计、分析收集的资料，定期提交工作报告。

(9) 协助财务部门及时催收会议客户所欠账款。

(10) 完成酒店下达给个人的销售任务。

(九) 宴会业务主管岗位职责

(1) 制订酒店宴会业务的销售计划，并组织销售人员按时完成。

(2) 指导并监督销售代表定期走访目标客户，维护客户关系。

(3) 指导并监督下属做好客户来酒店咨询参观的接待工作。

(4) 检查宴会前准备工作的落实情况，及时与餐饮部同事沟通联系，确保宴会服务事项的落实。

(5) 及时解决宴会进行过程中出现的问题，及时处理客户意见及投诉，及时与相关部门联系，确保为客户提供优质服务。

(6) 积极监督下属参与培训，并对培训效果进行考评。

(7) 参与下属的绩效考核工作。

(8) 关注旅游市场动态，组织做好市场情报的收集和整理工作。及时统计、分析各类市场信息，定期向营销部经理提交分析报告。

(9) 根据任务需要，协助其他部门开展工作。

(十) 宴会业务销售代表岗位职责

(1) 按销售工作计划积极完成任务。

(2) 定期拜访客户，维护客户关系。

(3) 负责来访客户咨询参观的接待，向客户详细介绍酒店宴会业务的服务、产品及相关销售政策。

(4) 负责与有意向的客户洽谈并签订协议。

(5) 接待前实地检查会场布置等前期准备工作，与相关部门沟通协调相关服务事项，保证为客户提供优质服务。

(6) 全程跟进宴会接待，及时解决宴会接待过程中出现的问题，并及时协调相关部门调整产品或服务，使客户满意。

(7) 宴会结束后，向客户发函致谢，并征求客户对宴会服务的改进意见和建议。及时整理、更新客史档案。

(8) 时刻关注市场动态，收集竞争对手的相关信息，并进行整理。

(9) 完成酒店下达给个人的销售任务。

(十一) 公共关系主管岗位职责

(1) 制订公共关系工作的工作计划，并指导和监督下属按计划完成工作。

(2) 完善公共关系岗位的管理制度，监督下属执行。

(3) 根据市场调研的情况，制订详

细的调研实施方案。

（4）根据酒店市场拓展的需要，组织开展市场、客户资料的信息调查和收集工作。

（5）对收集到的信息资料及时加以整理分析，做好市场分析、市场预测工作。为公共关系工作和销售工作的开展提供依据。

（6）根据公共关系工作计划，组织开展各类公关活动，确保活动顺利开展并达到预期效果。

（7）参与各类媒体的接待工作，参与处理各类危机事件，并向营销经理和总监及时汇报工作进度。

（8）监督广告实施的质量，对广告投放效果进行检测评估。

（9）关注旅游市场动态，组织做好市场情报的收集和整理工作。及时统计、分析各类市场信息，定期向营销部经理提交分析报告。

（10）积极监督下属参与培训，并对培训效果进行考评。

（11）参与下属的绩效考核工作。

（12）根据任务需要，协助其他部门开展工作。

（十二）市场调研员岗位职责

（1）根据公关主管的调研任务安排，按调研方案进行市场调研，负责收集情报和资料。

（2）根据公关主管的安排，对酒店公关活动、广告宣传的效果进行调研及效果测评。

（3）整理、分析收集的信息及资料，按时提交市场调研报告。

（4）补充、完善酒店营销信息，为营销决策和其他部门开展业务提供信息支持。

（十三）广告策划员岗位职责

（1）协助公共关系主管完成酒店各类广告创意及策划工作。

（2）根据广告创意，完成广告方案的编写。

（3）与营销部美工人员合作完成广告的平面设计工作。

（4）对于需要外部专业制作单位制作的宣传品，负责及时联系制作单位制作，并将合作单位的收费标准报公共关系主管审批。

（5）联系广告制作公司，完成广告的制作，并监督制作过程。

（6）根据预算，选择合适的广告媒体，与各广告媒体及制作单位维持好关系。

（十四）公共关系代表岗位职责

（1）负责接待来访参观客人，向客人介绍酒店情况，增进公众对酒店的认知度。

（2）具体落实各级别贵宾的接待工作。

（3）协助公共关系主管完成公关活动方案的策划与拟定工作。

（4）与各部门协调，协助公共关系主管完成公共关系活动前的准备工作。

（5）负责跟进酒店的各类公共关系活动，并及时处理发现的问题。维护好客户关系。

（6）负责接收、发送来往的公文及信件，收集客人反馈意见，形成报告并及时提交给公共关系主管。

（7）将收集到的客户信息及时整理归档。

(8) 定期对客户资料进行分析，为酒店公共关系活动方案的策划与实施提供依据。

(十五) 美工岗位职责

(1) 负责酒店横幅、广告牌、指示牌、招贴、工艺美术品的设计工作。

(2) 负责酒店服务指南、酒店简介、画册、菜单、明信片、纪念品、广告等的设计，并负责印刷品的印刷质量。

(3) 制作可独立完成的广告宣传品，确保质量。

(4) 根据公共关系主管安排，负责完成酒店各大活动、庆典会场的布置美化工作。

(5) 负责酒店内举办的所有活动的摄影工作。

(6) 保管好工作设备和器具。

(7) 妥善安置和保管所有用过或展出过的广告宣传品。

(十六) 内勤岗位职责

(1) 对部门经理负责，全面处理营销部内勤工作。

(2) 整理文字资料，归类装订成册，存档备查。

(3) 搜集部门资料，负责文件、材料的编写。

(4) 了解部门人员工作材料、用品的需求，领发办公用品。

(5) 负责部门材料打印、复印、分发工作。

(6) 负责部门各类会议纪要记录、整理、存档工作。

(7) 负责部门来电、来函的拆阅、整理及回复备案工作。

(8) 负责部门报纸杂志的分发、归类、整理、保管工作。

(9) 完成上级交办的其他任务。

【任务拓展】

选择两家不同类型的酒店，观察这两家酒店的营销部的岗位设计及具体职责有何不同，是否合理，并解释原因。

【任务反馈】

旅游企业营销部门设计各岗位的岗位职责的出发点是什么？

释疑：旅游企业的营销部是整个企业的龙头部门，是发掘顾客需求的主力军。旅游企业营销部门设计了很多不同的岗位，旨在满足旅游企业营销部门正常运作的需要的同时更好地发掘客户需求，为客户提供更加完善的产品和服务。旅游企业营销部门在设计各岗位的岗位职责时应该以发掘顾客需求、满足顾客需求及企业发展需要为出发点，根据企业自身的特点及客户的需求特征进行岗位设置及岗位职责的设计。

任务二　熟知营销部的管理制度及工作流程

【任务目标】

学生应了解营销部的管理制度及工作流程。

【案例聚焦】

小杨在一家四星级酒店做销售代表，这家酒店的营销部管理十分严格。某天早晨，他准备去拜访客户，临出门前突然觉得肠胃不适，便稍微休息了一会。但是，当他准备去酒店签到时，已经快到与客户约定见面的时间了，于是小杨抓紧时间赶往目的地对客户进行拜访。拜访挺成功，与客户签了协议。小杨十分高兴地回到酒店。

刚进营销部忽然想起自己还没有补签外勤单，他马上找到了主管说明情况。“主管，我今天拜访了一位客户，很成功，客户签约了。不过我早上由于肠胃不舒服没来得及到酒店签到，您看，您能不能让我补签一下啊。”主管笑着说道：“小杨，我正好想和你谈一下。按照咱们部门的规定，销售人员拜访客户前一定要先填外勤单，如果有特殊情况要先向主管报告。你当时应该先给我打个电话说明情况，而不是现在才说明情况。所以，今天这种情况我们要按规定处理。希望你能明白，制度严明、按制度办事才能做好管理工作。”小杨回答：“好的，我明白了，主管，下次我会注意工作细节，既要完成营销任务，也会遵守管理制度。”

案例点评：营销部作为旅游企业中的重要职能部门，有自己严格的管理制度和工作流程，在完成营销任务的同时，对营销制度的遵守也是基本的岗位要求。

【任务执行】

任务工作单 2－2

<table>
<tr><td>任务名称</td><td colspan="4">营销部的管理制度及工作流程（以酒店为例）</td><td>学时</td><td>1</td></tr>
<tr><td>学习小组</td><td></td><td>姓名</td><td></td><td>学号</td><td>指导教师</td><td></td></tr>
<tr><td colspan="7">工作任务描述
了解酒店营销部的管理制度及工作流程，通过查阅图书、资料、网络等资源，寻找酒店营销部门管理制度及工作流程的典型案例，每个小组从中选择一个案例，进行讨论分析，并提交分析报告。</td></tr>
<tr><td colspan="7">具体工作任务
（1）获取相关资料与信息：
① 搜索相关资料，熟悉酒店营销部的管理制度。
② 网上搜索酒店营销部管理制度的典型案例。
（2）讨论：
① 酒店营销部有哪些管理制度？
② 酒店营销部有怎样的工作流程？
③ 选择一个酒店企业营销部的管理制度与工作流程设计成功的案例进行分析，并描述你对酒店营销部门管理制度及工作流程的理解。
（3）成果展示：各小组汇报讨论结果，将案例分析通过幻灯片在课堂上展示。
（4）提交工作记录单和案例分析报告。</td></tr>
<tr><td colspan="7">学习条件
（1）市场营销实训室；
（2）每个小组配备一台可上网的电脑；
（3）任务工作单、工作记录单、学习情境练习单等；
（4）课件、视频资料、题库等。</td></tr>
</table>

一、营销部常用管理制度

(一) 营销部员工工作纪律

(1) 营销部工作人员要坚持勤勉、团结、坚韧的工作态度,以服务社会、客户、企业为工作宗旨。

(2) 在企业办公区域工作时必须着正装,外出销售时可着便装。

(3) 严格考勤制度,每日上岗、外出工作必须签到。凡由于工作不能及时签到的,必须提前通知部门管理人员。

(4) 当离开部门办公室外出工作时,需将所去目的地告知其他同事。

(5) 非工作需要进入酒店大堂时不得走酒店正门,可走员工通道。

(6) 非接待客户需要,严禁搭乘客梯。

(7) 注意使用礼貌用语,见到客人或同事要主动问候。

(8) 无紧急事件严禁在办公区域打私人电话。接听私人电话不得超过5分钟。

(9) 休假、事假必须提前报部门经理审批,严禁先休后补。病假必须出示医院病历。

(10) 按国家及企业规定处理外事工作,遇事多请示多汇报,不要擅自做出决定。

(11) 在销售谈判及合作中不得有私下交易行为。

(12) 不得接受客人贵重礼品及回扣。

(13) 工作期间不得饮酒。

(14) 不得利用工作时间忙私事。

(二) 营销部客户拜访管理制度

(1) 按照企业的实际情况制订客户拜访计划,并明确规定销售人员拜访客户的数量和时间。

(2) 拜访客户前必须填写外勤单。写明客户的姓名、职务、单位名称及地址、预计抵达时间、拜访时长、拜访目的等。

(3) 拜访结束后按规定填写拜访记录,汇报所拜访客户的姓名、职务、单位名称及地址、拜访内容等。

(4) 拜访客户时需携带工作证、名片、宣传资料等,注意个人仪容仪表。

(5) 严格遵守与客人的约定时间,如因意外延误,需及时与客户沟通,争取客户的谅解。

(6) 不得擅自接受客户宴请、收受客人礼物。特殊情况应向营销部经理及时汇报,征求处理意见。

(7) 部门经理必须每日阅读拜访记录,并依据记录内容及每周累计工作量对营销人员进行绩效考核。

二、营销部工作项目的工作流程

本书前文已对旅游企业营销部各岗位的岗位职责进行了介绍。从各岗位的岗位职责中我们可以了解旅游企业营销部各岗位工作人员的工作内容。接下来需要对营销部某些工作项目的工作流程做简单介绍。

(一) 客户拜访工作的流程及关键点

1. 工作流程

第一步:做好拜访前的准备工作,充分了解要走访的客户情况。

第二步:准备拜访客户时所需的各种资料。

第三步:与客户及时联系沟通,对客户进行拜访。

第四步:拜访时记录各种信息。

第五步:拜访结束后对记录的各种

信息进行整理、归档。

第六步:撰写拜访工作的总结报告。

第七步:向上级提交工作报告,并存档。

2. 关键点

(1) 掌握客户的详细资料,掌握客户所在单位的运营情况。

(2) 准备好企业的宣传资料、工作记录本、名片、礼品等,出发前仔细检查有无遗漏。

(3) 拜访时要向客人详细介绍企业的产品及服务,积极介绍旅游企业最新销售政策。争取或稳定客户与企业的合作意向。

(4) 一定要对拜访记录进行整理,形成报告提交上级。

(5) 撰写的报告中一定要有对市场动态、客户需求等的分析。

(二) 对可销售工作的程序及关键点

1. 工作程序

第一步:研究分析市场情况,了解顾客需求变化。

第二步:明确销售目标。

第三步:与目标顾客取得联系并开展推销工作。

第四步:推销过程中尽量争取客户的合作意向。

第五步:与有合作意向的客户签订协议或合同。

第六步:接待客人。

第七步:后续跟进。

2. 关键点

(1) 销售人员要定期按时对市场变化进行分析。定期通报客户信息,根据酒店实际情况确定目标顾客。

(2) 销售人员一定要对目标顾客进行电话拜访或上门拜访,建立对客日常联系机制。适时推介企业产品及服务,逐步建立目标顾客群。

(3) 有技巧地向客户介绍企业的特色、产品及服务、各项优惠政策。

(4) 销售人员在接待客户时,尤其是第一次到店消费的客户,一定要提前做好准备,与各部门协调合作,保证服务质量。在接待过程中要全程跟进,及时处理和解决出现的问题,保证客户的满意度。多做总结。

(5) 客户消费结束后要征求客户的消费意见,及时加以改进,并保持与客户的后续联系。

(三) 大型活动组织程序与关键点

第一步:策划活动内容。

第二步:制订实施方案。

第三步:进行具体的工作分配。

第四步:准备活动的物资。

第五步:拟定邀请嘉宾名单,向嘉宾发送邀请函,并进行确认。

第六步:正式开展活动。

第七步:总结活动经验。

2. 关键点

(1) 活动方案的内容主要包括:活动主题、活动形式、活动规模。一定要做好活动费用的预算。明确参加人员的要求、分工,环境布置要注意的问题,环境布置所需物品的供应情况及价格等。

(2) 对参加活动的工作人员进行细化的分工,并进行相应的培训。

(3) 准备活动所需的设备、器材、陈列物、宣传品等,并在规定时间内完成设备、器材等的安装调试工作,在规定时间内完成场地的布置。

(4) 成立专门的接待处、签到处。

(5) 做好防火防盗、交通疏导及环境保持等工作。

(6) 向嘉宾发出邀请函后要及时确认嘉宾到会的情况。

(7) 活动中一定要做好跟进服务,发现问题及时解决,保持与相关部门的沟通联系。

(8) 活动后要有总结报告,要对活动的开展情况进行总结,分析问题、总结经验。

【任务拓展】

选择两家不同类型的酒店,观察这两家酒店的营销部的管理制度及工作流程有何不同,是否合理,并解释原因。

【任务反馈】

旅游企业的营销部门设置的管理制度比较严格,但是有些规章制度是不容易控制的,如:不得接受客人的贵重礼品及回扣等,该如何解决这一问题?

释疑:任何管理规章制度都不是万能的,肯定存在着一定的不可控因素。旅游企业营销部的工作人员尤其是客户经理及销售代表,这些岗位与客户接触频繁,存在着一定的共同利益,如果要规范这些工作人员的个人行为,除了利用管理规章制度外,还要加强培训,端正他们的工作理念与客户意识,通过职业道德素养的精神层面的鼓励加以激励及引导,引导他们认识到眼前利益与长远利益、个人利益与集体利益的关系,使得这部分工作人员的行为更加规范、可控。

任务三 培养旅游营销人员的基本职业素养

【任务目标】

学生应了解旅游营销人员应具备的职业素养,使自身具备基本的职业素养。

【案例聚焦】

某日,某酒店营销部订房中心的电话铃急促地响起:"您好! 订房中心。""您好! 我想预订一间大床房间,时间是3月15日,住3天。""好的,请问先生您贵姓? 您的单位和电话号码是……"订房中心的小姐热情地为客人杨先生介绍宾馆的设施并为客人预订好客房。这时,客人又提出要求,想让酒店帮助其预订99朵玫瑰。但是客人身在国外,不方便提前将定金预付给酒店。看着客人迫切的要求,订房中心的员工迅速地将这一特殊情况请示了营销部经理,面对这一特殊情况,营销部经理做出了决定:既然客人选择了我们酒店,请求我们给予帮忙,说明客人对酒店充满信任,我们就以部门的名义给他担保,相信他会如期到来。

3月15日晚上9时,杨先生到达了酒店。总服务台的值班经理热情地告诉他:"先生,你需要的99朵玫瑰已准备好,花店员工马上给您送上房间。"客人高兴地连声说:"给您添麻烦了,非常感谢!"

案例点评:营销部员工在面对客人的要求时应时刻体现"以顾客为中心"的服务理念,在合理而可能的条件下,尽量满足顾客多样化的需求。

【任务执行】

任务工作单 2-3

<table>
<tr><td>任务名称</td><td colspan="5">营销人员应具备的基本职业素养</td><td>学时</td><td>1</td></tr>
<tr><td>学习小组</td><td></td><td>姓名</td><td></td><td>学号</td><td></td><td>指导教师</td><td></td></tr>
<tr><td colspan="8">工作任务描述
正确认识和了解营销人员应具备的基本职业素养，通过查阅图书、资料、网络等资源，寻找旅游企业营销人员的典型工作案例，从中总结和发现营销人员应具备的基本职业素养。每个小组从中选择一个案例，进行讨论分析，并提交分析报告。</td></tr>
<tr><td colspan="8">具体工作任务
(1) 获取相关资料与信息：
① 搜索相关资料，了解什么是职业素养。
② 网上搜索企业营销人员职业素养方面的典型案例。
(2) 讨论：
① 旅游企业营销人员应具备怎样的职业素养？
② 您认为自己作为营销人员最大的优点是什么？
③ 您认为自己要成为一名合格的营销人员还欠缺哪些职业素养？
(3) 成果展示：各小组汇报讨论结果，将案例分析通过幻灯片在课堂上展示。
(4) 提交工作记录单和案例分析报告。</td></tr>
<tr><td colspan="8">学习条件
(1) 市场营销实训室；
(2) 每个小组配备一台可上网的电脑；
(3) 任务工作单、工作记录单、学习情境练习单等；
(4) 课件、视频资料、题库等。</td></tr>
</table>

一名优秀的旅游营销人员必须在心态、意识、特质、素养上具备各种优势，并将这种优势发挥和运用到工作中去，使得营销工作更加出色，更加高效。

一、基本心态

1. 自信地面对工作中出现的问题和挫折，积极努力解决问题

营销人员在工作中都会遇到各种各样的问题和挫折，以冷静自信的心态去认识和面对显得尤为重要。当我们用积极自信的心态去面对问题和挫折时，问题和挫折就会变得不再可怕，最终都会得以解决，营销人员也可以从问题的解决过程中总结出经验和教训，为今后的工作积累宝贵的经验和财富。如果消极地面对在工作中所遇到的困难和挫折，就会使困难和挫折主观性地扩大化，从而产生消极回避的心态，对工作百害而无一利，甚至会让营销人员产生自己不适合营销工作的错误意识，影响自身职业生涯的规划及发展。

2. 应具备强烈的责任感和使命感

在工作中无论作为上级还是下属对工作都应有强烈的责任感和使命感，应

该履行自己在工作中所应承担的责任。工作出现失误要主动承担责任，不能互相推诿或者逃避责任。只有这样才能做好营销工作，才能对客户负责，也只有这样才能维护团队和谐，为团队创造最大化的利益。

3. 时刻保持工作激情

几乎所有的营销人都有过这样的经历：刚进入营销行业，或者刚升迁至营销岗位时，自己对新环境或新岗位有着几分陌生的同时又总是激情飞扬，始终会感觉脑子里有根紧绷的弦，这时往往是最容易出业绩的时候。随着岁月的更迭，自己逐渐对所从事的工作越发地熟悉，也深谙其中的种种“游戏规则”，似乎一切都显得那么游刃有余，不知不觉当初的那根紧绷的弦已消失得无影无踪了。突然有一天，感觉自己所做的工作成了一种负担，常常会感觉身心疲惫，再没有当初的激情。而做营销工作最怕的就是丧失激情，一旦没有了激情，就会失去积极工作的动力。如此一来，难免会出现负思维，对工作敷衍了事。可想而知，以这样的精神状态面对工作，是无论如何也无法完成好的。因此，热爱营销工作，时刻保持工作的激情对营销人员来讲十分重要。

4. 坚守作为营销人员的职业道德

作为营销人员，职业道德是其必须具备的职业素养。面对客户要做到真心真意为顾客服务，不虚伪、不欺骗顾客。遵守社会法律和行业规范，这样才能赢得顾客的信任，留住顾客，为自己今后的营销工作打下良好的基础。

二、营销人员应具备的基本素质

营销人员必须具备一定的基本素质，即自我认知、营销理念、法律意识、专业知识、社会技能等。这些基本素质构成了营销人员丰富的知识结构，从而指导着他们不断地克服销售障碍，不断地取得进步，进而逐渐地从普通走向优秀，直至向卓越发展。

营销人员首先要对自己有一个清晰的认知，对自己的追求、期望与定位应非常明确，也就是说，营销人员对自己的职业生涯应具有良好的规划。然后根据这个规划，去调整、充实自身的知识结构，比如准备必需的营销、法律、销售的专业知识以及活跃于社会生活中的人际关系、社会角色等社会技能方面的知识。事实上，营销理念与法律意识、专业知识以及社会技能等反过来又会不断地促使营销人员自我认知的提高与调整，不断地推动着营销人员的成长。

1. 工作胜任能力

营销人员必须具备一定的工作胜任能力，才能完成个人营销任务，进而实现企业的营销战略。

一般地说，营销人员的工作胜任能力由三个方面组成：

首先是知识(knowledge)。知识是头脑中的经验系统，它是以思想内容的形式为人们所掌握，知识是个人能力形成的理论基础。营销人员需要的知识，既包括宽泛的营销理念、法律知识以及社会交往中的人际关系、社会角色等，也包括营销工作所涉及的专业知识、专业理论等。

其次是专业技能(skill)。专业技能是操作技术，是对具体动作的理解，它以行动方法的形式为人们所掌握，专业技能是个人能力形成的实践基础。营销人员需要的专业技能，既包括营销业务领域中涉及的操作技能，也包括处理营销工作开展中涉及的人际关系处理等社会技能。

最后是社会角色(Social Role)。所谓角色，是指人们在所处的特定的组织与社会中的地位。而社会角色，则是指一个人投射给其他人的形象或印象，社会角色取决于个人的价值观、个性特征与行为动机等。营销人员的社会角色是一个复杂多变的综合体：在企业，需要扮演一个业务人员，配合生产部门、研发部门、售后服务部门等各部门人员的工作，需要处理好上下级关系、同事关系等；在客户那里，需要扮演一个指导客户购买的助手，以帮助客户作出购买决策，需要处理好企业与个人、企业与客户、个人与客户等方面的关系；在家庭，他需要扮演一个家庭成员的角色，儿子、女儿、丈夫、妻子、父亲、母亲等，他需要处理好家庭之间等方方面面的关系。

营销人员需要不断地发现自我的内在需求，需要不断地自我激励与自我超越。

2. 具备正确的、先进的现代营销理念

作为营销人员，需要清晰地了解现代营销的发展方向。具体地说，营销理念的形成与发展，经历了从以企业为中心的生产理念、产品理念与推销理念，到现阶段正沿着以客户为中心的营销理念、关系营销理念、社会营销理念方向发展的路径。

生产理念的特点是供不应求、被动接受，以企业生产为中心，不断改进生产过程，提高生产效率。产品理念的特点是注重品质，忽视需求，患有“营销近视症”，企业以产品品质为中心，向市场提供自己能够生产的产品。推销理念的特点是以销定产，开拓市场，扩大销售，企业的任务是不遗余力地将已经生产出来的产品推销给客户。上述三个阶段的营销思路都没有对客户引起足够的重视。因此，从现代营销趋势来看，都存在着或多或少不足。

以客户为中心的现代营销理念，特点是强调以销定产，注重需求，营销焦点从先前的“生产”转移到“市场”。企业的任务是强调从客户的需求出发，进行营销活动，从而以适当的产品或服务来满足客户的需要与欲望。关系营销理念，强调在产品或服务的整个生命期间，销售应该集中在买卖双方之间的关系上。进一步发展的社会营销理念，其特点是强调满足需求，兼顾社会大众。企业的任务是必须在企业利润、客户需要与欲望和社会福利三方面进行权衡，走可持续发展的道路。在当前营销趋势下，社会营销理念的一大特点表现为强调社会环保，凸显企业的社会责任感。

3. 具备正确的道德规范与相应的法律知识

对营销人员来说，不道德的销售行为或许在一次交易中会侥幸得逞，但要建立与发展真正的合作伙伴关系需要百分之百的诚实和真挚。通常情况下，人们将道德定义为判定正确和错误行为的标准，因此，被社会大多数人认同的行为标准就是道德规范。这些规范，一部分可以用法律来约束，违反规范就要受到法律的惩罚；另一部分，不属于法律约束的范畴，仍然只能用道德的力量去限制。

营销人员在销售过程中，若有产品介绍不当或违反有关承诺、保证以及商业诽谤等都被认为是不道德的销售行为。这些不道德的销售行为，严重的可能惹上麻烦，甚至受到法律的制裁等。

商业诽谤包括以下几种形式：最简单的是口头中伤，这种行为是指口头向第三者(如客户)进行有关竞争者的不公正或不符合事实的陈述，即对竞争者的商誉或个人名誉的伤害。其次是书面诽谤，是指在与客户的书面文字交流中出现的不公正或不符合事实的陈述，包括给客户的信件、销售文字资料、广告或公司手册等。还有就是产品贬损，是指对竞争者的产品或服务进行不切实际或欺骗性的比较和歪曲性的评论。最后一种是不公平竞争，是指销售人员在进行产品介绍时对产品的性能或质量作出的不符合事实的表述。

因此，营销要赢得大众的敬重，就必须按照大众所能接纳的道德标准来处事。努力处理好与竞争者、与企业、与客户等多方面的关系。

在客户关系方面，不道德的行为会产生负面后果，相反地，讲究道德与职业规范的营销人员会深得客户欢迎。因此，若欲与客户建立持久的合作伙伴关系，营销人员需要诚实笃信，应该不断努力创造一种讲究道德规范与遵纪守法的销售氛围，更好地围绕客户与企业的目标提供服务。

4. 注意在营销过程中情感的导入

营销人员要注意被称之为人之常情的因素。应该尽量帮助客户满足某种愿望和客户想得到的利益。只有产品符合客户的需求时，客户才会购买。

5. 掌握营销业领域所必需的知识

营销人员要对客户的需求进行调研，首先要具备相应的管理学、经济学、统计学、心理学、社会学等方面的知识，这样才能使自己准确把握客户的需求及需求的变化，及时调整产品与服务，做好营销工作，做好客户关系的维护工作。

综上所述，营销人员只有具备良好的职业道德素养，具备丰富的知识、学习热情与工作热情，具有强大的工作责任心才能做好营销工作，成为一名优秀的营销人员，同时也要具备相应的团队协作能力，为企业利益的最大化做出应有的贡献，为自己的职业生涯发展打下坚实的基础。

【任务拓展】

选择两家不同类型的酒店(或其他旅游企业)，观察这两家企业的营销部对员工职业素养方面的要求有何异同，是否合理，并解释原因。

【任务反馈】

旅游企业的营销人员锻炼职业素养中的核心内容是什么？

释疑：旅游企业的营销人员职业素养中的核心内容应该是学会尊重客户、尊重自己，只有尊重客户并尊重自己的营销人员才能赢得客户的尊重及企业的认可。尊重客户的层面很广，需要营销人员树立正确的客户意识，多站在客户的角度思考问题，对待客户要真诚、守信。尊重自己要做到用高标准的职业道德要求自己，做到为人正直、真诚，学会做人、做事。

◆项目评价

本项目以旅游业中的酒店企业为例，就营销部的岗位设置、各岗位的岗位职责、营销部常用管理制度及相应的工作流程进行了介绍，目的是让大家对营销部到底做哪些工作、该怎么做有一定的了解。通过对酒店营销部岗位设置的学习，我们能体会到酒店营销部工作内容的多样性和复杂性，要做好这些工作一定要掌握相应的技巧，并遵守营销部的管理制度。与此同时，营销人员的基本职业素养是开展旅游营销工作的基础，旅游营销人员应时刻审视自身是否已经具备作为一名合格营销人员的基本职业素养，不断充实磨炼自己，创造团队利益最大化及个人的事业辉煌。

【知识/技能评价】

① 简述酒店营销经理的岗位职责有哪些。

② 简述客户拜访工作的工作流程有哪些。

③ 简述组织策划酒店营销活动需要注意哪些问题。

④ 简述酒店营销人员应具备哪些职业能力。

【实训演练】

① 选择当地一家旅游企业，利用周末时间进行调研或访谈，了解其营销部的运作情况，并提出自己的见解和看法。

② 通过对旅游企业成功营销案例的分析，总结旅游企业营销工作人员应建立怎样的客户意识。

【项目链接】

表 2－1 销售部操作程序

销售部操作程序	
执行部门：销售部 主　　题：团队预定程序	编号： 页数：
服务程序	工作步骤
接受预订	接到由旅行社发来订房传真，其中写明团体人数、国籍、用房数、抵离日期、房价、付款方式、用房种类、航班号、陪同人数，姓名以及特殊服务。
确　　认	① 查阅预订部电脑预订情况，证实确有房间时，填写“团队订房确认单”并传真给旅行社； ② 填写“团队预订单”。
通知有关部门	将“团队预订单”与旅行社订房传真（复印件）发给预订部、财务部，并由接单人签字。
登记存档	将“团队预订单”登记在当月团队订房统计表上，按进店日期存档。
更　　改	① 在团队抵店之前 3 天，再次与旅行社确认； ② 如有更改，收到更改预订的传真后，找出原始预订单立刻进行更改，并填写“变更预订单”发到预订部、财务部、前厅部； ③ 给旅行社发传真再次予以确认。

续表

销售部操作程序	
执行部门：销售部 主　　题：团队预定程序	编号： 页数：
服务程序	工作步骤
取消预订	① 接到旅行社发来的取消预订传真后，当日填写“取消预订单”发给预订部、前厅部、财务部； ② 将旅行社传真及所有预订单，合订一起存档，报告销售经理； ③ 在当月团队订房统计表中划掉此团的登记。
预订控制	根据酒店既定的方针，适当控制流量及房间。
检查准备工作	对照“团队预订单”与电脑，仔细检查以下内容： ① 团队名称、旅行社、电脑编码、抵离日期、航班及房间价格等有无差错； ② 房间准备情况，包括团队房间数及人数是否有误； ③ 各团队的特殊要求，对有重要客人和需特别照顾的客人的团队，应与客房部和餐饮部联络，检查是否做好各项特殊安排； ④ 准备好自己的名片并记住领队姓名，以便于交流与做好协调工作。
接　　团	① 团队到店时，亲自到前台与旅行社陪同进行联系，帮助办理团队入住手续，落实团队的早餐及特殊要求； ② 接待重要团队时，应提前检查客房，准备好入住单及钥匙。团队到达前10分钟同市场销售总监、销售经理及有关人员到场欢迎。
送　　团	① 在团队办理结账手续前15分钟到前台协助结账，并确保团队客人已结清私账； ② 与各位客人道别。

拓展路径

1. 扫下面二维码，阅读文章《优秀营销人员的5个准则6种能力》。

2. 扫下面二维码，阅读文章《一个优秀营销人员必须学会角色扮演》

3. 扫下面二维码，了解《高星级酒店营销部管理制度》。

4. 扫下面二维码，了解《星级酒店营销部管理制度》。

项目三　深入了解旅游市场营销环境

◆项目目标

【行业要求】

① 构建全面而宏观的营销理念，理解旅游企业需要面对的来自环境的多方面影响；② 掌握市场调研的主要内容与方法；③ 充分了解来自旅游消费者群体的各种信息，并以此作为开展营销活动的重要依据。

【学习目标】

① 理解旅游企业开展市场营销工作必须关注的宏观环境与微观环境，掌握了解市场宏观环境和微观环境的方法和技巧；② 掌握如何通过对营销环境的分析帮助旅游企业抓住机会和规避风险；③ 掌握如何开展市场调研工作，以及在此基础上制定相应的营销决策。

◆项目任务

旅游企业营销工作的开展离不开内外部环境的影响，营销人员应该全面客观地了解宏观和微观环境，通过市场调研等方式获取企业所需的相关信息，为企业制定营销决策提供相应的依据。

任务一　营销不是独角戏

——旅游市场营销环境与分析

【任务目标】

学生应了解并掌握市场宏观环境和微观环境的方法和技巧，通过对营销环境的分析帮助旅游企业抓住机会和规避风险。

【案例聚焦】

政策先行，引爆研学旅行社市场

2018 年被视为研学旅行爆发的元年，自国家大力推进研学旅行以来，各路媒体大肆宣传研学旅行的千亿级学生市场，让研学旅行一时风头正盛。研学旅行的概念最早于 2013 年由国务院提出，2016 年 12 月，教育部、国家旅游局等 11 个部门联合发布《关于推进中小学研学旅行的意见》（以下简称《意见》）。自 2016 年教育部等 11 部门发布《中小学生研学旅行意见》后，截至 2019 年 4 月，已有 20 个省市积极响应国家政策，出台研学旅行相关地方政策，推动本地研学健康发展，帮助中小学生身心健康成长。据企查查数据显示，过去几年，全国包含

图 3-1 研学旅行(资料图片)

研学性质的公司多达 44884 家，仅 2018 年一年新成立的研学机构便有 5934 家，平均每天就有 16 家新的研学旅行机构诞生。

案例点评：研学旅行在政策上的率先提出以及后续政策的推进，对于引爆研学旅行市场起到至关重要的作用，属于宏观环境中的重要因素，但研学旅行市场的持续健康发展，还有更长的路要走。

【任务执行】

任务工作单 3-1

<table>
<tr><td>任务名称</td><td colspan="5">了解旅游市场营销环境并进行相应分析</td><td>学时</td><td>2</td></tr>
<tr><td>学习小组</td><td></td><td>姓名</td><td></td><td>学号</td><td></td><td>指导教师</td><td></td></tr>
<tr><td colspan="8">工作任务描述
了解市场营销环境的概念，熟悉旅游市场营销环境的特点，掌握旅游宏观营销环境和微观环境的内容，并把握它们对旅游企业营销工作的影响。选择一家你熟悉的旅行社、酒店或者景区等旅游企业，对其宏观和微观营销环境进行分析，这些环境对企业的营销工作开展带来了那些影响，围绕这些内容提交相应分析报告。</td></tr>
<tr><td colspan="8">具体工作任务
(1) 获取相关资料与信息：
① 搜索相关资料，熟悉什么是市场营销环境。
② 掌握旅游营销环境对旅游企业营销工作开展的影响。
(2) 调研：
① 选择一家旅行社(酒店/景区)，分析它的营销环境。
② 这些宏观和微观的环境，对这家企业产生了怎样的影响。
③ 汇总小组成员的分析，撰写环境分析报告。
(3) 成果展示：各小组汇报讨论结果，将案例分析通过幻灯片在课堂上展示。
(4) 提交工作记录单和案例分析报告。</td></tr>
<tr><td colspan="8">学习条件
(1) 市场营销实训室；
(2) 每个小组配备一台可上网的电脑；
(3) 任务工作单、工作记录单、学习情境练习单等；
(4) 课件、视频资料、题库等。</td></tr>
</table>

旅游市场营销不是自弹自唱的独角戏,旅游企业的一切营销活动都是在特定的环境中进行的,因此,旅游企业市场营销活动的开展不可避免要受到来自内外环境的影响。关注并分析旅游企业内外部营销环境的变化趋势以及识别由此带来的机会与风险,是市场营销人员的主要职责之一。由于营销环境存在的客观性与不可控制性,旅游企业只有根据其环境的实际情况和发展趋势,制定并适时调整相应的营销策略,自觉利用市场机会,防范可能出现的风险与威胁,才能确保在日益激烈的竞争中立于不败之地。

一、旅游市场营销环境的概念

(一)营销环境的概念

营销环境是指影响企业生存与发展,并在目标市场上开展营销活动的各种内外因素的总和。这里所说的环境因素,既指那些构成市场营销活动的前提与背景的宏观环境因素,也包括直接影响企业在目标市场上开展营销活动的微观环境因素。宏观环境和微观环境共同构成企业营销环境系统,他们会对企业的营销活动产生直接或间接的影响。

(二)旅游企业营销环境的概念

社会中的任何事物,都是不断变化且相互联系的,旅游企业的营销活动亦是如此,也是在一定的动态环境中进行的,绝不可能脱离环境的影响。旅游市场营销环境是指那些作用于旅游企业,而旅游企业难以控制的因素和力量,这些因素和力量构成了旅游企业生存和发展的外部条件。简而言之,旅游市场营销是指与旅游企业营销活动有直接业务关系的各种因素的总和。

旅游市场营销环境内容相当广泛,分为宏观营销环境和微观营销环境。

但是,需要注意的是,由于企业的经营活动各不相同,他们所涉及的营销环境也非千篇一律。不同类型的旅游企业,在不同时期对市场营销的认识不同,受影响和制约的程度也不一样。

二、旅游市场营销环境的特点

具体而言,旅游市场营销环境具有以下的特点:

(一)客观性

旅游市场营销环境客观存在于旅游企业营销部门的周围,它不以营销者的意志为转移,相反,它在一定程度上制约着旅游企业的营销行为。尤其是旅游企业面临的宏观环境,如人口因素、政治法律因素和社会文化因素等在一定社会时空状态下都是确定的,旅游企业不可能按照自身的要求和意愿去改变它们,只能主动去适应它们,并根据其变化及时调整市场营销策略。

(二)相关性

旅游市场营销环境的各项因素之间并不是孤立无关的,而是相互影响、相互制约的,正所谓“牵一发而动全身”,其中某一项因素的变化都会引发连锁反应,带动其他因素的相互变化,形成新的市场营销环境。例如:酒店在开发新产品时,不仅要受到经济因素的影响和制约,也会受到社会文化因素的影响和制约。

(三)差异性

虽然从整体上看,同一国家、同一地

区的宏观营销环境基本上是一致的，但是这种一致性却是相对的，同一国家的不同地区的某些环境因素也可能是不一致的。而且同样一种环境因素的变化对不同旅游企业的影响也不尽相同。例如：不同的国家、民族、地区之间在人口、经济、社会文化、政治、法律等方面存在广泛的差异。这些差异对酒店营销活动的影响显然是不同的。由于外界环境因素的差异，酒店必须采取不同的营销策略才能应付和适应这种情况。

（四）动态性

旅游市场营销环境各项因素的状态随着时间的变化而变化，并在这种变化中形成了多样化的环境。旅游市场营销环境的动态性决定了旅游企业对环境的适应是一个不断变化的动态过程。因此，某一时刻旅游企业对市场营销环境的适应并不表示将来也可以适应，随时监控和关注环境因素的变化以及由此引起的对旅游企业市场营销活动直接和间接的影响是十分必要的。

（五）可影响性

旅游企业可以通过对内部环境要素的调整和控制，对外部环境施加一定的影响，最终促使某些环境要素向预期的方向转化。旅游企业经营成败的关键，在于企业能否适应不断变化的市场营销环境。强调旅游企业对所处环境的反应和适应，并不意味着它对于环境是无能为力或束手无策的。旅游企业应当从积极主动的角度出发适应环境，或者说运用自己的经营资源去影响和改变营销环境，为自身发展创造一个更有利的活动空间，然后再使营销活动与营销环境相互适应。

三、旅游市场营销的宏观环境

旅游市场营销的宏观环境是指影响旅游企业运作的外部大环境，它包括政治、法律、经济、文化、自然环境、人口等宏观因素。旅游企业的一切营销组织都处于宏观环境影响之中，这些宏观的营销因素都是不可控因素，其所处的微观环境也不可避免地在宏观力量的控制之下。这些宏观环境既给企业提供发展的机遇和空间，同时也在某种程度上给企业带来威胁。

（一）政治法律环境

在任何社会制度下，旅游企业的市场营销活动都必定要受到政治和法律环境的规范和约束。这种政治和法律环境是由那些规范和约束社会上各种组织和个人行为的法律、政府机构、公众团体所组成的。

在现实生活中，政治因素会明显制约和影响旅游企业的营销活动。随着我国经济体制和政治体制改革的逐步深入，企业的营销活动将在一个更为开放、民主、法制化的经济管理体制和政治环境中运行。

对于一个国家而言，为了保障整个社会的正常运转，必须要制定相应的法律法规，而其中经济立法对旅游行业营销活动的影响尤为明显。旅游企业营销活动的开展，必须建立在了解和遵守国家颁布的有关法律、法规和规定的基础上，只有这样才能保证企业经营的合法性，并运用法律武器来保证企业及消费者的合法权益。

相关链接

2019年，日本继续放宽中国游客赴日旅游签证政策

2018年12月19日，新京报记者从携程方面获悉，携程“全球签证服务中心”近日已接到日本驻上海总领事馆的通知，确认日本旅游签证于2019年1月4日起进一步放宽。

此次日本旅游签证再次放宽主要包含两部分内容。首先，日本方面将此前针对中国教育部直属高校的在校本科生、研究生以及毕业三年以内的往届生，在申请单次签证时，实施简化申请手续的优惠政策。其对象高校从之前的75所，扩大到1 243所，这涵盖了中国国内拥有普通本科的所有大学。根据我国本科高校在校以及毕业学生规模，该政策预计将惠及2 500万到3 000万人。

另外，针对过去3年内以个人旅游签证赴日两次以上的中国游客，日本方面还规定，今后申请多次往返签证时的手续将简化，无需提交经济证明类材料。携程旅行网“全球签证服务中心”相关负责人分析，这一简化政策对于旅游者、企业和市场都是极大的好处。对于多数游客来说，办理3年多次签证最大的“拦路虎”就是资产证明材料，此次实施的政策将会打消这一方面的顾虑。

携程、途牛、驴妈妈等多家旅游平台发布的元旦旅游预测数据显示，日本旅游热度居高不下，再度成为2019年出境游的大热门。数据显示，截至目前日本继续蝉联游客人数、消费额双料冠军，全年赴日的中国游客有望超过800万人次。

（二）经济环境

经济环境是指影响消费者购买力和支出结构的各种因素。经济发展水平会直接影响旅游行业及企业的经营和发展。

1. 经济发展水平

旅游行业的市场营销活动必然要受到一个国家或地区经济发展状况的制约，在经济全球化的现实环境中，国际经济形势的变化已经成为影响旅游营销活动的重要因素。

例如2008年末席卷全球的金融危机，对我国的酒店业市场就产生了非常深刻的影响，入境旅游客源大幅下降，众多酒店企业开始在危机蔓延期将目标顾客锁定在国内市场，并通过一系列促销措施拉动内需。

经济发展水平与旅游企业的兴衰休戚相关，因此，旅游企业应认真分析，把握经济发展状况，准确预测市场动向及趋势，及时制定和调整市场营销策略。

2. 社会购买力

从旅游营销的角度看，经济方面最重要的影响因素是社会购买力。一定时期内由社会各方面用于购买产品或劳务的货币支付能力，即社会购买力，是构成市场的要素之一。因为市场规模的大小，归根结底取决于购买力的大小，因而旅游营销活动必然会受到社会购买力发展变化的影响和制约。旅游企业应当密切关注由于社会购买力的增减变动所带来的机会与威胁。

总的来讲，社会购买力的大小取决于国民经济的发展水平以及由此决定的国民平均收入水平。经济发展快，人均收入高，社会购买力大，旅游企业的营销机会就随之扩大；反之，经济衰退，市场规模缩小，则会给旅游企业的营销工作带来威胁，迫使许多企业不得不缩小其营销规模。

3. 消费者支出模式和消费结构

消费者支出模式会随着消费者收入的变化而变化，并影响一个国家或地区的消费结构。消费结构指在消费者消费过程中各种消费支出占总支出的比例关系。在西方经济学中常用恩格尔指数来反映这种变化。在一定的条件下，食物开支占消费支出的比重越大，恩格尔指数越高，生活水平越低；反之，食物支出占消费支出的比重越小，恩格尔指数越低，生活水平越高。只有在生活水平较高的情况下，一般消费者才会产生对旅游产品的购买需求。旅游企业应该注意到在消费结构和支出模式中所出现的这些变化，根据旅游消费者的需要向其提供适宜的旅游产品，把握由此带来的市场机会。

相关链接

恩格尔指数

19 世纪中叶，德国统计学家和经济学家恩格尔对比利时不同收入的家庭消费情况进行了调查，研究了收入增加对消费需求支出构成的影响，提出了带有规律性的原理，由此被命名为恩格尔定律。其主要内容是指一个家庭收入越少，用于购买食物的支出在家庭收入中所占的比重就越大。对一个国家而言，一个国家越穷，每个国民的平均支出中，用来购买食物的费用所占比例就越大。恩格尔系数则由食物支出金额在总支出金额中所占的比重来决定。

恩格尔指数是衡量一个国家、地区、城市、家庭生活水平高低的重要参数。按照联合国划分贫富程度的标准，恩格尔指数在 60% 以上的国家为饥寒型国家，在 50%～60% 之间的为温饱型国家，在 40%～50% 之间为小康型国家，40% 以下为富裕型国家。

（三）社会文化环境

营销学中所说的社会文化因素，一般指在一种社会形态下已经形成的价值观念、宗教信仰、道德规范、审美观念以及世代相传的风俗习惯等被社会所公认的各种行为规范。社会文化作为一种适合本民族、本地区、本阶层的是非观念强烈影响着消费者的购买行为，使生活在同一社会文化范围内的各成员的个性具有相同的方面，它是购买行为的习惯性和相对稳定性的重要特点。旅游营销人员应分析、研究和了解社会文化环境，以针对不同的文化环境制定不同的营销策略。

1. 价值观念

价值观念是人们对于事物的评价，

是一种意识形态，存在于个体之中。价值观念由文化因素决定，一定的文化背景下人们的价值观念往往比较接近。旅游企业应了解各类旅游者的价值观，才能知道他们对于事物的评判标准和爱好追求，才能做到投其所好。

2. 风俗习惯

风俗习惯主要指一个国家或民族的生活习惯方式和民族传统，具体表现在衣、食、住、行、交往等方面。不同国家、地区、民族的客人在风俗习惯方面具有很明显的差异，也有不同的民俗禁忌。所以，旅游企业在进行营销的过程中要考虑到这些风俗偏好的因素，尊重客人的习俗、禁忌。

3. 文化素养

文化素养是指人们的语言文字和受教育水平，它集中反映了一个国家和地区的文明程度。

语言文字是人们进行沟通交流的重要手段，旅游营销人员决不能忽视语言的重要性。掌握客源国语言一方面便于与顾客直接进行交流，另一方面会使顾客产生一种亲切感和受尊重感，从而赢得顾客的好感。

受教育程度的高低也会影响消费的偏好。受教育水平越高，出游的可能性越大，消费时也更加理性。旅游营销人员针对这部分客源要制定相应的营销策略，满足消费者对高品质服务的需求。

4. 宗教信仰

宗教信仰是信奉和崇拜超自然的神灵而产生的一种社会意识形态。世界上有很多类宗教，如基督教、伊斯兰教、佛教、印度教等，每种宗教都有其教义、教规和典章制度。宗教信仰的不同，造成了人们喜好、禁忌的巨大差异。旅游营销人员要了解各派宗教的基本特点，尤其是禁忌方面，尊重他人的宗教信仰，避免因在这些问题上处理不当而失去客源。

（四）人口环境

人口环境是指人口的规模、密度、位置、年龄、性别、民族种类和其他有关的情况。人口环境对旅游营销人员而言非常重要，因为它是决定市场需求类型与规模的基本因素。

在人口环境因素中，人口的数量与增长速度会影响到某一地区的市场容量。人口的年龄结构则会影响到消费者对旅游产品的具体需求。家庭的类型和规模也会影响到家庭成员的需求和购买习惯。此外，人口的地理分布与迁移也会导致消费需求与购买行为的差异。

（五）自然环境

自然环境是指影响企业生产和经营的物质因素，包括自然资源环境和物质资源环境。

1. 自然资源环境

对于依赖自然资源的旅游企业而言，自然资源是影响企业兴旺与否的决定性因素。优质而丰富的旅游资源可以吸引更多的客源，增加游客在该旅游景区逗留的时间，客观上给当地的旅游业带来更多的市场机会。

2. 物质资源环境

地球上的物质资源可以分为三类：无限供给的资源、有限但可再生的资源、有限且不可再生的资源。旅游企业离不开相应的资源以保障其日常的正常运转。一旦企业所必需的某类物质资源发生短缺，就会给企业的经营带来影响。

（六）科学技术环境

科学技术是第一生产力。现代科学技术的飞速发展，已经使我们迈入了知识经济的时代，给旅游业带来了广阔的发展空间。科技的进步，令旅游业的发展变化日新月异，为旅游营销创造了更先进、更现代化的管理手段。

新技术新设备的应用，增加了旅游业的服务项目，使旅游产品的更新换代周期缩短，提高了旅游企业的服务水准。同时高科技的应用也使旅游行业充满了现代化的气息，并能向客人提供更为便捷的服务。如酒店的在线预订系统、客房控制系统、财务管理系统、办公自动化系统等都是科技的力量所造就的。

四、旅游市场营销的微观环境

旅游市场营销的微观环境影响着企业为目标市场服务的能力。构成旅游企业营销微观环境的各种制约力量存在于企业周围，一般包括企业内部环境、供应商、中间商、竞争对手、顾客、相关公众等因素。旅游市场营销的成功不仅取决于能否适应客观环境的变化，适应和影响微观环境的变化也是至关重要的。

（一）旅游企业的内部环境

旅游企业是由多部门、多岗位及众多人员组成的整体，其间的分工协作、权利分配、责任承担和风险共担等对旅游营销的成败起着重要作用。在相同的外部环境下，不同的旅游企业营销活动所取得的成效往往不一样，因为它们有不同的内部环境因素。旅游企业开展营销活动时最先面对的是企业的内部环境，它直接影响企业的市场营销活动。旅游企业内部各个部门、各管理者分工是否明确、科学，协作是否和谐；企业的经营机制是否灵活，是否能适应竞争现状的要求；企业的文化氛围是否浓厚等，都会影响企业营销管理的决策和营销方案的实施。

（二）旅游供应商

旅游供应商是指向旅游企业及其竞争者提供旅游产品生产所需资源的企业和个人。旅游营销活动是一个以服务为主的综合性活动，旅游营销活动离不开物质产品和服务的供给，服务产品的数量和质量直接影响着营销活动的成本和费用的高低，进而影响营销活动的营销目标的实现。因此旅游企业必须和供应商保持良好的关系，保持供货的稳定性、及时性与质量的一致性，并注意供应商的变化，掌握供销价格的变动和产品技术的革新，以保证货源。

旅游产品是一项综合性的产品，因而旅游产品生产需要旅游供应者连续地适时地提供生产所需的各项资源，保证旅游供货的及时与稳定。另外，旅游供应者提供的技术设备等资源的质量和价格直接关系到旅游产品质量的好坏与成本高低，因而旅游企业在选择供应商时一定要注意供应者的供货质量和价格，掌握供应商品的价格变化情况并尽可能加以控制，使总和报价中利润的构成达到最大限度。

（三）旅游中间商

旅游中间商是指在旅游生产者与旅游者之间参与商品流通业务，促使买卖行为发生和实现的集体和个人。旅游中间商发挥了市场中介的作用，一方面要把有关产品的信息告知现实和潜在的旅游者，另一方面又要使旅游者能够方便地克服空间障碍获得旅游产品。

旅游中间商购买旅游产品的目的主要是为了在转卖过程中获取利润，因此他们对市场会非常了解，能够在掌握消费者心理的同时，给消费者提供最有价值的信息，帮助消费者选择最理想的旅游产品。旅游企业要重视中间商的作用，同时选择良好的中间商，利用他们的力量更好地开展市场推广的工作。

（四）旅游购买者

旅游购买者是旅游市场营销获得的最基本、最直接的环境因素。旅游购买者一般分为两种：个体购买者和组织购买者。

1. 个体购买者

这类顾客群是旅游产品和服务的直接消费者和最终消费者，购买旅游产品的目的是为了满足个人或家庭的物质和精神需要。个体购买者人数众多，市场分布比较分散，构成比较复杂，因此他们对旅游产品需求的差异也比较大。旅游营销活动要根据旅游消费者消费行为的特点把旅游产品设计为各种档次、各种类别、各种特色来适应不同层次旅游消费者的需求。

2. 组织购买者

组织购买者是指企业或机关团体组织为开展业务或奖励员工而购买旅游产品和服务的购买者。组织购买者是旅游市场营销的重要目标市场。组织购买者的数量虽然不多，但购买规模却比较大，因此利润空间比较充裕。另外，由于单位购买的目的是为公而不是为私，所以对于价格不是特别敏感。这类消费者注重的是购买旅游产品后所派生出来的实际效益——即是否有利于本企业今后业务的顺利开展，因此旅游企业所能提供的质量保证是其首选因素。

（五）竞争者

竞争是旅游市场营销环境中的重要因素之一。不同的竞争态势对旅游企业的营销活动会产生不同的影响。旅游企业所处的竞争环境涉及多个方面，但对企业影响最大的是同行业中各企业间的竞争。很少有一家旅游企业能为某一客源市场单独提供产品和服务。所以，旅游企业在建立有效的营销系统来满足市场需求的同时，总会遇上竞争对手，竞争对手总会影响到企业的营销系统。旅游企业必须认清他们，时刻关注他们，并设法战胜他们，保持顾客对企业的信赖。

（六）相关公众

旅游企业的生存与发展依赖于良好的公众关系和社会环境，社会公众会对旅游营销活动的成败产生实际的或潜在的影响。所以，在旅游市场营销的微观环境中，还要关注一些相关的公众群体对企业营销活动的影响。在这里，相关公众群体主要包括金融公众、媒介公众、政府公众、内部公众、普通公众等，他们都会从各自的领域和角度对旅游营销活动产生影响或作出反馈。

【任务拓展】

关注一下你所在的城市有没有举行一些重大的体育赛事或展会等，如果有，请思考是否会为当地的旅游企业带来机遇或挑战。

【任务反馈】

市场营销环境中宏观环境和微观环境存在怎样的关系?

释疑:市场营销宏观环境是指那些给企业造成市场营销机会和形成环境威胁的外部因素。这些因素主要包括人口环境、经济环境、自然环境、科技环境、政治法律环境以及社会文化环境。这些宏观因素是企业不可控制的变量。

市场营销微观环境是指对企业服务其顾客的能力构成直接影响的各种力量,包括企业本身及其市场营销中介、竞争者和各种公众。

在一般情形下,宏观环境因素决定微观环境因素,宏观环境常常通过微观环境作用于企业的营销活动。宏观环境中的六个不同方面因素又相互作用,对企业营销活动产生制约和影响。同时,微观环境对宏观环境也会产生重要的反作用。

任务二　了解市场,趋利避害
——旅游市场调研与预测

【任务目标】

学生应掌握开展旅游市场调研的方法和技巧,把握如何通过对调研结果进行分析与预测,帮助旅游企业抓住机会和规避风险。

【案例聚焦】

1986年夏天的一个上午,6名马里奥特酒店的雇员在亚特兰大机场外的一家便宜的旅馆登记入住。他们一住进房间,就各就各位,开始工作。一个人呼叫前台说他的鞋带断了——能否给他一副新的。另外一个细心地记下肥皂、洗发液和毛巾的商标。第三个人脱掉衣服,放在床上,同时开始呻吟、折腾并敲击床板。这时,隔壁的同事隐约听见了假装的喊叫,冷静地记下:此房间不隔音。

6个月来,马里奥特酒店的情报队在全国各地搜集关于经济型连锁酒店的情报。当经营者弄清楚了潜在对手的优势和劣势的详尽资料后,预算投资5亿美元建立一个新的酒店,该酒店要从肥皂到服务到客房隔音效果的每一个方面都能击败竞争者。

经过一系列的前期调研工作,马里奥特最终确定了自己所推出新的酒店品牌的定位及优势,并在市场上取得极大的成功。

图3-2　万豪(马里奥特)酒店一瞥(资料图片)

案例点评:马里奥特酒店通过有效的市场调研,发现竞争对手的弱点,进而有针对性地开发出更优质的产品。这对于旅游企业而言是具备极大的借鉴意义的,企业的任何营销决策都必须建立在市场调研的基础上。

【任务执行】

任务工作单 3-2

任务名称	制定市场调研问卷并进行市场调研					学时	2
学习小组		姓名		学号		指导教师	
工作任务描述 了解市场调研的概念,熟悉旅游市场调研的常用方法与技巧,掌握如何通过各种不同的市场调研方法帮助企业获取所需要的市场信息。选择一个你想要了解的主题,制定相应的调研问卷,并开展调研,根据调研结果进行分析并提交相应的分析报告。							
具体工作任务 (1) 获取相关资料与信息: ① 搜索相关资料,了解旅游企业为什么要开展市场调研。 ② 掌握进行旅游市场调研的常用方法。 (2) 问卷: ① 确定调研主题。 ② 制定设计调查问卷。 (3) 调研: ① 根据所制定的问卷,选择相应的企业/市场进行调研。 ② 汇总调研结果,并进行分析讨论。 ③ 汇总小组成员的分析,撰写调研报告。 (4) 成果展示:各小组汇报讨论结果,将调研报告在课堂上展示。 (5) 提交工作记录单和案例分析报告。							
学习条件 (1) 市场营销实训室; (2) 每个小组配备一台可上网的电脑; (3) 任务工作单、工作记录单、学习情境练习单等; (4) 课件、视频资料、题库等。							

市场调研是旅游企业取得良好经济效益的重要保证,是营销决策的重要依据。旅游市场是不断变化的,顾客的需求也是各不相同的。通过专业的市场调研,可以发现新的市场机会和更多的潜在需求,从而开发新产品以满足这些需求。同时,市场调研还可以发现旅游企业现有产品的不足,以及经营中存在的缺点,及时地加以纠正,使企业得以长期在竞争中立于不败之地。

一、旅游市场调研的概念与类型

(一) 旅游市场调研的概念

旅游市场调研是运用科学的方法,有计划、有目的、有针对性地收集、整理和分析企业外部环境和内部条件的相关信息,从而为旅游企业营销决策者和旅游管理部门管理者提供客观的决策依据。

(二) 旅游市场调研的主要类型

根据调研目的和性质的不同,旅游

市场调研分为四种类型。

1. 探测性调研

探测性调研是旅游企业对发生的问题缺乏认识，甚至在一无所知的情况下为弄清问题的范围、性质、原因而进行的小规模调研。它是一种非正式的调研，灵活性和直觉性很强，要求调研人员有丰富的经验和极强的洞察力。

这种调研方法有两种：一是文献调查，收集一些有关资料进行分析；二是经验抽查，向熟悉情况的人士征询意见。

2. 描述性调研

描述性调研是旅游企业通过详细的抽查和分析，客观地反映旅游市场情况，清楚地描述旅游市场特征的一种调研。市场研究的许多内容都是描述性的。因此，在进行这类研究前要对问题有相当程度的认识，最好根据决策的内容将问题分解为若干项针对性强的假设。

3. 因果性调研

因果性调研的目的是确定旅游企业各种变动因素间的关系。因果性调研分为定性和定量研究两类。定性研究的任务是识别那些对旅游市场变化有重要影响的关键因素；而定量研究则是测定旅游市场各种因素相互影响的数量关系。

4. 预测性调研

预测性调研是为了推断和测量旅游市场变化而进行的研究。它涉及的范围广泛，研究方式可根据决策性质和资料条件灵活多变。它可以通过专家和有经验的人士，对事物的发展趋势作出判断，并可以在描述性调研或因果性调研的基础上进行分析和计算，预测未来变化的量值。

二、旅游市场调研的内容

旅游市场调研是旅游企业经营者进行营销决策的重要依据，旅游市场调研的内容应该包括与本旅游企业相关的社会、政治、文化、经济等现象。同时，旅游市场调研还必须贯穿在企业整个营销过程的始终，从发现和判断市场机会，到核实、执行、控制以及信息反馈都属于旅游市场调研的范围。旅游市场调研的内容十分广泛，由于调查的目的不同，调查时间不一，其内容要求也不相同。但从总体上看，旅游市场调研的基本内容可归纳为：

（一）旅游市场环境调查

旅游市场环境调查主要包括政治法律环境调查、经济环境调查和社会环境调查等。

1. 政治法律环境调查

政治环境调查主要包括世界政治环境是否稳定；旅游客源国与旅游目的地国双边政治关系状况及发展趋势；各国的方针政策的变化，尤其是有关旅游方面的方针、政策。法律环境调查主要是了解双边国家的有关旅游法律和法规，以及办理入境手续等方面的规定等。

2. 经济环境调查

经济环境调查包括各客源国或地区的社会经济制度；经济特征及经济发展的速度和国民收入总水平；该国的物价水平；双边国家的货币汇率以及变化趋势等。

3. 社会环境调查

社会环境调查包括人口的总量及分布；生活习惯和闲暇时间；价值观念；受教育程度与文化水平；宗教信仰；民族分

布以及文化意识等。

（二）旅游市场需求调查

旅游市场需求调查主要包括：现有的旅游产品需求量；人均消费水平及消费结构；不同阶层的旅游者的不同需求及其变化趋势；旅游方式的现状及其变化趋势；对旅游地的旅游设施与服务等方面的评价与要求等。

（三）旅游市场供给调查

它主要包括旅游吸引物的调查、旅游设施调查、旅游可进入性调查、旅游服务调查、旅游企业形象调查等。

（四）市场竞争状况的调查

它主要是竞争对手的调查。竞争对手是指与本国、本地区或本企业争夺客源的国家、地区和企业。对竞争者的调查主要包括：竞争对手的现有客源市场状况；旅游产品的优势和劣势；所处的地理位置和接待条件；市场的营销策略；促销方式和渠道；旅游价格以及该国关于旅游的有关政策和法令等。在调查竞争状况的同时，应当将每次调查情况与本国本地区本企业相比较，做到知己知彼。通过对比分析，采取针对性的竞争措施。

三、旅游市场调研的步骤

专项的旅游市场调研是一项十分复杂的工作，要保证这一工作有条不紊地进行，提高调研工作的质量，必须有计划、有组织、有步骤地进行。一般而言，根据市场调研活动中各项工作的自然顺序和逻辑关系，市场调研可以分为五个阶段：

图 3－3　市场调查顺序

旅游市场调研过程的开始首先是识别营销问题和调研目标。随着旅游企业外部环境的变化，营销经理会面临这样的一些问题："我们应该改变现行的营销策略吗？"如果是，那么如何改变？市场调研可以用来评估产品、促销、分销或者定价的选择，另外也可以用于发现和评估新的市场机会。

旅游市场调研活动的开展是信息导向的，它涉及需要了解什么信息以及如何有效和高效地获取信息。如果市场调研人员不能对问题有清楚的认识，那么在收集信息时就极有可能盲目行事，最终收集大量毫无价值的信息，耗费大量的时间和费用。

（一）制订调研计划

要解决调研目标中的有关问题，需要收集不同的信息，这就要求制订一个详细的信息收集计划，以保证能够收集到所需要的各种信息。在这个计划当中，要明确调研对象、调研项目、调研所使用的获取资料的方法，以及可以运用的调研工具等问题，以确保调研活动的有效开展。

（二）收集信息

旅游市场调研的信息来源可以分为两大类：第一手资料和第二手资料。第一手资料又称为原始资料，是指调查人员通过现场的实地调查所搜集的资料；第二手资料又称为间接资料，是他人为其他某种目的已经加工整理好的信息。二手资料的获取成本低，时间短，但适用性相对较差；一手资料针对性强，适用性强，但是获取的成本比较高。

旅游市场调研一般先利用二手资料确定调查目标和基本方向，然后再通过一手资料的搜集进行详细的分析和研究。旅游企业可以将两种不同来源的信息充分结合起来，以达到最好的调研效果。

（三）分析信息

旅游企业通过调研收集到的原始资料和信息往往是杂乱无章、无法使用的，必须经过分析和处理，以保证信息的真实性和系统性。市场调研人员应当使用恰当的统计分析方法，将收集到的信息进行整理和分析，并得出全面的、合乎逻辑的结论。

（四）提出调研报告

调研报告是整个调研过程的最后一个阶段，是对旅游市场调研活动中所涉及问题的总结性文件，也是旅游企业经营者作出市场营销决策的参考资料。市场调研人员在调查报告中必须明确回答市场调研之初所提出的问题，不论文字说明、具体数据以及数字表达式，均应符合报告阅读者的素质。报告引用的数据均应进行复核，力求准确无误。调研报告没有固定的格式，但一般应包括以下内容：

（1）本次调研的主要目的。

（2）本次调研所采用的方法。

（3）本次调研所发现的问题及结果。

（4）提出若干决策性的建议。

（5）必要的附件，包括样本的分配、统计图表和其他资料等。

四、旅游市场调研的常用方法

（一）资料调查法

1. 资料调查法的概念

资料调查法又称为方案调查法，它是通过搜集旅游企业内部和外部各种现成的信息数据和情报资料，从中摘取与调研课题有关的内容，进行分析研究的一种调查方法。这种方法相对简单易行，并能够在较短的时间内达到调查的目的，因为获取现有的信息数据和情报资料可以通过很多信息载体来进行。例如，各企业内部的报表；有关旅游的报刊、杂志、年鉴、专辑、学术研究资料；国际或区域旅游组织和专业旅游市场的市场调查研究机构的年报及其他资料；网络上的信息资料等。获取这些资料速度快、成本低，只要我们客观全面地进行科学分析，就可以达到调查的目的。因此，此种方法常被作为酒店市场调研的首选方法。

2. 资料调查法的要求

市场调研人员一般都能找到资料，但能否找到与调研项目密切相关的资料却不一定，所以在寻找相关资料以前，市场调研人员必须明白进行资料调研的要求，首先要了解寻找资料的相关信息源，其次收集的资料要有针对性，最后要注意资料的时效性。

（二）实地调查法

根据旅游企业市场调研的目的、要求和调研对象的特点，采用直接接触调研对象的方法取得第一手资料，具有针对性强、适应面广、材料真实的特点。但是由于实地调研涉及范围广而且需用大量人工，所以也具有费时、费力、费钱的不足之处。

询问法，是调查人员以询问为手段，从调查对象的回答中获得信息资料的一种方法。它是旅游企业市场调研中最常用的方法之一。

在实际运用中，按询问的方法不同，可分为面谈调查法、电话调查法、邮寄调查法等。

1. 面谈调查法

面谈调查法是指访问者通过面对面地询问和观察被访问者而获取市场信息的方法。它是市场调研中最通用和最灵活的一种调查方法。访问中事先设计好问卷或调查提纲，调查者可依顺序提问，也可以围绕调查问题自由交谈、个人面谈、小组面谈等。

个人面谈即通过调研者与被调研者个人交流获得信息，如入户访谈、街上拦截访谈等。

小组访谈通常是一个小组的被调查人员共同出席座谈会，在座谈过程中，相互启发思路，集思广益，调查人员从中获得信息。

(1) 优点：富于伸缩性。该方法具有高度的伸缩性，可采取任何一种问卷询问，如果被调查者同意的话，还可以利用录音机进行访问，一旦发现被调查者不符合样本条件，可立即取消访问；具有激励效果；可获得较多资料；资料多，意味着偏差小、真实性强；能控制问题的次序；有观察机会。

(2) 缺点：费用高；时间长；访问偏见；管理困难。

2. 电话调查法

电话调查法是指通过电话向被调查者询问有关调查内容和征询市场反应的一种调查方法。这是为解决带有普遍性的急需问题而采用的一种调查方法。电话调查具有经济、快速与节省时间、容易控制等优点。但由于电话调查使用时间不能过长，所以往往调查问题不能深入。

3. 邮寄调查法

邮寄调查法是指将设计印制好的调查问卷或调查表格，通过邮局寄给选定的被调查者，由被调查者按要求填写后再寄回来，然后对寄回的资料进行整理分析，得到信息。此法在国内外市场调研中经常采用，它有费用低、调查面广、调查双方能充分表达自己意见的优点。但由于邮寄时间较长，影响资料的时效性，且调查对象的不确定性，对资料的回收和资料的质量都很难保证。为了克服这些不足，使调查顺利进行，提高回收率和准确性，要注意调查问卷或表格设计的科学性，并在寄出的邮件里附上回信的邮资，承诺寄回者参加抽奖的机会，以鼓励被调查者的积极性。

(三) 观察法

观察法是指调查者在现场对被调查者的情况直接观察，以取得市场资料信息的方法。一般说来调查者不与被调查者直接接触，而是借助于摄像设备或仪器，跟踪、记录和考察被调查的活动和现场事实，来获取重要的市场信息，所以具有客观、直接、自然、全面的特点。

1. 人工观察法

调查者置身于被调查者中间，亲临其间，开展调查，记录市场中发生的事情真相及前景，取得更全面的市场资料和信息。在进行这类调查的过程中要注意：一般不要让被调查者了解自己的身份，另外要始终保持客观的态度，避免主观意志影响调查结果。

2. 机器观察法

由于种种原因，很多场合并不适于或不需要调查人员亲临现场则可采取机器观察的方法，即根据调查的要求、目的，在调查场所设置摄像机、红外线探测器、IC卡智能机等设备自动采集有关信息。这种方法有操作简便、节约人工、使用时间长的优点，但有应用范围小、一次性投资大的缺陷。

3. 实验法

实验法是最正式的一种调研方法。它是通过小规模的市场进行实验，并采用适当方法收集、分析实验数据资料，进而了解市场的方法。实验包括包装实验、新产品实验、价格实验等。如在研究包装或广告对产品销量的影响时，在其他因素不变的情况下，某种包装或广告使用前后销售量的变化，就可看作是该包装或广告的效果。调研人员经过实验一般要取得可行的市场信息，这些信息对企业营销决策有重要的参考价值。采用这种方法的一个关键是环境因素不变，因此调研人员必须排除或控制没有研究意义的因素，并在这个前提下，挑选出被实验者的各个相互对照的小组，使他们受到不同对待，即引入不同的刺激手段，然后检查、观察反应的差异性是否在统计上有意义。由于随机因素被排除在外并得到控制，因此观察效果可与刺激的强度有关，调研人员从而可求出真正的因果关系。

（四）抽样调查法

抽样调查是按照随机原则从总体中选取一部分调查单位进行调查，从中得出有关整体的结论。抽样调查的设计包括三项内容：一是调查哪些人（抽样对象）；二是调查多少人（样本大小）；三是如何抽样（抽样方法）。

1. 抽样对象

一个适当的抽样对象并不总是很明显的。例如，要想了解家庭购买旅游产品的决策过程，抽样应该调查丈夫、妻子还是孩子？对此，营销人员要认真作出选择。

2. 样本大小

大样本提供的结果当然比小样本提供的结果更可靠，但大样本的调查成本高，而且往往没有必要。只要抽样方法正确，即使样本不足总体的1%，调查也同样能提供可靠的结果。

3. 抽样方法

抽样方法主要有两大类：一是随机抽样；二是非随机抽样。

（1）随机抽样是指整体中每一个个体都有机会被选作样本。它又可分为三种：一是简单随机抽样，即整体中所有个体都有均等的机会被选作样本；二是分层随机抽样，即对总体按某种特征（如年龄、性别、职业等）分组，然后从各组中随机抽取一定数量的样本；三是分群随机抽样，即将总体按某种标准（单位、地段等）分成若干个部分，随机抽取其中一个部分作为样本。

（2）非随机抽样是指在整体中不是每一个个体都有机会被选作样本。它又可分为三种：一是任意抽样，即调研人员根据方便的原则，任意选择样本，如在街头任意找几个行人询问其对某一旅游产品的看法和对象；二是判断抽样，调研人员根据自己或专家的经验来判断有哪些个体可作为样本；三是配额抽样，即首先对总体进行分组，然后由调研人员从各组中任意抽取一定数量的样本。

（五）问卷调查法

我们在日常生活中会碰到各种各样的问卷，如：买一本杂志，后面会附有“读者调查表”，了解你对杂志在栏目编排、文章编辑、内容设置上的看法；买了一台电动剃须刀，厂家除了提供使用说明外，还会有一张“用户反馈表”，了解你对该产品性能、价格、式样、颜色等等的意见。凡此种种都属于问卷的范畴。问卷在企业市场调研中作用重大，任何形式的询问调研的核心都是问卷。

1. 问卷的概念

问卷，又称调查表，是指调查者根据调查目的与要求，设计出由一系列问题、备选答案及说明等组成的向被调查者收集资料的一种工具。问卷广泛应用于统计学、经济学、管理学、社会学、心理学等领域，它是市场调查收集资料的基本工具之一。完善的需要规范的市场调查，标准化的问卷则不仅有利于准确、迅速地收集市场资料和市场信息，而且便于高速、高效地对这些数据进行处理分析。

2. 问卷的内容

问卷一般由开头、正文和结尾这三个部分组成。

(1) 问卷的开头主要包括问候语、填表说明和问卷编号。

① 问候语，是为了引起被调查者的重视，消除他们的疑虑，激发他们的参与意识以争取得到他们的合作。因此语气应该亲切、诚恳、有礼貌，内容要能交代清楚调查目的、调查者身份、保密原则以及奖励措施等，同时，不能拖沓冗长，引起被调查者的反感，影响问候语内容的可靠性和有效性。如果内容或措辞不当，可能导致误回答率增高，从而加大调查成本，甚至引起偏差和误差，影响调查结果。

② 填表说明。目的在于规范和帮助受访者对问卷的回答。填表说明可以集中放在问卷前面，也可以分散到各有关问题之前。尤其对自填式问卷，填表说明一定要清楚，而且格式位置要醒目。否则，即使被调查者理解了题意，也可能回答错误，引起数据偏差或误差。例如，可能造成单选题回答成多选，排序题回答成选择题等。

③ 问卷编号。主要用于识别问卷、访问员、被访者地址等，可用于检查访问员的工作，防止舞弊行为，便于校对检查、更正错误等。

(2) 问卷的正文。一般包括资料收集、被调查者的基本情况和编码三个部分。收集资料部分是问卷的主体，也是使用问卷的目的所在。其内容主要包括调查所要了解的问题和备选答案。显然，对这部分内容设计方法的探讨，正是问卷设计理论研究的重点。

被调查者的有关背景资料也是问卷正文的重要内容之一。被调查者往往对这部分问题比较敏感，但这些问题与研究目的密切相关，必不可少，如：个人的年龄、性别、文化程度、职业、职务、收入等，家庭的类型、人口数、经济情况等，单位的性质、规模、行业、所在地等，具体内容要依据研究者先期的分析设计而定。这里的编码是指问卷中包含的前编码设计，以及为后编码设计预留的位置。

(3) 问卷的结尾。可以设置开放题，征询被调查者的意见、感受，或是记录调查情况；也可以是感谢语以及其他补充说明。

3. 调查问卷设计的原则

设计调查问卷的原则主要有：

(1) 主题明确。根据调查的目的，确定主题，从实际出发拟题，问题目的明确，重点突出，没有可有可无的问题。

(2) 结构合理。问题的排列应有一定的逻辑顺序，符合被调查者的思维程序。

(3) 通俗易懂。调查问卷应使被调查者一目了然，并愿意合作，如实回答。所以调查问卷中的语气要亲切，避免使用专业术语，对敏感性问题采取一定的技巧，使调查问卷具有合理性和可答性。

(4) 长度适宜。调查问卷的长度要适宜，所提出的问题不要过繁、过多，回答调查问卷的时间不应太长，一般以不多于 30 分钟为宜。

(5) 便于统计。调查问卷中提问一定要方便事后的整理和统计工作。

4. 提问的形式

调查问卷的提问形式主要有两类：

(1) 封闭式提问。封闭式提问是在对问题所有可能的回答中，被调查对象只能从中选择一个答案，这种提问方式便于统计，但回答的伸缩性较小。例如：

您是否在本酒店消费过？

A. 是　B. 否

(2) 开放式提问。所谓开放式提问是指对所提出的问题回答没有限制，被调查对象可以根据自己的情况自由回答。此种提问方式，答案不唯一，不易统计，不易分析。例如：

您对本酒店的服务有什么意见或建议？

答：____________________

相关链接

××快捷酒店顾客市场调查问卷

××快捷酒店于 2002 年 6 月由中国资产最大的酒店集团——××旅游国际酒店集团与中国最大的酒店分销商××旅行服务公司共同投资组建。

1. 您听说过××快捷酒店吗？

□ 是　□ 否

2. 您是否知道××快捷酒店是全国性连锁经营的？

□ 清楚　□ 不太清楚

3. 您的职业会使您频繁出差吗？

□ 经常　□ 偶尔　□ 几乎没有

4. 如果您出门在外，往往会愿意选择以下哪类型的酒店下榻？

□ 星级酒店　□ 经济型酒店　□ 招待所或家庭旅馆　□ 其他

5. 如果您选择经济型酒店，您愿意选择××快捷酒店吗？

□ 会的，已经消费过 □ 还未住过该酒店，但有机会会去 □ 不确定

6. 您是通过什么渠道获知××快捷酒店的？

□ 身边的亲戚朋友 □ 书报、相关旅游杂志 □ 其他

□ 网络媒体 □ 路边的显眼广告牌或酒店标志

7. 您对××快捷酒店的了解程度到了以下哪个阶段？

□ 是该酒店的忠实消费者 □ 有过几次入住经历

□ 仅限于参观过或在相关媒体上了解过其资料

□ 仅是知道有这么一家酒店而已

8. 您一般是因为什么原因出行，而得以机会入住××酒店的？

□ 商务出差 □ 旅游 □ 普通散客形式 □ 其他

9. 您觉得××快捷酒店的店面设计风格是？

□ 清新明快，色调温馨 □ 装备过于简单 □ 一般，没什么印象

10. 您觉得××酒店的经营理念如何？

□ 贴心，诚恳 □ 一般，没感觉 □ 没有特色 □ 很俗套

11. 当您一次听说××快捷酒店时，是否让你亲切之感，您的第一印象如何？

□ 印象非常好，曾被打动 □ 感觉较好，但谈不上被打动

□ 一般，没感觉 □ 很俗套

12. ××酒店的客房价格基本上在163～298元区间，您接受得了这个价格吗？

□ 可以接受，价格便宜 □ 感觉一般 □ 其他

13. 作为连锁经营的××快捷酒店，分布在全国各地，您到达不同城市时，还总会选择入住该酒店吗？

□ 会的，信赖该酒店 □ 不确定 □ 否

14. ××快捷酒店主要提供住宿服务，而把餐饮、购物、娱乐功能大大压缩、简化甚至不设，您觉得这样的酒店如何？

□ 是，喜欢这种简单、高效率的酒店 □ 感觉一般

□ 否，服务项目太过于简单

15. ××快捷酒店主要提供住宿服务，如果可以的话，您希望增加些什么项目的服务？

□ 餐饮功能 □ 其他 □ 娱乐功能

□ 购物服务 □ 商务、票务中心服务

16. 您会向您的朋友推荐××快捷酒店吗？

□ 一定会 □ 可能会 □ 没想过 □ 不会

17. 您觉得××快捷酒店的前台入住手续的办理效率如何?

□ 效率高,服务令人满意 □ 一般,无特别感觉

□ 效率低,特别是在酒店旺季,服务往往差强人意

18. 您觉得一家酒店哪些因素是您首要考虑的?

□ 品牌 □ 其他 □ 价格 □ 环境

□ 服务 □ 卫生状况 □ 地理位置 □ 安全系数

19. 您希望××快捷酒店的客房设计风格是?

□ 舒适不失豪华 □ 舒适实用又要有新奇感

□ 简洁舒适实用 □ 其他

20. 您对××快捷酒店的房间状况是否满意?

□ 非常满意 □ 比较满意 □ 一般 □ 不太满意

【任务拓展】

调查你所在学校的学生对学校餐厅所提供的食品的质量有何感受。请明确你的调研对象,同时设计相应的调研问卷,并进行结果的汇总分析。

【任务反馈】

市场营销调研处在营销活动的哪个阶段?

释疑:市场营销调研处在营销活动的首要阶段。市场营销的首要任务是满足顾客的需求。而要抓住顾客的需求及变化,就必须要进行市场调研。市场调研是旅游企业取得良好经济效益的重要保证,是营销决策的重要依据。通过专业的市场调研,可以发现新的市场机会和更多的潜在需求,从而可以开发新产品以满足这些需求。同时,市场调研还可以发现旅游企业现有产品的不足,以及经营中存在的缺点,及时地加以纠正,使企业得以长期在竞争中立于不败之地。

任务三 把握客户,投其所好

——旅游消费者购买行为分析

【任务目标】

学生应掌握影响旅游者消费行为的相关因素,把握如何在旅游者购买过程的不同阶段实施不同的营销行为。

【案例聚焦】

移动互联网悄然改变旅游者的行为模式

当今时代,人们越来越多地利用碎片化时间访问移动设备,比以往更加快速地做出明智决策。对营销人员来说,这意味着旅行者的购买决策过程中,包括设备和渠道都会产生新的接触机会。实际上,2016 年第一季度,美国旅行网站的访问量就有 40%来自移动设备。

Google 将这些微时刻划分为四大类,对于旅游相关品牌而言,这些时刻至关重要,因为就是在这些时刻,旅行者形成了消费偏好并做出决策,而这些微时刻最终会影响人们的旅行决策。换言之,旅游企业在移动互联网的每个策略

及决定都会给自己的企业带来极大的影响。Google 最新发布的关于 2016 年消费者趋势研究，以期帮助品牌和营销人员了解如何在这个移动世界为旅行消费者提供更好的体验。

在"我想去散散心"时刻，人们会在移动设备上研究众多可选目的地，并遐想这次旅行将会如何美好

在"制订计划"时刻，人们选定了旅行目的地之后，往往会搜索相关信息，开启旅行研究过程。

在"我们预订吧"时刻，虽然旅行消费是一笔重大投资，但移动预订业务仍在增长之中。

在"旅途中"时刻，人们希望到最棒的地方吃喝玩乐以及买买买。而吸引人们前往的，也正是他们口袋中的移动设备。

案例点评：移动互联网的发展以及移动设备的便捷性，悄然改变着旅游者的购买决策、购买行为与消费习惯，旅游企业要关注这一发展趋势，更好地捕捉到来自移动终端的客户流量。

【任务执行】

任务工作单 3－3

<table>
<tr><td>任务名称</td><td colspan="5">了解旅游者的消费行为并进行分析</td><td>学时</td><td>2</td></tr>
<tr><td>学习小组</td><td></td><td>姓名</td><td></td><td>学号</td><td></td><td>指导教师</td><td></td></tr>
<tr><td colspan="8">工作任务描述
了解旅游者购买行为的概念，熟悉影响旅游者购买行为的相关因素，掌握旅游者购买行为的决策过程，并把握不同决策阶段对旅游企业营销工作的影响。选择典型酒店或者景区的消费者，对其消费行为和消费特点等方面进行分析，并阐述这些因素为企业的营销工作开展带来了哪些影响，围绕这些内容提交相应分析报告。</td></tr>
<tr><td colspan="8">具体工作任务
(1) 获取相关资料与信息：
① 搜索相关资料，熟悉什么是旅游者购买行为。
② 掌握影响旅游者购买行为的相关影响因素。
③ 熟悉旅游者购买决策过程。
(2) 调研：
① 选择一家酒店/景区，针对前来消费或旅游的旅游者了解其消费意向和消费动机。
② 分析哪些因素对这些旅游者的购买行为产生了影响。
③ 汇总小组成员的分析，撰写旅游者分析报告。
(3) 成果展示：各小组汇报讨论结果，通过幻灯片在课堂上展示。
(4) 提交工作记录单和分析报告。</td></tr>
<tr><td colspan="8">学习条件
(1)市场营销实训室；
(2) 每个小组配备一台可上网的电脑；
(3) 任务工作单、工作记录单、学习情境练习单等；
(4) 课件、视频资料、题库等。</td></tr>
</table>

旅游消费者是旅游营销活动的主体，是旅游业得以生存和发展的关键因素。要想做好旅游企业的营销工作必须充分了解和熟悉不同消费层次和消费欲

望的旅游者，掌握他们的消费需求、消费动机和购买行为、决策过程及变化特点，以赢得更多的旅游者，在竞争中取胜。

一、旅游者购买行为的概念

购买行为是指消费者为满足某种需要而在购买动机的驱使下，以货币换取商品或劳务的实际行动。如果人的行为发生在旅游者的购买活动中，就产生了旅游者的购买行为。旅游者购买行为是指旅游者购买旅游产品的活动及与这种活动有关的决策过程所表现的行为方式。

旅游者购买行为的形成和发生过程是十分复杂的，尽管旅游者在旅游活动中都有一些共同的需要和动机，但由于社会环境的影响和人体内的因素的差异，不同的旅游者是可以有不同的购买行为的。旅游营销者要了解和研究旅游者购买行为发生的各种原因和表现形式，掌握旅游者可能发生的购买意向和购买行为，促进旅游产品的销售。

二、影响旅游者购买行为的相关因素

旅游者的购买行为非常复杂，受到了多种因素的影响，经济因素、文化因素、社会因素、个人因素、心理因素等，都会影响到旅游者的购买行为。

（一）文化因素

旅游者在购买旅游产品时，因其受文化影响而表现出不同的生活习惯和行为特征，因此，了解文化对旅游者购买行为的影响非常重要。

文化是在一定的物质、社会、历史传统基础上形成的特定的价值观念、信仰、思维方式、风俗习惯和行为模式的综合体，是人类欲望和行为最基本的决定因素。

每一种文化都包含着能为其成员提供更为具体的认同感和社会化的亚文化群体，在同一文化的不同亚文化群体中，人们的价值观念、风俗习惯及审美观等表现出不同的特征。亚文化群体可以分为以下几种：

1. 民族亚文化群

每个国家都存在不同的民族，每个民族都在漫长的历史发展过程中形成了独特的风俗习惯和文化传统。

2. 宗教亚文化群

每个国家都存在不同的宗教，每种宗教都有自己的教规或戒律。宗教信仰对公众的旅游心理有很大的影响。目前，宗教旅游也成了一项重要的旅游活动方式。

3. 地理亚文化群

世界上处于不同地理位置的各个国家，同一国家内处于不同地理位置的各个省份和市县，由于各方面的环境背景不同，也会形成不同的亚文化。

4. 种族亚文化群

一个国家可能有不同的种族，不同的种族也会有不同的生活习惯和文化传统。

（二）社会因素

旅游者的购买行为也会受到一些社会因素的影响，其中包括社会阶层、参照群体、家庭、社会角色、社会地位等。由于社会因素在很大程度上影响人的行为，所以旅游企业在制定营销策略时要予以充分的考虑。

1. 社会阶层

社会阶层是具有相对的同质性和持

久性的群体。按等级排列，每一阶层的成员具有类似的价值观、兴趣爱好和行为方式。一个人的社会阶层，通常是职业、收入、教育和价值观等多种因素作用的结果。同一社会阶层的人，要比来自两个社会阶层的人行为更加相似。因此，社会阶层不仅是影响消费者行为的重要因素，而且是被用作细分消费者市场的重要依据。

2. 参考群体

参考群体是消费者在形成其购买或消费决策时，用以作为参照、比较的个人或群体，他们是能够影响消费者个人态度、意见和价值观的一群人。

参考群体分为所属群体与相关群体，所属群体又分为主要群体和次要群体。主要群体与消费者有直接接触，且关系密切，主要指家庭成员，父母、子女等；次要群体虽然与消费者也有直接接触，但是关系相对较为疏远，比如同事、领导等。

而相关群体则是指消费者个人不属于这一群体，但是态度、行为受其影响，如影星、歌星、球星身后大批的崇拜者和追随者。相关群体影响消费者行为的程度在不同产品和品牌中并非都是相同的，这也要根据消费者本身的经济基础和文化背景等个人因素来具体而定。

3. 家庭

家庭是社会上最重要的消费者购买组织，家庭成员对消费者的购买行为影响非常大。每个人都会从父母那里得到有关宗教、政治、经济、个人理想、价值观等方面的指导，同时不同的家庭也会对生活习惯、购买偏好等带来影响。旅游营销人员必须要关注家庭各成员在对旅游产品和服务的购买过程中所发挥的作用以及相互间的影响。同时需要明确的是家庭中的哪位成员会在旅游产品的订购中更具有影响力，进而采取有针对性的营销措施。

4. 角色与地位

一个人在一生中会属于很多的群体，每个人在各个群体中的位置可以用角色和地位来确定。角色是一个人所期望做的活动内容，是周围人对其的要求，也是个体在不同场合中应起的作用。

每一种角色又附有一种地位，反映社会对其的评价和尊重程度。人们往往结合角色和地位做出购买选择。许多产品、品牌由此成为一种身份和地位的标志。消费者以何种产品、品牌来显示身份和地位，因社会阶层和地位而有所不同。

（三）个人因素

购买决策也深受消费者个人特征的影响，包括年龄与家庭生命周期、生活方式、职业、经济状况、个性与自我观念等。

1. 年龄与家庭生命周期

旅游者在不同的年龄层次，由于其生理、心理特征、人生经历、收入水平等的不同，会有着不同的旅游消费偏好和消费模式。比如：年轻人热情奔放，喜欢接受新事物，在旅游消费中特别注重求知和新潮，多会选择求知型和冒险型的旅游项目；中年人较为成熟和稳重，在旅游消费中注重经历与体验，多会选择休闲度假型的旅游项目；老年人则较为怀旧和保守，更多选择寻根型和探亲访友型的旅游项目。

而每个人在不同的年龄，其所处的家

庭生命周期阶段也不相同。所谓的家庭生命周期是一个以家长为代表的家庭生活的全过程，从青年独立生活开始，到年老后并入子女的家庭或死亡时为止。在不同阶段，同一消费者及家庭的购买力、兴趣和对产品的偏好也会有较大差别。

2. 生活方式

生活方式是一个人生活中表现出来的对活动、兴趣和看法的整个模式。它影响着对品牌的看法、喜好。营销者往往可以通过生活方式理解消费者不断变化的价值观及其对消费行为的影响。

3. 职业

消费者的职业背景也会影响到他的消费模式。对于旅游企业而言，需要找到自己的产品和服务所针对的职业群体，并依此而进行产品的设计、开发与推广。

4. 经济状况

消费者的经济状况对产品选择的影响很大，而经济状况往往和职业密切相关。经济状况包括用于消费的收入、储蓄与资产、债务、借贷能力以及对消费与储蓄的态度等。旅游企业需要根据目标市场的消费能力来设计产品及其价格。

5. 个性与自我观念

每个人都有影响其购买行为的独特个性。个性指个人特有的心理特征，导致人对所处环境做出相对一致和持续的反应。通过自信、支配、自主、顺从、交际、保守和适应等性格特征表现出来。依据个性因素，可以更好地赋予品牌个性，以期与消费者适应。如美国学者发现，购买有活动车篷汽车的买主与无活动车篷汽车的买主之间，存在一些个性差别——前者表现较为主动、急进和喜欢社交。

（四）心理因素

消费者的购买行为还会受到四个主要的心理因素的影响，它们是动机、知觉、学习、信念与态度。

1. 动机

在任何时候，人总会有许多的需要。有些需要是生理上的，有些需要则是心理上的。当需要升华到足够的强度和水平时，这种需要会转化为动机。

动机是推动个人进行各种活动的驱动力。动机是行为产生的直接原因，促使个人采取某种行动去探求满足需要的方式，同时还会规定行为的方向。

例如，一位商务游客的基本需要可能会包括睡眠、洗浴、适当的娱乐等。这些基本的需要任何一个酒店都能予以满足。但是，他或许会有自尊的需要，这样他就会设法找一家比较体面的酒店。除去这些，他还会有别的需要，比如一张写字台、一盏明亮的台灯、无线上网、电话服务等。酒店未必会具备满足游客需求的所有要素，但是务必要认识到这些产品与满足需要之间的关联。

2. 知觉

消费者被激发起动机后，随时准备行动。然而，如何行动则受他对相关情况的知觉程度的影响。

知觉是指个人选择、组织并解释投入的信息，以便创造一个有意义的个人世界的过程。知觉不但取决于刺激物的特征，还依赖于刺激物同周围环境的关系以及个人所处的状况。

这里的关键词是“个人”。比如，一个人可能会认为一位说话很快的推销员的行为过分或欠诚恳，而另一位购买者却可能认为该推销员工作很熟练。为什么人们会对同样的情况产生不同的知觉?这是因为人们会经历三种知觉过程:选择性注意、选择性曲解和选择性记忆。

(1) 选择性注意——人们感觉到的刺激,只有少数引起注意、形成知觉,多数会被有选择地忽略。人们只会更多地注意那些与当前需要有关的刺激物,更多地注意他们期待的刺激物,或更多地注意跟刺激物的大小有较大差别的刺激物。

(2) 选择性曲解——人们对注意到的事物,往往喜欢按自己的经历、偏好、当时的情绪、情境等因素做出解释。这种解释可能与企业的想法、意图一致,也可能相差很大。对于选择性曲解,营销人员往往无能为力。

(3) 选择性记忆——人们容易忘掉大多数信息,却总是能记住与自己态度、信念一致的东西。企业的信息是否能留存于顾客记忆中,对其购买决策影响甚大。

3. 学习

学习是指由于经验而引起的个人行为的改变。人类的多半行为是源于学习。由于市场环境的不断变化,新产品、新品牌、新技术不断涌现,消费者的购买行为必须经过多方搜集有关信息之后,才能作出购买决策,这本身就是一个学习的过程。

对于旅游营销人员而言,了解学习概念的价值在于使他们可以通过把产品与强烈的驱动力联系起来,利用刺激性的诱因并提供正面强化等手段,来建立产品的需要。旅游企业可以通过诉求于竞争者相同的驱动力并提供相似的诱因环境而进入市场,因为购买者更可能将其忠诚从原品牌转向类似的品牌,而不是相异的品牌。旅游企业也可针对不同的驱动力设计品牌诉求,并提供强烈的诱因来引导消费者转换品牌。

4. 信念与态度

通过实践和学习,人们获得了自己的信念和态度,它们又反过来影响人们的购买行为。

所谓信念,是指一个人对某些事物所持有的描述性思想。生产者应关注人们头脑中对其产品或服务所持有的信念,即本企业旅游产品和服务的形象。人们根据自己的信念作出行为,如果一些信念是错误的,并妨碍了购买行为,生产者就要运用促销活动、宣传推广等来纠正这些错误的观念。

所谓态度,是指一个人对某些事物或观念长期持有的认识上的评价、情感上的感受和行为倾向。态度能使人们对相似的事物产生相当一致的行为。一个人的态度呈现为稳定一致的模式,改变一种态度需要在其他态度方面进行重大调整。

三、旅游者的购买决策过程

旅游者的购买决策是一个动态的过程,一般包括五个步骤:

(一) 确认需要

购买决策过程的起点是认识和确认自己未被满足的需要,这种需要到底是什么,希望通过什么样的方式来满足,想满足到什么样的程度,这些都是需要旅游者解决和确认的问题。旅游者需要的产生是由于内在的或外在的刺激所引起的。内在刺激是人体内产生的驱动力,如因感觉饥饿而购买食物,因长期紧张工作想回归自然、放松身心。需要也有可能是外来的刺激引起的,例如:韩剧在中国的热播,引发了到韩国旅游的热潮;

读过了沈从文的《边城》，便产生了想去湘西凤凰古城感受苗家文化的意念。这些刺激因素会激发起消费者潜藏的某些需要，但是需要被唤起后却不一定能驱使人们付诸行为，只有当这个需要逐渐强烈并超过一定限度时，人们才会产生特定的购买行为。

所以，对于旅游营销人员而言，需要在这一阶段做好以下工作：第一，了解与本旅游产品有关的现实的或潜在的需要。一种产品如果能同时满足多种需要，就能够吸引更多的购买者。第二，了解旅游者的需要强度随着时间的推移以及外界刺激的强弱而波动的情况，以便按照这种规律设计诱因，增强刺激，使被唤起的需要逐步增强，最终驱使人们产生购买行为。

（二）信息收集

在很多情况下，被唤起的需要不是马上得到满足，而是先存入记忆中作为未满足的项目，这种需要称为“积累需要”。随着积累需要由弱变强，就要经过认真的“信息收集”阶段。

信息收集可以分为两个层次：一是适度的收集状态，指旅游者在被唤起的需要的驱使下，对能够满足需要的商品资料敏感起来，比平时更加注意该商品的广告，注意别人对该商品的评价以及朋友间关于该商品的谈话等；二是积极的信息收集状态，指旅游者会积极主动地在各种媒体上寻找该商品的有关资料，并拨打电话给旅游企业进行咨询等。

信息收集的状态主要取决于消费者购买行为的复杂性、需要的强烈程度、最初掌握信息的程度、获取额外信息的难易程度、额外信息的价值以及在信息收集过程中得到的满足程度。

在这一阶段，旅游营销人员的任务主要包括：

第一，了解消费者的信息来源。旅游者的信息来源包括以下渠道。

① 个人来源，如家庭、朋友、邻居、熟人；

② 商业来源，如广告、推销员、经销商、展览会；

③ 公共来源，如大众媒体、消费者评比机构；

④ 经验来源，如产品的购买和消费经历。

第二，了解不同信息来源对消费者的影响程度。不同来源的信息，对旅游者购买决策的影响力是不同的。一般而言，消费者收集的产品信息主要来自于商业来源，即市场营销人员所能控制的来源，商业来源的信息数量是最多的，针对性也是最强的，但是因为其浓厚的商业气息而往往只能发挥通知旅游者的作用。而个人来源和经验来源的信息虽然数量有限，但其可信度是最高的。每类信息来源对购买者的购买决策有不同的影响。商业来源一般会起到告知的作用，而个人来源则起着认定或评价的作用。

（三）比较评价方案

在认知需求和信息收集的基础上，旅游者受满足需要的动机驱使，开始寻找各种解决问题的方案和途径。为使方案具有充分性和可靠性，消费者必须广泛收集有关信息，包括能够满足需要的商品种类、规格、价格、质量、售后服务等。这些信息可以通过各种渠道获得，在广泛收集的基础上，对所获信息进行适当的筛选、整理和加工,即可建立起满足需要的多种解决方案。

各种备选方案的利弊优劣不一,需要加以比较、评价。评价的标准因消费者的价值观不同而有所差异。例如在对酒店的评价中,有人以价格低廉作为基本尺度,有人以舒适度作为基本尺度,有人则追求个性化的优质服务。所以,面对同一决策方案,不同的消费者会做出不同的评价。旅游者在评估选择的过程中,以下方面要引起旅游营销人员的注意:

1. 旅游产品的属性

旅游产品的属性,即旅游产品能够满足旅游者某种利益需要的功能。一般来说,旅游者特别关心旅游饭店的安全、舒适、卫生、服务等属性,关心旅游景区的环境、价格、气氛等属性,关注旅游交通的快捷、安全、舒适、价格等属性。旅游者对各种旅游产品的不同属性的关心程度不同,他们所关心的是那些与需求相关联的产品属性。

2. 旅游产品属性的重要性程度

旅游产品属性的重要性程度,即旅游者对同一旅游产品的不同属性有一定的偏重。如对于旅游饭店,旅游者特别重视卫生和饭菜的质量;对于景区,游客特别看重环境和景观等。

3. 旅游产品的品牌信念

旅游企业往往通过品牌来强化产品的某种突出的属性,旅游者则是通过此属性来建立对某种品牌的信念。信念越坚定,选择某种品牌的倾向越大。

4. 旅游者评估程序

假设旅游者准备出游,他先经过信息收集和初步分析,确定了几个备选旅游地,他会把所感兴趣的旅游产品属性罗列出来,依据产品的品牌信念来对几个景区打分,其中综合分数最高的确定为最终旅游地。

(四) 购买决策

在对各种方案进行充分比较、评价之后,旅游者已经产生了初步的购买意图。购买意图如果不受到其他相左意见或信息的干扰,便可作为购买决策确定下来。

但是,消费者的购买意图经常会受到来自他人意见和突发因素的干扰。他人的态度会影响购买决策的确定,他人对消费者购买决策的影响程度取决于以下两方面的因素:他人对某项购买决策的否定程度和他人意见对购买者的影响力。他人对该项购买决策的否定程度越强烈,而且他人与购买者的关系越密切,购买者越会因其而改变购买意图。突发因素可以分为与产品相关的突发因素和与产品无关的突发因素。与产品相关的突发因素可能是购买者突然发现了有关产品的不利信息。与产品无关的突发因素包括出现了其他更迫切的购买要求,或闲暇时间由于工作关系而突然减少等。所以,产生一定的购买意图并不一定会产生相应的购买行为。

(五) 购后行为

旅游者在完成购买行为后,一般会体验到三种感觉:满意、不满意和购后疑虑。每一种体验背后都会伴有特定的购买后行为。而这些体验和行动又会影响到消费者的下次购买行为以及其他相关人群的购买决策。因此,购后行为对于旅游营销人员仍然具有重要意义。

购买后的满意程度是由以下两个因素共同作用的结果:产品实际质量和顾客

期望值之间的对比程度。一般而言，如果产品和服务的期望值和实际质量相符，那么旅游者就会感到满意。如果产品和服务的期望值高于实际质量，那么旅游者就会感到不满意。当客人既体验不到满意，也没有对产品出现明显不满的时候，顾客在购买后就会出现购后疑虑。

旅游者购买后的满意程度会影响到他以后的购买行为。如果在购买后获得了满足，那么在下一次购买中就会继续倾向于购买该旅游产品和服务。更为重要的是，获得了满足感的旅游者，会倾向于在日常生活中向相关群体中的成员称赞该产品和服务，而这种口碑的宣传往往会发挥更积极的宣传作用。

当旅游者不满意时，其反应就会恰恰相反。首先，他会倾向于下次不再购买该旅游产品和服务；其次，他或许会向相关企业、行业协会等提出投诉；更糟糕的是，不满意的旅游者会在相关群体中传递该信息，对这些人的购买决策产生极大的消极影响。旅游营销人员应该重视顾客的投诉以及补偿服务，通过补偿服务与顾客进行进一步的沟通，为顾客提供新的满足，最大程度上挽回客人。

最后还有一种情况，就是购后疑虑。旅游营销人员可以提供诸如售后回访、电话问候、寄送感谢卡、寄送有关产品的支持性资料等来消除购买者的疑虑，从而增大消费者再次购买的可能。

【任务拓展】

关注一下你所在城市的一个特定群体的旅游者，分析其购买倾向和偏好。

【任务反馈】

旅游企业在实际的营销活动中，在关注消费者购买决策行为的活动中存在着哪些不足？

释疑：经过多年的发展，我国的旅游企业在消费者购买决策过程的其他四个阶段都做得越来越到位、越来越细致，却忽视了“售后服务”这个重要阶段。旅游企业如果想不断扩大新客户群体，并留住老客户，就必须要关注消费者购后行为的研究与服务。旅游者购买后的满意程度会直接影响到他以后的购买行为，更重要的是，消费者的购后行为会产生口碑效应，直接影响旅游企业的品牌形象。旅游企业的营销人员要通过各种方式打消顾客的各种购后疑虑，创造良好的口碑效应，不断扩大新顾客群体，抓住老顾客群体，为营销工作的顺利开展打下坚实的顾客基础。

◆项目评价

在本项目中，我们了解了旅游营销环境的概念，同时也探寻了营销环境对于旅游企业的影响，在企业的发展进程和营销工作开展的过程中，必须善于利用环境所提供的机会，同时善于规避环境所带来的风险，为企业发展营造更好的营销环境。

为了更好地把握来自于内部和外部的营销环境信息，现代旅游企业必须通过市场调研的方式更深入地获取信息，把握市场。所以掌握常用的调研方法，同时学会如何制定调研问卷，都是必须而实用的营销实务技巧。

与此同时，旅游营销人员也要掌握旅游消费和旅游者购买行为的规律，以便于更好地满足旅游者的需求和增加旅游企业经营策略的有效性。

【知识/技能评价】

① 名词解释。

营销环境　宏观环境　微观环境　市场调研　消费者购买行为

② 简述旅游宏观环境因素包括哪些方面。

③ 简述旅游市场微观环境包括哪些内容。

④ 简述常用旅游市场调研方法有哪些。

⑤ 在旅游者购买决策过程中,营销人员如何在不同的购买阶段提供有针对性的对策。

【实训演练】

① 试为一家旅游企业针对某项顾客需求调查设计一份调查问卷,并对问卷的调查结果及实效进行跟踪评价。

② 试对下面的案例进行分析。

一带一路促进我国出境游快速增长

2019 年 8 月 11 日,《中国贸易报》记者从携程网了解到,2019 年上半年,我国出境旅游人数约为 8 129 万人次,同比增长 14%。由中国旅游研究院联合携程网、马蜂窝旅游网近日在北京发布的《2019 年上半年旅游经济运行研究成果暨出境旅游发展报告》显示,2018 年,我国的出境旅游市场规模增长到 1.49 亿人次,相比 2017 年同比增长 14.7%。我国出境游客境外消费超过 1 300 亿美元,增速超过 13%。

携程网相关负责人告诉记者,中国公民出境游前 15 位的目的地,目前依次为中国香港、中国澳门、泰国、日本、越南、韩国、美国、中国台湾、新加坡、马来西亚、柬埔寨、俄罗斯、印度尼西亚、澳大利亚和菲律宾。此外,欧洲市场也备受青睐,今年上半年赴欧洲人数达 300 万人次,同比增长 7.4%,东欧地区增速最快,超过 20%。

记者了解到,2018 年,中国国内机场直飞国际和地区航线达到 1 251 条,新开国际和地区直飞航线 255 条。中国的航空公司国际定期航班已通航 65 个国家的 165 个城市。截至今年 5 月 2 日,中国已与 146 个国家和地区缔结适用范围不等的互免签证协定。近期又有一些国家对中国开放免签或落地签,例如卡塔尔、白俄罗斯、智利、缅甸、博茨瓦纳、津巴布韦等。欧洲、南美的一些国家也纷纷缩短签证审发时间或开放多次往返签证。

"中国经济的持续增长、人均可支配收入的增加、交通设施水平的提升、签证环境的改善等因素,使中国出境旅游处于最美好的时代,让曾经停留在远方的梦想变得不再遥远。"《中国出境旅游发展年度报告(2019)》指出,自由行、新跟团游等出境游市场变迁和对应商业模式的创新,正在从越来越多"小"的方面重塑当前的中国出境旅游业。

"境外出游参团的游客仍占多数,跟团游依然是许多人的心头好。"报告显示,2018 年,通过团队形式进行出境旅游的游客比例达 55.24%,50.65%的受访者表示在未来的出境旅游中愿意参加旅游团。

作为出境旅游系列报告的重要组成部分,中国旅游研究院与携程网联合发布的《新跟团游时代:中国出境新跟团游大数据报告(2019)》数据也显示,今年上半年有高达百万级的旅游者，通过携程报名跟团游产品出境，占比超过一半，人数增长了43%。通过携程线下门店参团的游客量更是增长了50%以上。中国游客在选择出境跟团时青睐小团化、高自由度、个性定制、主题化、高钻级产品，出境跟团游中六成是40岁以内的年轻人。

此外，"一带一路"沿线国家热度上升成为了今年出境游市场的一大亮点。中国旅游研究院和马蜂窝旅游网共同发布的数据显示：今年3月，中国与意大利签署共同推进"一带一路"建设谅解备忘录后，意大利的旅游热度上涨28%。上半年，黑山共和国的旅游热度上涨161%，卡塔尔和缅甸的旅游热度涨幅也超过100%。据悉，目前，中国已与"一带一路"沿线45个国家和地区开通了直飞航班，预计到2020年，中国前往沿线国家和地区的游客量将超过1.5亿人次。

案例分析：宏观环境因素对旅游业的发展能够带来哪些方面的影响，结合上述案例谈谈你的看法。

【项目链接】

全球出境游客源地调查：
中国内地赴海外旅游人数创新高

2019年7月，万事达卡国际组织公布了全球国际旅游客源地调查的特别报告，数据显示，中国大陆地区赴海外旅游的旅客人数在2009年排名第七，如今已跃升至第二位，仅次于美国。

万事达卡《全球旅游目的地城市指数》报告显示，中国内地赴海外进行休闲和商务旅游的旅客人数正在创造历史新高。

万事达卡近日公布了全球国际旅游客源地调查的特别报告，数据显示，中国大陆地区赴海外旅游的旅客人数在2009年排名第七，如今已跃升至第二位，仅次于美国。

《全球旅游目的地城市指数：客源地》报告列出了全球国际旅客数量最多的客源地城市，以及这些旅客的首选旅游目的地。

世界旅游及旅行理事会（WTTC）数据显示，2018年全球旅游市场规模达到8.8万亿美元，创造了3.19亿个就业机会。各地旅游业可以借鉴相关数据制定有效决策，吸引全球旅客并为其提供更加优质的服务。

根据报告，2018年来自美国的出境旅客最多，其次是中国大陆地区、德国、英国和法国。

表3-1　按客源地划分最受欢迎的目的地城市

排名	起源地	首选目的地城市1	首选目的地城市2	首选目的地城市3
1	美国	墨西哥坎昆	加拿大多伦多	英国伦敦
2	中国大陆	泰国曼谷	韩国首尔	日本东京
3	德国	西班牙帕尔马	意大利博尔扎诺	奥地利蒂罗尔州
4	英国	西班牙帕尔马	法国巴黎	爱尔兰都柏林
5	法国	英国伦敦	摩洛哥马拉喀什	西班牙巴塞罗纳
6	韩国	日本大阪	日本北海道	日本东京

续表

排名	起源地	首选目的地城市1	首选目的地城市2	首选目的地城市3
7	日本	中国台北	韩国首尔	泰国曼谷
8	加拿大	美国华盛顿特区	美国拉斯维加斯	美国纽约
9	俄罗斯	土耳其安塔利亚	泰国芭堤雅	泰国普吉岛
10	中国台湾	日本东京	日本北海道	日本冲绳

表3-2　按客源地划分最受欢迎的目的地

排名	起源地	首选目的地1	首选目的地2	首选目的地3
1	美国	墨西哥	加拿大	意大利
2	中国大陆	泰国	日本	美国
3	德国	意大利	西班牙	奥地利
4	英国	西班牙	美国	印度
5	法国	西班牙	美国	英国
6	韩国	日本	中国大陆	越南
7	日本	美国	中国大陆	中国台湾
8	加拿大	美国	墨西哥	印度
9	俄罗斯	土耳其	泰国	突尼斯
10	中国台湾	日本	韩国	泰国

拓展路径

1. 扫下面二维码，阅读文章《OYO掘金万亿小型酒店业市场》，随着中国的经济发展和社会结构的变化，中小型酒店迎来新一轮的发展契机。

2. 扫下面二维码，阅读文章《“同质化”的禁锢下，旅游企业如何做出个性化营销》，了解在酒店发展的不同阶段，如何实现差异化营销。

3. 扫下面二维码，阅读文章《包价旅游新标实施 推送旅游市场可持续发展》，了解包价旅游两个新标准的出台对旅行社产品设计与营销都将产生的影响。

4. 扫下面二维码，阅读文章《研学旅行遇政策风口，行业爆发还有多远?》，把握研学旅游的政策。

项目四　掌握科学的旅游市场管理策略

◆项目目标

【行业要求】

① 掌握旅游企业进行市场细分的必要性与方法；② 在市场细分的基础上进行目标市场的选择，以及营销策略的制定；③ 为旅游企业进行市场定位，确立其鲜明的市场形象。

【学习目标】

学生通过本项目的学习，了解旅游市场细分的概念和现实意义，掌握旅游市场细分的要求和原则，熟悉旅游市场细分的常用变量；同时掌握旅游企业进行目标市场选择的方法，掌握常见的目标市场策略，并能进行精准的市场定位。

◆项目任务

在旅游营销活动中，营销人员应能够把握市场细分、目标市场选择、市场定位这三个环环相扣的工作内容，并能将其运用到实际的营销操作中。

任务一　发现最有价值的市场空间
——旅游市场细分

【任务目标】

学生通过本任务的学习与实践，了解市场细分的目的、原则、意义，掌握旅游市场细分的一般原理和方法，并能加以实践。

【案例聚焦】

在“市场细分”这一营销行为上，“万豪”可以被称为超级细分专家。在早期，万豪旗下拥有四个不同的酒店品牌，每一个品牌都有自己的专属顾客群体：Fairfield（经济型）是服务于销售人员的，Courtyard（庭院）是服务于销售经理的，Marriott（万豪）是为业务经理准备的，Marriott Marquis（万豪伯爵）则是为公司高级经理人员提供的。

在原有的四个品牌都在各自的细分市场上成为主导品牌之后，“万豪”又开发了一些新的品牌。在高端市场上，The Ritz-Carlton（丽思卡尔顿）酒店为高档次的顾客提供服务方面赢得了很高的赞誉，Renaissance（连锁型）作为兼顾商务和休闲的品牌与 Marriott（万豪）在价格上基本相同，但它面对的目标顾客是那些职业年轻人；在低端酒店市场上，万豪酒店由 Fairfield Inn 衍生出 Fairfield Suite（经济套房），从而丰富了自己的产品线；位于高端和低端之间的酒店品牌是 Town Place Suites（城镇套房）、Courtyard（庭院）和 Residence Inn（居民客栈）等，他们分别代表着不同的价格水准，并在各自的娱乐和风格上有效进行了区分。

案例点评：通过市场细分来发现市场空白是“万豪”的一贯做法，正是这些市场空白成了万豪酒店成长的动力和源泉。旅游企业必须在市场细分的基础上，才能明确自己的目标市场，进而采用有针对性的营销策略。

【任务执行】

任务工作单 4－1

<table>
<tr><td>任务名称</td><td colspan="5">发现最有价值的市场空间——旅游市场细分</td><td>学时</td><td>2</td></tr>
<tr><td>学习小组</td><td></td><td>姓名</td><td></td><td>学号</td><td></td><td>指导教师</td><td></td></tr>
<tr><td colspan="8">工作任务描述
了解旅游市场细分的概念和意义，熟悉旅游市场细分的原则，掌握旅游市场细分的方法。选择一家你熟悉的旅行社、酒店或者景区等旅游企业，选择它的一个细分市场，分析这一细分市场具有怎样的特点，围绕这些内容提交相应分析报告。</td></tr>
<tr><td colspan="8">具体工作任务
（1）获取相关资料与信息：
① 搜索相关资料，熟悉旅游企业为什么要进行市场细分。
② 掌握旅游市场细分的原则和方法。
（2）调研：
① 选择一家旅行社（酒店/景区），分析它是如何进行市场细分的。
② 选择它的某一个细分市场，进行有特点的调研与分析。
③ 汇总小组成员的分析，撰写市场细分分析报告。
（3）成果展示：各小组汇报讨论结果，将分析报告通过幻灯片在课堂上展示。
（4）提交工作记录单和案例分析报告。</td></tr>
<tr><td colspan="8">学习条件
（1）市场营销实训室；
（2）每个小组配备一台可上网的电脑；
（3）任务工作单、工作记录单、学习情境练习单等；
（4）课件、视频资料、题库等。</td></tr>
</table>

一、旅游市场细分的概念

（一）市场细分的概念

市场细分的概念是在 20 世纪 50 年代中期由美国营销学家温德尔·斯密在总结企业按照消费者不同需求组织生产的经验中提出的。过去，人们把市场看做一个整体，认为所有的顾客对产品的需求是大致相同的，所以只是大量地生产单一品种、单一花色的产品。占领市场的主要办法是保证质量，降低价格。到了 20 世纪 50 年代，人们的认识有了提高，许多企业认为可以有针对性地提供不同的产品去满足不同消费者的不同需求以占领市场，并运用这种方法取得了很好的经济效益。温德尔·斯密总结了这种企业经营的经验，提出了市场细分这一概念。这一概念一经提出就受到了企业家们的高度重视并迅速得到广泛使用。

所谓市场细分，是指企业根据消费者群体之间需求的差异性把一个整体市场划分为两个或更多的消费者群体，从而确定企业的目标市场的活动过程。每一个需求特点相类似的消费者群体叫做一个细分市场。由于消费者需求的千差万别，一个企业无论规模多么大，也不可能满足全部消费者的所有需求，而只能满足市场上某一部分消费者的某些需求。因此，每个企业的经营者只能在市场细分的基础上选择自己特定的服务对象，制定相应的营销策略，才能更好地实现经营目标。

（二）旅游市场细分

旅游市场细分是指旅游企业根据游客群对旅游产品的需求特点、购买行为和购买习惯的差异把旅游市场划分为若干个细分市场并从中选择自己目标市场的过程。

旅游市场是由现实的和潜在的旅游购买者组成的。要想获得经营的成功，必须要把握住最有价值的客源市场。但是由于旅游购买者人数众多，广泛分布于各个市场地区，有不同的需要、支付能力、购买态度和购买方式，因此，任何一家旅游企业都很难满足所有旅游消费者的需求。对于旅游企业而言，无论其规模大小，都不可能同时满足所有旅游市场的各种需求。在这种情况下，如何细分市场、如何确定自己的目标市场、如何进行市场定位就成为旅游企业开展针对性的市场营销活动、满足目标市场需求的前导性工作。

二、旅游市场细分的作用

旅游市场细分是分析旅游市场需求的一种手段，它对旅游企业的经营具有积极的现实意义。

（一）有利于旅游企业及时寻找新的市场机会

由于旅游产品的差异性以及旅游企业所固有的客观性，旅游企业在市场中所取得的优势都是相对的。在现实的市场中总存在着未被满足的或者是未被完全满足的消费需求，这些需求的存在就成为旅游营销的机会。通过市场细分，旅游企业可以了解不同的消费者群体的需求状况以及未被满足的程度，迅速占领未被满足的市场，扩大市场占有率，取得市场竞争的优势。

（二）有利于旅游企业制定营销策略

旅游企业通过市场细分，能比较直观、系统、准确地了解到目标市场的需求，从众多的细分市场中确定旅游企业的服务方向、产品战略，从而更合理地确定营销组合策略，及时调整旅游企业的产品、价格、销售渠道以及促销手段，并且随着市场的发展予以适时调整。

（三）有利于旅游企业制定灵活的竞争策略

通过市场细分，旅游企业了解到市场的消费特征后，能集中力量对一个或几个细分市场进行市场营销活动，突出旅游产品的特色和服务特征。由此，旅游企业可以制定灵活的竞争策略，以提高旅游企业的竞争能力，并能够在激烈的市场竞争中处于有利地位。

（四）有利于旅游企业的市场渗透

通过市场细分，有利于旅游企业转变经营模式，由原来的粗放型向集约型转变，从而集中使用人力、财力、物力、时间、空间、信息等资源，对旅游企业确定的某一个或几个细分市场进行营销活动。这样，旅游企业就能更好地满足市场消费者的需求。

三、旅游市场细分的要求与原则

旅游企业进行市场细分，是为了发现更好的市场机会，制定相应的市场营销策略。为了保证经过细分后的市场能成为旅游企业制定有效营销战略的基础，旅游企业在进行市场细分时，必须遵循以下要求和原则：

（一）旅游企业市场细分的要求

1. 可识别性

这是指细分出来的各个市场中，顾客特征、市场范围、市场规模以及购买力大小等资料，能够通过市场调研、分析及其他的方式获得，以便于衡量该市场。

2. 可衡量性

这是指细分的市场不仅要求范围比较清晰，而且还必须能大致判断市场的大小。要保证细分市场的可衡量性，首先要做到所确定的细分标准清楚明确，容易辨识；其次要保证所确定的细分标准本身是可以衡量的，旅游企业可以利用这些标准从消费者那里得到确切的信息。

3. 可进入性

这是指细分的市场是旅游企业利用现有的人力、物力和财力，通过一定的营销活动可以通达的市场。考虑细分市场的可占领性，实际上主要考虑的是旅游营销活动的可行性。显然，对于无法进入或者难以进入的市场进行细分是没有意义的。

4. 稳定性

这是指在一定的时间和条件下，旅游市场细分的标准及其性质能够保持相对不变，使旅游企业占领市场后，在一定时期内不必改变自己的目标市场。这样，有利于旅游企业制定比较长期的、稳定的市场经营与占领策略。如果在一个变化过快的市场内，企业就难以把握，从而增加旅游企业的经营风险。

5. 效益性

这是指旅游企业能够在细分后的市场上取得良好的经济效益。要做到这一点，首先要求细分市场具备一定的规模，能适应旅游企业发展的要求；其次，至少有一个细分市场使旅游企业有利可图，而且最好有相当的发展潜力。如果一个细分市场无法使旅游企业获得预期的利润，这种细分市场就不值得企业占领。

（二）旅游市场细分的原则

旅游企业要进行有效的、符合要求的市场细分，还应注意以下的原则：

1. 要把握市场细分的标准

旅游企业要选择对顾客需求有较大影响的因素去进行市场细分，把握好市场细分的标准，如根据旅游产品的销售途径来划分、根据顾客的购买方式来划分、根据地理变量来划分等。毫无意义的市场细分，对旅游企业的经营是不会带来好处的。

2. 要考虑各个细分要素之间的相

关性

旅游企业若要以多个细分要素进行市场细分，就必须考虑各个要素之间的相关性，如追求利益与职业、性别以及家庭生活周期等要素之间有一定的重叠性。若旅游企业同时利用这些要素去划分同一市场，就有可能细分出一些无效或者是意义不大的市场。

3. 要求体现细分市场需求的差异性

旅游细分市场的结果，就是要求各个细分市场之间的需求有明显的区别或者差异，而使同一细分市场的内部具有较高的一致性。如果一家旅游企业的细分市场内部出现需求的个性大于需求的共性，而各个细分市场之间的共性又大于个性时，那这样细分市场的划分就是失败的。

4. 要有适度规模

旅游市场细分的规模要适度。如果旅游企业把细分市场的标准定得太细，就会使企业的细分市场过多，这样具体的目标市场就难以确定。但若把市场细分的标准定得太大，也不适宜旅游企业集中力量针对目标市场进行营销，而且企业也无法完全占领这样的细分市场，势必为竞争者的介入留下隐患。旅游企业细分市场的规模必须要与企业自身的资源能力相适应。

四、旅游市场细分的标准

旅游市场细分要依据一定的细分变量来进行。一般而言，常见的有以下四种变量：

（一）地理变量

按照旅游者所处的地理位置、自然环境来进行市场细分。旅游企业可以根据旅游者的国家、地区等地理区位差异将其划分为不同的细分市场，不同地理环境下的旅游者对旅游产品和服务往往会有不同的需求和偏好，对旅游企业采取的营销策略也会有不同的反应。例如：亚洲地区的客人会注重酒店的装饰和设备的齐全，而欧美地区的客人则强调房间的整洁、卫生和舒适宜人；亚洲客人在自费外出旅游时，消费支出更多的是用于购物，不太愿意花费大笔钱下榻高档酒店。欧美客人则恰恰相反，他们通常会选择较高档次的酒店，尤其是连锁酒店，住宿方面的支出远远高于亚洲客人。只有在了解了这些顾客的需求差异之后，才能够采取有针对性的营销措施。

地理变量是比较容易识别的，也是旅游企业在细分市场时应予以重视的，但是来自同一地理位置的顾客在需求方面仍然会存在很大的差异。所以，简单地以某一地理特征区分市场，不一定能真实地反映顾客需求的共性与差异，旅游企业在细分市场时，还需要结合其他细分变量予以综合考虑。

（二）人口变量

人口变量是在众多领域广泛应用的分类指标，用它们作为市场细分的标准是很常见的，建立在这一变量上的细分市场会非常的清晰、明确。

常用的人口变量包括：年龄、性别、家庭、文化程度、职业背景、经济收入、支付能力等。

1. 年龄

不同年龄的人，在选择旅游产品时对产品的价格、旅游服务的要求等会有很大的区别。比如，酒店如果设有针对老年人的客房，房间就应该在卫生间地面防滑、浴盆把手的安装、浴盆高度、走廊及房间的灯光、房间设施的布置等方面有特殊的考虑。相反，年轻人可能更注重相对低廉的房价，如在很多旅游城市出现的青年客栈，就满足了年轻旅游者对简易、低廉、清洁的住宿环境的需求。

2. 性别

根据不同性别对旅游产品的需求不同可以细分为男性旅游市场和女性旅游市场。男性旅游者与女性旅游者对旅游服务和项目的需求表现出一定的差别。尤其是随着近年来女性旅游市场的发展，越来越多的企业开始大力发展女性旅游市场，在产品设计和特色服务上考虑女性顾客的个性化需求。

3. 家庭

一个国家或地区的家庭数和家庭平均人口的多少，对旅游客源市场的影响很大。一般而言，没有孩子的家庭比有孩子的家庭更能够产生旅游动机，他们出行的费用也会更高；而孩子年龄稍大的家庭比孩子年龄处于婴幼儿阶段的家庭出游的概率也会更大。同时，家庭成员对旅游目的地、旅游时间、住宿标准等的选择也会有不同的标准。所以，旅游企业可以根据不同的家庭对旅游产品和服务的预期与需求来选择自己的细分市场。

4. 社会阶层和文化程度

人们的社会地位、职业与受教育程度的不同，也会影响到对旅游产品和服务的需求。一般而言，受过高等教育的人对旅游会有更多的热情，而且会有更多的商务旅行的机会。而文化水平相对较低的人则会在消费上趋于保守，对旅游产品的需求相对较低。

5. 经济收入与支付能力

经济收入与支付能力是紧密相连的，经济收入越高，支付能力就越强。高收入群体是旅游高端市场中十分重要的一个细分领域。

6. 职业

人们职业的不同会产生不同的需求，比如，商务旅游者在酒店产品的服务与需求上就有别于一般的观光游客。在高端旅游市场上，因工作需要而往返于各地的商务游客是旅游企业非常关注的细分领域。

（三）消费行为变量

按消费行为变量来进行市场细分，可以选择旅游消费者追求的利益、消费者的平均支付能力、消费者对旅游产品的使用程度、对产品的忠诚度等行为因素作为进行市场细分的标准。

旅游企业的营销人员应该意识到，旅游者购买产品的主要目的并不是为了得到产品的本身，而是为了获得旅游产品所给客人带来的利益。旅游者要求旅游企业提供的利益是多样化的，有的顾客希望得到细致入微的服务，有的顾客希望得到精美可口的菜肴，有的顾客希望酒店有优越的地理位置，有的顾客希望能观赏到怡人的风景……总之，客人所追求的利益是多样化的，旅游企业的营销人员可以按照客人所追求的利益将客源群体划分为不同的类型。

从客人的购买和使用程度来看，每个消费者的情况也不相同。营销人员应该根据购买和使用的程度将客人划分为不使用者、潜在使用者、首次使用者和定期使用者。定期使用者又可以分为“轻”使用者、“中”使用者和“重”使用者。例如，一些经常性不定期光顾的商务游客属于“中”使用者，而酒店的长期包房客人(在酒店停留时间在6个月以上的客人)属于“重”使用者。

除了以上的两个常用变量之外，旅游营销人员还可以根据客人对旅游产品的忠诚度、客人的平均支付能力和消费水平等因素来进行市场细分。

（四）心理因素

心理因素是对消费者购买行为产生影响的主观因素，消费者的心理因素也能成为市场细分的依据。从心理因素进行细分，主要是依据消费者的个性特征、生活方式和购买动机等因素。生活方式是在人们所处的社会环境中逐渐形成的，按生活方式细分市场主要是根据人们的生活习惯、消费倾向、对周围事物的看法以及人们所处的生活周期来划分。由于人们的生活方式的不同必然会带来需求上的差异，把生活方式相同的购买者作为一个市场群体，有计划地为其提供符合需求的产品和服务，这对更好地满足顾客的需求、扩大旅游企业的市场占有率非常重要。

购买动机也是一个重要的心理细分依据。由于人们的购买需要具有多元化的特点，因此，旅游者的动机系统也是非常丰富和复杂的。

【任务拓展】

有人想开一家能为所有人提供所有餐饮产品的餐馆，这种想法可行吗?

【任务反馈】

旅游市场细分是不是使用一个细分变量就可以完成?

释疑：旅游市场细分是旅游市场营销的重要环节，是确定目标市场、进行市场定位的前提。有效的旅游市场细分不会只依据一个细分变量就可完成，一般会根据顾客需求依据多个变量依次细分，细分出可识别、可衡量、可进入，有效益性及稳定性的子市场，旅游企业再根据实际情况从有效细分后的子市场中选择目标市场。

任务二　确立目标市场的取舍艺术
——旅游目标市场策略

【任务目标】

在旅游市场细分的基础上，企业还要进行目标市场的选择，制定目标市场策略，帮助企业占据有利的市场位置，同时获取可观的经济效益。

【案例聚焦】

在全世界的酒店行业中，希尔顿酒店是最早注意到单身女性顾客的特殊需求的，为此，他们早在1974年就在美国阿尔克·希尔顿酒店里开辟了专门的女子专用楼层，为单身女性提供旅途中的一切便利。近30年来，希尔顿酒店一直致力于为单身女性客人提供更专业化、更精细的服务，从而赢得了一片相当稳定的大市场。

在希尔顿酒店的女子专用客房里，所有的设施设备和装修色调都是从女性的生理特点和旅途需要出发的，不仅配备有特制的穿衣化妆镜、品牌化妆品、各种牌号的洗涤剂和沐浴用品，同时还会提供女士睡袍、挂裙架、吹风机、卷发器、针线包以及女性专用的卫生用品。客房通常会被装饰成温馨的色调，而床上用品和窗帘等也会与房间的色调相匹配，就连客房电话也选择了活泼、灵巧的款式，床头柜上还备有专供女性阅读的时尚刊物。

考虑到安全的问题，女性客房楼层配有大量的便装女保安人员，同时设有很多专门的安保措施。

案例点评：在众多的细分市场中选择有价值且可进入的作为企业的目标市场，这是在目标市场选择中必须重点考虑的。希尔顿酒店选择女性作为目标市场中的一项特殊领域，迎合了女性旅游者的特殊需求，进而取得了很大的成功。

图4-1 "量体裁衣"的女性客房（资料图片）

【任务执行】

任务工作单4-2

任务名称	目标市场的选择与营销策略的制定				学时	2
学习小组		姓名		学号		指导教师	

工作任务描述

在旅游市场细分的基础上，旅游企业要在细分后的市场中选择其中的一个或多个作为自己的目标市场，同时制定相应的营销策略。选择一家你熟悉的旅游企业（旅行社、酒店、景区等），通过调研，明确它的目标市场及目标市场策略，围绕这些内容提交相应分析报告。

具体工作任务

(1) 获取相关资料与信息：

① 搜索相关资料，熟悉什么是目标市场选择和目标市场策略。

② 掌握企业是如何进行目标市场策略制定的。

(2) 调研：

① 选择一家旅行社（酒店/景区），分析它的目标市场。

② 在面对这些目标市场时，企业制定了怎样的营销策略。

③ 汇总小组成员的分析，撰写分析报告。

(3) 成果展示：各小组汇报讨论结果，将市场分析通过幻灯片在课堂上展示。

(4) 提交工作记录单和案例分析报告。

学习条件

(1) 市场营销实训室；

(2) 每个小组配备一台可上网的电脑；

(3) 任务工单、工作记录单、学习情境练习单等；

(4) 课件、视频资料、题库等。

一、旅游目标市场的概念

旅游目标市场是旅游企业在市场细分的基础上进行营销活动所要满足其需求的旅游消费者市场。这一类消费者群体成为旅游企业的主要经营对象。

二、旅游细分市场的评估方法

旅游企业在进行目标市场选择的时候,必须要对不同的细分市场进行特定的分析,进而选择出适合自己进入的细分市场作为目标市场。在这个环节,旅游企业必须重点分析三个要素:

(一)细分市场的规模和增长情况

旅游营销人员首先要搜集和分析目前各细分市场的销售额、增长率和预期利润等各种资料。一般来说,理想的细分市场是具有较大的销售额、较高的增长率和利润贡献的市场。可是值得注意的是,那些最大的、最快速增长的细分市场不是对任何公司来说都是最有吸引力的。如较小的公司可能因为缺少相应的资金、技术、人员等资源难以进入和占领这些细分市场,或者是这些细分市场的竞争太激烈了。所以,有时候企业可能会选择那些较小的,不太有吸引力的细分市场,对它们来说,在这些市场上更容易获得更多的利润。

例如:美国旅馆大王希尔顿先生,是先在美国经济发展比较落后、旅馆竞争程度低的德克萨斯州发展希尔顿连锁酒店的,等实力强大了以后,才在芝加哥、纽约等旅馆竞争激烈的地方发展希尔顿酒店。

(二)细分市场的结构吸引力

一个细分市场可能具有理想的规模和增长率,但仍然不能提供理想的利润。这说明,旅游营销人员还必须考察一些影响细分市场长期吸引力的主要结构因素,一般包括下列四个方面:

1. 竞争者状况

如果在这一细分市场上已经存在许多强有力的和具有进攻性的竞争者,这一细分市场就不太具有吸引力。比如,在美国已经有许多世界一流的汉堡快餐连锁企业,像麦当劳、肯德基等,如果要再创建一家同样的汉堡快餐企业进入这一市场,很难保证获得有吸引力的利润。

2. 替代性产品状况

如果在一个细分市场上目前或将来存在许多替代性产品的话,那么可能会妨碍进入这一细分市场的旅游企业取得足够多的利润。

3. 购买者的还价能力

购买者的讨价还价能力也会影响到细分市场的吸引力。如果一个细分市场上,购买者相对于销售者具有很强的讨价还价能力,那么,他们将会迫使价格下降,同时也会要求获得更好的产品和服务。

4. 供应商的状况

如果在一个细分市场上存在一个强有力的供应商,他能控制生产所需的原材料与服务的价格,以及它们的质量和数量,这个细分市场也是缺乏吸引力的。当供应商只存在少量替代者时,或者当供应商的产品是重要的投入因素时,供应商往往是强而有力的。

(三)旅游企业的经营目标与经营资源

即便一个细分市场有适当的规模和增长率,它在结构上也有吸引力,营销者在决定是否进入这一细分市场时还须考虑这样做是否符合自己企业的经营目标和资源状况。一些有吸引力的细分市场如果迅速地消逝，那么说明它们就不符合企业的长期目标。虽然这些细分市场就它们本身来说是有吸引力的，但它们可能将企业从它的主要目标中转移出去，企业也不具备所需的技术和资源能够在这一细分市场上取得成功。所以，旅游企业要将有限的资源投入到自己具有优势的产业，不要目标过于宽泛。

三、旅游目标市场的营销策略

当旅游企业选定了目标市场之后，如何经营好这些目标市场，是营销人员需要考虑的重要问题。旅游目标市场选择策略是指旅游企业如何选择自己的目标市场。常用的目标市场选择策略有：

（一）无差异性营销策略

无差异营销策略，是指旅游企业在市场细分之后不考虑各细分子市场的独特性，而只注重于市场的共性，只推出单一产品，运用单一的旅游市场营销组合，力求在一定程度上适合尽可能多的旅游者的需要。

这种策略的优势在于：第一，规模效益显著。当产品品种、规格和款式简单时，有利于标准化与大规模生产与销售，分销渠道简化，市场调研和广告宣传开支较低，有利于降低企业的综合成本费用，取得规模效益。第二，有利于提高服务技巧和劳动效率，易于形成垄断性的名牌旅游产品的声势和地位。

这种策略的缺点在于：第一，市场适应能力差，单一的市场策略不易满足具有多种多样需求的旅游者。因为单一产品要以同样的方式广泛销售并受到所有购买者的欢迎，这几乎是不可能的。旅游者的社会经济情况、个人兴趣及生活方式在不断地发生变化，旅游者对旅游多样化的需求日益增长。因此，这种策略适用于旅游交通方面，或者适用于少数垄断性强、供不应求的旅游产品，如长城、三峡等。但是对其他的旅游企业，这种策略满足不了旅游者日益增长的多元化需求。特别是随着社会经济的发展，旅游者个人兴趣及生活方式不断地发展变化，自助旅游的趋势越来越明显，无差异性市场策略已不适应现代国际旅游业的竞争。第二，加剧了市场竞争，从而降低了经济效益，增加了企业的经营风险。

因此，采取无差异目标市场策略需要满足一定的条件，这些条件包括：一是企业具有大规模的生产线，能够进行大规模的生产；二是有广泛的分销渠道，能把产品送达所有的消费者；三是产品质量好，具有垄断性和不可替代性，在消费者中有广泛的影响。

（二）差异性营销策略

所谓差异性营销策略，是指旅游企业把整个旅游市场划分为若干个细分市场，从中选择两个以上的细分市场作为自己的目标市场，并有针对性地设计营销组合以适应旅游者不同的需要，凭借旅游产品与市场的差异化获取最大的销售量。

差异性目标市场策略是企业间激烈竞争的产物。在激烈竞争的市场条件下，企业为了提高自己的适应能力和应变能力，减少营销风险，便采取多品种、小批量的生产以满足不同消费者的需求，扩大产品的消费量，从而提高企业的竞争力和市场占有率。差异性目标市场策略的优势在于：第一，由于能够较多较快地变换旅游产品的类型特点以适应和启发旅游者的需求，因而有利于增加旅游者对该旅游企业的信赖感和提高购买频率，提升企业的市场竞争能力。第二，如果同时在几个细分市场中占有优势，有利于树立旅游企业在旅游者心目中的形象，从而有利于经济效益的提高。第三，由于差异性营销的灵活机动性，可以在一定程度上分散旅游企业的经营风险。

差异性目标市场营销策略的缺点在于：第一，由于差异性营销策略带来的生产经营成本与营销宣传费用的增加，难以使旅游企业取得规模效益。第二，经营目标市场数量越多，就会影响经营效率，使旅游企业管理难度加大。第三，由于多元化分散经营可能使企业的资源配置不能有效集中，影响某些优势的发挥。

旅游企业在采用差异性目标市场策略时，必须要满足以下的条件：第一，企业的人力、物力、财力比较雄厚，能进行多品种的生产；第二，企业的技术水平、设计能力能够适应多品种生产的要求；第三，企业的营销管理人员水平较高，能适应多种市场的要求；第四，产品销售额的增长大于营销费用增加的比例。

（三）集中性营销策略

有时候旅游企业的营销人员不愿意将有限的资源分散在不同的子市场，避免势单力薄，而宁可将有限的资源集中使用于某一最有潜力且最能适应的细分市场上去，这样可以在自己的目标市场上取得绝对优势或建立起鲜明的形象。

所谓的集中性营销策略是指旅游企业在旅游市场细分的基础上选择一个或少量细分市场作为旅游目标市场，为充分满足某些旅游消费者特定的需求服务而集中企业自身营销力量实行高度的专业化经营，以占领大量市场份额。如成都"梦之旅"青年旅舍就把青年旅游者作为目标市场集中进行营销。

图4-2　成都"梦之旅"青年旅舍（资料图片）

集中性营销策略的优点体现在以下方面：第一，它有利于旅游企业经营专门化；第二，它有利于旅游企业提高资源的利用率；第三，它有利于旅游企业在目标市场上建立扎实的基础。这种营销策略可以帮助旅游企业在较小的市场中占有较大的市场份额，但同时也会由于专注于某一细分市场，而增加企业的经营风险。因此，企业在推行集中性营销策略时要做好应变准备，加强风险意识。

集中性营销策略适用于：第一，资源相对有限的中小型旅游企业；第二，拥有独具特色、能吸引一定类型旅游者的旅游资源；第三，竞争比较激烈的旅游市场。

四、影响目标市场策略选择的因素

旅游企业采用何种目标市场策略要受到旅游市场企业自身实力条件、旅游产品的特点、旅游市场的需求状况、产品生命周期阶段、竞争者数目和竞争者实力等因素的影响，应综合考虑各个方面因素来加以确定。

（一）旅游企业的自身实力条件

旅游企业的自身实力条件主要包括其人力、财力、物力条件及其生产能力、技术能力和销售能力，具体表现为旅游企业的产品的设计与营销组合能力、宣传促销能力、服务与管理能力等方面。如果旅游企业的实力雄厚，管理水平比较高，信息资源丰富，考虑采用无差异性市场营销策略或差异性市场策略；如果旅游企业的实力不足，人力、财力、物力、信息等资源有限，企业无力顾及整个市场或多个细分市场，则适宜采用集中性市场营销策略。

（二）旅游产品或服务的特点

同质性旅游产品或服务，如旅游酒店同档次的客房、旅游航空客运服务等，由于差异性小，替代性强，竞争主要集中在价格上，较适宜实行无差异性市场策略。而对于一些差异性较大、旅游者选择性很强的旅游产品或服务，如特色旅游线路产品、旅游餐饮服务等，则适宜采用差异性目标市场策略或集中性目标市场策略。

（三）旅游市场需求状况

当旅游市场上的消费者在某一时期的需要与偏好及其他特征很接近、市场类似程度很高时，适宜采用无差异市场策略。而对于旅游者需求差异程度很高的旅游产品市场，一般要采用差异性市场策略或集中性市场策略。

（四）旅游产品生命周期

旅游产品在不同的生命周期阶段，也可以采用不同的目标市场策略。旅游产品在生长期时，性能还不够完善，品种比较单一，竞争者也比较少，应采用无差异性目标市场策略以便进一步通过市场的扩大来探测市场需求和潜在需求，以利于产品的深化开拓。当旅游产品进入成熟期后，旅游产品的品种增多，竞争者也增多，此时适宜采用差异性目标市场策略以开拓旅游市场，扩大市场份额。当旅游产品进入衰退期后，则应采用集中性目标市场策略收缩旅游企业的产品线以保持部分市场，延长旅游产品的生命周期。

（五）旅游市场竞争状况

经营者采取哪种目标市场策略往往也会视竞争者的策略而言，一般采取与之相抗衡的策略。如果竞争者数量较少或弱且自身产品具有垄断性，旅游企业可以采取无差异性目标市场策略。如果竞争者采用无差异目标市场策略，旅游企业则可以反其道而采用差异性市场营销策略或集中性营销策略。如果竞争者太多，则应采取差异性或集中性目标市场策略。从竞争者采用策略来看，如果竞争对手实力较强大且已采用了差异性目标市场策略，旅游企业则应在充分市场调研的基础上，实行更深一层的差异性目标市场策略或集中性目标市场策略。

综上所述，旅游企业必须从实际出发，要在综合考虑以上各种因素的基础上选择目标市场策略。一般情况下，选择与确定旅游目标市场策略后应保持相对稳定，但可以随着市场环境与企业经营状况的变化做适当的调整。

【任务拓展】

选择一家典型旅游企业，了解其目标市场的构成，并分析企业如此选择的原因。

【任务反馈】

旅游企业是否只能采取一种目标市场策略？

释疑：旅游企业要根据自身的人力、财力、物力、生产能力、营销能力等实力条件，针对企业提供的不同产品的性质及特点采取不同的目标市场策略。同质性旅游产品或服务，由于差异性小，替代性强，竞争主要集中在价格上，较适宜实行无差异性市场策略。而对于一些差异性较大、旅游者选择性很强的旅游产品或服务，则适宜采用差异性目标市场策略或集中性目标市场策略。

任务三　贴上醒目的个性标签
——旅游市场的定位决策

【任务目标】

市场定位是旅游企业赢得市场竞争的必要途径，也是获得更多顾客认知的有效方法。通过本任务的学习与实践，学生应掌握市场定位的意义与方法，并能将其应用到企业的营销实践中。

【案例聚焦】

100%纯净的自然山水
——九如山的纯生态市场定位

在济南的南部山区，有一处颠覆传统游览方式的大型自然生态景区——36平方公里群山连绵，峡谷、山泉、溪流、瀑布，无以计数的自然景观，让您在山泉遍布、溪流交错的峡谷中穿梭时，会忘却自我，体验到生态旅游的真谛。这就是九如山瀑布群风景区。

九如山瀑布群风景区在2005年规划设计之初，摒弃过去国内景区建设常用的一些习惯性做法，明确了差异化经营的思路，进行了纯生态的市场定位。不盲目跟风国内景区的建园思潮，不做别人的仿制品，确立了独树一帜的建园原则：

纯生态定位原则之一，没有雕梁画栋的楼台和廊阁；纯生态定位原则之二，没有普度众生的庙宇和神灵；纯生态定位原则之三，没有牵强杜撰的传说和故事；纯生态定位原则之四，没有雕刻山体的诗赋和墨迹。

秉承“四不建园”的原则，九如山斥巨资大量引进东北地区的名贵树种，对荒山、荒坡、荒岭、荒滩进行了以“绿化山体、涵养水源及保持生态多样性”为目的的大规模植树造林工程。从2005年至今，14年间植树上百万棵，植被覆盖率也从建园时的18%，蜕变为如今的97%。“国家森林公园”之名是对九如山最大的肯定。清晰的纯生态市场定位，让游客在九如山感受到100%纯净的自然山水，真正体验到远离都市浮躁喧嚣的安宁与平和，使它得以从众多同质化的景区中脱颖而出，成为营销成功的典范。

案例点评：在景区开发与定位同质化频见的今天，九如山风景区摒弃了传统景区定位的弊端，独树一帜的纯生态定位成为其营销成功的重要前提。

图 4-3　九如山瀑布群（资料图片）

【任务执行】

任务工作单 4-3

任务名称	旅游企业如何进行市场定位					学时	2
学习小组		姓名		学号		指导教师	

工作任务描述

明确的市场定位是旅游企业营销成功的必要前提，掌握常用的市场定位方法与原则。选择一家熟悉的旅游企业（旅行社、景区、酒店等），找到它的市场定位，分析这一市场定位对企业的营销实践产生了怎样的影响。你是否认同这一定位？围绕以上问题，完成相应的分析报告。

具体工作任务

（1）获取相关资料与信息：

① 搜索相关资料，熟悉什么是市场定位。

② 掌握旅游市场定位的方法与原则。

（2）调研：

① 选择一家旅行社（酒店/景区），分析它的市场定位。

② 这一定位对企业的营销实践产生了怎样的影响。你是否认同这一定位？

③ 汇总小组成员的分析，撰写市场分析报告。

（3）成果展示：各小组汇报讨论结果，将案例分析通过幻灯片在课堂上展示。

（4）提交工作记录单和案例分析报告。

学习条件

（1）市场营销实训室；

（2）每个小组配备一台可上网的电脑；

（3）任务工作单、工作记录单、学习情境练习单等；

（4）课件、视频资料、题库等。

旅游企业在选定旅游目标市场之后，还应确定本企业旅游产品在目标市场上的竞争地位即进行市场定位，才有可能制定出针对性很强的旅游市场营销组合。旅游市场定位是制定旅游营销战略计划中一个重要的组成部分，同时关系到一个旅游企业和旅游区能否突出自己的特色，以及能否在激烈的竞争中争得一席之地。

市场定位是指根据目标市场上同类产品竞争状况，针对顾客对该类产品某些特征或属性的重视程度，为本产品塑造强有力的、与众不同的鲜明个性，并将其形象生动地传递给顾客，以获得顾客的认同。市场定位的实质是使自己与别人严格区分开来，使顾客明显感觉和认识到这种差别，从而在顾客心目中占有特殊的位置。

一、旅游市场定位的概念及意义

所谓旅游市场定位就是旅游企业或旅游目的地在全面了解、分析竞争对手在目标市场的位置后，确定自身的旅游产品及营销组合，为旅游产品塑造强有力的、与众不同的鲜明个性，并将其形象生动地传递给消费者，以求得到消费者的认同的一种营销活动。

旅游市场定位对于旅游目的地与旅游企业具有积极的现实意义：

第一，有利于旅游目的地及旅游企业有针对性地开展营销活动。旅游市场定位的前提与基础是进行旅游市场的细分。经过科学、准确的市场细分，选择目标市场和旅游市场定位，旅游企业便可以通过各种细分市场中旅游者的消费需求和市场竞争状况加以充分地比较，掌握各细分市场中旅游者的需求满足程度及自身的优势与劣势，采取有针对性的营销措施，从而可以在市场上为本企业创造某种竞争优势。

第二，有利于旅游目的地与旅游企业造就和强化在旅游者心目中的持久形象。旅游市场定位是通过为旅游目的地或旅游企业的产品创立鲜明的特色或个性从而塑造独特的市场形象来实现的。旅游市场定位是一个持续性的过程，旅游者从产生兴趣与注意，到深入认识了解旅游目的地与旅游企业的特色与形象，这一系列活动强化巩固了旅游目的地与旅游企业在他们心中的地位。

第三，有利于旅游目的地及旅游企业拓展目标市场潜力。通过市场定位，旅游市场的范围更加清楚与明确，反馈变得迅速而敏感，旅游目的地与旅游企业可以据此来开展集中有效的营销活动并且可以充分发掘市场潜力。另外，旅游目的地与旅游企业可以充分合理地安排营销投入，避免了由于过度开发而造成的人力、财力、物力的浪费，也避免了由于开发不足而失去有效的市场。

二、旅游市场定位的原则

旅游企业或旅游目的地在进行市场定位时，最主要的依据是产品的差异性。旅游企业要使自己的产品获得稳定的销路，必须与众不同，创出自有特色。因而，应该遵循以下原则：

（一）差异化原则

差异化原则是旅游市场定位的核心内容，即努力实现旅游产品和服务差异化及旅游形象差异化。通过差异化策略发掘并成功展示独特的竞争优势，从而将自己与竞争对手区别开来。

（二）垄断性原则

旅游企业的市场定位策略应难以为竞争者模仿，这是旅游企业在成功定位之后获得一个相对稳定的经济收益的保证。

（三）盈利性原则

旅游企业的形象树立更易于旅游产品的销售，从中可以获得一定的盈利，促进企业的可持续发展，这也是旅游企业营销的最终目的。

三、旅游市场定位的步骤

良好恰当的定位有三个因素：创立形象，展示顾客利益，显示与竞争对手不同的品牌。除此之外，定位要求先确定旅游企业竞争对手。要么区别一方，要么与所有其他旅游企业相比较。

要达到以上的要求，比较简单的方法是记住定位的步骤：

(1) 分析利益：确定顾客所应得的利益；

(2) 决定形象：决定所选定的目标市场所期望的产品形象；

(3) 确认异同：列出直接竞争对手并显示不同之处；

(4) 设计组合：提供不同于他人的产品或服务，并将其体现在营销组合的具体方面；

(5) 传递实施：履行诺言，贯彻执行定位策略。

四、旅游市场定位的策略

旅游企业的产品与服务的不同组合是旅游市场定位的主体内容。所以，究竟旅游企业如何去组合他们的产品和服务就成为进行市场定位的战略要素，大体上，旅游市场定位战略主要包括以下几种类型。

（一）市场领先策略

市场领先策略是指旅游企业在目标市场中始终保持第一位的优势，无论在产品质量、规格以及服务上都要先声夺人，始终以领袖地位引领这一市场的消费需求的发展方向。旅游企业要在市场中保持领先地位应该从以下几个方面努力：

(1) 扩大目标市场的总需求，寻找新客源。

(2) 保护优质的市场份额，通过扩大或者缩小经营范围来实现。

(3) 继续提高旅游产品的市场占有率，提高接待旅游者的次数。

（二）市场挑战策略

市场挑战策略是一种与最强有力的竞争对手博弈的市场定位策略，就是将旅游产品特色直接定位在与这个市场中最强大的竞争对手的产品相似的位置上，以对比的方式与竞争对手争夺同一细分市场。市场挑战策略是一种比较危险的策略，它要求旅游企业可以生产出比竞争对手更好的产品，比竞争对手有更好的实力与资源。采用这种策略，一旦在市场上取得成功，便会取得很大的市场优势。旅游企业要取得竞争的优势，可以采取如下措施：

(1) 正面进攻：旅游企业集中优势力量向竞争对手的强项发起挑战。

(2) 侧面进攻：旅游企业集中优势力量向竞争对手的弱点发起进攻。

(3) 围堵进攻：当旅游企业比自己的竞争对手更具有资源优势时，可以深入到竞争对手的领域，向市场提供更多的产品与服务。

(4) 迂回进攻：旅游企业去发展差异性的产品与服务。

（三）市场避强策略

市场避强策略就是旅游企业避免与竞争对手直接进行对抗，而是寻找新的、未被占领的、与竞争对手产品完全不同，并为许多顾客所重视的市场位置。这种定位有两种情况：一是这部分潜在市场或营销机会没有被其他旅游企业发现，这样旅游企业就容易取得成功；二是许多相关旅游企业已经发现了这部分的潜在市场，但没有能力去占领，这样企业要有足够的能力才能取得成功。

旅游企业采用避强策略，可以迅速在市场站稳脚跟，并能以比较小的代价在顾客中树立比较好的形象。由于这种市场策略风险比较小，成功率比较高，所以常为许多企业所采用。

（四）重新定位策略

重新定位是在目标市场发生变化，原来的产品定位不恰当或形象不好，旅游企业企图扭转经营颓势等情况下采取的一种定位策略。它的特点在于抛弃原有的企业或产品形象,树立新的形象。

我们常常会发现,一家经营不景气的酒店转手之后,在新经营者的重新运作之下,不仅会起死回生,甚至还会大放光彩。出现这种结果的原因,除了经营管理的因素之外,往往都是因为酒店已经彻底地改头换面了。

(五)市场另辟蹊径战略

当旅游企业意识到自己的能力无法与同行强大的竞争对手相抗衡,也未能寻求到合适的市场空缺时,就可以采用这种战略。它的精髓就是旅游企业突出宣传自己与众不同之处和在某些方面的独特之处,这样,就会使旅游企业在强手如林的竞争中获得相对的竞争优势,为企业的发展另辟一条新路。

(六)市场补缺策略

精心服务于市场的某些细小目标的专业性旅游企业根据市场、消费需求而变化,寻找市场空白或是薄弱环节,通过专业性的经营占据市场中的有力位置。

【任务拓展】

关注一下你所在的城市,它在旅游营销中是如何进行市场定位的?旅游宣传口号是什么?体现了怎样的城市特点?

【任务反馈】

旅游企业在市场定位时容易进入哪些误区?

释疑:一般情况下,旅游企业在定位时容易步入以下几种误区:

定位模糊。定位不清晰,顾客对旅游产品只有一个模糊的印象,顾客无法真正地感觉到企业的旅游产品有什么特别之处。

定位混乱。顾客对企业提供的旅游产品印象混乱,这种混乱是由于定位的主题及特点太多所致。

定位怀疑。顾客很难相信旅游企业在旅游产品的特色、价格或品牌方面的一些有关宣传。

◆项目评价

在本项目中,我们了解了旅游企业进行市场细分的现实意义,学习了旅游市场细分需要遵循的要求与原则,以及常用的市场细分变量。在市场细分的基础上,旅游企业要进一步明确自己的目标市场,并根据自己的客观情况选择恰当的目标市场策略。在目标市场选定之后,还要进行明确的市场定位,以更鲜明突出的形象出现在竞争市场上。

在本项目中,学生需要掌握从市场细分,到选择目标市场,再到市场定位这三个环环相扣的营销环节,并能通过实践与调研,对其形成更深入的认识,同时掌握实务性的操作技巧,将其能在营销实践中加以运用。

【知识/技能评价】

① 名词解释。

旅游市场细分　旅游目标市场　旅游市场定位

② 简述旅游市场细分需要遵循哪些原则。

③ 简述常见的旅游目标市场策略有哪些。

④ 简述旅游市场细分的步骤与方

法有哪些。

【实训演练】

① 跟进一家旅游企业，观察并总结该企业常用的旅游市场定位技巧。

② 选择一家你熟悉的旅游企业，总结其市场定位的过程及现状，评价该企业的市场定位是否成功。

③ 在旅游行业中选择一种典型产品，找出旅游者对这种产品需求的决定因素，同时根据产品特点对其进行定位，并从当地市场中找出一个适用于这种产品营销的目标市场，为其制定相应的目标市场策略。

【项目链接】

凯撒旅游发布度假子品牌 精致化塑造自由行消费场景

2018年10月27日，凯撒旅游正式发布旗下专注于自由行市场的子品牌“凯撒度假”。该品牌以“自由于心，精致于行”为核心理念，旨在帮助中青年消费者打造精致优雅的度假生活体验。

作为旅行社行业里的全产业链企业，凯撒旅游的自由行业务伴随团队游共同发展、成长。经过多年的打磨与锤炼，凯撒旅游对度假板块进行重新定位，围绕中高端自由行客群正式推出“凯撒度假”子品牌，覆盖精选自由行、机票、酒店、全球名宿、境外省心游、签证、全球玩乐、租车及欧铁等八大业务板块。

当下，旅游消费结构正朝着年轻化、个性化、品质化方向升级。当旅游进入自由行时代，游客虽然摆脱了跟团游的束缚，但良莠不齐的旅游资源与服务缺位，常常会降低消费者的度假体验。凯撒旅游依托25年的产品研发和服务经验，深度挖掘、整合全球旅游目的地的优质资源，力求解决自由行游客的消费痛点，从“甄选资源”“专属服务”“潮流新品”和“精选套餐”等维度，为市场呈现精品度假产品。

凯撒中国创始人、凯撒旅游总裁陈小兵认为，“自由行”的最高境界是“身心自由”，唯有高品质的旅游资源和服务，才能让游客真正享受“不操心”的自由行；消费者需要的自由，从来不是“无人过问”，而是恰当其时的帮助与关怀，“凯撒度假”提供的自由行产品将依托凯撒旅游专业的服务团队，为游客提供一对一的“专属服务”；“小众而出众”，是自由行客群的重要诉求之一，源源不断地输出新鲜目的地与新鲜旅游方式，才能满足年轻客群个性化的需求；“机＋酒”可以帮助消费者实现出行便利，但距离帮助消费者获得精致的度假生活尚有距离，“凯撒度假”希望借助“精选套餐”为游客提供更多富有情致的度假选择。

近年来，凯撒旅游相继推出诸如马尔代夫菲诺包岛、大溪地包机、新喀里多尼亚包机等众多新鲜自由行产品，更是将婚礼、旅拍、禅修、康养等热门市场诉求融入其中；同时引入新喀里多尼亚、瓦努阿图、留尼汪、西西里、撒丁岛、马耳他等新鲜目的地；针对海南、云南、新疆、东北等国内当红目的地，也有特色鲜明的体验类精品推出，进一步丰富了潮流消费者的选择。

据悉，除了进行产品升级，凯撒旅游还持续加大信息化投入建设，进一步完善度假自由行业务平台，实现了全球旅游资源即时在线预订功能，扩大了度假自由行产品在线销售的品类，从而有效提升了用户满意度和公司运营效率。

业内评析，2018 年以来，凯撒旅游连续推出明智优选、凯撒名宿、凯撒度假子品牌，深度布局高端定制、非标住宿和精品自由行细分领域，多品牌联动，贴近游客对精致美好出游体验的强烈向往，而信息化管理和服务平台功能的进一步提升，将助力度假业务板块成为提升公司业绩的新动能。

拓展路径

1. 扫下面二维码，阅读文章《为女性定制的深度旅游走红》，了解特定目标市场的需求特征与产品特点。

2. 扫下面二维码，阅读文章《亲子游时代，如何挖掘亲子文旅产品属性定位，打造网红产品》，关注目前旅游市场中的亲子游市场，了解其定位及产品属性。

3. 扫下面二维码，阅读文章《解密“网红济南”背后的“营销术” 泉城济南行自此不从众》，探索济南作为一个不温不火的传统旅游目的地，是如何走向差异化的营销之路的。

实务操作篇

项目五　打造具有竞争力的旅游产品

◆项目目标

【行业要求】

了解旅游产品策略对于旅游企业发展的重要性。

【学习目标】

学生应掌握旅游产品的内涵、旅游整体产品观念、旅游产品生命周期各阶段的特点以及应采取的对策，并能将其在企业营销实践中加以运用。

◆项目任务

旅游产品是旅游企业开展营销工作最基础性的一个环节，旅游产品决定了旅游企业的价格、渠道、促销等策略的具体策划与实施，因此，旅游从业人员必须要掌握旅游产品的内涵、生命周期理论及品牌理论，并加以运用。

任务一　旅游产品概述

【任务目标】

学生应掌握旅游产品的内涵、旅游整体产品观念，以及旅游产品的主要特征。

【案例聚焦】

“高端定制”旅游产品风头正劲

国内首个由旅行社组织的房车行走川藏大北线旅游团，从成都出发完满抵达终点拉萨。这个为期12天的团队游，把中国最美的景观大道317国道精华段——川藏线设计为团队行程，全国仅售12席，产品报价约1.6万元。结果火爆程度出人意料，游客参团热情高涨，一上线就迅速售罄。

据了解，参与者当中有中年夫妇、年轻子女偕同父母、同性结伴，以及独自出行的年轻旅游者，他们来自国内多个城市。

经过一番试水，不少国内旅行社也在力拓高端旅游市场。例如，国内旅行机构研发上线了10大国内高端旅游团，特别选择了川藏线、丝绸之路、香格里拉、西藏阿里珠峰、内蒙古草原、长江三峡等中国最具特色的目的地，主推房车、豪华列车、顶级邮轮等全新旅游体验方式，市场反响火爆。

案例点评：随着旅游者旅游需求的日渐个性化、品质化，“高端定制”、量身定做的特色旅游产品受到了旅游者的追捧。

为此，不少旅行社还专门成立了定制部门，为一些特别需要的高端客户服务。这也将是未来的旅行趋势。

【任务执行】

任务工作单 5-1

任务名称	了解旅游产品					学时	1
学习小组		姓名		学号		指导教师	
工作任务描述 掌握旅游产品的内涵、旅游整体产品观念、旅游产品的特点这些基本问题，选择典型旅游企业的典型产品进行相应的了解与分析，每个小组从中选择一个案例，进行讨论分析，并提交分析报告。							
具体工作任务 (1) 获取相关资料与信息： ① 搜索相关资料，熟悉什么是旅游产品。 ② 网上搜索旅游产品的典型案例或者图片。 (2) 讨论： ① 旅游产品的内涵是什么？ ② 在旅游企业发展的不同阶段，产品会有什么变化？ ③ 选择一个酒店营销活动的成功案例进行分析，并描述你对酒店产品的理解。 (3) 成果展示：各小组汇报讨论结果，将案例分析通过幻灯片在课堂上展示。 (4) 提交工作记录单和案例分析报告。							
学习条件 (1) 市场营销实训室； (2) 每个小组配备一台可上网的电脑； (3) 任务工作单、工作记录单、学习情境练习单等； (4) 课件、视频资料、题库等。							

一、旅游产品的概念

旅游产品的概念可以从两个角度来理解。从供给者的角度看，旅游产品是指旅游经营者凭借一定的旅游资源和旅游设施向旅游者提供满足其在旅游过程中综合需要的服务和产品。通过旅游产品的生产与销售，旅游经营者达到盈利目的。旅游经营者提供给旅游者购买的完整的旅游经历，它所包含的食、宿、行、游、购、娱六大要素均与旅游资源有密切关系。从需求者的角度来看，旅游产品是指旅游者支付一定的金钱、时间和精力所获得满足其旅游欲望的经历或者体验。旅游者通过对旅游产品的购买与消费获得心理上和精神上的满足。旅游产品的构成要素主要包括旅游吸引物、旅游设施、可进入性和旅游服务。旅游产品的利益具有复合性，其价值不仅拥有审美和愉悦的成分，而且还体现在旅游中间商的努力带来的追加利益和其自身的展现利益上。

（一）有形产品

所谓有形产品是指在旅游的过程中看得见、摸得着的那一部分产品。它形成了所有旅游体验的核心，它可以是天然的或人造的，也可以是固定的或流动的。比如酒店的整体内装修、客房及其设备、餐厅及餐厅所提供的各类餐饮食品等，旅游景点的山水风景等。

图 5-1　某酒店的客房一角（资料图片）

（二）无形产品

无形的劳动服务产品指旅游服务人员的仪容、仪表、举止；服务员的礼节、礼貌、礼仪；旅游服务人员的服务态度、服务技能；旅游服务人员的服务技艺、技巧、程序、标准、服务员的交际能力、知识视野、应变能力；旅游服务人员的服务效率及服务效果。无形服务的质量标准主要是看其服务效率及服务效果。服务效率是使无形服务有形化，是提供优质服务的保证条件。而服务效果是无形服务质量标准的最终要求，是赢得宾客满意的根本因素。

例如，饭店要向宾客展现宽敞、明亮、悦目、豪华的大堂，愉快、欢乐的餐厅装饰及令人难忘的美味佳肴和方便、舒适、安全的客房，这些要经过服务员的精心工作、热忱服务和熟练的服务技巧去体现和完成。导游人员提供的服务也能够影响到游客的旅游经历。有形的设施、设备、实物产品和无形的劳务服务产品是旅游产品不可分割的两个重要方面。而旅游优质服务产品的提供，取决于旅游企业科学有效的管理。

图 5-2　某游乐场员工（资料图片）

二、旅游整体产品观念

整体产品的概念，是由美国哈佛大学教授西奥多·莱维特率先提出的。他认为整体产品概念由三个层次构成：核心产品（即产品的使用价值），形式产品（包括质量水平、特色、式样、品牌、包装），附加产品（售后服务等）。我们把这一概念应用于旅游产品，可以将它拓展至五个层次，即一种完整的旅游产品应由基本产品、形式产品、期望产品、延伸产品和潜在产品构成。

（一）核心产品

核心产品也叫基本产品或实质产品，是指产品能给客人带来的基本利益

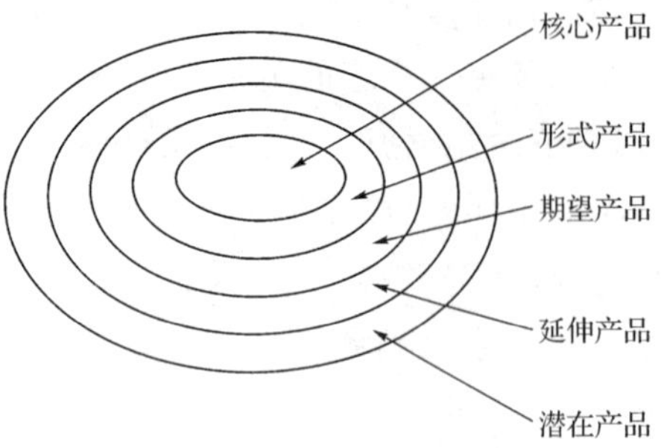

图5-3 旅游整体产品概念

和效用，即产品的使用价值，这是构成产品的核心部分。例如，客人购买某种酒水产品，并不是为了产品本身和占有产品，而是通过对酒水的消费来满足某种需要。客人在一家饭店就餐时饮用酒水，则可让其免受干渴之苦，或者满足其受刺激的愿望或下菜及交往的需要。

（二）形式产品

旅游产品核心利益的实现必须依附一定的实体，产品实体就是产品的基本形式，主要包括产品的构造、外形等。例如饭店的位置、装潢、菜品等。

（三）期望产品

期望产品是指客人在购买某一产品时自然而然地随之产生的种种期望。例如客人在一家饭店就餐的同时还希望享受到良好的服务、适当的休息与放松、幽美舒适的环境等等。

（四）延伸产品

期望产品的延伸和进一步完善就是延伸产品，这是能够使一个产品区别于同类产品的特色，它可指软件，也可指硬件，可指现在已经提供的，也可指将来开发的。饭店的商务中心、康乐设施以及个性化服务等均属此范畴。

（五）潜在产品

潜在产品是为了满足个别客人的特殊需求而提供的特殊的和临时性的服务。它通常是超越了客人的期望和预料而额外提供的服务。一般说来，饭店即使不提供潜在产品，客人也没有理由抱怨或投诉。

旅游产品的上述五个层面既相互独立，各具特点，又紧密相连，共同构成旅游整体产品的全部内容。

综上所述，整体产品观念认为，旅游产品具有五个层面：1. 基本产品；2. 形式产品；3. 期望产品；4. 延伸产品；5. 潜在产品。我们现在可以列出三个等式：

1＋2＋3（基本产品＋形式产品＋期望产品）＝质量保证＝顾客满意。

4＋5（延伸产品＋潜在产品）＝灵活性＝附加价值。

1＋2＋3＋4＋5（基本产品＋形式产品＋期望产品＋延伸产品＋潜在产品）＝竞争优势

在五个层面上，确保基本产品、形式产品和期望产品的质量，是使客人满意的前提条件。延伸产品和潜在产品是产品灵活性的具体表现，同时也是该产品在现有价值之外的附加价值。产品五个层面的全部意义，在于提供一个具有质量保证和一定灵活性并具有竞争优势的产品。这就是整体产品观念所给我们的启示。

此外，从本质上来说，“1＋2＋3”实际上可以涵盖旅游产品和服务的标准化和规范化的全部内容。“4＋5”则体现了产品和服务的个性化。21世纪伊始，竞争全球化、信息即时化、科技大众化、市场细分化、顾客成熟化给包括旅游业在内的各行各业带来了空前的机遇和巨大的挑战。“整体产品观念”是我国旅游业参与健康竞争的强有力的工具。

三、旅游产品的特征

从旅游产品概念的分析中，我们可以发现旅游产品作为一种以服务为主的综合性产品，与我们通常接触的一般物质产品存在着很大的差别。一般物质产品的生产过程是独立于消费过程之外的，而旅游产品的设计组合虽也独立于消费者之外，但其生产只有与消费过程相结合，完成对消费者的服务，才能算生产过程完成。因此，旅游产品除了具有一般服务产品的基本属性外，还具有自己独特的产品特征。

（一）旅游产品的综合性

旅游产品是一个综合性概念，这是由旅游活动的综合性决定的。旅游企业出售给旅游者的旅游产品，通常是包括食、宿、行、游、购、娱在内的产品和服务。因此，旅游产品的综合性表现在它是由多种旅游吸引物、交通设施、住宿餐饮设施、娱乐场地以及多项服务组成的综合性产品。这种综合性既体现为物质产品与服务产品的综合，又体现为旅游资源、基础设施和接待设施的结合。随着旅游者需求的日益多样化，旅游产品所包含的内容也必然更加广泛。这一特征表明，旅游产品作为一种综合性产品，其开发所涉及的因素较复杂，制约条件也较多。因此旅游企业在进行旅游产品生产时必须全面规划，对服务设施、服务项目和内容、服务过程及旅游服务人员等各种有形和无形的内容进行最佳组合，以树立良好的产品形象和企业形象。

（二）旅游产品的无形性

旅游服务是看不见、摸不到、非物化、非量化的产品。旅游服务的无形性，致使旅游企业很难向旅游者描述、展示服务项目，而旅游者也不可能在购买某一项服务前对其进行检验或试用，因此造成旅游产品推销上的困难。旅游者在选择酒店和旅行社时，往往只凭他所知道的该酒店或旅行社的声誉为选择标准，而不像在购买其他商品时，有产品说明书和产品规格作为依据。因此，旅游产品必须十分重视树声誉、创牌子、立形象的工作。旅游经营者应尽量有效地向旅游者展示服务项目和服务内容，说明这项服务能给旅游者带来什么样的便利和利益，也就是说，旅游者从中可以得到什么乐趣和享受，这比服务如何高级、食品如何丰盛更能吸引旅游者。由于产品的无形性，旅游者也会从旅游企业的社会形象、声誉等因素来判断服务产品质量的好坏。

（三）旅游产品的差异性

旅游企业提供的同一产品不可避免地存在着质量和水平的差异，具体表现在旅游企业的不同员工甚至同一员工在不同的时间、不同的场合或对不同的对象所提供的服务往往水平不一、质量不同。要克服旅游服务差异性的关键在于制定严格的质量标准，坚持每次服务都符合标准，其途径在于加强员工教育培训，提高从业人员的文化修养、职业技能和职业道德。

（四）旅游产品生产与消费的同一性

旅游产品的生产过程，即旅游服务的提供过程，是以旅游者到达旅游目的地消费为前提的。旅游企业借助一定的旅游资源和旅游设施提供旅游服务，旅游者在消费的同时也参与了生产过程，因而旅游产品具有生产与消费的高度同一性。旅游产品只有进入消费过程才能实现其价值。由于旅游产品生产与消费的时空同一性，必须有现场消费的旅游者，旅游产品才开始生产，旅游者一旦离开生产立即终止。因此，旅游产品生产不像物质产品生产那样可以暂时贮存起来，旅游产品的同一性决定了旅游产品不仅不能贮存，而且一旦旅游消费结束则旅游产品就自然解体，因而是一种最终消费品。

（五）旅游产品的不可转移性

有形的物质产品生产出来后经过运输才能到达消费者手中，对有形产品的购买表现为物质流动和所有权的转移。而无形的旅游产品无法运输，只有依赖于旅游者到达旅游产品生产地，才能实现旅游产品的生产与运输。而且，旅游消费者购买的只是产品的暂时使用权，所有权并不发生转移。旅游产品的这一特点在一定程度上决定了旅游产品销售和营销活动的内容和重点。旅游企业一方面要大力开展宣传与推销活动，将有关旅游产品的信息快速准确地传递给潜在旅游市场；另一方面要做好每位旅游者的接待工作，树立优良口碑，从而树立企业的良好形象，促进旅游产品的销售。

（六）旅游产品的替代性

虽然现代社会已经进入大众旅游时代，旅游度假正在成为人们现代生活的必要组成部分，但它毕竟不同于基本物质生活消费，而要受到政治、经济、社会等各方面复杂因素的影响，表现为较高的需求弹性和替代性。首先是旅游产品与其他商品之间存在互相替代关系，旅游产品的价格同其他商品价格的不同变化，会引起旅游产品需求量的变化。其次是旅游产品本身也具有很强的替代性。外出旅游是为了获得一种新鲜的体验，不同的旅游目的地各有各的特点，消费者选择的余地很大，且带有随机性，这就导致不同旅游目的和不同类型的旅游产品相互替代性很强。实践表明，旅游产品的需求价格弹性、需求收入弹性和交叉弹性都比较高，从而使旅游产品经营具有较大风险，同时竞争也很激烈。

（七）旅游产品的后效性

旅游者在实际购买旅游产品之前，根据所获得的相关信息而对产品质量做出预期判断，这是旅游者对旅游产品的期望质量。只有旅游者在完成其旅行活动之后，才能根据实际感受对旅游产品质量做出全面而确切的评价，这是旅游者对旅游产品的经历质量。因此旅游者对旅游产品质量的理解是其期望质量与经历质量相互作用的结果。因此对旅游者面对面服务的结束并不等于整体营销活动的终结，必须对市场进行跟踪调查，通过分析市场反馈，及时发现旅游产品存在的问题并加以改进。与旅游者保持长久的关系是旅游企业取得营销成功的关键所在。

【任务拓展】

选择两家同等级的酒店，观察酒店的清洁程度、室内设计、产品特色、服务水平及其他特征，记录下所见所闻，说明哪家酒店的产品更具吸引力，并解释原因。

【任务反馈】

对于旅游企业来说，旅游产品中的有形产品层面更重要还是无形产品层面更重要？

释疑：对于旅游企业而言，旅游产品由有形产品层面及无形产品层面共同构成，其实有形产品与无形产品对于旅游产品来说同等重要。旅游企业要想提供优质产品就必须将有形产品与无形产品一起抓。

旅游企业现在越来越重视无形产品的质量与层次，但不代表有形产品在旅游产品开发及研究中处于次要地位，不代表旅游企业可以不重视有形产品的设计与完善。消费者在评价旅游产品时是从有形产品及无形产品两个层面出发综合考虑的。

任务二　旅游产品的生命周期理论

【任务目标】

学生应掌握旅游产品的生命周期，以及不同生命周期阶段的特点和应采取的营销对策，理解企业为何要通过营销努力不断延长旅游产品的生命周期。

【案例聚焦】

时至夏日，烈日当空，水上乐园和河道漂流成了很多游客不二之选。纵观河南漂流产品，“白河第一漂”“千里洛河第一漂”“北国第一漂”“中原第一漂”“中原峡谷第一漂”“中原第一勇士漂”“中国第一森林漂”……如此众多号称“第一漂”的当地漂流广告词，真叫人眼花缭乱。它们到底谁才是真正的第一，不要说一般的游客，就连旅游专家们也很难搞清楚。

据统计，截至2019年上半年，河南境内漂流河道不低于30条。河南的漂流项目发展如此迅速，缘于21世纪初，1998年国家旅游局发布了《漂流旅游安全管理暂行办法》，随之河南便出现了市场上唯一一家漂流公司——鹳河漂流。直到2007年，鹳河漂流依然是“一枝独秀”。而今河南漂流项目发展到30多家百花齐放的局面，不过十年左右时间。全省大大小小号称漂流的景区（点）主要集中在南阳、洛阳、三门峡和平顶山这四个城市靠近伏牛山的生态旅游区，投资方大都是民营企业。

作为短平快的投资项目，漂流业曾上演过“暴利神话”。“一般漂流投资在几百万元，简陋的20万元就能上马。由于它的参与性、趣味性、刺激性深受青年游客的喜爱，市场火爆，有的一年就能收回投资。尤其是填补市场空白的先行者——鹳河漂流就赚了个盆满钵满。”郑州大学龚绍方副教授如是说。

可是，随着漂流景区的全面开花，漂流的投资神话也似乎再难复制。河南省嵩县伊河漂流有限责任公司总经理钟留现投身漂流业，正是由于鹳河漂流的效益激励。他告诉记者，自己原来在鹳河漂流上游投资建了一个小水电站，看鹳河漂流生意那么红火，便萌发了搞漂流的念头，接管了别人投资的伊河漂流项目。“没进入这个领域不知道，需要花钱的地方这么多，这么吃钱。”

“漂流行业的季节性很强，黄金运营期较短。”河南星期八旅行社总经理汪俊说。一般漂流业的运营时间是从4月底到10月初，实际上最红火的也就6、7、8三个月，而且受天气影响较大，天下雨不能漂，天太旱没水也不能漂。

随着漂流景区（点）增多，市场蛋糕一再被切割，平均收益率自然下降。另外，漂流市场虽然火爆，但是为了保障旅客的安全，加上漂流设备的限制，每个漂流景区（点）的游客容量有限，也限制了景区的收入。

图5－4　漂流景区（资料图片）

案例点评：旅游产品从进入市场到退出市场的全过程为旅游产品生命周期。河南漂流产品的发展正在经历此过程。从一枝独秀到百花齐放，仔细分析河南漂流产品的发展历程，对理解和应用旅游产品生命周期理论有很大的帮助。

【任务执行】

任务工作单5－2

任务名称	探寻旅游产品生命周期的奥秘				学时	3
学习小组		姓名		学号		指导教师	

工作任务描述 掌握旅游产品生命周期各阶段的特点以及应采取的对策，通过案例分析、产品策划掌握旅游新产品的开发以及产品组合策略。
具体工作任务 （1）获取相关资料与信息： ① 搜索相关资料，熟悉什么是旅游产品生命周期理论。 ② 不同的生命周期阶段，旅游企业的营销活动有何针对性？ ③ 如何进行旅游新产品的开发？ （2）实践： ① 针对典型旅游企业的典型产品，分析其生命周期阶段及特征。 ② 针对典型需求，为一家旅行社设计一条新的线路产品。 （3）成果展示：各小组汇报设计结果，并通过幻灯片在课堂上展示。 （4）提交产品策划方案。
学习条件 （1）市场营销实训室； （2）每个小组配备一台可上网的电脑； （3）任务工作单、工作记录单、学习情境练习单等； （4）课件、视频资料、题库等。

一、旅游产品生命周期理论

（一）旅游产品生命周期的概念

旅游产品的生命周期，是市场营销管理的一个重要概念。产品的生命周期与产品的使用寿命是两个不同的概念。产品的使用寿命是指产品的具体物质形态的变化，是产品从开始使用到报废为止所经历的时间。而产品的生命周期是指产品的市场寿命，即旅游产品从进入市场开始，到被市场淘汰为止所经历的全过程，通俗地讲就是产品在市场上的受欢迎程度，它是从产品的市场销售额和利润额的变化来进行分析判断的，反映的是产品的销售情况及获利能力在时间上的变化规律，它受到宏观经济、技术进步、市场竞争、政治法律、供求状况、顾客偏好等多方面因素的影响。由于旅游产品所处的阶段不同，其销售情况和盈利水平也不一样，这就要求旅游管理人员根据不同阶段的具体情况，分别制定出最佳的营销计划和营销策略，保证旅游产品在生命周期的不同阶段取得最佳的利润。这种变化过程一般经历投入期、成长期、成熟期和衰退期四个阶段。我们通常用一条曲线来说明旅游产品生命周期的变化，这条曲线可以分为四个阶段，如图 5－5 所示。

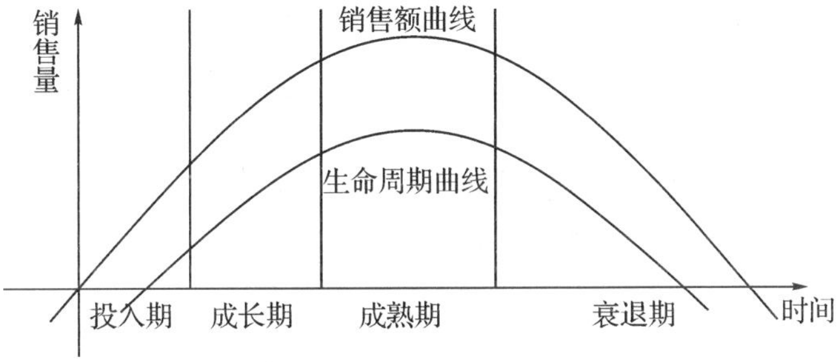

图 5－5　旅游产品生命周期示意图

（二）旅游产品生命周期各阶段特征

旅游产品生命周期包括产品投入期、成长期、成熟期、衰退期四个阶段。旅游产品在不同的生命周期阶段具有不同特征。

1. 产品投入期

在旅游产品投入期，消费者刚开始接触新产品，对新产品认识很少，产品认知度较低；消费者对旅游产品定位与特色不了解，对旅游产品与消费者需求之间关系认识模糊；旅游产品销售量较少，增长缓慢，处于亏损或盈利较少状态。因此，这个时期的主要任务是旅游产品定位和品牌推广。旅游企业要投入大量人力、物力进行品牌宣传和促销工作，以建立和扩大产品知名度，增强消费者的认同感。

2. 产品成长期

在成长期，旅游产品经过初创期的宣传已经建立了一定的市场知名度，已经有很多消费者认识到该产品的存在并有一定数量的消费者认同了该品牌；消费者与顾客之间的联系越来越紧密，双方交易不断增加，产品越来越有竞争优势，更具活力；旅游产品销量迅速扩大，市场占有率逐渐提高；成本的降低，使企业盈利水平提高，产品价值逐步提高。这个阶段的主要任务是继续提高旅游产品知名度，完善产品形象，提升品牌价值。

3. 产品成熟期

在产品成熟期，经过产品初创期和成长期累积起来的认知度，使旅游产品已经具有强势竞争力，产品与消费者之间已经建立紧密的情感联系，顾客具有很强的产品忠诚，旅游产品影响力达到顶峰。此阶段旅游产品更具活力，并拥有大多数消费者的认知优势，旅游产品市场占有率高；旅游产品销售量很大，盈利水平较为可观。这一阶段的主要任务是维系和提升顾客的产品忠诚度，在更广泛的市场范围内维护和完善产品形象，延长顾客的产品忠诚时间。

4. 产品衰退期

经历了产品初创期、产品成长期、产品成熟期后，旅游产品开始走下坡路，进入产品衰退期。消费者对旅游产品的认识和态度会发生很大的变化，开始由满意转变为厌倦、不满，转而开始大批量转向其他旅游产品。这期间旅游产品影响力迅速下降，产品市场占有率、销售额、销售利润出现较大幅度的持续下降。这一阶段的主要任务是对旅游产品进行更新以延长产品生命周期，例如对产品重新定位、开拓新市场、提升产品质量等，同时采取必要措施扭转产品衰退。

（三）旅游产品生命周期各个阶段的营销策略

旅游产品在生命周期的不同阶段具有不同特点，旅游企业只有针对旅游产品各个阶段的特点，采取不同的市场营销策略，才能设法延长旅游产品的生命周期，防止旅游产品过早被淘汰，提高旅游企业的经济效益。

1. 旅游产品投入期的营销策略

旅游企业在投入期制定营销策略时，应进行大量的广告宣传，运用各种促销手段，宣传产品的特色，要以尽快打开市场销路，回收资金、取得效益为目标，让旅游者熟悉与了解旅游产品，扩大旅游产品的市场占有率，使其尽快进入成长期，提高旅游企业的利润。在旅游产品投放期，从定价和促销的角度进行考虑，旅游企业可以采用以下四种策略：

（1）高价格低促销策略。又被称为缓慢撇脂策略，是以较高的价格树立旅游产品的市场形象，以此来弥补在促销力度上的不足，其目的在于降低旅游产品的销售费用，并通过提高价格获取更多的利润。

（2）高价格高促销策略。又称迅速撇脂策略，是以较高的价格树立旅游产品的市场形象，同时增加促销费用，加大促销力度，在市场上树立产品高质量的形象，弥补高价格带来的不利影响，扩大产品的市场占有率。

（3）低价格低促销策略。又称为缓慢渗透策略，是旅游企业以一种低姿态进入市场，目的在于促使市场尽快接受这类产品，随着产品知名度的提升，逐步提高产品价格，收回企业投资成本。

(4) 低价格高促销策略。又称为迅速渗透策略，是旅游企业以较低的价格，投入大量的促销费用使得本企业的产品能够在最短的时间内进入该市场，并迅速提高产品的市场占有率。

2. 旅游产品成长期的营销策略

这一阶段旅游企业营销策略的核心应该是维持产品的市场增长率，尽可能延长旅游产品的成长期，巩固现有成果，进一步扩大市场占有率，提高产品的销售量和利润。旅游企业可以采取如下营销策略，如根据消费者的需求和其他市场信息，不断提高产品质量，改善产品品质；加强市场促销力度，提高产品知名度、美誉度，宣传重点从介绍旅游产品转变为树立产品的品牌形象；重新评价原有的销售体系，加强对销售渠道的管理，不断开拓新的销售渠道，开拓新市场。

3. 旅游产品成熟期的营销策略

旅游企业在本阶段的营销重点应在于尽快回收资金，在保持原有产品优势的基础上，进行旅游产品和营销组合的调整变革，尽可能延长这一阶段的时间，获得更多的利润。旅游企业可采用以下几种营销策略：

(1) 继续提高旅游产品质量和服务质量，力争创造名牌产品效应，设法提高旅游产品和企业在消费者心目中的地位和形象。

(2) 进行营销组合策略调整，对原有的营销组合要素进行变革，改进分销渠道，扩大旅游产品的销路，刺激销售量的增长。

(3) 适当降低价格，薄利多销吸引顾客。

4. 旅游产品衰退期的营销策略

当旅游产品进入衰退期时，生产过剩和销售不足的矛盾日渐明显，旅游企业此时要进行认真分析研究，慎重选择营销策略，具体可以采用以下几种：

(1) 集中策略。将资源集中使用在最有利的细分市场和最有效的销售渠道上，在最有利的市场上创造尽可能多的利润，这样有利于延缓产品退出市场的时间，同时又能为企业创造更多利润。

(2) 维持策略。沿用过去的营销策略，即保持原有的细分市场，也使用相同的分销渠道、定价、促销方式，把销售维持在一个低水平上，直到产品完全退出市场。

(3) 榨取策略。大幅度降低促销水平，尽可能降低促销费用，此时的销售量可能迅速下滑，但可以从忠实顾客手中获取较高利润。

(4) 放弃策略。对于衰退速度过快的产品，企业应当机立断，放弃经营，将其所占用的资源转向其他产品。

三、旅游新产品的开发

旅游产品生命周期理论为我们提供了一个重要的启示：在当代科技水平迅速发展、消费需求变化加快、市场竞争激烈的情况下，旅游业得以生存和成长的关键就在于不断地创造新产品和改进旧产品。创新可以说是使旅游业青春永驻的唯一途径。为了使旅游企业的总销售量和总利润始终保持上升的势头，或者至少保持平稳，避免大起大落，每一个旅游企业都必须把开发新产品作为关系企业生死存亡的战略重点。

(一) 旅游新产品的概念

从旅游企业的营销角度来说，新产

品与因科学技术在某一领域的重大突破所推出的新产品在概念上不同，它是指在某个市场上首次出现的或者是企业首次向市场提供的，能够满足某种消费需求的整体产品。旅游产品整体概念中任何一部分的创新、变化和改良，都可视为新产品。所以，旅游新产品可划分为以下几类：

1. 全新产品

是指旅游企业运用科技新成果、新原理、新技术、新工艺和新材料制作的市场上前所未有的产品。全新产品一般是由于科技进步或为满足市场上出现的新的需求而发明的产品，具有明显的新特征和新性能，甚至能改变用户或消费者的生活方式或消费方式。但全新产品的开发难度大，开发时间长，需大量投入，成功率低。一旦成功，用户和消费者也还需要有一个适应接受和普及推广的过程。

2. 换代产品

也称为革新产品，是指部分改变市场上已经出现的原有产品的结构和性能而形成的产品，它使原有产品的性能得到改善和提高，具有较大的可见价值。对于此类产品，使用者也需要有接受和普及的过程，但时间比较短。

3. 改进产品

是指对现有产品的质量、特点、外观款式或包装加以全面或局部改进的产品。这类产品与原有产品差别不大，易于为使用者接受。市场上销售的大部分产品均属于这种类型。

4. 新品牌产品

是指对现有产品稍作改变，突出某一方面的特点，使用新品牌后提供给市场的产品。有时这种新产品是仿制市场上某种畅销的产品，新品牌的使用是出于竞争的考虑。

（二）旅游新产品开发策略

旅游企业投入资金、人力、物力开发新产品的目的，是为了更好地满足顾客需要，获取更大的企业利润。但是新产品开发的风险又是客观存在的。不同的旅游企业，由于实力不同，在新产品开发上的能力也各不相同，因此旅游企业应根据具体情况，选择适当的新产品开发策略。旅游新产品开发策略主要有以下几种：

1. 抢先策略

抢先策略是指旅游企业在老一代产品衰退前，率先推出新产品，使其占领市场的开发策略。采用抢先策略的旅游企业，必须随时注意市场上消费者的需求动向，同时把握竞争对手的状况和变化，当消费者需求开始变化时，及时推出新产品，始终占据市场领先地位。选用该策略的旅游企业一般应具有较强的技术研发和创新能力，并且有一套灵敏的市场处理和反馈系统。例如，一些酒店设立专门的菜品研究所，组织专业化的研究和试制人员，确定一系列的任务指标，这些就是在新产品开发上采用抢先策略的表现。

2. 仿制策略

仿制策略是指旅游企业将市场上已经存在且竞争者很少的其他企业产品，仿制成自己的新产品的开发策略。使用这种策略要求旅游企业随时关注市场上新产品的动向，例如新的餐饮形式、餐厅装修、餐厅风格、餐饮经营新模式等，它们可供借鉴用以仿制出新的餐厅；也包括其他餐厅推出的受市场追捧的新菜品，经过吸收、改良，成为本企业的新菜品。

大多数旅游企业更多采用仿制策略。因此，应就新产品仿制制订周密的计划，并建立一整套工作程序，力求在减少投入的同时，不断推出市场反映好的新产品，提高企业的市场竞争力。

3. 最低成本策略

最低成本策略是指在新产品开发时力求降低成本，以便用较低的价格渗透市场，扩大市场占有率。该策略要求旅游企业在新产品开发时，通过企业的组织形式、经营模式等的创新，通过技术手段的改进，或通过生产组织消耗控制等管理水平的改善，努力降低新产品的成本，使之有活力迅速占领市场。

4. 市场服务策略

市场服务策略是在原有产品基础上，通过提供附加服务，增加产品的让渡价值来进一步吸引消费者关注的策略。市场服务策略创造的实际是一种改良新产品，也是使旅游产品寿命周期再循环的一种手段。

四、旅游产品组合策略

旅游企业为了适应旅游市场变化着的多种旅游需求，增强旅游企业的抗风险能力和有效竞争力，应该根据市场特点对旅游产品进行有效组合。

（一）旅游产品组合的含义和作用

1. 旅游产品组合的含义

旅游产品组合是指旅游企业所生产和销售的全部产品类型和产品项目的组合或结构。旅游产品组合具有一定的宽度、深度和关联度。

（1）产品组合的宽度，是指一个企业所拥有和生产的产品类型数量的综合。旅游产品类型数量越多，产品组合的宽度就越大，旅游产品类型数量越少，产品组合的宽度就越小。企业产品线宽，可以从多方面满足旅游需求，拓宽市场面，提高经济效益，增强企业的应变能力和抗风险能力，减少旅游市场变化带来的风险。而产品线窄，可使旅游企业降低经营成本，集中优势力量，提高专业化水平，以及旅游产品的质量。

（2）产品组合的深度。产品组合的深度是指每一个组合产品中所包含的不同等级、规格的单项产品数量的多少。例如，旅行社经营的历史文化旅游中博物馆之旅、革命圣地之旅等单项旅游产品。每种产品线无论其深度是多少，其核心价值都是为了满足顾客的同一需求。产品线较深，能在旅游市场细分化的基础上扩大旅游市场，深层次满足不同旅游消费者的需求，提高市场占有率，有利于企业经济效益的提高。而较浅的产品线，便于企业集中力量专攻某些细分市场，创名牌产品，将产品做精做细，更好地满足特定类型市场的需求。

（3）产品组合的关联度。产品组合的关联度是指旅游企业生产经营的各类旅游产品的各单项旅游产品，在生产条件、经营费用、广告宣传、销售渠道等方面的联系程度。旅游企业在增加旅游产品的宽度时，保持适当的关联度可以降低企业的经营风险。产品线相关性大，可使企业精干、专业，提高旅游企业与产品的市场地位，有利于经营管理水平的提高。一般而言，中小型企业适于生产关联性大的产品。而产品线相关性小则有利于企业进行多元化经营，但由此所带来的成本也是十分昂贵的。一般来说，拓宽产品线有利于充分发挥旅游经营者的资源潜力，开拓新的市场；加深产品线，可适应更多层次的特殊需要，实现市场渗透；加强产品线之间的关联性，可以增强资源利用率。

2. 旅游产品的组合的意义

旅游产品的组合对企业市场营销具有以下几个方面的意义：

(1) 满足旅游者的需求。不同旅游产品组合可以更好地满足旅游者个性化和多样化的旅游需求。在旅游市场中，企业通过推出不同种类、不同档次、不同数量的旅游产品组合，可以提高市场占有率，实现企业的经济效益。

(2) 方便旅游者购买。对旅游者而言，组合产品的购买决策简单，购买程序方便，消费者只需购买一次，即可满足其在整个旅游活动中对各项旅游产品的需求，而不必选择具体的各个组织部分，从而减少购买时的麻烦和困难。例如，旅行社的包价旅游项目可以满足消费者在整个旅游活动中的需要。对于旅游企业而言，利用产品组合形成淡季包价，可以促进淡季旅游产品的销售量，增加销售量。

(3) 树立旅游产品形象。各种不同的旅游企业总是通过不同的旅游产品组合树立产品的整体形象。主导产品的推出使企业的形象更加鲜明，符合旅游企业的长远发展战略。如“国旅”以经营国际旅游产品为主，“中旅”的产品主要面向港、澳、台、华侨四种人，“青旅”以经营国际青年旅游为主等。但并非说主导产品的生产就已完成了企业的产品组合，在主导产品的经营上，再配以一定数量、一定档次的副产品，从而完善产品组合。

【任务拓展】

选择一家旅行社，分析其产品线的宽度及广度，并讨论其产品组合策略与目标客源市场的关系。

【任务反馈】

产品生命周期理论有缺点吗？

释疑：任何一种理论都有一定的适用范围，都存在着优点及缺点，没有哪种理论是完美无缺的。

产品生命周期理论的优点是：产品生命周期提供了一套适用的营销规划策略。它将产品分成不同的策略时期，营销人员可针对各个阶段不同的特点而采取不同的营销组合策略。此外，产品生命周期只考虑销售和时间两个变数，简单易懂。

产品生命周期理论的缺点是：产品生命周期各阶段的起止点划分标准不易确认；并非所有的产品生命周期曲线都是标准的S型，还有很多特殊的产品生命周期曲线是不规则的；无法确定产品生命周期曲线到底适合单一产品项目层次还是适合一个产品集合层次；该曲线只考虑销售和时间的关系，未涉及成本及价格等其他影响销售的变数；易造成“营销近视症”，认为产品已到衰退期而过早将仍有市场价值的好产品剔除出了产品线；产品衰退并不表示无法再生，如通过合适的改进策略，企业可能再创产品新的生命周期。

任务三　旅游产品的品牌培育

【任务目标】

学生应了解旅游产品品牌的概念，理解旅游企业实施品牌化战略的重要价值与意义，掌握旅游产品品牌培育的策略与实施要点。

【案例聚焦】

“好客山东”引领的旅游品牌发展体系化时代

2018 年山东省发展改革委和省旅游发展委联合印发了《山东省全域旅游发展总体规划(2018—2025 年)》，其中明确提出将实施“十大文化旅游目的地”品牌建设。此次是继“好客山东”母品牌后，山东旅游发展推出的十大子品牌。

2008 年原山东省旅游局推出了高度概括山东文化、凝练出现代旅游品牌形象的“好客山东”(Friendly Shandong)标识。标识结合了传统元素与现代设计的新动向，通过文字符号图形化设计融汇古今元素，突出了“山东”(Shandong)与“山东人”最核心的形象表达“好客”(Friendly)。近年来，通过品牌宣传和推广，“好客山东”品牌已经成为山东旅游发展的最显著的品牌，也是山东旅游发展进入目的地品牌化时代的具有引领性的“母品牌”。

山东地域辽阔，下辖十六地市，地形地貌复杂，各地旅游发展特色不一。在区域目的地品牌发展中，迫切需要能够代表地方特色的品牌来引领发展，为此，原山东省旅游局联合山东省文化厅等多部门专家学者经多方多轮认证，结合十六地市的发展特色，于 2015 年在旅游 O2O 会议上，在泰山脚下正式推出“十大文化旅游目的地”品牌，作为“好客山东”母品牌下的子品牌，促进了山东旅游品牌体系化的发展。这十大文化旅游目的地分别是东方圣地、仙境海岸、平安泰山、泉城济南、齐国故都、鲁风运河、水浒故里、黄河入海、亲情沂蒙，以及鸢都龙城。

“东方圣地”以儒学文化发源地曲阜、邹城两座历史文化名城为主体，以曲阜“三孔”、邹城“四孟”为核心资源；“仙境海岸”以青岛、烟台、威海、日照为主；“平安泰山”以世界自然与文化双重遗产泰山为核心；“泉城济南”以天下第一泉风景区(包括大明湖、趵突泉、五龙潭、环城公园、护城河等)为核心；“齐国故都”以淄博为中心，塑造具有国际影响力的齐文化旅游目的地；“鲁风运河”以济宁、聊城与枣庄市为旅游核心区；“水浒故里”以郓城水浒好汉城、梁山景区、东平湖、阳谷景阳冈、狮子楼景区为核心资源；“黄河入海”重点依托东营、滨州、淄博、德州、济南、聊城、泰安、济宁、菏泽等市黄河沿线旅游资源；“亲情沂蒙”依托临沂、枣庄、淄博、潍坊、莱芜等市相关旅游资源，以沂山、蒙山为基础；“鸢都龙城”以潍坊市相关旅游资源为依托。

图 5-6　“好客山东”标识

图 5-7　山东潍坊风景节（资料图片）

案例点评：从世界范围来看，旅游发展已全面进入目的地发展时代，其中品牌化是目的地建设和发展的主流和引领趋势。根据“品牌伞”理论，山东十大旅游目的地品牌的推出和建设，标志着山东省旅游发展目的地品牌体系化时代的到来。纵观全国其他省市的旅游业，也都在进行品牌化建设和发展，如“大美青海”“老家河南”“晋善晋美”“多彩贵州”“七彩云南”等等。

【任务执行】

任务工作单 5-3

任务名称	打造具有品牌影响力的旅游产品					学时	2
学习小组		姓名		学号		指导教师	
工作任务描述 掌握旅游产品品牌的内涵、理解旅游企业打造产品品牌的价值，掌握品牌培育的策略与要点，通过查阅图书、资料、网络等资源，寻找旅游企业成功塑造品牌的典型案例，每个小组从中选择一个案例，进行讨论分析，并提交分析报告。							
具体工作任务 （1）获取相关资料与信息： ① 搜索相关资料，熟悉什么是旅游产品品牌。 ② 网上搜索旅游产品品牌塑造的典型案例。 （2）讨论： ① 旅游产品品牌化发展的意义体现在哪里？ ② 在旅游企业发展过程中，可以采用哪些品牌化的策略？ ③ 选择旅游企业品牌塑造成功的典型案例进行分析，并描述你对旅游产品品牌培育的理解。 （3）成果展示：各小组汇报讨论结果，将案例分析通过幻灯片在课堂上展示。 （4）提交工作记录单和案例分析报告。							
学习条件 （1）市场营销实训室； （2）每个小组配备一台可上网的电脑； （3）任务工单、工作记录单、学习情境练习单等； （4）课件、视频资料、题库等。							

在二十多年的发展过程中，中国的旅游业已取得了令人瞩目的成就，旅游行业的竞争也由原来的硬件和价格层面的竞争上升到了建立品牌，实现顾客忠诚的较高层面上的竞争。在现代商战中，商家们对顾客的争夺已不单停留在产品品质和价格这个层次上了，不少企业在经营实践中已认识到市场竞争、“攻心为上”的道理。只有从心理上、情感上赢得消费者，才能真正赢得市场。

一、品牌价值的概念

品牌并不单建立在功能性、标识性的基础上，而是客户依靠自己得到的信息、感性化的认知、丰富的联想与想象构成。在品牌认知过程中，客户将品牌所传递的精神、态度，通过自己的理解，融入到自己的生活场景中，形成了独特的品牌定义与情感。

（一）品牌与产品的差别

品牌是客户情感的结晶，它存在的基础和意义与消费者情感需求息息相关、环环紧扣。品牌的载体——产品是实在的、客观的与理性的。而客户经由体验产生不同的情绪，多次叠加、累积，形成客户对产品的情感。当某种特定情绪被不断地在客户中酝酿扩散，经由市场口口相传，品牌就产生了。它建立在情感、形象和人文的基础上。旅游企业想要树立品牌、推广品牌、延续品牌，理性和感性，两手都要抓，两手都要硬。没有理性把关质量与质量控制系统，情感没有依托，失去归属，成为空谈大话；而失去感性的激荡与飞跃，理性难免沦为枯燥的数据与乏味的排列。高度同质化的市场，如何成功将产品与竞争对手区分开来？如何争取消费者更多的注意力？如何将潜在的客户转化成为实际客户？美国品牌专家凯文·莱恩·凯勒提出：“品牌来源于消费者反映的差异，如果没有差异发生，那么具有品牌名称的产品本质上仍是一般意义上的产品，而反映出来的差异是消费者对品牌理解的结果，品牌是留在消费者头脑中的东西，品牌是一个可感知的存在，根植于现实中，但是映射着个人的习性。”

（二）旅游品牌价值观

品牌的价值首先是顾客满足价值，有顾客满足价值才有企业、品牌、业务的价值。据统计：100个满意的品牌客户会带来25个新客户；每一个满意品牌客户会与3—8人分享愉快经历；每收到一次品牌客户投诉就意味着有20名有同感客户；96%的客户不打算投诉，这些不投诉的客户会把不满告诉8—10人；获得一个新品牌客户的成本是保持一个满意品牌客户成本的5倍；向非品牌客户推广新业务的成功率为15%，而向现有品牌客户推广新业务成功率为50%，向非品牌客户推广的花费是现有品牌客户推广花费的6倍。以客户为中心导向的公司利润比非以客户为中心为导向的公司利润高出60%。对于旅游市场而言，品牌企业产品具有相当的知名度，良好的口碑使该品牌拥有一批忠诚顾客，即品牌忠诚顾客。对于旅游产品而言，品牌产品的“示范效应”，使新产品一上市，便提供了消费者认识该产品的捷径。众多的新产品品牌成功地聚集到核心产品品牌下，它们不必从零开始建立品牌知名度，而是搭乘了核心名牌产品的“便车”，形成了“品牌伞”效应。这种大伞效应可以减少新品牌的营销费用，降低投资成本，以无形资产的品牌经营实现低成本、高效率扩张。例如，假日国际集团的产品品牌战略是以中档市场的假日饭店品牌为核心，发展了经济型和豪华型的假日花园、皇冠假日等成功的品牌。对于酒店集团而言，集团化、网络化经营应以一个市场声誉高、经济规模大、管理水平高的酒店为核心，以资本为纽带，将其他中小成员酒店吸附在集团内，形成紧密层和半紧密层的组织网络。

二、旅游品牌价值的体现

（一）旅游品牌所体现的质量

如果没有过硬的质量，旅游产品也难以形成品牌。品牌就代表着高质量。例如，所有的酒店无一例外地把服务质量作为管理的核心。国际假日酒店集团确信“优质服务是最终胜利的因素”，上海锦江集团也把服务质量作为“锦江”品牌战略的核心。现代质量观念强调酒店全面质量管理，奉行“顾客第一”的宗旨，重在过程控制和质量改进。如果旅游企业提供的服务产品是零差错，将大大提高工作效率，降低成本，提高顾客的满意度，旅游企业的经营就会形成良性循环。

（二）旅游品牌的品牌联想

品牌联想是指记忆中同品牌相联的每一件事。例如，麦当劳能与诸多事情联系起来：一个特点，如唐纳德·麦当劳；一个消费群，如孩子；一种感觉，如有趣；一个产品特征，如服务；一个符号，如黄色大“M”标志的金拱门；一件物体，如汽车；或是一项活动，如去邻近麦当劳的影院看电影等等。麦当劳不仅仅是 20 个主要联想和 30 个次要联想，更确切地说，这些联想被组成有意义的组群，如孩子集合、服务集合和食物集合。当麦当劳被提到后，还有许多图像会在意识中出现，如金拱门、唐纳德·麦当劳、牛肉饼或油煎食品等。对于旅游企业而言，一种稳定而持久的形象力是硬件设施、服务水平、员工精神面貌、旅游企业形象设计等一系列形象要素的综合体现。

（三）旅游品牌认知和身份的自我归属

旅游产品被顾客认知了，才成为品牌。一个品牌被潜在的顾客认知了，才会产生购买行为。同时品牌也象征了一种身份。我们通常会以为一个周身上下被种种品牌包围的人就是一个有品位的人，其实顾客在对品牌进行选择时已经受到了来自品牌暗示而自发进行了自我归属。有身份的人住五星级酒店，即使他本身品牌堆砌也没有丝毫品位可言，但他的自我定位却是自己高高在上的有品位，卓然出众。这就是品牌的核心价值所在，它可以暗示消费者对自己进行层次归属。

（四）旅游品牌知名度、美誉度和传播性

旅游企业的品牌形象是由高质量的服务产品以及高品位品牌元素的文化创意共同作用促成的。旅游企业服务产品的高质量是品牌的共性，而高品

位的文化创意是品牌的个性，共性和个性的融合就形成了让消费者认同、记得住、崇拜、向往的品牌形象。品牌本身也存在着取代度的问题，一个高取代度的品牌其竞争力也是很脆弱的，这类品牌往往依存于非理性消费市场，消费者由于文化及信息获取渠道狭窄而购买此类并没有形成质量保障的商品。旅游企业的产品在当今社会具有很强的同质性，模仿性也较强，所以，一个旅游企业形成其品牌之后，要强化其品牌特性。一个强势品牌通常是具有无形资产的，这就是品牌的传播性赋予品牌的经济价值。

（五）品牌忠诚度

品牌忠诚度是指消费者对企业产品的认同程度，也可以理解为消费者继续购买该企业产品的惯性程度。旅游品牌反映了其声望、文化及价值，而它又是建立顾客、股东、员工间忠诚关系的主要因素，所以员工——顾客——收益链中的一个主要环节就是忠诚。全球著名的酒店集团都意识到要在国内外市场上建立顾客、员工和投资者之间的长期忠诚关系。美国哈佛大学《商业评论》所载《零变节的高品质服务》一文指出：顾客忠诚度提高 5%，估计可提高全部利润的 25%～85%，忠诚顾客不仅会不断重复购买企业的产品和服务，使企业节约大量开发市场的费用，而且会带来许多新顾客，一个忠诚顾客约可以影响 25 个人的购买行为。该文的结论是：以顾客忠诚度为基础建立起来的市场占有率的"质"，远比市场占有率的"量"来得重要。

三、实施产品品牌策略的主要措施

（一）在建立品牌旅游产品过程中，充分注重整体产品观念

与一般产品不同的是，旅游产品更加注重的是其形式产品和延伸产品部分，旅游消费者更为注重的是旅游过程中的信用和服务过程。对于旅游产品而言，旅游服务贯穿着整个旅游产品交易的全部过程，因此，在实施旅游产品品牌策略时应充分注重旅游前、中、后期的整个过程，注重产品的整体观念。

（二）提供品牌旅游产品，尤其要注重旅游的形象

企业形象是公众对企业的综合评价，是企业的表现与特征在公众心目中的反映。旅游企业形象作为一种"无形的经营资源"，是难以单凭抽象的道理解释清楚的。所谓旅游企业形象就是公众包括旅游员工心目中对旅游企业整体的评价，它是公众对旅游企业的历史、创始人、主管人员、员工、团结气氛、行为准则、物质条件、产品、服务、旅游企业名称等的总体认知，反映了公众对旅游企业的整体特点的了解和情感倾向。这种印象不仅来自有形的、看得见摸得着的外在事物，同时也来自长期为公众所感知和记忆的旅游企业的行为表现和内在精神。在品牌旅游产品的经营过程中，旅游企业的企业形象是传递信息、联络感情的工具。同制造业生产的具有物理形态的商品相比，服务明显地具有难以定义和难以进行试验的特性。建立品牌旅游产品应从旅游企业的角度出发，为了

诱发顾客的消费行为和启发适合旅游企业预期目标的顾客偏好，旅游企业要加强与顾客的联络。并且，通过远比仅仅展示给顾客一件产品更为复杂的方式，实现对顾客的影响。再者，良好的企业形象能够引导和影响旅游员工的行为，这是旅游管理中关键的一环。企业形象与企业现实之间的相互吻合是旅游企业所追求的长期目标。

拥有国家级风景名胜区的西双版纳傣族自治州，努力塑造旅游整体形象，如今已成为云南旅游业一个响亮的名牌旅游产品。西双版纳州在注重景区建设、实施生态保护的同时，全方位塑造旅游名牌形象。2000 年 4 月，该州借“昆明国际旅游节”举办之机，加大旅游宣传力度，以每年近 80 万元的投资在昆明国际机场显著位置推出面积为 600 多平方米的“西双版纳民族旅游广告宣传长廊”，开创了地州旅游业在省会昆明作大型宣传的先河。州旅游局还邀请各方人士对全州进行旅游 CI（Corporate Identity，企业识别）形象设计，策划旅游营销方案，使西双版纳的旅游宣传更规范和富有成效。

（三）在建立品牌旅游产品过程中，要充分注意到品牌旅游产品的文化特征

在旅游市场中，由于激烈的竞争，旅游产品的更新换代很快。从品牌旅游产品的生产者角度来看，每一件品牌旅游产品的生命周期都不一样，如何有效地延长品牌旅游产品的生命周期，文化内涵是其关键所在。我国是一个拥有几千年灿烂文化的文明古国，国外大多数旅游者对中国传统文化的民俗、民族风情有着极大的兴趣，认为这是人类文化的精品、旅游资源的瑰宝，因而愿意接受价格较高的中国文化旅游产品。

湖南省旅游业在发展旅游过程中就充分注重品牌旅游产品的文化内涵，以古代文化中的名人名山塑造品牌旅游产品的全新旅游形象。南岳衡山是一个老牌景区，自古有“五岳独秀”的美誉，但随着新景区的不断增多，旅游市场竞争日趋激烈，如何使名山品牌焕发出新活力便成为南岳旅游发展的最大问题。针对世界旅游发展已进入休闲的新趋势和人们普遍追求健康长寿的新要求，结合南岳寿文化源远流长的资源特征，南岳区于 2000 年提出了“旅游品牌强区”的发展战略，在品牌文化方面进行了大胆创新，将南岳衡山的品牌形象革新定位为“中华寿岳”，确定了打“中华寿岳，天下独寿”这张王牌，以品牌树立形象，以形象扩大影响，以影响促进发展。

随着旅游市场营销的不断发展，品牌营销已成为旅游企业必不可少的营销手段之一，品牌已经成为企业综合实力的象征。在进行品牌营销的过程中，只有充分考虑到以上各个方面，企业品牌才能深入人心，品牌旅游产品才能真正成为企业竞争的核心，企业才可能在市场竞争中立于不败之地。

【任务拓展】

选择本市品牌化建设比较成功的旅游企业，分析其品牌特色，及其品牌塑造得以成功的原因和经验。

【任务反馈】

顾客对品牌的忠诚度和满意度有什

么区别?

释疑:顾客对品牌的满意度与忠诚度的最大不同在于,顾客满意度是衡量过去交易中满足顾客原先期望的程度,而顾客忠诚度则是顾客继续惠顾本企业、增加本企业提供产品的消费量、参与企业促销活动及成为企业品牌传播者而不是品牌破坏者的意愿。

顾客满意度与忠诚度之间并不必然相关,而且相关性也并不是简单的正相关关系。满意度能够代表顾客对以往消费的信心和认可,但是,不能保证顾客不会选择其他企业的同类产品。顾客满意度只是顾客忠诚度的基础,但并不是充分条件。一般的顾客满意度并不能保证顾客忠诚度的稳定和提高,但是,顾客忠诚度的提高必须要有顾客满意度不断提高为基础。

◆项目评价

在本项目中,我们了解了旅游产品的概念与特征,理解了整体旅游产品概念对于营销工作的启发与意义。同时对旅游产品的生命周期理论及不同生命周期阶段的营销策略进行了学习。在旅游业不断发展的今天,旅游产品的品牌化发展道路也成为了企业发展的必由之路。在本项目中,学生通过对与旅游产品相关的具体内容的学习与了解,为接下来"4Ps"组合中其他"3Ps"的学习奠定了基础,并能通过实践操作与调研,对其形成更深入的认识,同时掌握实务性的操作技巧,将其能在营销实践中加以运用。

【知识/技能评价】

① 名词解释。

旅游产品　旅游产品生命周期　旅游产品组合　旅游新产品

② 简述旅游产品具有哪些特征。

③ 简述整体旅游产品包括哪些层次。

④ 结合旅游产品的生命周期理论,简述在不同发展阶段的营销对策。

【实训演练】

① 在旅游行业中选择一种典型产品,分析其生命周期特征,找到其存在的问题,并为其制定相应的营销策略。如果恰巧是处于衰落期的产品,请为其后续新产品的推出提出自己的见解。

② 关注一家知名品牌的旅游企业,总结其品牌建立策略及措施。

③ 结合当前旅游业发展现状,谈谈你对品牌化营销的认识与理解。

【项目链接】

由中国旅游日的设立到旅游产品的创新

目前我国旅游发展是一种低端的发展,形式粗放,内涵不丰厚,底蕴也欠缺。尽管一些旅游景区还有旅游者非常关注其文化的内涵,但是和发达国家的旅游相比,无论是消费观念还是旅游底线我们都存在着比较大的差距。"中国旅游日"的设立掀起了各方宣传旅游、解读旅游的高潮,也扩大了旅游本身的影响。

专家表示,从长远来看,不能只把旅游日当作是一个节日,文化应该是旅游产品的灵魂,旅游只是作为一个文化概念、一个文化意识的普及。旅游业面临从外延到内涵的发展关键时期,旅游发展的质量应该逐步成为关注和思考的焦点。政府和企业对于旅游内涵的认知、发展、规划、研究都有待进一步改进。

北京大学社会学系教授夏学銮曾经表示，旅游的消费存在一种盲目性，旅游者误解了旅游产品的概念，没有追求它的内涵、品位和真正的意义。旅游并不是一次活动、一次出行，而应该成为一种生活方式，就像我们平时去购物、运动一样，应该成为一件经常去做的事。

旅游经营者要思考的最根本的问题就是旅游到底是什么。它不是简单地迎合旅游者的需求，了解旅游者的预期，而是对旅游行业负有引领的责任，并要开发有内涵、高品位、经得起体验的旅游产品。而如何使人们真正从旅游体验当中获益，使旅游者对旅游概念有更深的理解，使旅游者本身的素质得到提高，这就需要企业对旅游产品进行创新。

拓展路径

① 扫下面二维码，阅读文章《“山东十大旅游目的地”成了世界级“网红”!》，了解旅游目的地品牌发展。

② 扫下面二维码，阅读文章《酒店集团执着于多品牌策略，不只是为了消费者》，了解酒店品牌化发展中的多品牌策略。

③ 扫下面二维码，阅读文章《浅析旅游产品“玻璃栈道”的生命周期》，了解“玻璃栈道”新兴产品近七年的发展历史。

④ 扫下面二维码，阅读文章《康养旅游产品层次如何搭建?》，了解康养旅游产品开发如何搭建产品层次体系。

⑤ 扫下面二维码，阅读文章《【案例+解读】我国旅游业的营销创新》，了解掌握目前旅游业营销创新方式有哪些。

项目六　制定具有吸引力的旅游产品价格

◆项目目标

【行业要求】

①理解旅游产品价格制定对于旅游企业发展的重要性;②灵活运用旅游产品价格这个杠杆,实现增强旅游企业市场竞争力、提升旅游企业经济效益的终极目标。

【学习目标】

①理解旅游产品价格的内涵与形式;②掌握影响旅游产品价格制定的相关因素,以及价格制定的步骤与程序;③掌握旅游产品的定价方法与策略,并能将其在企业营销实践中加以运用。

◆项目任务

旅游产品价格的制定是营销组合中一项重要的环节,它会直接影响到企业的盈利状况以及产品的市场竞争力,所以在本项目任务中,学生应通过理解影响价格制定的因素,掌握运用科学的方法与策略为企业制定合理的价格,实现提高企业市场竞争力与经济效益的双重目标。

任务一　旅游产品价格概述

【任务目标】

学生应理解旅游产品价格的内涵与分类,掌握影响旅游产品价格制定的相关因素,把握常用的旅游定价目标,并掌握定价的基本步骤与策略。

【案例聚焦】

大数据时代对商家是个好时代,他们可以在后台看到所有客户的购买弹性,然后给他们定价。在线旅游行业就有这样的案例。

2017 年 9 月,有媒体报道,某网友投诉在携程上预订日本酒店,付款时价格多次上涨,最终由于价格过高而放弃预订。该网友称,价格经多次上涨,“前后相差高达 1 600 元”。报道称,携程“完全掌控了定价权”,实时上涨价格或与“动态佣金”有关。携程对此予以否认。

畅游过 27 个国家、刚从南美旅游回国的旅游达人李京晶说,Booking(总部位于荷兰的全球在线预订网站)、携程、去哪儿这些订票渠道都用过,没有发现订酒店时价格浮动过频的现象，但有一次在携程上订机票"最气人"。李京晶当时预订了一张从吉隆坡飞广州的机票，预订后忘记付款，待重新查看，发现"涨了 9 块钱"，虽然涨价不多，还是让她"郁闷了两分钟"。

机票浮动涨价尚可理解，"航空公司拥有定价权，平台方也不靠机票赚钱，全靠高星级酒店赚钱"。知名 OTA 高管章运阳分析："酒店是松散联盟，没人抗衡携程，很多客源都是携程带来的。携程也没有错，人多了自然抬高价多赚些，淡季自然打折多。一到节假日，客人稍多，价格上涨幅度也高。但到底高多少合理？如果前 10 分钟是一个价，后 10 分钟是另一个价，这是否合理？"

通过算法对特定人群进行涨价，这早已不是什么行业秘密。在大数据中，顾客的购买习惯分成两种：价格敏感与价格不敏感。价格敏感的顾客，会在全网所有平台搜索 A 商品，在最便宜的平台下单。一旦检测出这类顾客，在他搜索 A 商品时，就要显示最优惠的定价，有时还要赠送小礼品，俘获顾客对价格的玻璃心。对于价格不敏感者，商家会提供最高价格，以获得最大利润。

图 6－1　携程旅行公司一角（资料图片）

携程官方海外酒店部一位客服说，价格是根据海外酒店情况调整，"无法保证看到的价格前后一致，可能每时每刻都有变化，我们无法控制"，并强调携程是根据酒店给的价格来售卖，携程"没有随便定价格"。只要订单确定后就以订单价为准，即使后续有涨价，"也不会让您多付差价"。

北京市岳成律师事务所高级合伙人岳屾山分析说，只要是没有违反《价格法》、无虚构、无虚假行为的调价都没多大问题，但如果搜价格前是一个价格，之后又是另一个价格，可能存在误导行为。根据《价格法》《消费者权益法》，禁止使用误导性价格来误导消费者。调价的原因要告知消费者，如果只是算法导致的价格变化，或涉嫌价格欺诈。

案例点评：旅游产品价格是敏感的，更是调节市场供需的最有效工具。随着大数据时代到来，旅游企业越来越利用大数据对旅游产品进行定价。"互联网杀熟"现象在世界各地不断被曝光。消费者对此也各有看法，不可否认的是，在法律允许的框架内，按照市场经济运行法则都是合理的，但从营销角度来看，要注意企业经济利益与社会利益的合理权衡。

【任务执行】

任务工作单 6-1

<table>
<tr><td>任务名称</td><td colspan="5">了解旅游产品价格的基本知识</td><td>学时</td><td>2</td></tr>
<tr><td>学习小组</td><td></td><td>姓名</td><td></td><td>学号</td><td></td><td>指导教师</td><td></td></tr>
<tr><td colspan="8">工作任务描述
了解旅游产品价格的内涵和形式，掌握影响旅游产品价格制定的相关因素和常用的定价步骤，选择一家典型企业，分析其产品价格的构成，了解其制定过程，并进行小组汇报。</td></tr>
<tr><td colspan="8">具体工作任务
(1) 获取相关资料与信息：
① 搜索相关资料，熟悉什么是旅游产品价格。
② 旅游产品价格制定时应考虑到哪些影响因素？
③ 制定价格的步骤是怎样的？
(2) 实践：
① 探访典型旅游企业，了解其产品的定价情况。
② 在该旅游企业中，分析其产品定价的影响因素和制定过程。
③ 对以上内容进行总结，并描述你对旅游产品价格制定的理解。
(3) 成果展示：各小组汇报讨论结果，并在课堂上展示。
(4) 提交工作记录单和分析报告。</td></tr>
<tr><td colspan="8">学习条件
(1) 市场营销实训室；
(2) 每个小组配备一台可上网的电脑；
(3) 任务工作单、工作记录单、学习情境练习单等；
(4) 课件、视频资料、题库等。</td></tr>
</table>

定价是一种市场营销策略。在现今高度竞争、日趋全球化的市场中，定价的合理与否是公司获利或赔钱的关键。由于定价的复杂性，一些旅游企业根本不考虑这一问题，要么自己决定成本，并按行业的传统方式获取利润，要么认为价格是由市场决定的，而自己不想办法解决。另有一些人则持不同的态度，他们主动将定价作为其实现业务目标和财务目标的关键手段。这些高明定价者已经认识到价格具有极高的杠杆效应，并且已经能够按有助于改善公司盈利状况的方式来实施定价。因为价格理论认为，每个企业必有一个"最适价格"，所谓"最适价格"，即可以创造最大利润的价格，偏离"最适价格"，定价过高和过低都会带来不利的后果。

旅游企业为了实现企业定价目标，就要采取合适的定价策略和方法，以便最终实现既定的旅游产品定价目标。旅游价格是旅游者为了满足其旅游活动需要所购买的旅游产品的价格，是旅游产品价值的货币表现形式，旅游企业通过制定特定水平的价格以实现其预期目的，以此获得尽可能高的销售利润。

一、旅游产品价格的分类

（一）基本旅游价格和非基本旅游价格

这种分类是按照旅游者在旅游活动中对旅游产品需求程度的差异而划分的。

基本旅游价格是指满足旅游者旅游活动基本要求的各种单项旅游产品价格。主要包括食宿、交通、游览等产品的价格。

非基本旅游产品价格是指旅游活动中对每个旅游者来说可发生也可不发生的旅游产品价格，如购物的费用、纪念品价格、通信服务价格、娱乐产品价格等。

一般情况下，基本旅游产品价格的需求弹性较小，而非基本旅游产品价格的需求弹性较大。针对旅游价格对基本旅游产品和非基本旅游产品的不同弹性，设计、调节不同部分的价格水平，加大对价格弹性大的产品开发力度，可以提高旅游接待的整体效益。

（二）统包价、部分包价和单项价格

这种分类是按照旅游者购买旅游产品方式的不同而划分的。

统包价也叫旅游包价，是指旅游者参加旅行社组织的旅游，按旅行社推出的某条旅游线路的价格一次性支付的价格。它由三部分组成：一是旅游出发地与目的地之间的往返交通费；二是旅游目的地向旅游者提供的旅游产品的价格；三是旅行社的管理费用和盈利。

部分包价是指旅游者通过旅行社购买旅游线路，但旅游者只一次性支付线路产品中的某一部分或几部分，其余部分由旅游者以零星购买的方式支付，旅游价格中只包括部分旅游项目的价格。

单项价格是指旅游者按照另行购买方式所购买的旅游产品的价格，即在一定时期内不同旅游经营者所规定的各种单项旅游产品的价格，如餐饮价格、客房价格、门票价格等。

统包价、部分包价和单项价格的构成是不同的，其中统包价和部分包价都是通过旅行社实现的价格，可以统称为旅行社价格，而单项价格则称为旅游企业价格。

二、影响旅游产品定价的因素

需求、供给和成本在旅游产品的定价中起着重要的作用。市场和顾客的需求决定了旅游产品价格的上限，而旅游企业的变动成本决定了产品价格的下限。旅游产品价格上限是特定的市场环境条件下，消费者可以承受的最高价格。旅游企业产品价格下限是旅游企业在收入足可抵消全部固定成本的情况下所定出的最低价格。

市场需求量的上升或下降、市场对旅游产品价格变化的敏感程度以及本企业是价格领袖还是追随者等都对旅游产品定价决策产生影响。

影响旅游产品定价的因素主要有以下几种：

（一）需求的影响

市场需求对旅游产品定价会产生很大的影响。旅游消费者的需求具有波动性，这种波动性影响着旅游产品的定价。由于消费者的需求在一周或一个月或一年内会产生很大的波动，营销人员就要考虑多种价格，这就增添了定价的难度。在不同的目标市场，需求的价格弹性不一样。所谓需求的价格弹性就是指消费者对价格的敏感程度。价格变化幅度很

小，但引起的需求变化很大，那么说明需求的价格弹性大。需求弹性大的目标市场，其客人对价格的敏感程度也强。因此，营销人员需要针对不同的目标市场制定不同的价格。

以客房为例，需求决定了酒店客房所能开出的最高价格，即“市场承受力”，而“市场承受力”随市场需求的变化而发生惊人的变化，因此，酒店在制定房价时，需要确定特定的目标市场。任何来自于目标市场的需求都是会变化的，顾客对酒店产品的需求受到多种因素影响，其中除自身价格外，影响需求上升或下降的因素还有以下几点，如表 6－1。

表 6－1　影响客户需求量的因素分析

需求上升的因素	需求下降的因素
竞争对手价格的上升	竞争对手价格的下降
顾客经济收入上升	顾客经济收入下降
旅游产品对顾客偏好的满足	客源市场的偏好发生转移
旅游业内互补产品质量提高	旅游业内互补产品质量降低
客源国经济状况好转	客源国经济萧条
政府鼓励消费，银行利率下调	政府鼓励储蓄，银行利率上升
通货膨胀	经济衰退及萧条
旅游旺季来临	旅游淡季来临
大型节庆活动、国际会议、展览在本地举行	失业

（二）供给量的影响

市场上旅游产品的供给总量会对旅游产品价格产生影响，而供给总量同样受到各种因素的影响，如表 6－2。我们假定除价格外其他因素均无变化，那么供给量与价格之间呈正比关系，即价格上升，供给量就会上升；价格下降，供给量也会下降。

表 6－2　影响旅游产品供应量的因素分析

旅游产品供应量上升的因素	旅游产品供应量下降的因素
国家或地方政策明显对旅游业有利	国家或地方政策明显对旅游业不利
政局稳定	政局动荡
经济增长	经济萧条
生产成本和经营费用大幅度下降	生产成本和经营费用上升
投资者预测未来的旅游需求会有很大增长	投资者无法预测未来的旅游需求是否会增长

（三）成本的影响

产品成本是决定产品价格的重要因素，只有当产品价格超过产品成本时，企业才能盈利。旅游企业的成本可分为固定成本和变动成本。

以客房为例，固定成本是不随客房业务变动而基本固定不变的成本，变动成本是根据客房业务量的增减而同步变动的那部分成本。酒店客房的变动成本基本上是客房人力资源成本（职工工资、奖金、补贴、保险等）、浴室的个人卫生用品、客房清洁用品和布件洗涤成本等，这是一间已出租客房的基本花费。在酒店业中，变动成本相对较低，每晚几十元至一、二百元不等，这取决于酒店服务的水平（经济型、中档型、豪华型）、位置（大都市、郊区或旅游区等）和客房出租率的高低（客房出租率高时经常造成加班工资和补贴）。变动成本主要与定价有关，在定价时必须将变动成本考虑在内，这是制定房价的基本起点，任何超出这些变动成本的收入都有助于抵消部分固定成本。

（四）价值与消费者观念的影响

价格是顾客为了取得某项产品或服务所付出的经济代价。顾客会将这份代价（价格）与其对该项商品的认知价值加以比较，如果价格超出了顾客认同的“合理限度”，顾客要么放弃这类选择，要么进一步了解产品的相关情况，以决定是否购买；当价格被认为是“可以接受”时，顾客需要进一步了解产品和服务，以证实是否“物有所值”。旅游业的产品相对于其他工业产品或服务，其价值包含更广泛的内容，如硬件设备、服务、形象、位置、广告、互补性、顾客的消费感受等。这些因素综合起来构成了顾客心目中的价值观念，形成顾客关于价格的“合理限度”。

三、旅游产品定价的步骤

分析市场环境，选择目标市场，确定和开发服务产品组合，产品定价、销售渠道、产品促销以及它们之间的协调配合与最佳组合，是旅游市场营销活动的主要内容。旅游市场营销活动所要做的就是密切注视不可控制的外部环境变化，恰当使用营销组合策略，使旅游企业可控变量与外部环境不可控制的变量迅速相适应。这也是旅游企业经营管理能否成功、能否生存和发展的关键。由于“4P”中只有定价在财务上表现为收入，而其余的要素在财务上均表现为成本，因此，确定合理的价格是关系到旅游企业经营效益好坏的关键。

（一）市场需求整体分析和变化分析

旅游管理者应灵活运用SWOT分析法，综合分析企业在旅游市场经营中的优势、弱势、机会和威胁四个要素，找出影响需求的外在因素和内部原因，密切注意和了解区域旅游市场和竞争对手的情况，确定客源市场，预测客房需求量和需求变化趋势，为酒店市场定位和客房定价做好准备。

（二）旅游企业的市场定位

旅游企业的市场定位是指旅游企业为了使自己的产品和服务在公众和目标市场顾客的心目中占据明确的、独特的、深受欢迎的地位而作出的各种决策和进行的各种营销活动，从而为其产品和服务在市场上确定适当的位置。

顾客的感知是市场定位的全部，市场定位决定着产品价格上限和下限。如果顾客认为你产品的价格太高，那么不管旅游企业经营者如何认为，价格就是高，他们将会到别的旅游企业去；如果顾客认为你的价格太低，他们也会担心服务低劣而敬而远之。

（三）目标市场细分

由于顾客是多元的以及旅游企业自身的竞争优势和希望更多的市场份额，旅游企业对目标市场进行细分，它把市场分为若干由包含相似需求顾客群的子市场。所谓相似需求包括顾客群对旅游产品有共同的需求、对同一个营销行为有相似的反应等。旅游目标市场细分的目的是掌握一年中不同时期各个细分市场的需求数量，了解各细分市场顾客的行为方式。

例如，根据旅游目的的不同，酒店顾客可划分为团体顾客（包括会议团体和旅游团体）和非团体顾客（即散客），散客有两种类型：公务旅游者（商旅人员）和休闲旅游者。因此，酒店客房的目标市场可以细分为：会议团体市场、旅游团体市场、公务旅游者市场和休闲旅游者市场。散客市场两大类顾客的目的和要求很多，且各不相同，它们分别具有以下特点，如表 6－3。

表 6－3　散客市场两大类顾客的特点分析

公务旅游者（商旅人员）	休闲旅游者
经常临时预订客房	经常提前很长一段时间预订客房
希望在周末之前返程	经常在休闲目的地度过周末
目的地很明确，较少改变旅行计划	目的地很灵活，经常改变旅行计划
住店时间比较短	住店时间比较长
希望酒店的服务质量比较高	对各不相同的质量水平都能接受
对酒店的地理位置要求高	对酒店的地理位置要求并不很高
希望酒店比较有名	对酒店是否著名并不关心
价格敏感度较低	价格敏感度较高

酒店若制定高价，价格敏感度高的休闲旅游者就不会预订入住酒店。价格敏感度低的公务旅游者虽然会抱怨，但他们仍然会去旅行。酒店若制定低价，可以吸引休闲旅游者，然而，公务旅游者也可以一样支付低价，这就造成了酒店营业收入的下降。因此，为了扩大对价格敏感度比较大的休闲旅游者细分市场的收入，同时确保来自价格敏感度较小的公务旅游者细分市场的收入不致减少，酒店应设置一定的限制条件将两个市场分割开来，对不同的细分市场提供不同的房价。

（四）产品定价和评估

旅游企业根据市场对旅游产品需求状况以及企业自身的市场定位和对各细分市场的分析，可以对各类细分市场在不同季节、不同类型产品设计出一个合理梯度的价格，来吸引属于不同细分市场的顾客。

例如，酒店一般根据客房的区位、大小、外景与豪华程度定义不同的客房类型，确定不同细分市场的不同房价。酒店根据不同的旅游季节，确定淡季、平季和旺季不同细分市场、不同房型的不同房价。酒店确定的房价并不是一成不变的。酒店决策者将随时根据市场供需状况，随时调整不同细分市场、不同季节的各类型房价。

四、旅游企业定价目标

旅游企业定价目标都是为了获取最大化的销售额和利润，但这只能说是旅游企业的长远整体目标，具体到某一时期，为某一产品定价时，目标是有差异的，是策略性的。归纳起来，常见的定价目标有如下几种：

（一）利润目标

利润目标是建立在财务分析基础上所确定的定价目标，这种目标在实践中有不同的表现形式，如：

（1）最大利润目标。它是指旅游企业以获取最大限度利润为目标。为达到这一目标，旅游企业将采取高价政策。其重点在于短期内的最大利润，仅仅适合旅游产品在市场上处于绝对有利地位的情况。

（2）满意利润目标。它是指旅游企业在所能掌握的市场信息和需求预测的基础上，按照已达到的成本水平所能得到的最大利润，这种最大利润是相对于企业所具有的条件而言的，因此，满意利润也就是旅游企业的目标利润。

（二）销售目标

销售目标是将扩大销售量作为价格策略的实现目标，其可以达到增加市场份额、通过增加顾客而奠定经营的基础、提高客房出租率和餐厅翻台率、增加边际贡献等目的。销售目标往往采用以下两种具体形式：

（1）市场占有率目标。市场占有率是旅游企业经营状况和产品竞争力状况的综合反映，较高的市场占有率可以保证旅游企业的客源，巩固旅游企业的市场地位。提高旅游企业的市场占有率既可以排除竞争，又可以提高利润率。

（2）销售增长率目标。它是以旅游产品的销售额增长速度为衡量标准的一种定价目标，当旅游企业以销售增长率为定价目标时，往往会采用产品薄利多销的定价策略。

（三）竞争目标

竞争目标是与竞争对手在价格上进行斗智的工作，但是，现代旅游企业的经营实践给很多企业家都上了价格的严肃一课：通过价格进行竞争，如果实力相当的话，最终只能是两败俱伤。很明显，价格竞争是最下策的竞争方式，因为旅游企业的固定成本和沉没成本很高，价格竞争必然导致收益流失，旅游企业所依赖的顾客来自其他地区，客源的多少受宏观因素的影响很大。所以，同城内的旅游企业彼此采取价格竞争策略会影响城市整体旅游业的发展或“自杀”。

（四）顾客目标

顾客目标指能对顾客形成有利影响的定价原则。由于价格是产品和服务的展现组合当中最直观的因素，因此，有很多方式可以使价格起到这样的作用。

通过稳定价格而培养顾客的信心：按照旅游产品具有不可存储性和季节波动的特点，酒店、旅行社或航空公司通常采取淡旺季差异性定价策略，当然这有时会对市场形成不好的效果，影响产品质量，打击回头客。

（五）企业形象目标

企业形象是一个企业的无形资产，它直接代表了旅游企业提供的服务质量及在顾客心中的价值定位。一个具有良好企业形象的旅游企业往往能在竞争中处于优势地位，因而很多旅游企业把维护企业形象作为定价目标。旅游企业不因具体的淡旺季和偶然的波动而轻易改变其定价策略。其具体表现是：充分考虑产品价格水平是否能为顾客接受，是否与他们的期望水平接近；旅游企业定价要顾及合作企业的利益，依靠他们的合作寻求生存和发展；旅游企业定价要遵守国家相关法律、法规和职业道德规范，不能侵害消费者权益。

【任务拓展】

比较一下本市四星级酒店和五星级酒店客房定价的差别（或者对比一下旅行社同一线路不同档次产品的价格差异），分析其原因。

【任务反馈】

对于企业而言，是不是较低的价格就一定能吸引顾客的购买？

释疑：对于企业而言，价格的制定需要综合考虑多方面的因素，其中不仅包括产品的成本、消费者的价值认知等方面，还要考虑到企业的营销目标、市场的供求关系、需求的价格弹性等。并不是较低的价格就一定能吸引顾客，就一定能赢得市场。

任务二 旅游产品价格制定的方法与策略

【任务目标】

学生应掌握旅游产品定价的方法和策略，理解企业应该在营销过程中如何通过合理定价实现企业的经营目标。

【案例聚焦】

在东北有一个非常著名的赏雪景区，那就是地处黑龙江的雪乡。这里简直就是一个天然的白雪世界，走进雪乡就好像进入了童话世界，让人舍不得移开视线。尤其是积雪下面的房子，更是显出了一丝圆润可爱，雪乡每年都会迎来大量的游客。

2017 年 12 月 29 日，一篇《雪乡的雪再白也掩盖不掉纯黑的人心！别再去雪乡了！》引发热议。2017 年因为“宰客”而出名的中国雪乡，2018 年却因为“透明”备受关注。2018 年 11 月 23 日，中国雪乡旅游风景区对住宿价格进行公示。其中，普通炕位 380 元/天，标准间 880 元/天，豪华双人房 1 580 元/天，商务套房 2 580元/天……这还不是最终的价格，节假日还可以上浮 15%～30%。

对于雪乡产品的定价，对此有两种声音：一种认为这的住宿条件很一般，普通炕位甚至连独立卫生间都没有。不少网友调侃，没有“私下敲诈”，雪乡开始明码标价、堂堂正正地“宰客”了。另外一种声音认为，明码标价属于市场行为，过高的价格并不是“宰客”，雪乡的情况属于消费虚高。更是有网友为雪乡说情，毕竟雪乡在一年四季中只有冬天有游客。如果再不趁这几个月挣钱，雪乡真的会赔死，毕竟，它也是需要交房租等一系列费用的。

图 6-2 东北雪乡景貌（资料图片）

对此，你如何看待？

案例点评：近三年来，东北雪乡定价问题一直是网络舆情热点问题。因为当地地形和天气的原因，形成了一处真正的“雪乡”。而这样的雪乡，并不是其他地方能够代替的。资源的不可替代性和季节性使得东北雪乡定价一直是外界关心的问题。价格是营销利器，也是一把双刃剑，在保证足够盈利空间同时，不恰当定价也会伤害消费者，失去消费者信任。

【任务执行】

任务工作单 6-2

任务名称	如何制定有吸引力的产品价格					学时	4
学习小组		姓名		学号		指导教师	

工作任务描述 　　掌握旅游产品定价的常用方法和策略，理解在不同情况下，企业应如何选择恰当的方法为产品制定有吸引力的价格。寻找典型旅游企业的热销产品，分析其价格特点和制定的方法与策略，并提交分析报告。
具体工作任务 （1）获取相关资料与信息： ① 搜索相关资料，熟悉旅游产品的定价方法与策略。 ② 寻找典型旅游企业的热销产品，并了解其价格情况。 （2）实践： ① 面对典型旅游企业，了解其热销产品的价格水平。 ② 分析其价格制定的方法与策略，以及这一价格水平得以成功的原因。 ③ 通过以上分析，阐述你对旅游产品价格制定的理解。 （3）成果展示：各小组汇报分析结果，在课堂上展示。 （4）提交工作记录单和案例分析报告。
学习条件 （1）市场营销实训室； （2）每个小组配备一台可上网的电脑； （3）任务工作单、工作记录单、学习情境练习单等； （4）课件、视频资料、题库等。

一、旅游产品定价方法

旅游产品定价方法是旅游企业在特定的定价目标指导下，依据对成本、需求和竞争状况的研究，运用价格决策理论，对产品价格进行计算的具体方法。定价方法主要包括成本导向定价法、竞争导向定价法和需求导向定价法三种类型。

（一）成本导向定价法

成本导向定价法是以产品成本作为基础的定价方法，以旅游产品的成本为主要依据，综合考虑其他因素而制定价格。由于旅游产品的成本形态不同，以及在成本基础上核算利润的方法不同，成本导向定价又可分为以下几种具体形式：

1. 成本加成定价法

这是在单位旅游产品成本的基础上，加上预期的利润额作为产品的销售价格，售价与成本之间的差额即为利润。由于利润的多少总是呈一定的比例，人们习惯上称这种比例为“几成”。其计算公式为：

单位产品价格＝单位成本×(1＋加成率)

例如，某饭店的一盘鱼香肉丝的成本为10块钱，假定加成率为150％，则该菜肴的价格定价为：

P＝10×(1＋150％)＝25元

成本加成定价法的优点在于简便、易行，企业不必根据需求的变化而频繁调整产品价格。另外旅游行业内的所有企业都采用这种定价方法，价格就会趋于一致，可以避免价格竞争。但是这并不是一种合理的定价方法，因为它只考虑到成本而忽略了当前的需求和竞争，制定出的价格可能是一个不切实际的价格。

2. 目标收益定价法

目标收益定价法也是一种以成本为基础的定价方法，即旅游企业按预期获得的利润和销售额来确定产品价格。计算公式为：

单位产品的价格＝(总固定成本＋总变动成本＋目标利润)/预期销售量

例如，某宾馆有客房100间，每年固定成本为100万元，单位变动成本为20元/间·天，假定每天平均出租率为60％，企业的年目标利润为50万元，则每间客房的平均售价为：

客房平均价格＝(1 000 000＋20×365×100×60％＋500 000)/365×100×60％＝88元/间·天

目标收益定价法的优点在于，它同时考虑了成本、销量与利润等因素的影响，能保证在一定的销售条件下收回全部成本，并实现既定的利润目标。其缺点在于先确定产品销量，再计算产品价格的做法完全颠倒了价格和销量的因果关系，把销量看成是价格的决定因素，在实际中是很难行得通的。

（二）需求导向定价法

需求导向定价法，是一种以市场需求强度及消费者感受为主要依据的定价方法。酒店业经常采用需求差异定价法。

1. 市场细分定价法

在这种情况下，旅游企业采用合理的原则和限制性条件等划分标准，对不同的顾客划分为不同的细分市场，不同的细分市场对旅游产品和服务支付不同的价格。顾客能根据自己的需求、消费方式及愿意接受的支付水平而将自己划归到合适的产品类别中去。这种划分标准的重要作用在于：旅游企业在向一个细分市场的顾客推销打折产品的同时，又能保证来自另一个愿以更高的价格购买的细分市场的收入不致减少。

因此，通过采用划分标准和其他限制性定价政策，旅游企业便能尽可能地扩大在目标市场的营业收入，同时避免来自高价细分市场的收入减少。

（三）竞争导向定价法

竞争导向定价法是一种以同类旅游产品的市场竞争状态为依据，以竞争对手的价格为基础的定价方法，主要有以下几种类型：

1. 随行就市定价法

随行就市定价法是指将本企业产品价格保持在同行业平均价格水平上，利用这样的价格来获得平均报酬。在完全竞争的市场结构条件下，任何一家企业都无法凭借自己的实力在市场上取得绝对的优势。为了避免竞争特别是价格竞争带来的损失，大多数企业都采用随行就市定价法，这种方法使企业不必去全面了解消费者对不同价差的反应，从而为营销、定价人员节约了时间。

2. 产品差别定价法

从根本上说，随行就市定价法是一种防御性的定价方法，它在避免价格竞争的同时，也抛弃了价格这一竞争的“利器”。产品差别定价法则反其道而行之，它是指企业通过不同的营销努力，使同种同质的产品在消费者心目中树立起不同的产品形象，进而根据自身的特点，选取低于或高于竞争者的价格作为企业产品价格。因此，产品差别定价法是一种进攻性的定价方法。

二、旅游产品定价策略

1. 新产品定价策略

（1）撇脂定价策略。撇脂定价策略也叫高价位策略，撇脂的原意是将牛奶上面的那层奶油撇出来，现在的意思是旅游企业在新产品刚推出的时间段里，采用高价的策略，以使企业迅速盈利，犹如从鲜牛奶中快速把奶油撇取出来的效果。这类定价策略适合知名度高的品牌企业。

实行这种策略通常要具备两个条件：一是产品的独特性，市场无竞争对手，容易在市场中占据主导地位。比如制作河豚需要一定的去毒加工技术，以保证食物的安全，而餐饮行业中并非所有的饭店都拥有这项技术，所以掌握此项技术的饭店就容易从中赚取更高的利润。通常一条 20～80 元成本的河豚制成品的价格可以翻几倍甚至几十倍。二是旅游企业本身的品牌效应强，信誉卓著，具有一定的高消费顾客群。在北京，全聚德烤鸭的价格要高于一般烤鸭专营店的价格，从中可以看出品牌店使用的价格策略。

撇脂并非制定天价，其实际的内涵是对某一类型或品种的旅游产品采用适合产品本身的最高价。

相关链接

据《大连晚报》的转载报道：“西安某饭店为 12 名客人精心准备了一桌 36.6 万元的满汉全席，创下西安宴席之最。”一时间各大媒体、报刊竞相报道，西安这家饭店成了焦点。但3天后的报道却出乎人们的意料,《大连晚报》以《一桌饭36万出恶名——饭店营业额跌到最低》为标题进行了报道,文章中分析了生意下滑的原因:“由于消费者误认为该饭店属于那种‘没有数万元甭想进’的饭店,那些想花几百元吃饭的顾客根本不敢进门,饭店的营业额直线下滑,跌到了最低点。老板因招架不住国内外媒体的采访要求而藏身他处,而税务部门也特别留意1月6日那天的36.6万元营业款,要等饭店申报纳税之日仔细核查。”一种定价的策略,却出现了不应有的结果,其主要原因还是出在价格上,离谱的定价,导致了适得其反的效果。

(2) 渗透定价策略。与撇脂定价策略相反,渗透定价策略是指旅游企业将推出的产品以较低的价格投放市场的策略。为了促销新产品、出清存货或加快现金周转,旅游企业把产品的某些价格定在比成本低或接近边际成本的价格,以扩大本类产品及相关产品的市场接受率,达到薄利多销的目的。

旅游企业采取渗透定价策略,最好具备下列条件:一是市场对价格的敏感度高时,采用渗透定价策略有助于拓展市场;二是要以增加销售量来降低企业产品的单位成本;三是企业要阻止其他的竞争者进入市场而采用低廉价格的策略,应具有一定的耐受力。例如,当年杭帮菜以低价格、低成本运作的手法进入上海市场并获得成功就是很好的例子。

(3) 满意定价策略。这种方法介于撇脂定价与渗透定价两种方法之间,价格水平适中,同时兼顾企业、旅游中间商及消费者利益,使各方面顺利接受。这种定价方法使价格比较稳定,在正常情况下盈利目标可按期实现,但比较保守,不适于需求复杂多变或竞争激烈的环境。

2. 折扣定价策略

折扣定价策略是指旅游企业在确定了产品基本价格的基础上,给予买方一定的价格折扣,以吸引买方购买或增加消费的策略。常见的折扣策略主要有以下几种:

(1) 数量折扣。这是指旅游企业为了鼓励旅游产品购买者大量购买,根据购买者所购买的数量给予一定的折扣。

累计数量折扣。这是指在一定时间内,旅游产品购买者的购买总数超过一定数额时,旅游企业按购买总数给予一定的折扣。一般情况下,旅游者购买数量增多,折扣随之增大。这种定价策略有利于加强旅游企业与旅游产品购买者之间的业务关系。

非累计数量折扣。这是指旅游企业规定旅游产品购买者每次购买达到一定数量或购买多种产品达到一定金额时所给予的价格折扣,一次性购买数量越多,折扣就越大。如一次购买某旅游产品100件,则按产品基本价格的95%收款;若购买200件以上,则按基本价格的90%收款;若购买1 000件以上,则按基本价格的80%收款。采用这种定价策略能刺激旅游者大量购买,增加盈利,同时减少交易次数与时间,节约人力、物力等开支。

(2) 现金折扣。这种折扣又称为"付款期限折扣"，是对在规定的时间内提前付款或用现金付款者所给予的一种价格折扣。采用现金折扣一般要考虑三个因素：折扣比例、给予折扣的时间限制、付清全部货款的期限。在西方国家，典型的付款期限折扣表现为"3/20，net 60"，其含义是在成交后20天内付款，买者可以得到3%的折扣，超过20天，在60天内付款不予折扣，超过60天付款要加付利息。

提供现金折扣等于降低价格，所以，企业在运用这种手段时要考虑商品是否有足够的需求弹性，保证通过需求量的增加使企业获得足够利润。

(3) 季节折扣。季节折扣指旅游企业根据旅游者购买季节的差异而给予一定的折扣。部分旅游产品消费的淡、旺季非常明显，如旅游景区，有些产品在一周或者一天不同时段消费也不均衡。为了充分发挥竞争优势，避免资产闲置制造成的浪费，旅游企业必须在淡季或旺季的平淡时段给予消费者价格上优惠。

(4) 同业折扣和佣金。同业折扣和佣金，也称作"功能性折扣"，是指旅游产品的生产企业根据各类中间商在市场营销中所承担的不同职责，给予不同的折扣。一般来说，旅游企业给旅游批发商的折扣较大，给予零售商的折扣较小，这有利于促使批发商大量进货，并进行批转业务。需要注意的是，若旅游企业采用同业折扣和佣金，客观上会使旅游企业的平均价格下降，因而实行同业折扣和佣金一定要使增加销售所带来的收入高于所需的成本支出，否则就应仔细研究是否实行同业折扣和佣金以及折扣和佣金的比例是多少为宜。

3. 理解价值定价策略

酒店或旅行社所提供的产品服务的质量、作用，以服务、广告推销等"非价格因素"，使客人对该企业的产品形成一种观念，根据这种观念制定相应的、符合消费者价值观的价格。

(1) 尾数定价策略。根据心理学的分析和市场调查的统计数据显示：在消费者的心目中，4.9元与5元，9.9元与10元，38元与40元的对比定价，在理性认知时，这些价格是一回事；但在实际中，消费者对这些价格的心理反应还是不一样，他们认为4.9比5元、9.9元比10元、38元比40元便宜。因此，针对消费者不同的心理反应，旅游产品的定价应遵循一定的要求，通常有奇数和偶数两种尾数定价法。

针对奇数定价法而言，国外餐饮企业使用得较多。一项对美国242家餐厅所作的调查表明，58%的菜单价格以9结尾，35%的菜单价格以5结尾，7%的价格以0结尾。

美国心理学调查显示：价格在7美元以下的菜肴，其价格尾数通常是9，使消费者认为餐饮企业有意给他们1美分的折扣；如某菜肴的定价为3.99美元，顾客会认为该菜肴的实际价格是4美元，折扣为1美分。而价格在7美元以上10美元以下的餐饮产品的价格尾数通常为5，以使消费者认为餐饮企业给了他们5美分的折扣，因为价格高的菜肴应该有较大的折扣。当然，国外有些消费者会认为以9为尾数的价格，是廉价餐饮企业的标志，与他们的身份和地位不相称。因此，以5为尾数的价格，更能满足这类顾客的消费心理。如果餐饮产品的价格超过了10美元,尾数为0也是常见的。

而针对偶数定价法而言,我国餐饮企业使用得较多。根据我国餐饮企业的经营经验,中国消费者就餐图吉利,因而更容易接受6、8等较为吉利的数字,因此,餐饮企业在具体定价时必须充分考虑这些吉利数字。比如香港玉屏轩海鲜酒家的推介菜单有如下内容:精美小菜38元起计、清蒸大东星斑每条380元、姜葱炒肉蟹每500克48元、生猛澳洲龙虾每50克8.8元、白灼基围虾每50克3.8元。

尾数使用6和8,在港、澳、台及新加坡也多有使用,尤其是8与"发"谐音,有发财之意,符合中国人"讨口彩"的习惯。

(2) 首数定价策略。消费者通常会根据餐饮产品价格的第一个数字来做出消费决策,他们认为菜肴价格中的首个数字要比其他数字更重要,因为每一个首位数字会代表一个价格等级。如消费者会认为8.9元与9.1元两种价格之差要比8.7元与8.9元两种价格之差大得多。因此,餐饮企业应该了解消费者的心理,宁可将菜肴的价格在同等级内调整,如菜价从8.2元调整至8.7元,也不要将菜肴的价格跨等级调整,如菜价从8.9元调整到9.1元。

(3) 整数定价策略。心理学家的调查显示,有些消费者会把某一价格范围看成是一个固定价格。例如:他们经常会把8.6～13.9看成是10元;把14～17看成是15元;把18～23.9看成是20元等。

【任务拓展】

选择典型旅游企业,通过全面考察和了解,为其某项新产品设计价格,并模拟此价格会带来怎样的销售效果。

【任务反馈】

旅游企业在对旅游产品制定价格后,会不会根据情况进行价格的调整?

释疑:旅游产品的价格并不是制定好之后就一成不变的,而是需要根据企业经营状况和市场竞争环境进行适当的价格调整。有些情况下需要降价,比如生产能力过剩时、需要通过较低成本来达到控制市场或增加市场份额时等。有些情况下,企业则有可能会提价,提价的最直接原因就是成本的上涨,当然需求过剩也会导致企业提高价格。但是企业在提价或者降价的时候也要关注到购买者、竞争者等对价格变动的反应。

◆项目评价

在本项目中,我们了解了旅游企业进行科学定价的现实意义,学习了影响旅游产品价格定制的相关因素,以及常用的定价方法与策略。在本项目中,学生需要掌握如何帮助企业的产品制定有吸引力且能保证利润的价格,以保证企业经济效益的实现,并能通过实践与调研,对其形成更深入的认识,同时掌握实务性的操作技巧,使其能在营销实践中得以运用。

【知识/技能评价】

① 名词解释。

旅游产品价格　成本加成定价法

竞争导向定价法

② 简述旅游产品价格制定的影响因素。

③ 常见的旅游产品定价目标有哪些。

④ 列举一些常用的旅游产品定价方法。

⑤ 旅游产品的定价策略有哪些，分别适合于哪种情形。

⑥ 选择一家你熟悉的旅游企业，评价它的旅游产品定价是否成功。

【实践演练】

① 面对景区门票涨价风潮，你是如何看待的。

② 针对你所在的城市，了解其景区票价水平，并对其进行评析。

【项目链接】

酒店在线预订"倒定价"可行吗?

目前，绝大多数在线旅游网站都是实名实价的销售模式，即明示酒店名称和价格，客户可以通过搜索获得与酒店及房型一一对应的价格，填写相关预订信息，提交入住订单，按照约定的时间内到达酒店，采用前台到付或者预付的形式，完成一次酒店在线预订和入住流程。

比如，去哪儿网新上线的"越狱"以"酒店价格你来定"为口号，采用消费者出价，酒店方竞单的"倒定价"方式，颠覆了预订酒店的传统规则，使消费者站在了价格制定的前端。简单来说，就是用户主导价格的C2B模式。学术界则称之为"逆向拍卖"或"买方定价"。

电子商务领域研究者发现，时效性商品采用"倒定价"的方式，可以获得比固定价格更多的期望利润。只要在一天结束前有人愿意购买入住，就能为酒店创造价值。在其价值降低到零以前，只要还有人愿意出价购买，那么酒店就能够多赚一笔。所以，与其白白浪费资源，不如让消费者和商家获得双赢。正是卖方的这种心理，使得"倒定价"模式有了实现的可能。

拓展路径

① 扫下面二维码，阅读文章《在互联网平台预订酒店等存在杀熟现象 新用户反而便宜》，了解大数据时代产品定价策略。

② 扫下面二维码，阅读文章《好消息！一批重点国有景区门票价格要降低》，了解景区定价的宏观政策。

③ 扫下面二维码，阅读文章《东北雪乡宰客？网友评论再美都不敢去了！你敢去吗?》，了解景区价格对消费者行为的影响。

④ 扫下面二维码，阅读文章《乡村旅游商品定价策略 教你如何制定合理的市场价格》，了解乡村旅游产品如何

定价。

⑤ 扫下面二维码，阅读文章《云南旅游主要线路和旅游产品成本价格公示》，思考当地政府在旅游产品价格所起到的作用。

项目七　构建高效的旅游产品销售渠道

◆项目目标

【行业要求】

① 理解旅游销售渠道建设在旅游企业营销布局中的重要性；② 掌握不同类型销售渠道的优劣势，并能根据企业特点选择恰当的销售渠道；③ 在典型旅游企业中，掌握其销售渠道的构建方法，并能在实际操作中灵活运用。

【学习目标】

① 理解旅游销售渠道的概念与作用；② 掌握不同类型的销售渠道的特点和优劣势；③ 掌握旅游企业销售渠道的选择，以及典型旅游企业销售渠道的构建。

◆项目任务

旅游销售渠道的构建是旅游营销组合中的一项重要内容，通过本项目任务的执行，学生应理解销售渠道在旅游营销中的意义，掌握不同渠道类型的差别，并能针对典型旅游企业，掌握销售渠道构建的形式与方法。

任务一　旅游销售渠道概述

【任务目标】

学生应了解旅游销售渠道的概念，理解销售渠道建设对于旅游企业的重要意义，掌握不同类型销售渠道的特点和优劣势，并能加以选择运用。

【案例聚焦】

航空公司竞相逐鹿 APP

2018 春运季，国内返乡、探亲，国际度假、出游，各机场航线异常繁忙，各航空公司将服务从飞机、机场和 APP (Application，应用程序)延伸到客户的身边，根据民航局最近发布的报告，2018 年春节假期期间，民航运行安全平稳，共运送旅客 1 140 万人次，同比增长 16.1%；平均航班正常率达 90.95%，同比提高 6.1 个百分点；提供座位数超过 1 516 万个，自大年初三起，平均客座率超过 80%。

互联网＋APP 以横扫千军不可阻挡的趋势冲击着各行各业，同时也推动社会各界不断地创新。事实上，裂变与创新已经逐渐成为互联网经济的代名词。互联网＋APP 潮流也在一定程度上改变了航空公司生存的环境，促使航空公司改变传统的经营模式，用创新来适应时代潮流。

21 世纪初期，国内的航空公司已开始建设官网直营票务，提高机票的出票率。在互联网的营销渠道中摸索前进，航空公司为此已经努力十余载。2010年中国国航、东方航空、海南航空等多家航空公司上线手机APP等无线互联网移动端。2016年各大航司APP较2015年均有不同程度地改进和提升，排除OTA(Online Travel Agency，中文译为“在线旅行社”)旗舰店，APP销售渠道越来越发展成为各航空公司真正直销的核心渠道，2017年又是航司页面改版集中的大元年，大小航司在APP发展道路上各显风采，他们的直销发展策略一定程度上决定了APP的功能和设计风格。

以春秋航空为例，其客户端极具OTA应用特色，机票预订本身功能高度集成，酒店、门票等并列发展；东航发展策略同样别具一格，积分商城、活动营销、中转产品，加之丰富的辅营产品等一系列整合均符合东航移动电商公司发展方略；深航以服务和功能为主导，发展辅营产品提升服务质量；川航主动借鉴学习OTA用户经营模式，完善机票服务的同时更加注重用户体验，功能区可预订酒店、火车票、专车服务，新增在线客服提升服务等。

除此之外，其他各航均以民航常规产品路线为核心，摸索符合自身移动电商平台发展道路。航司APP的发展空间仍然较大。

案例点评：互联网的飞速发展，已经从电脑转战手机。作为获得信息与沟通的重要载体，智能手机成为社会交往的主要手段与方式。人们可以通过互联网＋APP联通世界，甚至已然成为我们的“第六器官”。更重要的是，智能手机改变了整个社会，使社会进入互联网＋APP的时代。互联网＋APP成为企业重要的营销渠道。

【任务执行】

任务工作单7-1

<table>
<tr><td>任务名称</td><td colspan="5">了解旅游销售渠道</td><td>学时</td><td>2</td></tr>
<tr><td>学习小组</td><td></td><td>姓名</td><td></td><td>学号</td><td></td><td>指导教师</td><td></td></tr>
<tr><td colspan="8">工作任务描述
了解旅游销售渠道的概念，掌握常见的渠道类型，理解选择销售渠道需考虑的因素。通过查阅图书、资料、网络等资源，寻找典型企业渠道建设成功的案例，每个小组从中选择一个案例，进行讨论分析，并提交分析报告。</td></tr>
<tr><td colspan="8">具体工作任务
(1) 获取相关资料与信息：
① 搜索相关资料，熟悉什么是旅游产品销售渠道。了解销售渠道的主要作用有哪些。
② 网上搜索与销售渠道相关的典型案例或者图片。
(2) 讨论：
① 销售渠道的作用？
② 旅游企业在选择销售渠道时应考虑的因素。
③ 选择一家典型旅游企业渠道建设的成功案例进行分析，并描述你对旅游销售渠道的理解。
(3) 成果展示：各小组汇报讨论结果，将案例分析通过幻灯片在课堂上展示。
(4) 提交工作记录单和案例分析报告。</td></tr>
</table>

续表

<table>
<tr><td>任务名称</td><td colspan="5">了解旅游销售渠道</td><td>学时</td><td>2</td></tr>
<tr><td>学习小组</td><td></td><td>姓名</td><td></td><td>学号</td><td></td><td>指导教师</td><td></td></tr>
<tr><td colspan="8">学习条件
（1）市场营销实训室；
（2）每个小组配备一台可上网的电脑；
（3）任务工作单、工作记录单、学习情境练习单等；
（4）课件、视频资料、题库等。</td></tr>
</table>

旅游产品销售渠道是旅游企业市场营销组合中的重要组成部分。旅游企业将旅游产品在适当的时间、适当的地点借助于适当的营销中介提供给旅游者，实现旅游企业的市场营销目标。如何将旅游产品以最高效率和最低费用从生产者手中送到旅游者那里，选择合理的销售渠道并有效管理销售渠道，保证旅游产品完成销售过程，对旅游企业有十分重要的意义。

一、旅游产品销售渠道的概念和作用

（一）概念

旅游产品销售渠道是指旅游产品和服务从旅游企业向顾客转移时取得这种产品和服务的所有权或使用权，或者是帮助转移其所有权或使用权的所有企业和个人。它主要包括中间商、代理中间商以及处于渠道起点和终点的企业与顾客。简言之，旅游产品的销售渠道是指旅游企业把产品销售给消费者的途径。

（二）作用

旅游销售渠道对于旅游产品的售出和营销活动的开展具有重要的意义，它的主要作用体现在：

1. 完成旅游产品从生产领域向消费领域转移的功能

营销部门按照旅游市场需求向旅游企业采购订货，在订货过程中双方就产品的价格和其他条件达成最终协议，成交付款后，旅游产品的所有权转移到营销机构，然后通过销售渠道将产品最终转移到消费者领域中去。

2. 促进销售功能

中间商通过广告、展示、商标、现场演示等促销手段，刺激消费者的需求，引起其购买欲望，并利用自己良好的信誉劝说消费者购买。

3. 信息渠道功能

销售渠道能帮助企业进行信息的搜集、传递和沟通，以便企业了解消费者的需求。同时还可以帮助企业收集竞争对手的信息。

4. 方便购买的功能

销售渠道为旅游者提供销售地点和便利的顾客可达性。销售渠道的分散化不仅降低了旅游企业的工作量，而且可以使潜在顾客在合适的时间和合适的地点购买旅游产品，拉近了旅游企业和顾客之间的距离，提高了企业营销的效率。

5. 分散风险功能

渠道部门由于对生产者的产品收购，而承担了产品流通过程中潜在的风险以及可能造成的损失，从而为旅游者提供风险保证。

6. 产品再开发功能

一方面是借助旅游服务接触预期购

买者并与之沟通，为其提供建议和购买咨询服务，促进产品交换；另一方面通过适当改变产品以使其符合购买者的需求，形成新的产品组合。

二、旅游销售渠道的类型

根据中间商是否参与产品的交换过程，旅游企业的销售渠道可分为两类：一是直接销售渠道，就是旅游企业自己直接将其产品和服务销售给顾客，直接渠道又称为零层次渠道，二是间接销售渠道，就是产品和服务经过一定的中间环节销售给顾客，可分为短渠道和长渠道。

（一）直接销售渠道

直接销售渠道是指旅游企业将产品和服务直接供应给顾客，没有中间商介入，如图 7－1。

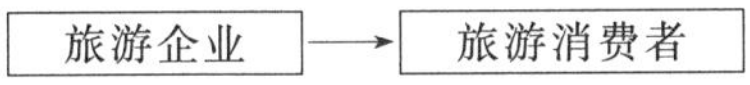

图 7－1　直接销售渠道

1. 现场销售

旅游产品生产者→旅游消费者（在生产现场）。这一模式也就是旅游产品生产者向登门来访的顾客直接出售产品的销售方式。餐厅、旅游景点等旅游企业大多采用此法销售。

2. 预订销售

旅游产品生产者→旅游消费者（在客源地或旅游者家中）。预订销售是指旅游企业通过互联网、电话、传真等方式将产品和服务销售给顾客。例如，宾客直接通过饭店预订系统订房。

3. 自设销售网点

旅游产品生产者→自设经营的销售网点→旅游消费者（销售网点现场）。自设销售网点是指旅游企业通常将销售网点设立在用户比较集中的地方或商业区。这一模式比较典型的情况是：饭店连锁集团通过其成员饭店之间相互代理预订来方便顾客购买；一些航空公司和铁路部门自设售票处等。由于这一模式具有旅游供给者直接面向旅游消费者的特点，因此也属于直接销售渠道。

（二）间接销售渠道

间接销售渠道是指旅游产品生产者或供给者借助中间商将其产品转移到最终消费者手中的方法。间接销售渠道的最大特点在于由中间商负责产品使用权的转移。间接销售渠道是目前主要的旅游产品营销渠道。渠道越长，旅游产品扩展的可能性就越大，但旅游企业对产品销售的控制能力和信息反馈的清晰度就越差。间接销售渠道按中间环节的多少和使用平行渠道的情况又可以分为不同层次的销售渠道。例如，只含有一个销售中介机构的，就称为单层次或一层次销售渠道，有两个中介机构介入的称为二层次销售渠道。旅游产品的间接销售渠道有多种模式，如图 7－2。

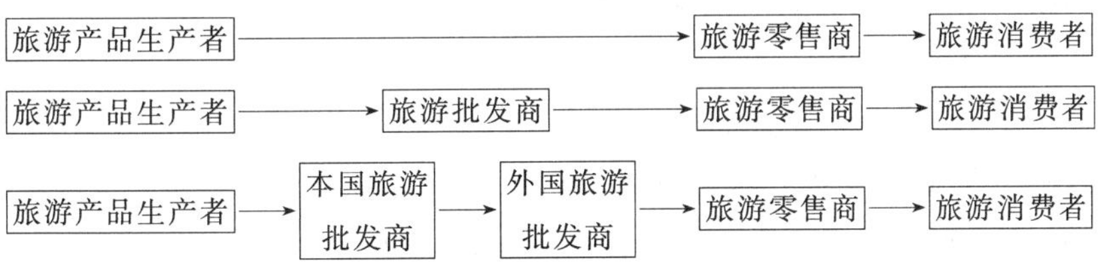

图 7－2　间接销售渠道

1. 旅游产品生产者→旅游零售商→旅游消费者(在旅游零售商经营现场)

这一模式在西方国家旅游业中广为采用,不仅旅游批发商完全是通过这一渠道组织客源,而且众多的旅游企业也将这一模式作为自己销售旅游产品的主渠道。我国目前这一模式发挥作用的领域有限,比较典型的做法是:旅行社代客订购交通票、饭店客房等。

2. 旅游产品生产者→旅游批发商→旅游零售商→旅游消费者(在旅游零售商经营现场)

这一模式的主要特点是:旅游产品的生产者在同旅游批发商进行价格谈判的基础上,将其产品批量销售或预订给旅游批发商,然后再由旅游批发商委托旅游零售商出售给最终消费者。

3. 旅游产品生产者→本国旅游批发商→外国旅游批发商→旅游零售商→旅游消费者

这一渠道是目前我国国际旅游产品销售中采用最广泛的渠道模式,其基本流程如下:

(1) 我国具有涉外旅游接待职能的旅游生产企业将各单项旅游产品批量发售给我国的国际旅行社。

(2) 国际旅行社将这些单项旅游产品编排组合成包价旅游产品后,通过外联谈判批发给客源国的旅游批发商或旅游经营商。

(3) 这些旅游批发商或旅游经营商再对这些包价旅游产品重新定位,作为自己的产品,委托当地的旅行代理商和其他零售代理机构向旅游消费者出售。

(三) 间接销售渠道的分类

1. 长渠道和短渠道

对于间接渠道来说,根据介入的中间商层次的多少可分为长渠道和短渠道。旅游产品从生产者销售开始,直到旅游消费者购买为止,整个过程所经过的中间机构的层次数越多,产品在渠道整个过程的中间环节越多,销售渠道就越长;反之,销售渠道就越短。渠道越短,生产者承担的销售任务就越多,信息传递快,销售及时,能较有力地控制销售渠道;销售渠道越长,批发商、零售商就要完成大部分营销职能,信息传递慢,流通时间较长,旅游企业对营销渠道的控制就较为困难。

2. 宽渠道和窄渠道

旅游销售渠道的宽度,一般是指一个时期内销售网点的多少,网点分配的合理程度以及销售数量的多少。这主要取决于旅游企业希望自己的旅游产品在目标市场上扩展范围的大小,也就是希望占据多少市场供应点以及什么样的供应点。通常所说的要多设销售网点,就是指加宽旅游销售渠道。一般化、大众化的旅游产品主要是通过宽渠道来进行销售的,通过多家旅游批发商或代理商批发给更多的零售商去进行销售,从而能大量地接触旅游消费者,大批销售旅游产品。而窄渠道是指旅游企业在特定市场上只选用一个中间商为自己推销旅游产品的分销渠道。

3. 单渠道和多渠道

根据旅游企业所采取的渠道类型的多少,旅游销售渠道可分为单渠道和多渠道。有些旅游企业采用的渠道类型比较单一，所有产品全部由自己直接销售或者全部交给批发商经销，这称之为“单渠道”。有的旅游企业则根据不同层次或地区消费者的不同情况采用不同的销售渠道。如在本地区采用直接销售渠道，在外地则采用间接渠道或者同时采用长渠道和短渠道，这就称为“多渠道”。一般情况下，生产规模较小或经营能力较弱的旅游企业，可采用单渠道销售旅游产品；反之则采用多渠道，以便扩大产品覆盖面，更加灵活地销售旅游产品。

三、直接销售渠道与间接销售渠道的比较

（一）直接销售渠道的优劣势

1. 优势

（1）有利于旅游企业、顾客双方沟通信息，可以按需定制，更好地满足目标顾客的需要。

（2）可以使旅游企业和顾客双方在营销上相对稳定。

（3）可以在销售过程中直接进行促销。

2. 劣势

（1）难以在短期内对旅游企业产品进行广泛分销，很难迅速占领或巩固市场。

（2）加重了旅游企业工作的负荷，分散了旅游企业的精力。

（3）竞争力较弱。

（二）间接销售渠道的优劣势

1. 优势

（1）有助于产品广泛分销。中间商因处于旅游企业与顾客之间，从而有利于调节二者在产品品种、数量、时间与空间等方面的矛盾。既有利于满足目标顾客的需求，也有利于旅游企业产品价值的实现，更能使产品广泛地分销，巩固已有的目标市场，扩大新的市场。

（2）缓解旅游企业人、财、物等力量的不足。中间商购走了旅游产品并交付了款项，就使旅游企业提前实现了产品的价值，开始新的资金循环和生产过程。此外，中间商还承担销售过程中其他方面的人力和物力，这就弥补了旅游企业营销力量的不足。

（3）间接促销。顾客往往是货比数家之后才购买产品，而一个中间商通常经销众多旅游企业的产品，中间商对同类产品的不同介绍和宣传，对产品的销售影响很大。此外，实力较强的中间商还能支付一定的宣传广告费用，具有一定的售后服务能力。所以，旅游企业如果能和中间商保持良好的协作关系，就能促进产品的销售，并从中间商处获得市场信息。

2. 劣势

（1）不能及时了解或满足顾客的需求。中间商购买了产品，并不意味着产品就从中间商手中销售出去了，有可能销售受阻。对于酒店而言，一旦其多数中间商的销售受阻，就形成了“需求滞后”。

（2）可能加重顾客的负担。中间环节的增多会增加顾客的负担。

（3）不便于直接沟通信息。如果与中间商合作不好，旅游企业就难以从中间商的销售中了解和掌握顾客对产品的意见、竞争者的产品情况等。

【任务拓展】

通过典型企业调研或搜集资料，了解目前旅行社（景区、酒店）的销售渠道

主要包括哪些形式。

【任务反馈】

旅游企业在销售渠道建设中为什么要利用营销中介机构？

释疑：营销中介机构能够高效率地将产品向目标市场营销，它们能通过业务联系、销售经验、销售专长和经营规模提供仅靠一家企业所不能达到的价值。

任务二　旅游企业分销体系的构建

【任务目标】

学生应熟悉典型旅游企业分销体系的构建模式，对饭店和旅行社的分销体系形成更为明确、系统的认知，对于旅游企业分销体系的构建能够形成自己的看法。

【案例聚焦】

九寨沟喜来登：破除淡季营销魔咒

美丽的九寨沟是一个让人神往的“童话世界”，尤其每年的夏秋季节，大量游客蜂拥而至，只为它漫山瑰丽的原始森林和绝美明镜般的湖泊。所以，在旅游旺季九寨沟的各大酒店都是宾客如云。然而进入冬春两季，门可罗雀的冷清场景让景区酒店的经营者愁上了眉头。面对如此的冰火两重天，九寨沟喜来登大酒店却摸索出一条破除淡季“魔咒”的有效方法。

在大多数行业，“二八定律”是一个通行的准则。20%的客户决定了80%的销售额，这一原则同样适用于酒店行业。

图7-3　九寨沟喜来登酒店

在国内，许多五星级酒店并不指望散客来提升营业额，而是将营销的力量集中在旅行社、政府机关、大型企业、航空公司、携程网、e龙网等客户上。而对于如九寨沟喜来登这样的景区酒店来说，旅行社这一渠道决定着它们的营销成败。

在旺季的时候，九寨沟的酒店市场是卖方市场，而卖方市场与买方市场的季节性差异，是权衡与旅行社合作关系的关键所在。如果酒店在旺季时能给几家大旅行社较多的房间配额，旅行社必然能在淡季也给自己带来较多的游客。这种方法带来的效益是显而易见的，也使得酒店与旅行社之间形成了良好的互动关系。与此同时，在淡季时，酒店通过价格调节锁定了大客户，为淡季销售也带来了契机。

九寨沟喜来登找准了影响销售的核心群体，将旅行社作为销售渠道中的核心环节，最终有效地扭转了淡季营销不佳的被动局面。

案例点评：九寨沟喜来登酒店根据自身的市场定位，明确了最有效的销售渠道，并通过权衡淡旺季的产品供给，将旅行社这一渠道牢牢把握，为破除淡季营销困境找到了成功的解决之道。

【任务执行】

任务工作单 7-2

<table>
<tr><td>任务名称</td><td colspan="5">建立畅通高效的销售渠道</td><td>学时</td><td>6</td></tr>
<tr><td>学习小组</td><td></td><td>姓名</td><td></td><td>学号</td><td></td><td>指导教师</td><td></td></tr>
<tr><td colspan="8">工作任务描述
理解选择销售渠道需考虑的因素，了解旅游企业如何和渠道商建立良好的关系，理解网络营销的重要性。通过查阅图书、资料、网络等资源，寻找典型酒店渠道营销成功的案例，每个小组从中选择一个案例，进行讨论分析，并提交分析报告。</td></tr>
<tr><td colspan="8">具体工作任务
（1）获取相关资料与信息：
① 搜索相关资料，熟悉典型旅游企业的销售渠道建设情况，了解不同渠道模式的作用与意义。
② 了解网络渠道建设的相关知识。
（2）讨论：
① 当前典型旅游企业的渠道建设中包含了哪些因素？
② 旅游企业在选择销售渠道时应考虑的因素。
③ 选择一个酒店营销活动的成功案例进行分析，并描述你对酒店销售渠道的理解。
（3）成果展示：各小组汇报讨论结果，将案例分析通过幻灯片在课堂上展示。
（4）提交工作记录单和案例分析报告。</td></tr>
<tr><td colspan="8">学习条件
（1）市场营销实训室；
（2）每个小组配备一台可上网的电脑；
（3）任务工作单、工作记录单、学习情境练习单等；
（4）课件、视频资料、题库等。</td></tr>
</table>

一、旅游企业销售渠道的选择

（一）旅游中间商

旅游中间商是指介于旅游生产者和旅游消费者之间，从事转售目的地旅游企业的产品、具有法人资格的经济组织或个人。由于旅游中间商在旅游市场营销中的作用不同，旅游生产企业与这些中介组织和个人的责权利关系不同，因而旅游中间商的类型也呈多样化。

1. 旅游经销商

旅游经销商是指将产品买进以后再卖出的中间商，其利润来源于旅游产品购进价和销出价之差。旅游经销商与旅游产品的生产企业共同承担市场风险，其经营业绩的好坏直接影响到旅游生产企业经济效益的高低。旅游经销商主要有旅游批发商和旅游零售商两类。

（1）旅游批发商。旅游批发商是一些从事批发业务的旅行社或旅游公司。

旅游批发商通过大量地订购旅游交通运输企业、饭店、旅游景点等企业的单项产品，将这些产品编排成多种时间、价格不同的包价旅游线路，然后再批发给旅游零售商，最终出售给旅游者。在少数情况下，旅游批发商也可以将旅游产品直接销售给旅游者。

（2）旅游零售商。旅游零售商介于旅游产品生产者或旅游批发商与旅游者之间，要面对广大的旅游者，并将旅游产品最终销售给旅游者。旅游零售商是旅游产品整个实现过程中的最后环节，旅游零售商将旅游产品销售给旅游者后，旅游产品的整个销售过程就最终结束了，它不仅实现了旅游产品在时间上和空间上的转移，而且把旅游产品转给了旅游者，并由此退出了流通领域，成为旅游者可以消费的或等待消费的产品。

2. 旅游代理商

旅游代理商是指接受旅游产品生产者或提供者委托，在一定区域内促成旅游产品买卖活动得以实现的旅游中间商。旅游代理商从旅游产品生产者或提供者那里拿到产品，并不拥有产品的所有权，旅游代理商与旅游产品生产者或提供者的关系，不是真正的买方和卖方的关系，而仅仅是一种后者对前者的委托关系。当旅游代理商把旅游产品销售给旅游者时，也就是把对旅游产品拥有所有权的生产者或提供者的产品转移给旅游者。旅游产品的生产企业利用旅游代理商的目的是在自己推销能力不能达到的地区，或者是无法找到合适的销售对象的情况下，利用旅游代理商的营销资源寻求营销机会，因而要求与代理商合作的旅游企业必须为代理商提供便捷的条件。例如，在旅游代理商使用计算机系统预订时，饭店可使用这些系统展示可供使用的饭店设施信息，而且饭店在接待中，必须尽力给旅游代理商介绍来的客人留下良好印象，以便以后还能从该代理商那里得到业务。旅游代理商接受旅游生产者或提供者的委托而从事旅游产品买卖活动，不存在向生产者或提供者支付购买货款的问题，因此，旅游代理商与旅游经销商相比，资金投入更少，经营风险也更小。

（二）选择销售渠道需考虑的因素

旅游企业在销售过程中选择何种销售方式，以直接营销还是以间接销售为主，如何确定销售渠道的长度和宽度，涉及销售渠道选择的问题。

1. 产品因素

产品因素主要指产品的质量和性质。质高价优的产品由于往往被少数富有的购买者重复购买，因此宜采用直接销售渠道或窄短的销售渠道。相反，大众化的产品由于购买对象众多，分布较广，宜采用宽长的销售渠道。对于新产品，由于尚欠知名度，采用间接渠道销售往往需花费较多“口舌”，不如采用直接销售渠道。如定位于商务市场的酒店宜采用短渠道或直接销售渠道，而定位于度假休闲市场的酒店则多通过旅行社代为销售。另外，同一家旅游企业的不同产品与服务，其销售渠道也不尽相同。例如客房产品主要以中间商代理销售和预订为主，而其他如餐饮产品、娱乐健身设施等则多是面向住店客人和当地居民进行直接销售。

2. 旅游企业自身因素

旅游企业的经济实力、销售管理能

力等都是应该考虑的因素，若是实力雄厚的旅游企业，则完全可以自己组建销售队伍，或是用较高的佣金来组织更多、更好的中间商队伍。若旅游企业的销售管理能力较强，也可以利用自己熟练的营销队伍来打开市场。反之，销售必须以中间商为渠道。

3. 销售对象因素

销售对象的人数、分布情况、购买习惯等都会影响旅游企业对销售渠道的选择。若旅游企业的销售对象数量众多且分布广，宜采用长宽的销售渠道，反之则直接销售较适合。

4. 市场特点

外部市场特点是就旅游企业进行销售渠道设计时需要考虑的重要因素。市场的容量、供需状况、各细分市场的购买习惯及地理分布等特点都影响着旅游企业销售渠道模式的选择。如果目标市场规模较大，为方便顾客预订，旅游企业一般倾向于使用较多的中间商来覆盖市场。如果少量多次的零散预订较普遍，旅游企业常常以单一的中间商代为预订；大批量的预订往往越过中间商，由主办者直接向旅游企业预订。另外，如果客源市场集中分布在某些特定地区，旅游企业则应该在该地区办事处直接销售，反过来，如果客源市场比较分散，则要求渠道宽度较大、中间商较多。此外，顾客对不同销售渠道的反应也会影响旅游企业的渠道设计。

（三）评估渠道方案

旅游企业应主要从经济效益、控制能力、适应能力等三个方面对渠道方案进行综合评估，选择一个主要的渠道方案，同时确定其他几个为辅助性渠道方案。

1. 经济效益

比较各渠道方案的投入产出比，哪个渠道方案能获得相对较高的销量，同时花费相对较低的渠道运行和维护成本，则其经济效益较高，是一个理想的渠道方案。一般说来，使用直接销售渠道，企业固定成本较高，变动成本较低，而采用间接销售渠道则相反，另外，在间接销售渠道方案中渠道长度越长，宽度越宽，则其销量应该越大，同时成本相应也越高，旅游企业应寻找到收益与成本的最佳平衡点。

2. 控制能力

相对于直接渠道，使用中间商无疑会使旅游企业销售渠道难于控制，因为中间商往往关注的是最大限度增加自己的利润，很少考虑旅游企业利益以及整个渠道系统的平衡。因此旅游企业对其精心选择的渠道商要有足够的控制能力，渠道的稳定性对任何一个旅游企业来说至关重要，如果渠道失控，那么对旅游企业的影响将是巨大的。

3. 适应能力

无论使用哪种间接渠道模式，旅游企业在一定时期内都需要承担一定的义务，这会使旅游企业在渠道策略上失去一定程度的灵活性，而市场变化多端，旅游企业需及时调整渠道策略，这就要求渠道方案具有一定的适应性。旅游企业在中间商协定渠道方案时应注意：一方面增加渠道本身的适应性，另一方面减少渠道方案对旅游企业的制约。

（四）旅游产品销售渠道的管理

销售渠道的建立始于渠道成员的选

择，一旦渠道成员被确定，旅游产品生产者或提供者就应该将重点转移到渠道的管理上来，及时解决销售渠道中的各种问题，保持销售渠道的畅通和高效。由于旅游间接销售渠道的构成较为复杂，管理难度较大，因而对旅游销售渠道的管理主要是指加强对旅游间接渠道的管理。所以，如何调动旅游中间商的积极性、主动性，使其充分表现出应有的合作精神，并且随着市场的变化灵活地调整旅游企业与旅游中间商的关系是旅游销售渠道管理的主要内容。

1. 对旅游中间商的支持和奖励

与旅游中间商建立起销售业务关系后，双方的利益就紧密地联系在一起，双方在业务上相互支持、相互配合，是保证业务工作顺利开展的重要条件。因此，旅游产品生产者或者提供者首先要帮助旅游中间商充分和详细地了解共同销售产品的内容、特色，以及应向旅游者提供的各种服务。旅游中间商如果对产品不甚了解，就必然会影响对产品的销售，也难以满足旅游产品购买者的需要。产品生产者或提供者应尽力向旅游中间商提供各种有关产品的材料，包括产品介绍资料（文字、图片、音像材料等）；向旅游者提供各种服务的内容和标准；旅游者购买产品后，在启程前应做的准备工作，旅游者在旅游目的地游览过程中应注意的事项等。此外，产品的生产者或提供者还应尽力支持旅游中间商做好促销工作，包括做好广告宣传工作，做好产品价格的控制工作，以及管理人员的培训工作等。

除对旅游中间商的支持外，还要对他们的业务工作给予各种形式的奖励。奖励可分为物质奖励、精神奖励，以及收益上的折扣等。对旅游中间商奖励的形式主要有：

（1）对旅游中间商的折扣。折扣有数量折扣、季节折扣、地区折扣和现金折扣。数量折扣是通过价格优惠进行的，如降低单位产品销售价、产品销售超过一定数量后的优惠价等。对不同的旅游中间商，实行的折扣应有所区别，对合作时间长、销售量大的旅游中间商，折扣可以更优惠些；对新的、销量不大的中间商，折扣比例可小一些。旅游企业为了调节旅游产品在季节和地区的不平衡状况，往往对旅游中间商给予季节性和地区性折扣，如能销售旅游淡季产品和旅游冷门产品，便可得到更多优惠。此外，旅游中间商在预订产品后，如能交付定金，则可以得到现金折扣，所交付定金越多，得到的现金折扣也就越多。

（2）组织旅游中间商免费到旅游目的地旅游。旅游企业可组织有业务关系的中间商来旅游目的地免费旅游和考察。免费旅游和考察是对旅游中间商的尊重和激励，有利于建立更深的合作伙伴关系。同时，中间商通过考察还能深入了解共同销售产品的内容和特色，经过自身的体验，有助于向广大旅游者宣传和推销产品。

（3）产品支持。根据互利原则和合约约定，尽可能保证向旅游中间商提供质量高、利润大的热销产品，特别是在旅游旺季时期。因为在旅游中间商看来，获得这样的产品是供应商对他们工作能力的重视和支持，这就在客观上激励旅游中间商进一步努力工作，加强与供应者全面、长期的友好合作。

(4) 信息支持。旅游企业有必要定期或不定期地与中间商联系，及时和中间商沟通生产、市场等方面的信息，帮助其制定相应的策略，使其能有效地安排销售。

(5) 营销活动支持。帮助旅游中间商增强其营销能力。比如，培训旅游中间商销售人员、提供人财物等方面的有偿支持等。甚至为其分担部分广告宣传费用，或根据中间商的销售业绩给予不同形式的奖励，以激发中间商对本企业产品的促销热情。

2. 旅游中间商的评估

为确保中间商及时有效地完成任务，旅游企业还应随时监督中间商的行为，检查其履行职责的情况，并按一定标准对其进行评估，评价出每个中间商的销售业绩。

对中间商的工作进行科学评价是销售渠道管理的一项重要功能。中间商评估的作用主要有三点：一是对各中间商预期销售指标的完成情况进行考察，以控制企业营销计划的执行；二是发现销售渠道存在的问题，并采取相应对策；三是通过渠道评价，需找理想的旅游中间商，并与之建立长期的合作关系。

(1) 旅游中间商的营销能力。这是一个重要的评估指标。营销能力包括销售量的多少，销售额的多少，成长性和盈利速度以及偿付能力等。对营销能力的评估相对比较容易，因为这些指标大都是定量而不是定性的，但在实施中需要旅游企业和旅游中间商紧密合作，做到信息共享。

(2) 旅游中间商的信誉度。这也是评估中间商不可忽视的重要内容。因为，旅游中间商信誉度的高低不仅关系到旅游企业与其合作的效率和信心，而且对销售的效果有直接的影响。信誉度的评价指标包括付款及时性、顾客满意率、配合程度等。

3. 旅游中间商的参与程度

如果有实力，但不积极推销、宣传生产者或供应者的旅游产品，该中间商参与销售的效果极有可能不如实力稍弱但积极配合的旅游中间商参与销售的效果好。相比之下，选择参与热情高昂的旅游中间商要强于没有热情或者热情不足的旅游中间商。热情度的评价指标包括成员之间的关系、市场信息反馈的及时性、销售产品的积极性、积极建议等。

4. 旅游中间商的销售量占本企业销售量的百分比

这一标准可以用来衡量旅游中间商对旅游产品提供商的重要程度，如果这一比值很大，则其重要程度就大，反之则相反。

通过以上评估活动，可以及时发现问题，掌握旅游中间商的情况，为改进和完善旅游中间商的选择策略提供依据。

(五) 酒店如何与旅行社建立良好的关系

旅行社作为组合性旅游产品的设计者与提供者，在旅游市场扮演着重要的角色，这也一直是酒店业的主要销售渠道之一。与旅行社建立密切的合作关系是酒店营销工作的重要内容，为此，酒店应针对旅行社做好以下几个方面的工作：

1. 积极推行佣金制

在国外，旅行社被分为三类：旅游代理商（又称旅游零售商）、旅游经销商和旅游批发商。他们或零售或批发或批零兼营旅游产品，他们经销酒店产品所获得的收入，主要是由酒店以佣金的形式按照销售额的一定比例提取，销售额越大，佣金越大，酒店与旅行社之间形成了一种较好的利益机制。而在我国，旅行社主要是按其是否经营国际业务分类，且目前还没有形成规模经营的旅游批发商，大多数旅行社是直接面对顾客销售。在与酒店的利益关系上也与国际做法不同：旅行社一般能获得远低于门市价的批发价，很少采用佣金制，这就使酒店与旅行社利益对立，旅行社拼命压价，而酒店又想尽量保价，双方的很多精力都放在讨价还价上了，不利于二者融洽关系的形成。因此与国际接轨，在国内实行佣金制，已成为一种迫切需要，因为只有这样才能促使旅行社积极开拓市场，与酒店精诚合作，达到双赢。

2. 加强信息沟通

酒店应向旅行社提供足够的、及时的资料，使之对本酒店的产品和服务尤其是新产品有充分的了解，为其推销本酒店创造条件。酒店应积极征询旅行社对产品的意见并鼓励其定期反馈需求信息，包括产品分类销售状况、顾客偏好与习惯、新的需求动向，为酒店改进产品和营销策略提供参考。由于酒店一般会在较长时间后给旅行社报价单，当其产品价格发生变化时，应尽早与旅行社沟通协商，避免临时提价，而使旅行社陷入被动导致大批退房的现象发生，否则双方的经济利益和市场形象都会受到较大损失。

3. 做好接待工作

酒店提供优质的产品和服务，达到顾客满意是保证与旅行社良好关系最本质的内容。在客人住店期间为其提供优质的产品和周到的服务可以为酒店在客源市场赢得良好的口碑，也可以为酒店在与任何旅行社的合作中都赢得主动。如果没有意识到这一点，在具体工作中难免舍本逐末。

4. 采取激励措施

酒店可采用多种激励措施提高旅行社积极性，如：提高佣金比率，对淡季销售给予奖励佣金并及时支付佣金；给予通过旅行社订房的顾客以更大折扣，鼓励他们通过旅行社订房；负责为旅行社司陪人员提供住宿；开展销售竞赛对业绩好的给予额外奖励等。

5. 重视账款清算

送走旅行团不是酒店一笔业务的结束，收回账款后才算是。酒店应在扩大销售额与保证资金流转、资金安全之间找到一个平衡点，并据此制定应收账款政策。首先，酒店在选择旅行社时就应注意其规模与信誉，因为在我国，旅行社业进入门槛较低，固定投入不大，较易破产；其次，要严格执行已制定的收账政策，加强对应收账款的考核，并利用现金折扣政策鼓励旅行社尽早付款；最后，对于已经发生的拖欠款，酒店应及时追回，若逾期未付，应加紧敦促，必要时采取法律措施。

旅行社和酒店长久以来形成了相互依存的关系：一个旅行社如果没有可靠的酒店合作，将不能提供优良的服务；一个酒店如果没有可以信任的旅行社合作，那将长期艰难度日。信任度和可靠性是两者相互合作最重要的因素，有了它们才能产生双赢的局面。

二、酒店销售渠道的建立

建立科学有效的销售渠道对于酒店的经营是至关重要的。一般来说,酒店的营销渠道有两种:一种是直接渠道,即酒店直接面对消费者;一种是涉及批发的间接渠道,即酒店中间商。

(一) 酒店直接销售渠道

直接销售渠道是酒店的直接柜台销售方式。即消费者直接在酒店现场购买酒店产品,不经过任何中间环节。对于酒店而言,直接销售渠道具有以下优势:

1. 酒店可以对销售和促销过程进行有效的控制

销售过程作为酒店整个生产和经营过程中的一个环节,由于直接与顾客接触,而且是在顾客购买的关键环节上与顾客接触,因此,它对于树立酒店的形象和促成交易都非常重要。由酒店自己组织销售过程,其可控性和灵活性就比较大。

2. 减少佣金支付或价格折扣

采用中间商无不以付出佣金或折扣为代价,很多研究表明,中间商的代理费用支出是酒店各种营销工具成本中较高甚至最高的一项。

3. 直接了解顾客需求及变化趋势

在与顾客接触时,直接获得来自顾客的反馈信息,可以帮助酒店把握市场的基本情况,便于酒店管理者更好地制定决策。

4. 可以在销售过程中直接进行促销

直接促销的优势在酒店的接待过程中比比皆是。如前台接待可以在客人选择是否入住时适当地向其介绍本酒店的特色和优势;行李员在送客人入房时也可以适当地向其介绍本酒店的相关服务等。采用直接促销,酒店可以在为客人服务过程中实现“全员营销”。

(二) 酒店中间商

可以作为酒店间接销售渠道成员的组织与机构,称为酒店中间商。

1. 酒店中间商的优势

对于酒店而言,采用中间商的优点如下:

(1) 扩大市场覆盖面。各种酒店中间商都有自己的客户资源。市场经济越发达,中间商网络就越大。产品与消费者之间的障碍就越多,中间商的作用就越明显。所以,酒店借助各种中间商所形成的分销网络销售自己的产品,是一种能够快速而广泛地进入市场并扩大市场份额的有效手段。

(2) 补充酒店资源,分担经营风险。酒店利用中间商,可以缓解自身人财力资源不足的压力,保证酒店产品的正常生产和经营。同时,以契约或其他形式提前将产品部分或全部转让给中间商,也使酒店的经营风险得到一定程度的分解。尤其是酒店经营困难的时候,良好的渠道关系可能会在紧急关头给酒店以支持。

(3) 延伸信息触角,拓宽信息来源。各种中间商都是酒店良好的信息渠道,这些渠道所提供的市场需求信息对酒店的经营决策也是非常关键的。

2. 酒店中间商的类型

(1) 旅行社。旅行社拥有大量的连接航空公司、铁路、酒店和景点等旅游企业的网络系统,它们也拥有非常广泛的团体客源市场。它们直接向旅游者销售代理的住宿等产品，因此属于典型的代理零售商。

（2）旅游批发商和经营商。旅游批发商和经营商都是从事旅游产品的组合设计和批发销售的中间商。他们将酒店、交通、餐饮、观光、娱乐等产品加以组合，然后将这些组合产品提供给旅游市场，购买他们产品的往往是作为零售商的旅行社。他们的优势体现在能够接近大量的各种旅游产品生产商，而且对市场需求相对熟悉，在组合产品方面有很强的专业知识。

（3）会议策划人。会议策划人与酒店或其他旅游企业进行接触、洽谈，因此，构成了酒店的中间机构之一。他们在合同的基础上为某些组织机构进行会议和展览策划，是一种在展会选址、谈判、预算和促销方面都很有专长的中间商。

（4）全球分销系统。即GDS(Global Distribution System)，可以通过interface（面向对象编程语言中操作的关键字，功能是把所需成员组合起来，以封装一定功能的集合）接入。雅高等酒店集团的订房系统由此接入到GDS中，让采用电脑网络技术的旅行社团、散客直接访问该集团的中央预订系统，从中得到某酒店的详细资料，包括酒店的出租状况，并能立即接受预订和确认。

（5）网络在线预订平台。随着自由化市场竞争，网络预订渠道商的专业服务能力进一步提升，渠道商队伍进一步壮大。网络预订渠道商实力的壮大极大地推动了酒店的客房销售。在线旅游分销模式之所以能够获得市场认可，最为重要的是渠道商具有强大的旅行社会员资源，而且还在一定程度上弥补了酒店自身分销力量的不足，协助酒店摆脱区域化的营销困境。同时，渠道商的出现，推动了酒店行业的内部竞争，有助于酒店行业的整合，提升整个行业的服务水平。

三、旅行社业分销体系

旅行社营销渠道是指旅行社通过各种直接或间接的方式，将旅游产品转移到最终消费者的途径。在直销方式仍在旅行社业营销中扮演重要角色的同时，旅行社的营销网络也在不断拓展，特许经营方式已经渗入，而信息技术引起的电子商务分销方式也已经成为一种必然趋势。

（一）直复营销

直复营销，又称为“直接营销”、“直效营销”，它是个性化需求的产物，是传播个性化产品和服务的最佳渠道。根据美国直复营销协会为直复营销下的定义，直复营销是指一种为了在任何地方产生可度量的反应和达成交易而使用一种或多种广告媒体的互相作用的市场营销体系。在旅游业中，从直接销售向直复营销的转变开始于20世纪80年代。直复营销的目的是让旅游企业在新的市场环境下更好地销售自己的产品，以便提升自己的市场份额。它所依赖的手段和技术主要是良好的顾客消费资料，获得途径、精良的数据库开发和管理技术以及良好的与顾客的沟通渠道。

旅行社的直复营销是指旅行社不通过中间销售人员，直接采用邮件、电话、计算机网络以及报纸、杂志、广播等媒介，向旅游者宣传旅游产品，从而引发其购买欲望，使之最终通过邮寄、电话传真、网络等方式直接向旅行社购买旅游产品的一种销售方式。直接邮件、电话或传真推销和电视营销都是旅行社直复营销的主要形式。此外，以互联网为中介的营销环境，传递营销信息、沟通旅行社与旅游者需求的直销网络也是当前最为流行的方式之一。它不仅具备了其他直复营销形式的优点，而且具有广域性、实时性、互动性及可扩展性等独特优势。旅行社自设网站内的“在线预订”就是网络直销方式的表现形式。西方国家旅行社的主要直销手段就是通信、电子和网络直销等，而在国内旅游产品市场上，报纸杂志和广告电视仍是主要渠道，另外还有一些传统的方式包括宣传手册、直接邮寄、电视营销、电话营销等。

（二）特许经营

作为一种现代营销方式，特许经营被认为是 21 世纪居于主导地位的商业模式，已在全球范围内得到迅速的发展和普及。旅行社业的特许经营实质上是一种营销产品、服务和技术的体系，是旅游批发商控制销售渠道的一种手段。它是靠既有的优势产品、商标或技术吸引并聚集众多的独立经济个体作为销售终端，通过构筑一个网络化的营销体系，在实现低成本、高效率的产品运营的同时，通过品牌和销售渠道的独立性优势，强化了产品本身对于消费者的差异性与可识别性，从而满足特许双方共同利益的最大化实现。

旅行社引入特许经营，是旅行社业本身生存的必要手段，也是整体优化的理想选择。首先从旅行社角度说，无形的旅行社产品更多的是靠品牌、形象、信誉、人员、管理模式等智力资本参与竞争和实现发展，这就为特许经营提供了特许方优势资本输出的核心要素。其次，旅游活动的移动性、分散性及服务提供的即时性，要求旅行社采用撒网式的经营方式——管理上的标准化、一体化和业务空间上的分散性，来降低跨区域经营带来的成本支出和可能产生的失控风险。再次，特许经营中难度最大的部分——配送体系可以被忽略。旅游产品生产和消费的同时性越过了可能遏制特许经营本身优势发挥的配送环节，使得构筑这条营销渠道的难度大大降低。此外，从特许经营的特点出发，特许经营是在各大小旅行社职能分解转型的基础之上，重构了企业价值链。上下游企业之间通过资源共享、职能分工来重构供应商价值链、企业价值链和买方价值链，通过改变企业的成本结构来获得成本优势，部分地实现了企业之间互惠互利的“共生营销”，走上专业化分工基础之上的联合道路。

（三）电子商务分销系统

信息技术和互联网也给旅行社的经营方式带来了一场深刻的革命。旅行社在兼顾传统店面直营的同时，利用互联网进行产品推介、网上咨询，提供旅游服务预订、旅游线路编排等服务，以便将销售触角伸向每一个潜在消费者。旅行社或旅游集团还纷纷建立起自己的网站或网页，进行网上促销和预订。

【任务拓展】

分别选择一家外资品牌的酒店和一家内资品牌的酒店，列举二者的销售渠道主要有哪些并找出差别。

【任务反馈】

旅游企业进行渠道建设时，是否需要对所建渠道实施管理职能？

释疑：旅游企业进行渠道建设时，需要对于所建的渠道进行管理，其中包括：首先要选择渠道成员，对于备选渠道成员的利润记录、获利能力、合作性及声誉等进行评估；其次要采用具体措施激励渠道成员；再次，还要定期评估渠道成员的营销绩效，并明确渠道成员和供应商的责任。只有通过有效的渠道管理，才能让企业所构建的销售渠道发挥应有的作用。

◆项目评价

在本项目中，我们了解到旅游企业进行销售渠道建设的现实意义，学习了旅游销售渠道的常见模式，以及影响企业销售渠道选择的相关因素。在旅游企业构建自身销售渠道的过程中，不论是酒店还是旅行社，都要依据自身情况和当前市场的发展，做出有针对性的选择，从而体现渠道制胜的目标。学生通过本项目的学习，在掌握实务性的操作技巧的同时，也能在营销实践中加以运用。

【知识/技能评价】

① 名词解释。

旅游销售渠道　旅游中间商　直接销售渠道　间接销售渠道

② 简述直接销售渠道和间接销售渠道的优缺点。

③ 旅游企业在构建销售渠道时应考虑到的因素有哪些。

④ 如何对旅游企业的销售渠道进行日常的维护和管理。

⑤ 酒店的常见销售渠道有哪些。

⑥ 旅行社的销售渠道有哪些。

【实践演练】

① 案例分析

2018年2月，应用分析和应用数据业界标杆网站APP ANNIE公布了Top Publisher Awards榜单，春秋航空APP荣获“2017最佳航司APP”。

为何这款APP能在众多航空公司APP中脱颖而出，获得殊荣呢？

1. 自有渠道，紧抓用户痛点

春秋航空自有渠道总监朱亮表示，“春秋航空自有渠道主要有APP、PC官网、官方微信等。春秋航空官方渠道的销售占比在航司中一直是领先的，代表了乘客对春秋航空自有渠道的最大认可”。

面对携程、飞猪等OTA渠道对互联网流量的垄断，以及庞大的营销推广支出，春秋航空自有渠道如何应对？对此朱亮总监表示，“现在消费者购买机票，选择渠道很多，渠道变化也很快。春秋航空始终聚焦于研究乘客在不同渠道会产生哪些痛点，我们能做什么。”

2. 紧握四大优势，全面提升竞争力

“数据先行，官方最优，实用信息，快速响应”是春秋航空官方渠道2017年的工作重点。

数据先行，布局大数据为基础的乘客画像。朱亮举了个例子：春秋航空APP能根据乘客往年春节出行航线做出判断，春节临近，乘客登陆APP会跳出自动推荐；APP也会根据他对行李、

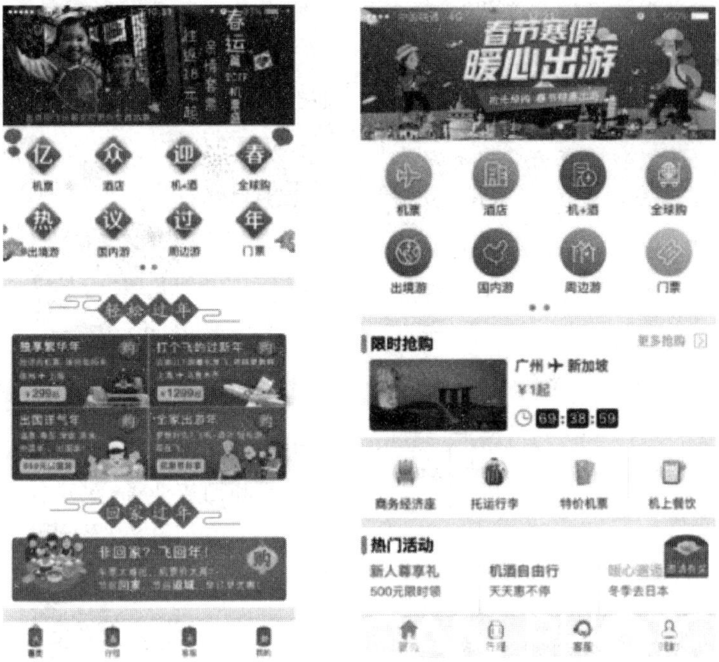

图 7－4　某 APP 平台首页(资料图片)

餐食、酒店等产品的购买习惯,推送相应的产品优惠活动,即通过大数据,做到“春航 APP,你的 APP”。

官方最优,主要体现机票价格上,能够保障官方渠道的价格不高于其他渠道。“机票价格变动较快,购买渠道又多且杂,给消费者选购机票造成极大困扰,春航 APP 想做到一点——来这里买,消费者至少可以明确——这里是最低价”。

此外,丰富的营销活动,也是官方最优的一大特征。比如非常受乘客欢迎的“限时抢购”活动。春节临近,打开春航 APP 一大波春节特色营销活动袭来。朱亮表示:“正值春运,祝大家一路平安,也欢迎体验春航春节过年话报,与春航亿万乘客一起感受中国年。”春航过年话报是春秋航空推出的一款线上 H5 互动游戏,可以生成并分享属于自己的过年话,说说自己的过年感受。首次试玩还可获得 888 元新人礼包。

实用信息,则是将大数据“取之于民,用之于民”,为乘客提供航空出行的实用信息,乘客只需输入手机号码,即可随时随地获取天气、延误、里程、积分等飞行相关信息。

快速响应,是指春秋航空每天都会监测每个功能的响应速度,做到“秒级响应”。正是春秋航空自有渠道同仁的这种极致精神,让乘客使用春航 APP 体验畅快如飞。

案例分析:如何看待春秋航空 APP 的渠道竞争的四大优势?除了春秋航空 APP 以外,请搜集并分析该公司的其他渠道。并分别谈谈你的看法。

② 了解一下目前旅游业中的特许经营情况,这种经营方式在旅游企业渠道建设中发挥了怎样的作用?

③ 你认为现代科技的发展为旅游

销售渠道的建设带来了哪些变化？

【项目链接】

什么是渠道管理？

渠道管理是指制造商为实现公司分销的目标而对现有渠道进行管理，以确保渠道成员间、公司和渠道成员间相互协调和通力合作的一切活动。渠道管理工作包括：

① 对经销商的供货管理，保证供货及时，在此基础上帮助经销商建立并理顺销售子网，分散销售及库存压力，加快商品的流通速度。

② 加强对经销商广告、促销的支持，减少商品流通阻力；提高商品的销售力，促进销售；提高资金利用率，使之成为经销商的重要利润源。

③ 对经销商负责，在保证供应的基础上，对经销商提供产品服务支持。妥善处理销售过程中出现的产品损坏变质、顾客投诉、顾客退货等问题，切实保障经销商的利益不受无谓的损害。

④ 加强对经销商的订货处理管理，减少因订货处理环节中出现的失误而引起发货不畅。

⑤ 加强对经销商订货的结算管理，规避结算风险，保障制造商的利益。同时避免经销商利用结算便利制造市场混乱。

⑥ 其他管理工作，包括对经销商进行培训，增强经销商对公司理念、价值观的认同以及对产品知识的认识。还要负责协调制造商与经销商之间、经销商与经销商之间的关系，处理相关的突发事件。

拓展路径

① 扫下面二维码，阅读文章《旅游业线上线下渠道融合背后：大数据和自媒体进入"狂欢时代"》，了解旅游业线上线下渠道融合带来的影响。

② 扫下面二维码，阅读文章《旅游分销商嬗变：网站代理的渠道之控》，了解机票和酒店业务，渠道代理商之痛。

③ 扫下面二维码，阅读文章《共享经济时代，共享销售渠道挑战与机遇并存》，了解共享经济时代渠道面临的挑战和机遇。

④ 扫下面二维码，阅读文章《乡村旅游营销渠道如何创新？》，了解乡村旅游渠道开发建设。

项目八　运用多元化的旅游促销策略

◆项目目标

【行业要求】

① 灵活运用常用的促销手段和方法，理解旅游促销策略在营销组合和企业营销实践中的重要性；② 掌握各种促销策略的优劣势，并能扬长避短，加以运用。

【学习目标】

① 理解旅游促销策略的作用及重要性；② 掌握人员推销的技巧，销售促进的方法，广告策略以及公共关系策划，能够综合应用各种促销手段，并在企业营销实践中加以运用。

◆项目任务

促销策略是营销组合中的一项重要内容，通过本任务的执行，学生应掌握常用的促销方法，以及每种方法的优劣势，可以在实际营销工作中灵活地加以组合运用。

任务一　发挥人员推销的魅力

【任务目标】

学生应掌握旅游促销策略的概念及常见的促销形式。了解人员推销，并掌握人员推销的使用技巧和优缺点。

【案例聚焦】

乔·吉拉德在15年的时间内卖出了13 001辆汽车，创下了1年卖出1 425辆、平均每天4辆的记录，被人们誉为"世界上最伟大的推销员"。他的推销故事或许可以给我们些许启示。

一天一位中年妇女走进展厅，说她想在这儿看车打发一会儿时间。闲谈中，她告诉乔·吉拉德她想买一辆白色的福特车，就像她表姐开的那辆，但对面福特车行的营销人员让她过一个小时后再去，所以她就来这儿看看。她还说这是她送给自己的生日礼物："今天是我55岁生日。"

"生日快乐！夫人。"乔·吉拉德一边说，一边请她进来随便看看，接着出去交代了一下，然后回来对她说："夫人，您喜欢白色车，既然您现在有时间，我给您介绍一下我们的双门式轿车——也是白色的。"

两人正谈着，女秘书走了进来，递给乔·吉拉德一打玫瑰花。乔·吉拉德把花送给那位妇女："祝您长寿！尊敬的夫人。"

显然她很受感动，眼眶都湿了。"已经很久没人给我送礼物了。"她说，"刚才那位福特营销人员一定是看我开了部旧车,以为我买不起新车,我刚要看车他却说要去收一笔款,于是我就上这儿来等他。其实我只是想要一辆白色车而已,只不过表姐的车是福特,所以我也想买福特。现在想想,不买福特也一样。”

最后她在乔·吉拉德这儿买了一辆雪佛兰,并开了一张全额支票,其实从头到尾乔·吉拉德的言语中都没有劝她放弃福特而买雪佛兰的词句。只是因为她在这里感到受了重视,于是放弃了原来的打算,转而选择了乔·吉拉德的营销产品。

案例点评:乔·吉拉德的成功告诉我们,更多地了解顾客,且重视每一位顾客,是推销成功的入门法则。

【任务执行】

任务工作单 8-1

任务名称	感受人员推销的魅力				学时	2
学习小组		姓名		学号		指导教师	

工作任务描述

理解旅游促销的作用及重要性,掌握人员推销的技巧和方法,通过典型企业的观察和走访,了解常用的推销技巧,并写出总结报告。

具体工作任务

(1) 获取相关资料与信息:

① 搜索相关资料,了解什么是促销。

② 网上搜索与旅游企业促销相关的典型案例。

(2) 实践:

① 了解什么是人员推销,哪些情况下会使用人员推销的方式。

② 选择一家旅游企业(酒店、旅行社、景区等),通过观察或实际消费,了解它的人员推销使用的情况。

③ 分析这些人员推销的方式对企业的意义,并探讨有没有改进的空间。

(3) 成果展示:各小组汇报讨论和实践结果,通过幻灯片进行课堂展示。

(4) 提交工作记录单和案例分析报告。

学习条件

(1) 市场营销实训室;

(2) 每个小组配备一台可上网的电脑;

(3) 任务工作单、工作记录单、学习情境练习单等;

(4) 课件、视频资料、题库等。

一、旅游促销的内涵

旅游促销策略是旅游营销策略组合中重要的组成部分,其目的在于扩大旅游企业在公众和目标市场中的声誉和影响,促进旅游产品销售。旅游促销是指旅游企业通过各种营销宣传手段,与市场进行信息沟通，来赢得顾客的注意、了解和购买兴趣，树立旅游企业及其产品的良好形象，从而促进旅游产品销售。从本质上来讲，旅游促销实际上是信息沟通的过程。

旅游促销的手段主要包括人员推销、销售促进、广告和公共关系，有效的旅游促销策略就是这四种手段的有效整合。

（一）旅游促销的功能

1. 传播信息

通过旅游企业促销活动使顾客了解旅游产品与服务的有关信息。

2. 刺激需求

通过促销活动加深顾客对相关旅游企业产品的认识，唤起旅游者的消费意识，通过劝说和提示消费者购买有关旅游产品，扩大产品销售。

3. 强化竞争优势

旅游促销通过对同类旅游产品某些差别信息的强化传播，使顾客意识到该产品的特殊效用和优势。

4. 树立良好的形象

在扩大产品销量的同时，树立旅游产品在公众心目中的良好形象，从而为旅游企业的长远发展创造有利条件。

（二）旅游促销策略

1. “推”的策略

强调产品沿着分销渠道垂直地向下推销，即以中间商为主要促销对象，再由中间商转售给最终顾客。

（1）形式：派出旅游企业推销人员登门推销产品；设立旅游企业销售门市部；服务性促销；举办旅游产品推介讲座等。

（2）适用条件：

表 8－1　旅游促销策略适用条件

从旅游企业本身看	有很强的旅游产品销售队伍和销售能力，且管理水平较高
从旅游产品看	一般是单位价值比较高的旅游产品，根据顾客需求特点设计制造的旅游产品以及某些当地生产当地销售的旅游产品
从销售渠道看	旅游产品一般经过直接渠道或短渠道
从市场看	旅游产品的市场比较集中
从公关看	旅游企业与目标市场顾客之间的关系亟待解决

2. “拉”的策略

“拉”的策略是旅游企业花费大量的钱做广告对最终顾客推销，使顾客对旅游企业产品产生需求，从而向旅游企业预订产品。

（1）形式：价格促销；广告促销；组织旅游产品展销会；通过试销方式促进销售；公共关系促销等。

（2）适用条件：旅游企业的销售人员销售经验不足；旅游企业的市场范围大；旅游产品必须以最快的速度告知广大的用户和消费者；旅游产品已经在市场上有了一定的销路，且市场需求呈现日益增长趋势；旅游产品革新有了相当的差异，并富有特色；旅游产品能够激发消费者的感情和购买动机，经过宣传，顾客会迅速采取购买行动。

二、充分发挥人员推销的魅力

(一) 人员推销的概念及特点

人员推销,又称人员销售,是旅游企业通过派出推销人员或委托推销人员亲自向顾客介绍、推广、宣传,以促进产品的销售。可以是面对面交谈,也可以通过电话、信函交流。推销人员的任务除了完成一定的销售量以外,还必须及时发现顾客的需求,并开拓新的市场,创造新需求。

这种促销方式具有以下特点:

1. 人员推销具有很大的灵活性

在推销过程中,买卖双方当面洽谈,易于形成一种直接而友好的相互关系。通过交谈和观察,推销员可以掌握顾客的购买动机,有针对性地从某个侧面介绍商品特点和功能,抓住有利时机促成交易;可以根据顾客的态度和特点,有针对性地采取必要的协调行动,满足顾客需要;还可以及时发现问题,进行解释,解除顾客疑虑,使之产生信任感。

2. 人员推销具有选择性和针对性

在每次推销之前,可以选择具有较大购买可能的顾客进行推销,并有针对性地对未来顾客作一番研究,拟定具体的推销方案、策略、技巧等,以提高推销成功率。这是广告所不及的,广告促销往往包括许多非可能顾客在内。

3. 人员推销具有完整性

推销人员的工作从寻找顾客开始,到接触、洽谈,最后达成交易。除此以外,推销员还可以担负其他营销任务,如安装、维修、了解顾客使用后的反应等,而广告则不具有这种完整性。

4. 人员推销具有公共关系的作用

一个有经验的推销员为了达到促进销售的目的,可以使买卖双方从单纯的买卖关系发展到建立深厚的友谊,彼此信任,彼此谅解,这种感情增进有助于推销工作的开展,实际上起到了公共关系的作用。

但是人员推销也有自身的缺点:

1. 单位接触的高成本

人员推销与其他几种促销手段相比,它每次接触的成本比较高。尽管这种促销方式对于顾客购买的推动力比较大,但是却涉及大量的附加支出,导致单位接触成本比较昂贵。

2. 推销效果有限

人员推销需要面对面地与顾客进行沟通,但是一些潜在的消费者在面对这种沟通方式时往往会产生抵触的情绪,拒绝接受。同时由于地理位置和时间安排上的原因,推销人员也不可能接触到所有的潜在顾客。

(二) 人员推销的方式

1. 派员推销

这种方式是旅游企业营销人员在确定了拜访对象、了解了顾客的基本情况和可能产生的需求之后,携带旅游产品的介绍、宣传册等走访顾客,并与之当面洽谈,回答顾客的各种问题,处理异议和抱怨,最后在双方都能接受的条件下达成交易。这种方式是推销人员主动出击,因此要求推销人员不仅要有较强的积极性,同时还要想方设法消除顾客可能存在的疑虑,与顾客建立良好的人际关系。

2. 营业推销

这种方式是旅游企业营销人员在顾客消费旅游产品、进店参观或洽谈业务时进行的推销。一方面,顾客的消费过程就是旅游从业人员的推销过程，因此需要树立全员营销的观念。另一方面，顾客来企业参观或者洽谈业务时，往往是准备购买该旅游企业的产品和服务的，如果推销人员能够做好接待工作，可以以较少的费用做成一大笔生意。因此，推销人员必须以热情、友好的态度欢迎这部分潜在顾客，满足他们的各种合理要求，不失时机地向他们推销本企业的产品和服务，设法使其产生购买行为。这种面对外来顾客进行的推销，顾客有急切获得有关旅游产品和服务的愿望，防御心理较少，所以推销工作较易成功。

图 8-1　某国际旅行社的门市接待(资料图片)

3. 电话推销

推销员通过打电话的方式对顾客进行推销或推销员接到顾客的咨询电话时进行推销。推销员的声音和语言对电话推销的效果影响显著，所以在对话过程中应注意清晰、简洁。尤其是在接到咨询电话时更应该慎重对待，在详细回答顾客提出问题的时候，适时地推销本企业的产品和服务。电话推销与其他推销方式相比所需要的时间少、费用低，因此推销人员要充分利用电话进行推销。

4. 会议推销

旅游企业或旅游目的地常常会组织和参加各种旅游交易会、旅游展览会、旅游洽谈会或新品发布会等会议，向与会者介绍和宣传本企业为顾客提供的主要产品和服务。这些会议的参加人员都有可能成为本企业的潜在顾客，通过这种方式进行推销，接触目标顾客较多，且省时省力，不但有机会吸引更多的顾客，而且有利于扩大企业的影响力。

(三) 人员推销的过程及技巧

1. 销售前的准备

旅游企业销售人员在拜访客户或洽谈业务之前，一定要准备好旅游企业的简介如宣传小册子、价目表、设施设备和服务项目图文并茂的介绍、预订单、明信片、销售记录卡、名片及有关产品和服务的各种资料。

重点客户或大的客户访问要拟订销售访问计划，要明确访问的目的，访问前要锁定好访问的对象及要达到什么目标，拟好要点，按顺序排列，依次执行。比如你访问的目的，或是为了获得订单，或是为了达成某个协议，希望被访者租用酒店的宴会厅、会议室，或是想通过被访者介绍新的客户。

销售人员不可能拜访所有的潜在客户，只能通过筛选，排列出顺序，根据具体情况做好准备，明确对方的需求，知己知彼，提高访问的成功率。对客户的筛选要根据企业销售目标确定，如果商务客户或散客减少，则要加强与旅行社或中间商的联系，争取旅游团队的客源。淡季散客少时，可以多接待一些团体或会议客人。

2. 拜访客户

确定拜访客户的时间、方法、做好谈话提纲，确定销售的方式。

拜访过程如下：

（1）问好。对老客户问好后顺便提及以前交往的印象如何，有何建议；对新客户，先自我介绍和报名，态度热情诚恳大方，彬彬有礼送上名片。

礼貌和技巧性地客套问话："打扰您了"或"没打扰您吧？""能占用您几分钟时间吗？"让对方有所准备，不致反感，或回避访问。

（2）开门见山，说明来意。对老客户，首先感谢上次预订或客户的支持，顺便递上新产品或服务的介绍资料，征求改进意见；对新客户，应送上企业详细的介绍资料，要察言观色，揣摸对方心理，赢得对方的好感，引起对方的兴趣，介绍企业产品和服务，包括优惠及折扣，争取客户对预订的明确答复，随之抓紧时间签约。然后向客户道谢。但销售人员在洽谈时不可操之过急，不能让对方产生一种你来推销的印象，特别是潜在的客户。必要时可以聊聊双方关心的问题，或感兴趣的话题，密切双方的关系，拉近距离。

销售人员在销售时说话不能迟疑不决，或是吞吞吐吐，否则会影响到对方对你的信任度。销售时不要采取强迫的推销方式，潜在的客户愿意自己购买，而不是被动地购买。要用循循善诱的方式，比较容易为客户所接受。

客户对旅游产品或服务有抱怨、投诉时，要虚心接受，表示歉意，并表示下次一定让客户满意。不要辩解、不要解释，即使你没有错，或错在客户。处理得当就缓解了矛盾，平息了对方的怨气，也可能争取了再次预订的机会。

3. 拜访后的工作

拜访活动结束后，立即填好记录卡，将预订的情况立刻向有关部门如前台部、客房部、餐饮部、宴会部等通报，做好接待安排计划，对贵宾要填贵宾卡，拟订接待规格。对客人的多种要求，要尽量满足。对客人的投诉，要记录在案，并尽快处理，将书面材料送达相关部门或领导。

（四）人员推销过程中应注意的问题

人员推销是指推销人员通过面对面的洽谈业务，向客户提供信息，劝说客户购买本企业产品和服务的过程。由于人员推销有面对面交往、可培养关系和便于直接成交的优点，所以人员推销成为旅游促销中最常用的一种手段。

在派员推销过程中，推销人员应注意以下几点：

1. 善于察言观色

推销人员在推销的过程中要细心观察客户的表情、反应，对客户不感兴趣的话题要及时转移，做到适可而止，不可太过强烈地表达出急于成交的心态。

2. 充分展示旅游企业信息

在与客户面谈时应准备好企业的各种宣传资料、照片、幻灯片甚至电视宣传片，抓住时机向客户展示，以弥补在旅游企业以外区域有形证据展示不足的缺陷。

3. 强调旅游企业的经验

例如，对于酒店而言，不失时机地向客户介绍酒店曾举行过的有典型意义的会议，向客户展示举行这些会议的照片和到会的重要人物如领导、名人等都可强化客户对酒店成功举办会议的信心。

4. 抓住时机提出成交

人员推销的前期所有工作都是为了达成最后的一个目的——成交。关于这方面的技巧，企业应加强对推销人员的培训，使他们善于根据洽谈对象的言行和问题来判断结束推销的机会。

5. 连续促销

在与客户签订合同之后，旅游企业除认真履行合同的条款之外，还应该继续保持与客户的联系，一方面解决客户提出的新问题，另一方面与客户建立起非业务关系以外的关系，为旅游企业的关系营销奠定基础。

【任务拓展】

利用节假日，以兼职的形式体验一日促销员的工作，并把你的促销经验和大家一起分享。

【任务反馈】

怎样才能成为一个好的推销人员？

释疑：人员推销是一项专业性很强的工作，是一种互惠互利的推销活动，它必须同时满足买卖双方的不同需求，解决各自不同的问题，而不能只注意片面的产品推销。尽管买卖双方的交易目的大不相同，但总可以达成一些双方都可以接受的协议。人员推销不仅是卖的过程，而且是买的过程，即帮助顾客购买的过程。推销员只有将推销工作理解为顾客的购买工作，才能使推销工作进行得卓有成效，达到双方满意的目的。为顾客服务，不仅是推销员的愿望和口号，而且也是销售人员本身的客观要求。

任务二　策划有效的销售促进活动

【任务目标】

学生应掌握销售促进的概念、销售促进的常用形式，以及它的优缺点，并能在企业营销实践中运用这种促销手段。

【案例聚焦】

2019 年 6 月 21 日，一年一度的促销活动“新加坡热卖会”正式开锣。热卖会今年主推购物体验，为了造势，主办方更找来 200 名时装模特及舞者，在乌节路十字路口上走秀，也为这次为期 38 促销活动打响热闹的一炮。

乌节步行街变身临时购物市集，各种包含时装、美食和娱乐的快闪店，从爱雍乌节一直延伸到文华购物廊，除了刺激消费，也让人耳目一新。

近年来顾客日渐趋向网上购物，为减少电子商务威胁，主办方决定将重点放在实体店的优势，着重丰富消费者的购物体验。

除了把沿用 20 多年的名字改为“新加坡热卖会：体验新加坡”(GSS: Experience Singapore)之外，新加坡零售商协更在乌节和甘榜格南区域，分别展开以体验为主的购物活动，就是要让公众在享受优惠的同时，也把与家人朋友购物的过程，作为出游的特别体验。

图 8－2　新加坡热卖会广告（资料图片）

新加坡零售商协会会长狄拿卡兰(R. Dhinakaran)受访时说:“过去25个年头,我们一直专注于强大的促销、折扣等,但这次我们想在折扣外做得更多,更注重于体验。人们需要走出来,享受这个环境。”

其中,乌节路从6月21日起展开为期10天的快闪购物体验,更是主办单位的创新尝试。他们希望能由这样的新意,为“过气”的乌节路再次引入新活力。这里还设置了美食区,让消费者购物之后,也能有个地方休息,享用美食,观赏精彩表演。

当然特卖会不免俗还是会有促销活动,其中一些重点优惠活动就包括,周五特卖,及“7·7”免消费税促销。即商家在周五推出特别促销优惠的“TGIF!”(谢天谢地又到星期五!);还有在7月7日,参与商家自行减7%消费税,让新加坡人享有免税购物的促销活动。

案例点评:销售促进的方式让游客感受到看得见的实惠与折扣,能够在短期内迅速聚拢人气,刺激消费,提高销售额,所以在旅游企业和目的地的营销中,这种促销方式是经常采取的有效策略之一。

【任务执行】

任务工作单 8-2

任务名称	策划有效的销售促进活动					学时	1
学习小组		姓名		学号		指导教师	

工作任务描述

理解销售促进这一促销手段的积极意义,掌握寻找典型的旅游企业运用销售促进的工作案例,每个小组从中选择一个案例,进行讨论分析,并提交分析报告。

具体工作任务

(1) 获取相关资料与信息:

① 搜索相关资料,了解什么是销售促进。

② 网上搜索与旅游企业的销售促进活动相关的典型案例。

(2) 实践:

① 小组讨论企业常见的销售促进手段有哪些。

② 选择一家旅游企业(酒店、旅行社、景区等),了解它是否经常使用销售促进的方式。

③ 分析销售促进活动对企业带来的意义和影响,并探讨有没有改进的空间。

(3) 成果展示:各小组汇报讨论和调研结果,将案例分析通过幻灯片在课堂上展示。

(4) 提交工作记录单和案例分析报告。

学习条件

(1) 市场营销实训室;

(2) 每个小组配备一台可上网的电脑;

(3) 任务工作单、工作记录单、学习情境练习单等;

(4) 课件、视频资料、题库等。

一、销售促进的概念和作用

(一) 销售促进的概念

销售促进,又称为“营业推广”,它是对同业(指中间商)或消费者提供短程激励的一种活动,目的在于诱导其购买旅游企业特定产品。销售促进是临时或短期带有馈赠或奖励性质的促销方法。虽然从长期来看,销售促进并不能使销售状况有很大改观,但在较短的时间内,它往往比广告能更有效地促进销售的增长。

(二) 销售促进的作用

销售促进的作用主要表现在以下几个方面:

1. 促使消费者试用产品

在旅游企业中推出一项新的产品时,市场上大多数的消费者对于该产品还不是十分了解,也就不能产生积极的反应和强烈的购买兴趣,但是通过销售促进能在较短时间内将旅游产品推向市场,迅速打开销路。

2. 促使顾客增加消费量

旅游企业的销售促进活动经常以一些赠券、折价或奖品的方式来进行。这些方式对于顾客有一定的吸引力。有时候消费者可能并没有购买产品的意图,但是赠券、优惠券等往往会使他们觉得此时购买旅游产品会比较划算。

3. 劝诱顾客再次购买

如某些酒店推出顾客在本酒店入住累计一定天数后,可获得相应的优惠等。

4. 对抗竞争对手

销售促进通常是针对竞争对手而展开的,活动期内一般可以增强本旅游企业产品的市场竞争力。

5. 促进本旅游企业其他产品的销售

一般情况下,旅游企业对于某项产品的促销在一定程度上也能带动相关产品的销售。

二、销售促进的常见方法

在现实的促销活动中,销售促进是由刺激和强化市场需求的花样繁多的各种促销工具组成的。销售促进可以针对三类对象展开:顾客、中间商及推销人员,这些促销工具可以归纳为如图 8-3 所示。

顾客	中间商	销售队伍
★降价或廉价出售	★额外的佣金和超额奖励	★奖金奖励
★折扣券或优惠券	★抽奖	★现金奖励
★隐性降价	★竞赛	★礼品奖励
★附赠产品	★免费礼品	★旅行奖励
★免费礼品	★社交集会或招待会	★抽奖
★竞赛		
★常客通行证方案		
★抽奖		

图 8-3 销售促进的方法

相关链接

销售促进实际使用中的典型案例

1. 最后一分钟促销特惠

例：当日晚上10点后，客房以五折销售。使用说明：建议为防止顾客出现期待效应，而且在不影响客房正常销售的情况下，酒店应只针对某些入住率偏低的房型进行促销。截止日期和入住率的标准，由酒店根据实际情况决定。

2. 特价房

例：标准间98元，双人间128元。使用说明：特价房应该是酒店根据之前一段时间的客房销售情况，对某些总体入住率较低的房型，进行一种低价销售的方式。此种方式不限时段，起始终止时间由酒店自由确定。

3. 超级团购价

例：买10送1，凡当日一次性同时入住11间客房，可减免1间价格最低的客房房费。使用说明：此类促销多用于集团客户和团队客户。

4. 延时促销

例：如果连续住宿4夜，则1夜的住宿免费。使用说明：此类促销多用于同种房型的续住，而续住不同房型多则不退少则补。

5. 提前预购价

例：提前2个月预订某房型并即时确认，可享受5折疯狂优惠。使用说明：此种促销手段要求提前预订的时间相隔较长，多出现在淡季促销中，且限定某些房型，对付款或确认也有要求。

6. 常客升级体验价

例：在3月内，住宿超过6次，第7次入住时客房类型免费升级。使用说明：此种促销旨在提高顾客的忠诚度，所以建议按入住的次数，而不是房间晚数为标准。而升级的程度，也可由酒店根据当日的酒店客房的入住情况作灵活处理。

7. 热点事件促销

例：高考期间，所有考生凭准考证入住酒店可享受8折优惠。使用说明：此类促销多以社会事件为契机，如高考、妇女节、奥运会等等，但受制于热点的时效性，只能短期使用。

8. 特殊人群促销

例：新住客超值体验价，所有第一次入住酒店可享受8折优惠。使用说明：此类促销多为酒店根据自身特点细分市场而定，并且可以长期使用，但需限定房型。

9. 商家联合促销

例：凡持招行信用卡的顾客入住酒店，结账时可再享受9折优惠。使用说明：此类促销多以商家强强联合、互相共享其用户资源，而且可不限房型并长期使用。

10. 限量超值抢购价

例：百元超值体验价。标准房每日限量10间且只能预订1晚，先确认先得。使用说明：此类促销短期内具有很强的广告效应，但为保证酒店效益，房间不宜过多。

11. 最低承诺价

例：某顾客可以多次以一定价格入住某房型。在有房情况下，规定时段内，可多次享受此房价。使用说明：此类促销多用于淡季促销活动，建议预收房费并限定入住次数。

12. 全国/全城联通价

例：预付4 000元，可享受本品牌内所有酒店，限房型数量但不限夜数的优惠。使用说明：此类促销多用于连锁酒店，也多用于异地旅游或出差较频繁的顾客。

13. 优惠顾客拓展奖励计划

例：每月只要介绍新顾客累计达3名且每位新顾客在当月酒店消费达200元，即可获得下次入住房费减免60元的超值优惠。使用说明：此类促销需要酒店做好顾客的推荐人相关资料的记录工作（如果有推荐人的话）。

三、销售促进的优缺点

（一）优点

1. 刺激性强，激发需求快

销售促进能产生即刻购买，还能进行大批量地销售。

2. 快速、及时的反馈

大部分的销售促进都提供了短期内有效的激励因素，比如赠券等，大部分的赠券必须在一个特定日期之前使用，所以消费者必须做出快速反应，而旅游企业的市场效果也会得到快速的反馈。

3. 增加产品的吸引力

一个具有想象力的销售促进能给旅游企业增添吸引力，激发顾客购买的兴趣。

4. 调节淡旺季需求

这种方法在使用上有较大的弹性空间，一旦需要可以立即被使用，而且在任何时期都能发挥作用。在淡季使用尤其能产生显著的效果。

（二）缺点

1. 只会获得短期利益

销售促进通常只能在短期内有效，而不能导致长期的销售增长。一旦销售促进活动结束，销售量就会恢复原状，甚至更低。如果旅游企业经常采用这种方式，会导致顾客对旅游企业的产品或服务产生负面的认知。因此，销售促进不适合长期单独使用，应与其他方式相结合使用。

2. 难以建立顾客忠诚度

销售促进能吸引来自于竞争对手的顾客，但他们并非会对旅游企业保持较高的忠诚度。一旦竞争对手也采用同样的方法，他们又会转向竞争对手。销售促进在建立品牌忠诚度方面效果并不明显。

【任务拓展】

选择你周围的一家旅游企业，了解它都使用过哪些销售促进的方式，取得的效果怎么样。

【任务反馈】

有些企业使用销售促进的方法，短期内就可看到销售量的明显增长，所以这种方法是否可以频繁在企业使用？

释疑：销售促进是可以在短期内带来产品销量的明显增长，但是这种促销方式并不适合在旅游企业中频繁使用，因为频繁使用销售促进会影响到旅游者对于企业的忠诚度的建立，也不利于企业品牌的塑造。

任务三　选择恰当的广告媒体

【任务目标】

学生应了解广告的概念和传播特点，掌握运用广告这种传播方式时，应该如何选择恰当的媒体作为载体，从而使广告的效果得以最大化。

【案例聚焦】

2018年7月14日，华强方特冠名的“方特号”G1222次动车组首发仪式在沈阳北站举行，这也是沈阳北高铁站的品牌专列“首秀”。本列“方特号”动车组从沈阳北始发，途径天津、济南、泰安、南京等城市后，最终抵达宁波站。“方特号”高铁首发正值暑运高峰和世界杯期间，华强方特利用高铁列车传播欢乐理念，打造流动品牌名片，带领旅客开启了一段全新的欢乐旅程。

图8-4　“方特号”专列启动(资料图片)

“方特号”发车当日早晨，熊大、熊二等华强方特原创动漫IP人偶以及多名足球宝贝空降沈阳北站候车大厅和站台。他们手持创意拍照板与旅客合影、派发小礼物，为列车首发仪式预热，引来旅客们的积极参与。随后，足球宝贝和动漫人偶们活力四射的表演拉开了发车仪式的序幕。在列车发车前，参加仪式的各位来宾触发启动球，宣布“方特号”动车组正式开跑。

走进车厢后，乘客们纷纷为列车上精心布置的充满方特元素的座椅枕巾、创意海报、车窗透明贴、行李架彩贴等细节点赞。同时，车厢内精彩纷呈的表演，妙趣横生的有奖H5小游戏等活动也让欢乐始终伴随着广大旅客。

近年来，随着高铁的普及，高铁游不仅成为很多旅客的首选，更促进了铁路沿线地区旅游经济的发展。华强方特旗下遍布全国的方特主题乐园就是高铁网不断拓展的受益者，一条条高铁线将各地方特主题乐园连结起来，吸引了越来越多的游客前来游玩。本次“方特号”动车组途径的沈阳、天津、济南、泰安、芜湖、宁波等城市就建有多座方特主题乐园，车上很多旅客表示：“现在交通非常方便，有机会一定会去方特主题乐园体验。”

此次华强方特通过与铁路部门合

作，高铁沿线多地方特主题乐园联动，将动车组打造成流动品牌名片“方特号”列车的举措，让更多旅客直观感受到了华强方特的欢乐理念和独特魅力，进一步提升了方特在广大游客心目中的好感度与影响力。

2019年，方特除了的动车组，华强方特今年还冠名了青岛北—沈阳北G1248次、上海虹桥—深圳北D2285次、西安北—青岛北G1856次、南宁东—北京西G422等动车组列车。上述高铁线路途经的沈阳、青岛、济南、郑州、株洲、南宁、长沙等城市，均在建或运营有方特主题乐园。

方特布局高铁动车组还在持续进行中，借力国内越来越密集的高铁网络，华强方特集团未来还将针对高铁旅客开展丰富的推广活动，让更多消费者乘坐高铁相约方特，向欢乐进发。

案例点评：随着媒体不断发展，旅游目的地或景区（点）在选择广告媒体时，也在不断进行有益的探索。方特在广告媒体选择上一直处于行业前沿，2016年冠名多个热门综艺节目、影视剧等，选择合适的广告媒体，成为提升景区知名度和销售额的有力法宝。

【任务执行】

任务工作单 8-3

<table>
<tr><td>任务名称</td><td colspan="5">丰富多彩的广告宣传</td><td>学时</td><td>3</td></tr>
<tr><td>学习小组</td><td></td><td>姓名</td><td></td><td>学号</td><td></td><td>指导教师</td><td></td></tr>
<tr><td colspan="8">工作任务描述
理解旅游广告的作用及重要性，掌握广告的传播特点以及广告媒体策略。通过查阅图书、资料、网络等资源，寻找典型旅游企业借助广告传播从而营销成功的案例，每个小组从中选择一个案例，进行讨论分析，并提交分析报告。</td></tr>
<tr><td colspan="8">具体工作任务
（1）获取相关资料与信息：
① 搜索相关资料，了解什么是广告。
② 网上搜索与旅游企业广告传播相关的典型案例。
（2）实践：
① 小组讨论企业常见的广告形式有哪些。
② 选择一家旅游企业（酒店、旅行社、景区等），调研它常用的广告促销方式。
③ 分析这些广告促销方式对企业的意义，并探讨有没有改进的空间。
（3）成果展示：各小组汇报讨论和调研结果，将案例分析通过幻灯片在课堂上展示。
（4）提交工作记录单和案例分析报告。</td></tr>
<tr><td colspan="8">学习条件
（1）市场营销实训室；
（2）每个小组配备一台可上网的电脑；
（3）任务工作单、工作记录单、学习情境练习单等；
（4）课件、视频资料、题库等。</td></tr>
</table>

一、广告的概念及特点

（一）广告的概念

广告是指旅游企业通过各种大众传播媒介，如电视、广播、报纸、杂志等，以支付费用的方式向目标市场传递有关旅游企业的信息，展示旅游企业的产品和服务。广告是旅游促销组合中重要的手段之一，它的作用是长期的，有时甚至是潜移默化的。

（二）广告的特点

与其他促销方式相比，广告具有以下鲜明的特点：

1. 覆盖面广

广告能在促销人员无法接触到顾客的时间和地点，深入到生活的各个方面去面向顾客；通过不同的广告媒体，可以将旅游产品或服务的信息传递给广大的目标受众。

2. 高度公开性

广告是一种高度公开的信息沟通方式，这种公开性能够冲淡顾客在购买时对产品的可信度所产生的疑虑。

3. 属于间接传播方式

广告这种方式利用了各种不同的中间媒介传播旅游产品的各种信息，广告主和目标受众并不直接见面，所以属于间接的信息传递方式。

4. 较强的表现力和吸引力

广告充分地运用了声音、色彩、影像等生动的艺术手法，使其具有较强的表现力和吸引力，能在视觉和听觉上给目标受众带来强烈的冲击。

5. 广告效果的滞后性

广告的效果并不是立竿见影的，它往往需要一个比较长的积累期才能将效果充分发挥出来。从一定意义上讲，广告不具备即时性的特点。

二、广告的意义

在旅游产品日益标准化的今天，相似性作为标准化的衍生物，已经使个性几乎消失。如何凸现旅游企业产品的特色，如何使消费者选择适合自己的产品，如何使旅游企业与消费者在“第一次亲密接触”之前能够有良好的沟通，从而使旅游企业的需求曲线上移，就是广告所要完成的任务。

（一）广告对消费者的意义

首先，广告是帮助消费者获得信息、减少风险的有效途径。由于接受服务的感受滞后于认知，消费者的购买行为充满了对产品功能以及心理上、经济上的风险。避免风险的途径有三种，分别是：降低对产品或服务的要求；经常购买同类产品或服务；获得广泛的信息。三种途径中，只有第三种不以牺牲消费者的利益为代价。因此，广告中关于旅游企业及其产品、服务和品牌的信息有助于消费者做最优的选择和决策。

其次，广告是消费者学习消费经验的途径。经验无疑是消费者最好的决策因素。经验曲线告诉我们：单位产品的价格随消费数量的增加而减少。即经验的获得可以提高产品的性价比。但是经验的积累需要付出巨大的时间和精力，甚至以不愉快的记忆为代价。对事先没有经验可借鉴的消费者而言，广告可以提供给他们经验，使其获得帮助。

图 8－5　中国国际美食节广告（资料图片）

（二）广告对旅游企业的意义

广告是旅游企业通过购买某种传播媒介的时间、空间或版面来向目标消费者或公众进行宣传或促销的一种手段。广告对旅游企业的意义体现在以下方面：为旅游企业及产品树立形象，刺激潜在的消费者产生购买动机和行为。在影响购买决策方面，消费者的知觉具有十分强大的威力，但是人们的知觉并不一定基于真实，广告则是企业校正知觉，引导知觉的一项有利工具。

三、制定旅游企业广告策略的方法

（一）确定目标市场

目标市场即最有希望的消费者组合群体。目标市场的明确既可以避免影响力的浪费，也可以使广告有其针对性。

旅游企业的目标市场应既是对旅游企业的产品有兴趣、有支付能力的消费者，也是旅游企业能力所及的消费者群。旅游企业应该尽可能明确地确定目标市场，对目标顾客做详尽的分析，以更好地利用这些信息所代表的机会，以便使顾客更加满意，最终增加销售额。

（二）明确具有竞争力的市场定位

一个旅游企业应该确定：以什么样的方式，为什么人，提供什么样的服务。只有这样，它才具有竞争优势，有可能被人记住。在众多广告千篇一律的情况下，与众不同的市场定位使得宣传旅游企业特色的广告更有必要。例如某酒店通过深入地市场调查分析，确定了“商务、旅游、休闲”的企业宗旨，提出“设施、价位、服务”的服务宗旨，找准市场定位，突出特色服务，取得了良好的社会效益和经济效益。

（三）科学制订广告方案

1. 明确广告的目标

广告目标是指在一个特定时期内，对于某个特定的目标受众所要完成的特定的传播任务和所要达到的沟通程度。广告目标可分为通知、说服和提醒。

（1）通知型广告主要用于产品的开拓阶段，其目的在于促发初级需求，如开业广告；也可以用来产生即时的反响，如通知市场有关旅游企业新增添产品和服务的信息，价格的变化；还可以纠正消费者错误的印象；树立旅游企业的企业形象；缩短消费者和企业之间的距离等，通知性广告以短期效应为目标，多用于促销。

（2）说服型广告在竞争阶段十分重要，其目的是向一个特定的细分市场宣传旅游企业的优势或某一项产品，以中期效应为目标。这类广告既可以为旅游企业塑造形象或突出格调，也可以用来对整修过的旅游企业进行重新定位。它通过表现旅游企业的特色和优势，说明能比竞争对手提供更多的物有所值的产品与服务。对于现有顾客来说，这类广告巩固了他们的信心，使他们相信继续使用该旅游企业的产品是明智的选择，从而建立对某一特定品牌选择性的需求和偏好。

（3）提醒型广告在产品的成熟期十分重要，其目的是保持顾客对该产品的记忆，从而使消费者在需要的时候，关于这个旅游企业的信息便能在脑海中出现，或者，即使在淡季，也能促使消费者记住它，以保持最高的知名度。

通常，企业要确定广告目标，需要经过详细的市场调查，包括市场机会分析、消费者心理和行为分析、产品和服务分析等。

2. 做好广告预算

确定了广告目标后，旅游企业可以着手制定广告预算。常用的旅游企业广告的预算方式有三种。

（1）量力支出法：旅游企业根据自己的实际情况，确定达成每笔预期的销售所能承受的支出；估计销售数量，再将二者相乘即形成预算。

（2）按需支出法：选择目标市场，估计它所拥有的潜在消费者数量；预计广告可能带来的货币收益；确定能影响市场的媒体；估计需要传递的信息次数；根据实现沟通目标所需要的金额估算计划成本，形成预算。

（3）按比例支出法：从旅游企业预期的年度总收入中拨出一定比例的资金用于广告，形成预算。这笔钱分为两部分：形象或定位广告、促销支持及直接的广告活动。这种方式中用到的百分比可以依据行业的平均数来决定。例如，大型酒店从总收入中拨出用于广告的经费比例较高，因为经费可以由许多家酒店分担，像洲际酒店、喜来登酒店、希尔顿酒店集团、凯悦酒店集团都是如此。单个酒店做出大笔的广告预算是不合理的，尽管他们可能更需要多宣传以便公众了解。为解决这一问题，许多单个酒店组成一个营销群体，联合做广告。

3. 传送真实可信、打动人心的信息

广告需要突出的竞争优势，可以是别人没有的价格、产品或服务，也可以是旅游企业所特有的氛围，以此满足消费者希望获得的理性的、感觉的、社会的、自我满足的回报。如告知消费者：“您将入住的是一家四星级标准的商务酒店（理性的）；您将感受到家的温暖（感觉的）；我们为您提供最好的绿色服务（社会的）；作为正在为事业而拼搏的人，您值得拥有（自我满足）”。“广告信息优先于广告设计”，反映的就是这个道理。

广告信息既应具有愿望性，即说明人们所期待的或感兴趣的事；又应具有独占性，即说明有别于其他品牌的特色；还应是可信的。

4. 选择适当的媒体

广告只有在被消费者看到、听到并对其心理发生影响时，才能发挥作用。在选择媒体时最为关注的，就是广告如何尽可能地被人们所看见和听见。

旅游企业中常用的媒体有：印刷媒体；广播、电视；互联网；户外及交通运输场所招贴画、灯箱；展览会等。选用什么样的媒体最恰当、最有效率是由信息的意图、要传递的信息类型和要传达的市场所决定的。下面即对各个主要媒体的特性进行分析。

（1）印刷媒体：包括报纸、杂志、传单、手册、各类名录和广告黄页等。

报纸是廉价、普及面广的读物，适合

于旅游企业发布通知性广告。但是由于报纸实时性的特点，使广告的有效性因得不到重复而减弱。

杂志一般都有比较有针对性的读者群，比如商业期刊、度假旅行杂志、时尚杂志等。因为购买杂志的人有着明确的兴趣倾向，使广告人员能够影响具有极高消费潜力的特定市场。杂志广告由于内容须提前交付（以保证一定的印刷周期）和信息维持时间长的特点，适于长期性定位的旅游企业广告。

（2）广播媒体：包括电视和电台广播。电视具有可视、动态和色彩等所有的沟通优势。它是通过塑造形象进行定位的一种极佳手段。但是电视的弱点也比较明显。首先，重要公司、专业客户和社会层次较高、经济基础厚实的人一般不经常看电视，同时，在相当多的地区，电视观众正在被付费点播电视和各种新的娱乐方式抢走，况且电视广告往往代价不菲，所以选择电视广告一定需要慎重。

电台广播可以用作形象定位，同时对优惠、价格折扣、开业通知等信息的效果一般会更好。虽然电台广播的价格相对比较廉价，但最好选择一些已经覆盖符合酒店沟通目标市场的电台。

（3）互联网。互联网的兴起为旅游企业的广告宣传打开了新的通道。旅游企业可以通过 web 服务器和客户浏览，在互联网发布各种信息。消费者可以借助检索工具迅速找到所需要的产品信息。

常用的互联网广告形式有：旗帜广告（Banner）、图标广告（Logo）、文字链接（Text）、电子邮件广告（Mailing List）、使用新闻组（Newsgroup）、网上问卷调查（Questionnaire）等。

网络广告本身是一种很有潜力的广告载体，它具有传统媒体广告所无法比拟的优势：

① 交互性。它可以使消费者随心所欲地选择自己感兴趣的广告信息，而且传播快速，发布和接收基本同步；

② 广泛性。互联网的全球性使互联网上发布的广告也是全球性的；

③ 针对性。可以分析网站访问者的喜好，以精确定位投放广告；

④ 易于统计性。互联网广告的发布次数和效果均可以用技术手段精确统计。

事实上，没有哪一个媒体与某个旅游企业的目标细分市场丝丝入扣，因而使用多个媒体联合才能提供均衡的覆盖范围。

5. 合理评价广告效果

虽然广告与销售量之间的关系并非线形，但仍然需要对广告的效果进行衡量。优良的广告策略和管理离不开对广告效果的衡量。既可以作为对即将进行的广告效果预测，又可以作为对已进行的广告效果的总结，还可以作为对今后营销计划的借鉴。

常用的几种衡量方法为：

（1）反馈测量法。如果一则广告的设计是要让受众提出索要信息的要求，或是提供了咨询或预订电话，旅游企业就可能精确地对照成本对反馈结果进行量化。实际操作中，多用通过发放折扣券来吸引顾客消费，以此来衡量广告是否到位的做法。

（2）沟通效果的市场调查测量法。

对于重要的广告活动，可以分别在活动前后对目标客户进行访谈式抽样调查，以此来评估记忆程度和态度的变化。如可以就近调查来酒店入住或用餐的客人是如何知道本酒店的，如果是受广告的影响，则请他们陈述广告的主要内容。

（3）沟通效果的预先测试。如果广告活动的规模较大，值得花钱预先对沟通效果进行测试，通常可以先在目标受众中对三到四个替代性的广告创意进行抽样调查，以评价它们所引起的反应。

相关链接

新媒体广告的优势在哪里？

在广告受众日益细分的格局下，消费者了解信息的习惯已发生了根本改变。随着获取信息的渠道越来越多，消费者逐渐失去了对传统大众媒体的依赖，他们更乐于投入到方便快捷的新兴媒体之中。

那么与传统媒体相比，新媒体广告有哪些优势呢？

传播效果增强。传统广告方式是硬性推广，而新媒体广告会在推广的过程当中让目标用户参与进来。这样就会使得广告与消费者沟通的互动性增强，消费者的个性化需求会更容易得到满足，有利于取得更有效的传播效果。

广告成本降低。新媒体不仅使企业宣传品牌的方式多元化，而且还可以更好的降低广告的成本。过去很多品牌的信息，在传统媒体时代，要花巨资去推广；而在新媒体时代，只要你的内容有创意，网民觉得有趣或有价值，就能帮你免费传播。

提升了广告的创意空间。创意是决定广告成败的关键一环，但是创意是可遇不可求的，而新媒体的传播方式和手段，正好弥补了传统媒体创意枯竭的问题。

客户定位更精准。现在的消费越来越强调个性，消费者会主动选择自己喜欢的方式获得商品或服务，而新媒体时代的各种工具能让企业清楚地知道顾客的需求。不管是门户网站的广告，还是搜索引擎的关键词广告，相对于传统媒体来说，新媒体广告都更具有针对性。

【任务拓展】

找一家旅游企业及其竞争对手的广告并拿到班里，你认为哪幅广告效果更好？最打动你的是什么？你对它们有什么样的改进意见？

【任务反馈】

广告这种促销方式花费昂贵，因此对于旅游企业而言，是否应该尽量减少广告的支出？

释疑：广告这种促销方式虽然花费昂贵，但仍有其他促销方式所无法取代的优点，比如传播范围广泛、具有较强的表现力等等。因此旅游企业应根据企业营销目标，合理选择促销方式，尽量能够使广告宣传实现最佳性价比。

任务四　积极开展公共关系工作

【任务目标】

学生应理解旅游公共关系的概念以及现实意义，掌握企业开展有效公关活动的方式与方法，以及如何通过积极的公关努力，帮助旅游企业或目的地塑造良好的形象。

【案例聚焦】

携程 CEO 及总经理迟来的鞠躬道歉

2018 年 2 月，深圳市民王女士在携程预订了一个价值 48 422 元的突尼斯 8 日二人私人行。由于朋友突然生病，在下订单不到 20 分钟后，王女士就打电话给携程，希望能够取消这一订单。

结果携程客服一直以机票已经出票为由不予取消，称如果要取消就要收取 2 人 18 524 元机票费作为退票费。当晚 11 点，王女士通过航空公司官网并未查询到机票出票信息。后来，王女士从航空公司得知，每张机票价格为 6 415 元（退票不收税费），携程却要收取每张 9 262元退票费，相当于多收 42%的票价。

3 月 8 日，深圳市消委会联合福田区消委会依据《消费者权益保护法》赋予的社会监督职责，向携程深圳公司发出监督函并进行了约谈，携程按时回函。结果携程回复函直接来了一个“否认三连”！

事情一出，社会各界谴责声不断，包括人民网在内的多家官方微博也发布了该消息。深圳市人大代表杨勤还点名批评携程：“携程作为知名企业，面对问题，回避事实，不愿承担必要的责任，让消费者和与会者无法接受！携程要认真整改，给全体消费者一个交代。”

3 月 26 日下午，深圳市市监委对携程公司的上述行为提出通报批评，并表示将督促其整改。终于，舆论压迫之下，携程才就此事件道歉。

图 8－6　携程领导致歉（资料图片）

3 月 30 日消息，深圳市消费者委员会发布微博，称携程承诺对于机票差价问题在技术、服务上进行改进。同时，携程 CEO 及华南区总经理、深圳总经理一行三人鞠躬道歉。

在第三方在线投诉平台发布的《2017 年第三季度在线旅游服务行业投诉报告》中，携程的有效投诉量高达 149 件，远高于行业平均水平。2017 年 10 月 9 日晚，演员韩雪在微博晒出一张携程订单，投诉携程隐藏的“捆绑消费”，她称自己之前曾多次在携程遭遇酒店订单被转卖、海外地接严重违法违规等问题，向携程投诉除了得到一句“抱歉”并无其他。韩雪怒斥“携程在手，看清楚再走”，引发广泛关注。

案例点评：现如今 OTA 越来越成为消费者出行的首选，随着自媒体发展，越来越多的投诉通过网络开始发酵。互联网消费者非常分散，维权能力也很弱，但对OTA企业来说，面对和处理消费者的投诉，成为这些企业公关部门的重要任务和职责。携程近两年来一直处于危机公关的风口浪尖，此次CEO等三人迟来的集体道歉，也给顾客忠诚带来威胁。

【任务执行】

任务工作单8-4

<table>
<tr><td>任务名称</td><td colspan="5">开展积极的公共关系工作</td><td>学时</td><td>3</td></tr>
<tr><td>学习小组</td><td></td><td>姓名</td><td></td><td>学号</td><td></td><td>指导教师</td><td></td></tr>
<tr><td colspan="8">工作任务描述
理解旅游公关工作的概念和现实意义，掌握企业开展公关工作的方法与技巧，通过查阅图书、资料、网络等资源，寻找典型企业通过公关工作而实现营销成功的案例，每个小组从中选择一个案例，进行讨论分析，并提交分析报告。</td></tr>
<tr><td colspan="8">具体工作任务
（1）获取相关资料与信息：
① 搜索相关资料，了解什么是公共关系。
② 网上搜索与旅游企业公共关系工作相关的典型案例。
（2）实践：
① 小组讨论企业常见的公关活动有哪些。
② 选择一家旅游企业（酒店、旅行社、景区等），了解它是否开展过相关的公关活动，效果怎样。
③ 分析这些公关活动对企业的意义，并探讨有没有改进的空间。
（3）成果展示：各小组汇报讨论和调研结果，将案例分析通过幻灯片在课堂上展示。
（4）提交工作记录单和案例分析报告。</td></tr>
<tr><td colspan="8">学习条件
（1）市场营销实训室；
（2）每个小组配备一台可上网的电脑；
（3）任务工单、工作记录单、学习情境练习单等；
（4）课件、视频资料、题库等。</td></tr>
</table>

公共关系是指企业、组织、个人与公众发展良好关系所使用的方法和所进行的各种活动。良好的公共关系可以加强旅游企业与外界的联系，提高本企业的知名度，创立良好的市场形象，并通过社会舆论影响旅游者的购买行为。

一、公共关系对旅游企业的作用

（1）良好的公共关系有助于旅游企业及时了解影响旅游企业形象的舆论和信息。在经营活动中，旅游企业与公众之间经常会发生矛盾，这些矛盾有认识上的差异、利益上的冲突、信息沟通上的障碍等，对旅游企业的经营管理会产生不利影响。旅游企业公共关系工作就是要认识矛盾，分析矛盾，找出解决矛盾的方法。

（2）良好的公共关系有助于传播企业品牌的良好形象。通过公关、宣传，让公众了解旅游企业，对旅游企业的产品、服务、经营观、价值观等认同，对旅游企业产生深刻印象，为旅游企业发展奠定扎实的基础。发展良好的公共关系同时还是提高旅游企业品牌知名度的重要手段。

（3）良好的公共关系能使旅游企业产生巨大的竞争力和吸引力，从而更有资本塑造旅游企业形象。旅游企业竞争取胜的手段之一就是通过公共关系，增加旅游企业的吸引力，获得更多的经济收入，树立更好的形象，由此形成一个良性循环。

（4）良好的公共关系有助于化解旅游企业危机，维护旅游企业和旅游企业品牌的社会声誉和良好形象，在这种情况下采取的公共关系措施称为危机公关。

二、旅游企业公关的目标公众

根据公众与企业之间的归属关系，旅游企业的目标公众可以划分为内部公众和外部公众两部分。

内部公众主要是指与企业存在归属关系的公众群体，具体包括企业的员工、股东，他们是构成旅游企业的基本组成部分。他们既是内部公关工作的对象，又是外部公关的主体。

外部公众则是指和企业之间不存在归属关系的公众群体，主要包括顾客公众、媒介公众、政府公众、社区公众等，这些关系的处理直接影响到旅游企业的发展。

（一）内部公众

一个旅游企业的存在价值和整体形象在取得社会的认可之前，首先需要得到自己成员的认可。同样，旅游企业的目标和任务在赢得社会支持之前，首先需要赢得自己成员的配合与支持。

因此，旅游企业首先要面对的公众对象就是内部公众，针对内部公众而开展的公关活动称为内部公关。

1. 员工公众

员工是与企业发生密切关联且最接近的公众群体，是企业赖以生存的细胞，与旅游企业的发展目标和利益关系最为密切。员工关系是旅游企业最重要的内部公共关系，良好的员工关系是整个旅游企业公关工作的起点。因此必须要建立良好的员工关系。

建立良好的员工关系的目的是要培养员工对企业的认同感，提高员工对本职工作的责任感，培养员工为企业工作的自豪感，提升员工对企业的向心力和归属感。

为了搞好员工关系，常用的方法有：

（1）满足员工的物质需要。这是调动员工的积极性，维持劳动热情的基本保证。旅游企业要通过工资、奖金、福利等手段，满足员工在衣食住行等方面的基本物质需要。

（2）满足员工的精神需要。这是挖掘劳动潜能，调动员工积极性的重要手段。希望获得尊重和实现自我价值是每个正常人的心理需求，因此，精神的激励尤其重要，它也是物质激励的有效补充。

（3）重视信息的双向沟通。充分利用信息的双向沟通，使企业的管理者和员工达成相互理解。信息共享是形成良好内部公众关系的关键，如果员工对企业情况不了解，就会形成隔阂。所以，务必要做好信息的双向沟通，一方面通过各种形式，让员工及时了解企业的经营状况，另一方面，也要让员工有畅通的渠道可以向企业反馈意见与建议。

(4) 密切与员工的情感交流。情感因素是形成和谐人际关系的重要条件，为了满足员工情感方面的需要，企业管理者可以利用多种形式加强员工之间、员工与管理者之间的情感交流，加深彼此的了解与沟通。

2. 股东公众

旅游企业的股东公众主要包括董事会成员、小股东与专业财经人士等。股东关系是旅游企业与投资者之间的关系。建立良好的股东关系，可以加强旅游企业和股东之间的信息交流与沟通，争取股东对企业的信任与了解，创造有利的投资环境，不断扩大企业的财源。

建立良好的股东关系的途径包括：

(1) 定期举行股东大会，提供数据准确的年度经营报告，并由企业负责人汇报目前的经营状况，以及未来的发展计划，获得股东的理解与支持。

(2) 编制股东刊物，让股东随时了解资金运转情况和经营状况。

(3) 举办股东座谈会，征询股东对于企业经营管理的意见和建议，增加透明度，发挥股东的主动性。

(4) 随时与股东保持联系，不断向股东传递企业信息，增强企业与股东的凝聚力。

(二) 外部公众

1. 顾客公众

顾客是旅游企业最重要的外部公众，顾客关系是旅游企业公共关系的重要环节，良好的顾客关系是企业成功的关键。

良好的顾客关系是企业重要的财源，没有顾客，企业就失去了存在的价值与意义，激烈竞争的市场环境决定了谁拥有更多的客源，谁就拥有了更多的竞争主动性。所以，建立良好的顾客关系，是提升企业竞争力的必然途径。

建立良好的顾客关系的方法如下：

(1) 了解顾客消费心理。旅游企业的公关人员要善于了解和把握顾客的不同消费心理，并将信息及时反馈给企业的管理决策层，只有更好地把握游客的消费需求，才能使企业的产品与服务得到更多的认可与支持。

(2) 确立"顾客至上"的服务理念。建立良好顾客关系的前提就是树立"顾客至上"的经营理念，企业的一切经营行为都必须以顾客的利益和需求为导向，把顾客放在首位，努力满足顾客的需求。

(3) 适应需要，不断创新，为顾客提供优质的服务。企业必须以需求为导向，不断创新产品，提升服务品质，以优质的服务为载体，为企业赢得稳定的顾客群体。

(4) 及时妥善地处理投诉。投诉是旅游企业在发展过程中无法回避的一种情况，对于投诉的处理会显示出一个企业的公关水平和负责任的态度。顾客的投诉如果获得及时妥善的处理，会为挽留顾客及改善企业提供机会，相反，如果对于投诉避之而唯恐不及，那么企业所失去就不仅仅是一个顾客那样简单了。

2. 媒介公众

媒介是用以扩大并延伸信息传送的工具。媒介关系是公共关系工作对象中最敏感、最重要的公众关系。媒介对于旅游企业而言具有双重性：

一方面，媒介是组织与公众实现广泛、有效沟通的必然渠道，具有工具性的特点；另一方面，媒介又是旅游组织需要特别重视的特殊公众，具有对象性的特点。新闻媒体是特殊公众，在西方公共关系理论中甚至被列入受追捧的公众。某种意义上，这类媒体是公众的代表甚至是代言人。这种双重性决定了媒介公众是旅游组织公关工作中传播性最强、最敏感、公关操作意义最大的一类公众。

因此，良好的媒介关系对于企业而言具有重要的现实意义：

首先，媒介关系等于舆论关系。新闻媒介报道的热点，往往成为公众的舆论话题，直接影响着公众的舆论。因此，组织公共关系的一项重要的任务就是努力建立一个良好的媒介关系。

其次，建立良好的媒介关系是运用大众传播手段的前提。组织的信息能否被大众媒介所报道，以及其报道的时机、频率、角度等等，决定权不在组织的公共关系机构，而在专业的传播界人士如记者、总编那里。因此与新闻界人士建立广泛、良好的关系，是成功利用大众传播媒介的必要前提。

建立良好的媒介关系的具体实现的途径有：

(1) 熟悉新闻媒体。了解各类新闻媒体的特点和公众群，摸清各类新闻媒介的报道特色、编辑风格等信息，掌握一些记者和编辑的爱好，这样才能为更好地发挥媒体作用奠定基础。

(2) 与媒介经常保持联系，支持媒体工作，主动向媒体提供企业信息。公关工作不能滞后，只能超前，所以必须要保持与媒体的密切合作，及时提供双方都感兴趣的媒体信息，为彼此间合作创造良好的合作环境。

(3) 正确对待媒体的批评报道。旅游企业避免不了会遇到媒体批评报道的情况，在这种时候，最好积极地与媒体进行沟通，澄清事实或承认失误，以利用媒体重塑企业形象。

3. 政府公众

政府公众是指政府各行政机构及其工作人员，以及企业的具体上级管理机构和管理人员。企业必须与政府各职能部门建立和保持良好的沟通，这是企业生存和发展的重要保障和条件。处理与政府公众的关系应注意以下方面：

(1) 详细分析研究政府的各项方针、政策，使企业的各项活动在政策法规许可的范围内开展。

(2) 保持信息沟通，随时将本企业的具体工作情况及时上报给相关政府部门。

(3) 与各政府职能部门的负责人及工作人员保持良好关系。

4. 社区公众

社区是旅游企业扎根的土壤，没有良好的社区关系，旅游企业就会失去立足之地。社区公众是由特定的活动空间所确定的，区域性、空间性很强。旅游企业的活动直接受社区公众的制约，社区关系便直接影响着旅游企业其他各方面的关系，因此，旅游企业需要将社区作为自身发展的一个组成部分，将社区公众视作“准自家人”。

社区公众涉及当地社会政治、经济、文化、教育等各个方面和阶层，类型繁多，涉及面广，对旅游企业客观上存在着各种不同的感受、要求和评价。由于处在同一社区，对旅游企业的某一种评价和看法又极容易相互传播，形成区域性的影响，从而形成企业的某一种公众形象。很显然，旅游企业的社区关系好坏，直接影响着企业的社会公众形象。旅游企业要提高自身在社区中的地位，就要树立一个“合格公民”的形象，主动承担必要的社会责任和义务，像爱护自己的家业一样爱护社区，在社区的物质文明和精神文明建设方面发挥中坚作用，为社区造福，为社区公众多做贡献。

【任务拓展】

你所在的地区或城市的旅游企业有没有遭遇过危机事件？如果有，这些企业有没有开展相应的危机公关活动，效果如何？请试着给予评析。

【任务反馈】

促销的方式有很多种，旅游企业在确定自己适合采用的促销组合时应综合考虑哪些因素？

释疑：旅游企业在进行促销组合的选择与使用时，应综合考虑到以下因素：一、产品和市场的类型——不同的促销工具所适用的产品和目标市场是有区别的；二、“推”和“拉”的策略——面对不同类型的消费者，要明确是采用“推”或者是“拉”的策略；三、消费者的准备状况——在旅游者准备的不同阶段，促销工具的效果也是有区别的；四、产品的生命周期阶段——促销工具的作用也会因为产品的生命周期阶段而有所变化。

◆项目评价

在本项目中，我们了解了旅游企业营销组合中促销策略的具体内容，学习了旅游促销策略中四种常用的形式，以及每种形式的优势与缺点。在基本理论掌握的基础上，通过不同的小组任务执行，更为深入地掌握不同促销方式的操作与实施，为在旅游企业中进行更好的实践应用奠定了基础。

【知识/技能评价】

① 名词解释。

旅游促销　人员推销　销售促进　广告　公共关系

② 简述旅游促销活动对于旅游企业的现实意义。

③ 人员推销具有哪些优点，同时又有哪些缺点。

④ 销售促进活动具有哪些优劣势。

⑤ 广告方案应该如何制定。

⑥ 旅游企业如何更好地处理与内外部公众的关系。

【实践演练】

假设某五星级的酒店要在圣诞节期间举行大型的促销活动，请为其策划一份促销方案，要结合使用到四种常用的促销方式。

【项目链接】

在线预订酒店返利促销的利与弊

2012年6月到8月，已持续3个多月的携程、艺龙等在线预订商之间的价格战让消费者得到实惠的同时，也产生了一定的负面效果。汉庭、7天、如家、锦江之星等国内经济型连锁酒店集团，也纷纷叫停一切涉及在线旅游市场的返现活动。

“价格战确实会产生这样的情况，即消费者会要求经济型酒店将实体店价格与在线预订价拉平。"携程高级副总裁汤澜坦言,这也是一些酒店集团逐步退出价格战的重要原因。部分酒店、代理商都有尽早终结不合理价格竞争行为,让整个行业回归到理性轨道上来的意愿。随着直销能力和平台的不断拓宽,本来利润空间就很有限的经济型酒店更不愿让返利模式成为常态,因为消费者"不返不买"的心态让酒店的价格体系不断受影响,利润空间逐渐缩小。

尽管主流经济型酒店都退出了返现市场,但仍有越来越多的星级酒店纷纷推崇返现,有的销售平台还出现了部分高星级酒店返现金额多于佣金的现象。"对于星级酒店的目标客户群来说,100多元的单次返现可能不算很大的折扣,但比起酒店自身直销平台的影响力,在携程网等参与返现促销比较容易被推到论坛前几页,最直接地增加人气。"沪上某知名五星酒店负责人说。

拓展路径

① 扫下面二维码,阅读文章《2018新媒体七大生长趋势》,了解新媒体发展最新趋势和统计数据分析。

② 扫下面二维码,阅读文章《景区公关|旅游景区公共关系的表现方式》,了解景区公共关系都有哪些表现形式。

③ 扫下面二维码,阅读文章《3·15"公关劫"旅游公关们怎么做?》,了解旅游危机公关需要关注的问题。

④ 扫下面二维码,阅读文章《怎样做好旅游销售,教你与客户成交的24种技巧》,了解旅游人员推销的成交技巧。

⑤ 扫下面二维码,阅读文章《怎样才算有效的旅游创意广告?》,了解有效的旅游创意广告需要具备的条件。

自我提升篇

项目九　形成旅游企业营销新思维

◆项目目标

【行业要求】

随着经济的不断发展，社会环境的不断变化，营销观念也在不断地更新与发展，旅游企业必须树立新的营销理念，灵活运用关系营销、网络营销、服务影响等新的营销手段，更为有效地开展营销工作。

【学习目标】

学生应认识服务营销、关系营销、网络营销等先进营销理念对企业的影响力及作用，并能掌握新型营销理念在企业中运用的方法和技巧。

◆项目任务

学生通过了解和掌握服务营销、关系营销和网络营销的理念与应用，以便在日后营销工作中树立先进理念，掌握正确的工作方法。

任务一　打动人心的服务营销

【任务目标】

把握服务营销的核心理念与优越性，掌握服务营销的体现形式，并能在旅游营销实践中加以运用。

【案例聚焦】

迪士尼乐园的服务营销

迪士尼作为全球最有影响力的主题公园，在服务营销方面颇费心思，针对儿童游客创设了很多充满爱心的细节服务，受到孩子和家长们的欢迎。

1. 迪士尼为顾客创造独特体验

迪士尼一方面打造大人娱乐休息场所，同时也为儿童们提供一个娱乐的世界。迪士尼员工必须着工装，并且多数员工以卡通人物形象出现在园区各处，这给孩子们游玩中留下深刻印象，同时让孩子记录这个美好的时刻。此外，迪士尼乐园多处设施建设还时时刻刻为儿童设想。如垃圾筒的高度较符合儿童生理特点。同时，游园过程中可以倾听动听的音乐，给其充分的体验感。

2. 提供周到的服务与良好卫生环境

在游乐园门口，为带孩子顾客提供童车等，同时，在园中游艺活动中，使游客们可以全身心投入到娱乐中，忘却疲劳与烦恼。园区所有的饮食店、表演场所有大量整洁且与景观相协调的垃圾桶，座椅等也十分整洁。周到的服务、良好的卫生环境，当然会使顾客心情舒畅，想有再来一次的欲望。

3. 研究与了解顾客

迪士尼相应的营销部门都会定期开展市场调查与咨询项目，与各部门进行合作，有针对性提出以顾客为核心的发展要求，不断研究顾客消费行为，了解顾客消费需求，将服务多样化、让顾客消费舒心、提升顾客忠诚度，作为迪士尼长久发展经营理念。

图 9-1　迪士尼乐园(资料图片)

案例点评：服务营销不仅是旅游企业的经营之本，更是给员工提供了一个鲜明的经营哲学和价值观念，通过日常的培训和宣传逐步让员工接受和信奉这样的经营理念，从而形成企业所需的员工行为准则和审美观念。

【任务执行】

任务工作单 9-1

任务名称	服务营销的常见形式					学时	2
学习小组		姓名		学号		指导教师	

工作任务描述

正确认识和了解服务营销的常见形式，通过查阅图书、资料、网络等资源，寻找典型的旅游企业服务营销运用的工作案例，从中总结和发现服务营销的哪些形式更符合当前旅游企业的发展需求。每个小组从中选择一个案例，进行讨论分析，并提交分析报告。

具体工作任务

(1) 获取相关资料与信息：

① 搜索相关资料，熟悉什么是服务营销。

② 网上搜索服务营销的典型案例。

(2) 讨论：

① 服务营销的含义？

② 哪种服务营销形式更符合当前旅游企业的需求？

③ 服务营销的哪种形式更能吸引顾客？

(3) 成果展示：各小组汇报讨论结果，将案例分析通过幻灯片在课堂上展示。

(4) 提交工作记录单和案例分析报告。

学习条件

(1) 市场营销实训室；

(2) 每个小组配备一台可上网的电脑；

(3) 任务工作单、工作记录单、学习情境练习单等；

(4) 课件、视频资料、题库等。

一、服务营销的含义

服务营销是企业在充分认识满足消费者需求的前提下，为充分满足消费者需要在营销过程中所采取的一系列活动。

服务作为一种营销组合要素，真正引起人们重视的是20世纪80年代后期。这一时期，由于科学技术的进步和社会生产力的显著提高，产业升级和生产的专业化发展日益加速，一方面使产品的服务含量，即产品的服务密集度日益增大。另一方面，随着劳动生产率的提高，市场转向买方市场，消费者随着收入水平提高，他们的消费需求也逐渐发生变化，需求层次也相应提高，并向多样化方向拓展。

服务营销的常见形式有：互动营销、体验营销等。

二、服务营销与传统营销的比较

同传统的营销方式相比较，服务营销是一种营销理念，企业营销的是服务，而传统的营销方式只是一种销售手段，企业营销的是具体的产品。在传统的营销方式下，消费者购买了产品意味着一桩买卖的完成，虽然它也有产品的售后服务，但那只是一种解决产品售后维修的职能。而从服务营销观念理解，消费者购买了产品仅仅意味着销售工作的开始而不是结束，企业关心的不仅是产品的成功售出，更注重的是消费者在享受企业通过产品所提供的服务的全过程的感受。这一点也可以从马斯洛的需要层次理论上理解：人最高的需要是尊重需要和自我实现需要，服务营销正是为消费者提供了这种需要，而传统的营销方式只是提供了简单的满足消费者在生理或安全方面的需要。

随着社会的进步，国民收入的提高，消费者需要的不仅仅是一个产品，更需要的是这种产品带来的特定或个性化的服务，从而有一种被尊重和自我价值实现的感觉，而这种感觉所带来的就是顾客的忠诚度。服务营销不仅仅是某个行业发展的一种新趋势，更是社会进步的必然产物。

三、服务营销的常见形式

（一）体验式营销

所谓体验(experiences)就是人们对某些刺激(stimulus)的响应。例如，企业营销活动为消费者在其购买前与购买后所提供的一些刺激，赢得顾客的反应，刺激顾客的需求。体验通常是由于顾客对事件的直接观察或参与造成的，不论事件是真实的，还是虚拟的。体验会涉及顾客的感官、情感、情绪等感性因素，也会包括知识、智力、思考等理性因素。顾客会对体验做出反应，如：喜欢、赞赏、讨厌、憎恨等。

体验营销是指企业通过采用让目标顾客观摩、聆听、尝试、试用等方式，使其亲身体验企业提供的产品或服务，让顾客实际感知产品或服务的品质或性能，从而促使顾客认知、喜好并购买的一种营销方式。这种方式以满足消费者的体验需求为目标，以服务产品为平台，以有形产品为载体，生产、经营高质量产品，拉近企业和消费者之间的距离。

企业的营销人员应将体验式营销制定成营销策略，设计出一种体验式营销策略，使其在刺激顾客需求的同时又能长期让顾客体验到新鲜感。

1. 体验营销的体验形式

(1) 知觉体验。知觉体验即感官体验，将视觉、听觉、触觉、味觉与嗅觉等知觉器官应用在体验营销上。

(2) 思维体验。思维体验即以创意的方式引起顾客的惊奇、兴趣、对问题进行集中或分散的思考，为消费者创造认知和解决问题的体验。

（3）行为体验。行为体验指通过增加顾客的身体体验，指出他们做事的替代方法、替代的生活形态，丰富顾客的生活，从而使顾客被激发或自发地改变原有生活形态。

（4）情感体验。情感体验即体现顾客内在的感情与情绪，使顾客在消费中感受到各种情感，如亲情、友情和爱情等。

2. 体验营销的操作步骤

（1）识别目标客户。识别目标客户就是要针对目标顾客提供购前体验，明确顾客范围，降低成本。同时还要对目标顾客进行细分，对不同类型的顾客提供不同方式、不同水平的体验。

（2）了解目标顾客。了解目标顾客就要深入了解目标顾客的特点、需求。企业必须通过市场调查来获取有关信息，并对信息进行筛选、分析，真正了解顾客的需求与顾虑，以便有针对性地提供相应的体验手段，来满足他们的需求，打消他们的顾虑。

（3）从目标顾客的角度出发，为其提供体验。企业营销人员要清楚顾客的利益点和顾虑点在什么地方，根据其利益点和顾虑点决定在体验式销售过程中重点展示产品和服务的哪些部分。

（4）确定体验的具体参数指标。要确定产品的卖点在哪里，让顾客从中体验并进行评价。譬如顾客使用产品或服务后的心理需求和生理需求的某一些具体的需求是否得到满足，如以皮肤是否不再干燥、口感是否细腻等具体参数作为指标，使顾客在体验后比较容易给出评价。

（5）让目标对象进行体验。在这个阶段，企业应该预先准备好让顾客体验的产品或设计好让顾客体验的服务，并确定好便于达到目标对象的渠道，以便目标对象进行体验活动。

（6）进行评价与控制。企业在实行体验式营销后，还要对前期的运作进行评估。评估总结要从以下几方面人手：效果如何；顾客是否满意；是否让顾客的顾虑降低；企业能满足顾客的多种生理需求和心理需求。通过这些方面的审查和判断，企业可以了解前期的执行情况，并可重新修正运作的方式与流程，以便进入下一轮的运作。

3. 体验营销的模式

体验营销的目的在于促进产品销售，通过研究消费者状况，利用传统文化、现代科技、艺术和大自然等手段来增加产品的体验内涵，在给消费者心灵带来强烈的震撼时促成销售。

（1）节日模式。每个民族都有自己的传统节日，传统的节日观念对人们的消费行为起着无形的影响。这些节日在丰富人们精神生活的同时，也深刻影响着消费行为的变化。随着我国的节假日不断增多，出现了新的消费现象——“假日消费”，旅游企业如能把握好商机便可大大增加企业的经济效益。

（2）情感模式。情感模式通过寻找消费活动中导致消费者情感变化的因素，掌握消费态度，形成规律及有效的营销心理方法，以激发消费者积极的情感，促进营销活动顺利进行。

（3）文化模式。利用一种传统文化或现代文化，使企业的商品及服务与消费者的消费心理形成一种社会文化氛围，从而有效地影响消费者的消费观念，进而促使消费者自觉地接近与文化相关的产品或服务，促进消费行为的发生，甚至形成一种消费习惯和传统。

（4）美感模式。由于每个消费者的生活环境与背景不同，对于美的要求也不同，这种不同的要求也反映在消费行为中。人们在消费行为中求美的动机主要有两种表现：一是产品和服务能为消费者创造出美或美感；二是产品本身存在客观的美的价值。这类产品和服务能给消费者带来美的享受和愉悦，使消费者体验到了美感，满足了对美的需要。

（5）服务模式。对旅游企业来说，卓越的服务模式，可以征服广大消费者的心，取得他们的信任，同样也可以使产品的销售量大增。

（6）环境模式。消费者在感觉良好的听、看、嗅过程中，容易产生不同倾向的喜好体验。因此，良好的消费环境，不但迎合了现代人文化消费的需求，也提高了产品与服务的外在质量和主观质量，还使产品与服务的形象更加完美。

（7）多元化经营模式。旅游企业的消费场所不仅要装饰考究，环境舒适典雅，设有现代化设备，而且要集购物、娱乐、休闲为一体，使消费者在休闲过程中进一步增强娱乐体验。同时也在消费者中间留下良好印象，从而为旅游企业创造更多的销售机会。

4. 体验营销的注意事项

（1）设计高质量的体验。企业着力塑造的顾客体验应该是经过精心设计和规划的，即企业要提供的顾客体验对顾客必须有价值并且与众不同。此外，在设计顾客体验时，企业还须关注每个细节，尽量避免疏漏。

（2）量身定制企业的产品和服务。当产品和服务被定制化以后，其价值就得到了提升，提供的产品与顾客的需求也最接近。大规模地定制可以将商品和服务模块化，从而更有效地满足顾客的特殊需求，为他们提供优质价廉、充满个性化的产品。此外电子邮件、网站、在线服务、电话、传真等通讯手段，使企业可以迅速地了解客户的需求和偏好，为定制化创造了条件。

（3）在服务中融入更多的体验成分。科学技术的发展使得产品同质化越来越严重，而服务更容易模仿，所以在服务中增加体验成分可以更好地突出个性化和差异化，更好地吸引消费者。

（4）突出以顾客为中心。以顾客为中心是企业实施体验营销时的基本指导思想。体验营销首先要考虑体验消费的环境，然后才考虑满足这种消费环境的产品和服务，这是一种全新的营销思路，充分体现了顾客至上的思想。

（5）注重顾客心理需求分析。当人们的物质生活水平达到一定程度以后，其心理方面的需求就会成为其购买行为、消费行为的主要影响因素。因此企业营销就应该重视顾客心理需求的分析和研究，挖掘出有价值的营销机会。为此，企业必须加强产品心理属性开发，重视产品的品位、形象、个性、感性等方面的塑造，营造出与目标顾客心理需求相一致的心理属性。

（二）互动式营销

所谓的互动，就是双方互相地动起来。在互动营销中，互动的双方一方是消费者，一方是企业。只有抓住共同利益点，找到巧妙的沟通时机和方法才能将双方紧密地结合起来。互动营销尤其强调，双方都采取一种共同的行为。

互动营销是指企业在营销过程中充分利用消费者的意见和建议，用于产品的规划和设计，为企业的市场运作服务。企业的目的就是尽可能生产消费者需要的产品，但企业只有与消费者进行充分的沟通和理解，才会有真正适销对路的产品。互动营销的实质就是充分考虑消费者的实际需求，切实实现产品的实用性。互动营销能够促进相互学习、相互启发、彼此改进，尤其是通过“换位思考”会带来全新的观察问题的视角。

互动营销的表现方式目前主要有付费搜索广告、手机短信营销、社交媒体、微博、微信等新媒体营销方式等，主要借助互联网技术实现营销人员和目标客户之间的互动。

互动营销是实现和客户互动的主要手段之一，互动营销强调和客户良性互动。采取各种有效互动形式，紧紧抓住消费者心灵，在顾客心中建立鲜活的品牌形象。

1. 互动营销的组成部分

(1) 目标客户的精准定位。能够有效地通过客户信息的分析，根据客户的消费需求与消费倾向，识别互动营销的目标客户，并且能够为合理的匹配客户以适合的产品提供支撑。

(2) 完备的客户信息数据。在强大数据库基础上能够把与客户接触信息历史进行有效的整合，并且基于客户反馈与客户接触的特征，为增强和完善客户接触记录提供建议，为新产品开发和新产品营销提供准确的信息。

(3) 促进客户的重复购买。通过客户的消费行为，结合预测模型技术，有效地识别出潜在的营销机会，为促进客户重复购买的营销业务推广提供有价值的建议。

(4) 有效地支撑关联销售。通过客户消费特征分析与消费倾向分析，产品组合分析，有效地为进行关联产品销售和客户价值提升提供主动营销建议。

(5) 建立长期的客户忠诚。结合客户价值管理，整合客户接触策略与计划，为建立长期的客户忠诚提供信息支撑，同时能够有效地支撑客户维系和营销活动的执行与管理。

(6) 能实现顾客利益的最大化。实现顾客利益最大化，需要稳定可靠的性价比高的产品、便捷快速的物流系统、长期稳定的对顾客心灵能产生感化和关怀的服务。顾客权益的最大化是互动营销设计的核心理念，欺骗、虚假等手段只能使企业的互动营销走向灭亡。

一个企业要想发展，需要互动营销。将互动营销作为企业的营销战略重要组成部分来考虑，将是未来许多企业所要发展的方向。

2. 互动营销的几种模式

(1) ROAD 秀。ROAD 秀又称路演、路边秀，译自英文 Roadshow。企业路演的概念和内涵现如今已改变和延伸，成为包括产品发布、产品展示、产品试用、优惠热卖、现场咨询、填表抽奖、礼品派送、有奖问答、文艺表演、游戏比赛等多项内容的现场活动。

(2) 终端促销。在传统营销中，促销活动是产品营销的重要环节，主要为终端的销售工作起到推动作用。虽然在传统促销中，也强调突出产品的品牌形象、个性化、鲜明化，但是在策略制定、活动设计，以及活动的进行中，对于个性化的满足不够充分，更多强调产品功效，在情感化传播的一环总是差强人意。

比如传统营销的促销也包括产品的优惠、赠送及让利，但是在互动环节明显匮乏，互动营销强调在现场娱乐活动的策划。

(3) 网络营销。新型的网络营销也是一种互动模式，而且其成本较低，网络营销存在一种高效率的互动关系，顾客选定自己感兴趣的产品，产生购买行为。

传统广告的弊端在于它是单向的，无法收集消费者的意见和信息，不清楚消费者的反馈及心中所想。通过网络营销的互动，可以更好地了解消费者心中所想，便于企业掌握所需要的消费者信息。

最初的网络营销主要是通过点击来完成。它首先是发布广告，如果顾客点击了广告，就意味着用户对广告是有兴趣的。但是这个时候，广告相对来说是静止的。随着点击方式的不断成熟，用户看完具体的广告网页会进入广告主的网站，这时才算进入一种互动状态。用户在看完网络广告后采取了购买行动，此时产生了销售结果，这就是互动产生的效益。有一些网页设立了用户参与的论坛，让用户们参与进来，提出对产品的看法，以及品牌的建议，通过这种在线沟通，拉近了厂家与消费者的心灵距离，也是一种互动。

【任务拓展】

选择两家不同类型的旅游企业，观察这两家企业的服务营销形式运用上的异同，并总结经验。

【任务反馈】

旅游企业的一线服务人员在服务营销中具有怎样的作用?

释疑：在旅游者消费和体验旅游产品的过程中，通常会将提供服务的员工也视为服务产品中的一部分。员工的服务可以深刻地影响到顾客的体验，进而影响到整个旅游服务活动的成败。礼貌接待和关注顾客需求的服务可以把普通的旅游体验变成令人兴奋和舒适的旅游经历，而粗鲁怠慢的服务则有可能破坏环境或设施带给顾客的美感。因此服务人员在对旅游服务营销机会的把握和创造的过程中发挥着关键的作用。

任务二　着眼未来的关系营销

【任务目标】

学生应把握关系营销的核心理念，掌握企业如何采取有效的手段与顾客建立良好关系，以及通过关系营销协调与政府、供应商、竞争者等之间的关系，为企业营造良好的营销环境。

【案例聚焦】

国内首个“目的地智慧旅游联盟”在黄山成立

2019年8月1日，由黄山、八达岭长城、华山、武当山、西湖、普陀山、千岛湖和黄果树等八家区域目的地智慧旅游企业组成的“目的地智慧旅游联盟”在黄山正式成立，是国内首个以“目的地＋智慧旅游”为特色的联盟组织。

在新时代，旅游业向互联网等新兴

平台延伸融合发展是大势所趋。如何依托大数据、人工智能、5G 等先进技术的应用，为游客提供更加便利便捷、智能智慧和高品质的旅行服务，是未来旅游业发展和提升的重要路径。目的地智慧旅游联盟成立后，将以“开放、合作、共享、共赢”为宗旨，聚焦区域性目的地智慧旅游建设新课题，将在“资源共享、运营互鉴、宣传互推、技术互动”等方面展开合作，探索智慧旅游平台体系建设新路径，分享智慧旅游企业运维新成果，努力创造成为新形势下代表目的地智慧旅游区域性合作的新样板。

关于各旅游景区如何合作，贵州黄果树智慧旅游股份有限公司董事长张目接受媒体采访时说：首先是旅游产品合作，黄山的特色产品与黄果树的特色产品可以相互结合在平台上统一对游客发售；其次是大数据的合作共享，比如对消费游客的“画像”梳理越来越精准，哪些人喜欢名山大川，哪些人喜欢古建筑民居，都能准确收集，各家景区之间可根据游客喜好实现数据共享。

目的地智慧旅游联盟成立后，各成员单位将在“资源共享、运营互鉴、宣传互推、技术互动”等方面展开合作，共享区域性目的地文化和旅游优质资源，宣传推介其他成员的形象和产品，相互借鉴运营经验，开展技术人员交流学习，攻克技术难题，实现联盟单位之间的交流互利。

案例点评：随着关系营销观念的不断发展，关系营销在共同开发旅游市场方面开始发挥积极的作用，在区域性目的地的文化和旅游优质资源方面实现信息共享、产品互推，共同推动区域旅游目的地智慧旅游平台运营互鉴、技术互动，积极探索为游客提供更加便利便捷、智能智慧和高品质服务的新路径。

图 9－2　目的地智慧旅游联盟成立仪式（资料图片）

【任务执行】

任务工作单 9－2

任务名称	着眼未来的关系营销				学时	2
学习小组		姓名		学号		指导教师	
工作任务描述 随着现代营销理念的不断成熟与发展，新的营销理念层出不穷。对于旅游企业而言，掌握新的营销理念并运用于实践中是企业取得营销成功的必经之路。关系营销的出现也是属于营销理念的一种创新，通过查阅图书、资料、网络等资源，深入了解关系营销理念，并搜集具有代表性的典型案例，每个小组可选择一个案例，进行讨论分析，并提交分析报告。							

续表

任务名称	着眼未来的关系营销					学时	2
学习小组		姓名		学号		指导教师	

具体工作任务

(1) 获取相关资料与信息:

① 搜索相关资料,了解当前旅游营销中的关系营销发展情况。

② 搜索相关资料,了解当前旅游企业在营销中有没有体现关系营销的理念。

③ 网上搜索旅游企业关系营销的典型案例。

(2) 讨论:

① 随着现代旅游业的发展,营销理念为什么也要更新?

② 现代旅游企业在发展过程中有哪些新的营销行为?

③ 选择一个旅游企业运用新理念开展营销活动的成功案例进行分析,并描述你对它的理解。

(3) 成果展示:各小组汇报讨论结果,将观点总结及案例分析通过幻灯片在课堂上展示。

(4) 提交工作记录单和案例分析报告。

学习条件

(1) 市场营销实训室;

(2) 每个小组配备一台可上网的电脑;

(3) 任务工作单、工作记录单、学习情境练习单等;

(4) 课件、视频资料、题库等。

一、关系营销的产生背景

关系营销是 20 世纪 70 年代起,由北欧的一些学者提出并发展起来的,以建立、维护、促进、改善和调整"关系"为核心,对传统的营销观念进行了革新。20 世纪 80 年代以来,关系营销得到了更大的发展,在企业界得到了较为广泛的应用。具体产生背景如下:

(1) 随着市场经济的进一步发展,物质产品的日益丰富,市场形态明显转向买方市场,企业之间的竞争更加激烈,竞争手段也更加多元化。在这种趋势下,企业对消费者的研究也更加深入,更注意从消费者的需求出发,并与消费者形成一种持久的良好关系,同时企业之间的交流也因为竞争的加剧而更显得必要。

(2) 由于人们的消费向外在化、个性化的方向发展,精神消费和心理消费的程度越来越高,迫切需要企业与顾客之间以更多的交流来相互实现各自的需求与利益。

二、关系营销的概念

随着经济的发展和市场竞争的日趋激烈,传统的营销观念虽然也能使企业获利,但其只注重当下的营销方式,越来越不能适应企业的长远发展。在当前的市场环境下,任何一家企业都置身于一个庞杂的关系网络之中,企业营销目标的实现,受到诸多外在因素的影响。所以,企业营销工作的开展就成为了一个与消费者、竞争者、供应商、分销商、政府机关以及社会组织进行互动的过程,正确处理与这些人员和组织的关系作为企业营销工作的核心,也是企业经营成败的关键。在这样的背景下,关系营销应运而生。它把握住了现代市场竞争的特点，将建立与发展同相关人员及组织的关系作为企业市场营销的关键变量，被西方舆论界视为是“市场营销的一场革命”。

我们可以这么界定关系营销：关系营销是指企业与顾客、分销商、经销商、供应商等建立、保持并加强关系，通过互利交换及共同履行诺言，使有关各方达到各自的目的。在关系营销看来，企业保持并发展与顾客的长期关系是营销工作的核心内容。企业首先通过向顾客做出相关承诺并建立相应的关系，进而通过履行承诺来保持这种关系，并在此基础上通过新的承诺而将这种关系发展和维系下去。关系营销秉承了市场营销思想中“以顾客为中心”的理论精髓，将建立稳固、密切的客户关系作为企业制胜的法宝，将强调顾客的忠诚度作为营销工作的重心，在企业的营销实务中发挥着越来越显著的作用。

三、关系营销的运行原则

（一）关系营销与传统市场营销观念的区别

关系营销相比于传统的市场营销观念有较大区别，主要表现在：

（1）传统的营销思想关注的核心是交易，企业通过与对方交易并从中获利，买卖双方的关系是对立和冲突的；而关系营销的核心是关系，企业通过建立双方良好的互惠合作关系从中获利，买卖双方的关系从对立转向合作。

（2）传统营销的视野局限于目标市场上，营销工作仅限于针对顾客而展开；而关系营销所涉及的范围则包括顾客、供应商、分销商、竞争对手、政府及内部员工等，营销工作面对的客户是全方位的。

（3）传统营销关心如何生产，如何吸引新顾客，对顾客服务不太重视，对满足顾客仅付出有限的投入，认为质量是生产人员关注的事情；而关系营销强调充分利用现有资源，强调保持现有顾客，高度重视顾客价值和对客服务，其运行原则是围绕维系和巩固一种长期良好的“关系”而展开，以求得关系各方的协调发展。

（二）关系营销运行原则表现

（1）主动沟通原则。在关系营销中，关系各方都应主动与其他关系方接触和联系，相互沟通消息，了解情况，形成制度或以合作形式定期或不定期碰头，相互交流各关系方需求和利益变化情况，主动为关系方服务或为关系方解决困难和问题，增强伙伴合作关系。

（2）承诺信任原则。在关系营销中各关系方相互之间都应做出一系列书面或口头承诺，并以自己的行为履行诺言，才能赢得关系方的信任。

（3）互惠原则。在与关系方交往过程中必须做到相互满足关系方的经济利益，并通过在公平、公正、公开的条件下进行成熟、高质量的产品或价值交换，使关系方都能得到实惠。

四、关系营销的作用

对于旅游企业而言，对于各种关系的依附更是显而易见。关系营销对于旅游企业营销活动的指导作用集中体现在三个方面：

(一) 建立并维持与顾客的良好关系是旅游经营成功的根本保证

旅游者是旅游企业或旅游目的地生存和发展的基础，激烈的市场竞争实际上就是客源的竞争。如果能与尽量多的旅游者之间保持良好的关系，对于企业而言就意味着拥有了一笔宝贵的资源和财富。

旅游关系营销为以顾客为导向的营销理念得以更好地贯彻，将对消费者的重视提升到一个更高的层次，使顾客满意的标准能落到实处。通过与此相关的努力，企业与顾客之间形成了一种感情的维系，进而让顾客对企业产生好感和信任，最终上升为对企业的忠诚度。

许多著名的饭店集团所开展的“客户关系管理”工作就是具有典型代表意义的。这是利用现代技术信息手段，使客户、竞争、品牌等要素协调运作并实现整体优化的自动化管理系统，目的在于提升企业的市场竞争力，建立长期优质的客户关系，不断挖掘新的销售机会，帮助企业规避经营风险，获得稳定的利润。

(二) 促进组织合作，共同开发市场

在以往的营销观念中，旅游目的地之间、旅游企业之间的竞争是你死我活、有你无我的，尤其是在微观企业层面。但随着现代市场营销理念的发展，这种观念的弊端也日渐明显。在关系营销的指引下，企业开始重新审视与竞争对手和同行企业之间的关系，逐渐认识到彼此之间除了竞争，还存在共赢的机会与合作的可能，通过加强合作更有利于营销目标的实现。合作营销有利于巩固已有的市场地位，有利于开辟新的市场，有利于企业多元化战略的实施，以及可以避免过度的竞争等。

(三) 协调与政府间的关系

政府对经济活动进行干预是很多国家通行的做法。出于国家整体利益的考虑，各国政府都要通过立法、行政和经济干预等手段对社会经济活动实行宏观调控和管理。例如，设立市场准入壁垒如旅游配额、出入境限制等。在处理目的地旅游企业与客源地政府的关系上，目的地旅游企业应该保持积极的态度，遵循相关的政策和法规，保持与当地政府间的沟通，保证营销活动的成功。

旅游企业与当地政府间的合作，要求旅游企业的活动必须有助于政府的宏观调控；而政府的宏观调控又要有利于企业开拓市场，促进地方经济的发展。协调与政府间的关系，得到本国政府的支持和帮助，对于成功开拓国际市场具有十分重要的意义。形形色色的市场准入壁垒使旅游企业开拓国际市场时面临重重困难，在这种背景下，密切与政府的关系，利用本国政府的力量去敲开国际市场的大门，改善整体营销环境。

【任务反馈】

假如你是某旅游企业的营销主管，请拟定一份营销方案，重点是维系与重点客户的长期关系。

【任务反馈】

关系营销是否就是要与每位顾客都建立起特殊的关系？

释疑：关系营销并非要与每位顾客

都建立起特殊的关系。旅游企业应根据本企业的目标服务对象有选择地建立顾客关系：首先弄清楚哪些顾客值得培养，然后提供比其他同行业更有效地满足顾客需要的服务。可以根据顾客的购买次数和购买利润将顾客进行类型的划分，然后采用不同的沟通方法，建立与其的有效合作。

任务三　与时俱进的网络营销

【任务目标】

学生应把握现代旅游营销发展的新趋势，掌握网络营销的新理念和实现方法与途径。

【案例聚焦】

互联网时代，重庆该如何做好旅游营销？

2019年的“五一”假期，有着“8D魔幻城市”之称的重庆再一次火遍全网。从灯火辉煌的洪崖洞，穿楼而过的轻轨到空中巴士长江索道，经典地标解放碑……很多外地游客慕名而来，让重庆旅游在这个假期持续火爆，多个网红景点人潮涌动，在朋友圈持续刷屏。据携程机票大数据显示，“五一”人气最旺的十大国内游飞行目的地中，重庆排名全国第三。

1.“全国网络达人重庆行”带火旅游

4月中旬，为适应新兴媒体的传播趋势，创新宣传，重庆市委网信办、重庆市文旅委联合启动了“行·重庆——2019网络达人重庆行暨文旅融合全点子征集”活动。活动启动以来，相关话题在网络总参与量超过28亿次。其中，仅抖音平台累计播放量超27亿次，今日头条阅读量达8 199万次，高效创新传播带火重庆多个区县旅游。

据了解，本次活动共邀请今日头条、抖音、西瓜视频、火山小视频等平台的全国22位知名网络达人实地游览重庆新景，感受重庆人文，助力乡村振兴，推介巴渝美食，献计重庆文旅发展，推动重庆文旅融合发展。4月14日—18日，达人们分两组对渝中、江北、南岸、渝北、涪陵、合川、荣昌、铜梁、奉节、巫溪、巫山等11个区县的49个景区景点，进行了线下素材采集和直播。4月19日，今日头条率先启动了“行·重庆”——重庆穿越之旅、网络作品征集活动。4月25日起，抖音、西瓜、火山同步上线了“行·重庆”主题，分别推出“重庆穿越之旅”“美食达人重庆行”“火山带你游重庆”等话题。

在本次活动中，受邀网络达人通过实地体验重庆新景和人文魅力，创作了上百件有温度、接地气且直抵人心的视频、图文作品。这些作品发布在各大平台上，引起海量网友互动参与。“我就是在抖音上刷到白帝城美景，这次专程赶来打卡，欣赏三峡壮美诗画，确实别有韵味。”5月2日，在奉节白帝城景区，来自上海的网友张嘉欣表示。5月3日，在南岸弹子石老街，北京网友冉佳边欣赏美景边做网络直播。“我是在火山视频刷到这一景点的，深为其厚重的历史文化积淀和美景折服，这次专门前来拍摄取景，希望我的‘粉丝’量也有新的突破。”她兴奋地说。

事实上，不止是重庆，从赵雷的《成都》用一首歌唱红一座城，到抖音上另一座“网红城市”——西安的刷屏，这些城市的爆红逻辑在提醒着我们：在互联网势能带动下，一场城市营销的新革命正在发生，它让更多城市得以独辟蹊径，以小博大，用“润物细无声”的方式收获更多“流量”的关注。

2. 立体魔幻

重庆为什么这么火？事实上，重庆近年来一直就很受游客青睐。城是一座山，山是一座城。得益于重庆立体魔幻的地形构造，这座被网友们称为“8D魔幻城市”的山城，经常因为独特的城市画风登上头条，成了各大媒体、网友们重点关注的对象。无论是穿楼而过的李子坝轻轨，谜之复杂的黄桷湾立交，波浪形的巴南界石公路，还是112米长的皇冠大扶梯，深埋超60米的红土地站，720度旋转的融侨立交……处处给人惊奇和意外感的同时，也在林立的摩天高楼中，勾勒出一道独特的城市天际线，成为山城重庆的一大特色。高低起伏的地貌特征，两江环绕的山水风光，也让重庆的夜景别具一格。

当游客朋友见过全国各个城市千篇一律的布局规划后，重庆“山水之都”的特色风貌无疑成了钢筋混凝土森林里的一股“清流”，更加引人注目。重庆独特的美食元素，如火锅、小面等也吸粉无数。

另一方面，除了立体魔幻的城市风景。重庆还拥有大足石刻、武隆天生三桥与南川金佛山、重庆温泉等世界级金字招牌，还有作为国家级旅游名片，以雄奇壮观、清幽秀丽的天然胜景闻名于外的长江三峡。

自然城市风光之外，这里也曾见证过许多重大历史转折点。三千年江州府，八百年重庆城。从13世纪改变亚欧历史的南宋钓鱼城之城，到20世纪抗战时的战时“陪都”。厚重的历史底蕴，让重庆成为永载史册的“英雄之城”。

案例点评：从城市传播的角度讲，城市有两个侧面。一个是实体的城市，即由街道、建筑、环境等构成的物理城市。另一个则是我们通过媒体再现的城市，它是由文字、声音、影像、流行文化、集体记忆支撑起的城市，即由大众媒介构筑的虚拟城市。

随着VR、5G等新一轮技术革命的到来，未来的城市将以更全景直观的姿态展现在大家面前。从文字、图片到视频、直播、虚拟现实，城市与人的空间距离将前所未有的贴近。这既是城市营销推介的好机会，同时也对城市的形象、品质提出了更高的要求。

在互联网时代的今天，一个擅长网络营销、善于网络策划的城市，更能在城市旅游营销中起到四两拨千斤的作用，同时极大提高城市品牌形象的塑造与宣传，获得公众的认可。重庆这波操作无疑值得肯定。

图9-3　重庆夜景(资料图片)

【任务执行】

任务工作单 9－3

<table>
<tr><td>任务名称</td><td colspan="5">构建旅游网络营销新理念</td><td>学时</td><td>2</td></tr>
<tr><td>学习小组</td><td></td><td>姓名</td><td></td><td>学号</td><td></td><td>指导教师</td><td></td></tr>
<tr><td colspan="8">工作任务描述
随着现代营销理念的不断成熟与发展，新的营销理念层出不穷。对于旅游企业而言，掌握新的营销理念并运用于实践中是企业取得营销成功的必经之路。网络营销的出现给企业的营销活动带来了巨大的冲击，通过查阅图书、资料、网络等资源，寻找具有典型性的网络营销理念，并搜集具有代表性的典型案例，每个小组可选择一个案例，进行讨论分析，并提交分析报告。</td></tr>
<tr><td colspan="8">具体工作任务
（1）获取相关资料与信息：
① 搜索相关资料，了解当前旅游营销中有哪些新理念。
② 搜索相关资料，了解当前旅游企业在营销中有没有体现新理念。
③ 网上搜索旅游企业网络营销的典型案例。
（2）讨论：
① 随着现代旅游业的发展，营销理念为什么也要更新？
② 新的营销理念在现代旅游企业的发展中发挥了怎样的作用？
③ 选择一个旅游企业运用网络营销理念开展营销活动的成功案例进行分析，并描述你对它的理解。
（3）成果展示：各小组汇报讨论结果，将观点总结及案例分析通过幻灯片在课堂上展示。
（4）提交工作记录单和案例分析报告。</td></tr>
<tr><td colspan="8">学习条件
（1）市场营销实训室；
（2）每个小组配备一台可上网的电脑；
（3）任务工作单、工作记录单、学习情境练习单等；
（4）课件、视频资料、题库等。</td></tr>
</table>

观念决定行为，什么样的营销观念就会产生什么样的营销行为。现代旅游企业如果缺乏正确的营销观念为指导，就很难在竞争激烈的市场中取得胜利。随着旅游市场的不断发展与成熟，旅游营销观念也在不断更新与变化，如网络营销等新型营销理念。

20 世纪 90 年代以来，信息技术尤其是互联网的飞速发展，对各个行业都带来了重大的影响，尤其是对于企业的经营与发展既带来了机遇，同时也提出了相应的挑战。网络技术的发展和应用，使人们在信息共享和信息交流方面摆脱了时空的局限，对传统的营销管理产生巨大的冲击。在此背景下，企业需要改变经营管理的理念、组织结构和经营方式，才能满足消费者不断变化的需求，一种全新的营销方式——网络营销营运而生。现代营销学之父菲利普·科特勒认为，日益注重网络营销是未来的营销趋势，网络营销是21世纪的营销。网络将企业与顾客之间的距离进一步地拉近，也改变了传统的购买方式。面对广阔的网络市场，企业将目光投向了新兴的网络营销，通过网络营销增强企业在市场上的竞争力。

一、网络营销的概念

互联网的出现和普及使现代企业又增添了一种新兴的营销手段，它可以将企业的传统业务以一种崭新的方式更直接地面对消费者，弥补传统方式互动性的不足，使交易更方便更快捷。所以，就有学者提出了“鼠标＋水泥”的模式，这种模式实际上是一种“互联网＋传统行业”的资源互补式的行业网联盟发展模式。它意味着一方面传统企业要积极利用互联网工具，把传统企业的优势更好地发挥出来；另一方面，网络企业要积极靠近传统企业，充分发挥网络的优势，把传统项目做出新意。拥有资源优势的传统旅游企业与网络联手才能实现真正意义上的网络营销。

网络营销，又被称为在线营销，是企业借助联机网络、电脑通讯和数字交换媒体为实现企业的营销目标而开展的营销活动。相对于传统的营销方式，网络营销增强了营销活动的互动性，降低了企业的营销成本，扩大了顾客对产品或服务的选择余地。

网络营销不仅仅是技术上的革新，同时也关乎企业营销理念的创新。网络营销逐渐成为企业整体营销战略的重要组成部分，成为现代企业实现总体营销目标的必要手段。

二、旅游网络营销

21世纪是旅游业繁荣发展的时代，当网络时代到来时，旅游业与网络的结合将在营销方式、传播方式、技术手段等方面给旅游业插上新的翅膀。由此，旅游网络广告、网上旅游、旅游网络交易中心、旅游网络预订和结算等营销方式或手段越来越普及，网络旅游势在必行。旅游网络营销是适应网络技术发展与信息网络时代社会变革的新生事物，已经成为新世纪的旅游营销策略。传统旅游企业要想取得竞争优势，占领未来市场的制高点，必须充分利用互联网的优势，探索更具竞争力的营销方式，寻求更大的竞争优势和发展空间。毫无疑问，未来的旅游企业一定是“得网者得天下”。

旅游网络营销是指旅游企业和旅游目的地为实现营销目标，借助互联网而进行的相关营销活动。与其他的行业一样，网络为旅游企业树立品牌形象、产品宣传推广、实现双向交流、开展在线交易提供了广阔的发展空间。网络营销在旅游业中必将会得到日益广泛的重视和应用。

三、旅游网络营销的实施基础

旅游网络营销的发展是伴随信息技术、网络技术的发展而发展起来的。网络技术的发展和应用改变了传统的信息传播方式，在一定程度上改变了人们的学习、生活、工作和交流的方式，并促使互联网在商业上的应用，网络用户与日俱增，网络市场日渐宽广。这也推动企业积极利用新技术变革企业的经营理念、经营方式，搭上技术发展的快车，促进企业飞速发展。在旅游行业中，旅游网络营销方式的实施和应用，需要以下基础：

（一）旅游网络营销的观念基础

网络营销是一种以消费者为主导、强调个性化的营销方式，它得以实施的观念基础是消费者价值观念的变革。在现代社会，人们的自我意识增强，推崇个性的解放与张扬，只有能满足顾客独特心理需要的产品和服务才能得到消费者的认可。

由于教育水平的提高和网络知识的普及，网络用户对产品和服务方式的选择能力更强，消费理念更为成熟，消费特征更为明晰。个性化消费成为消费的主流；旅游者会主动寻求与产品有关的信息，并进行比较甄选；紧张的生活节奏使旅游者追求购买的便利；价格在网络上表现得更加透明。这些消费心理的变迁构成了旅游网络营销得以推行和实施的观念基础。

（二）旅游网络营销的技术基础

现代电子信息技术的应用与发展是旅游网络营销产生的技术基础。互联网技术产生于 20 世纪 60 年代，于 90 年代开始真正向商业领域过渡，经过多年的发展取得了极大的成功。互联网的开放性、共享性和低廉性，使全球网络用户以每月 10％的速度递增，1999 年全球网民约为 19 600 万人，而截至 2010 年底，全球网民已经达到 20 亿左右，市场规模极为可观，网络营销前景十分广阔。

总之，信息基础设施尤其是国际互联网的迅速发展，通信技术及相关软件的不断升级，电子交易与支付手段的日益成熟，是旅游网络营销实施的技术基础。

（三）旅游网络营销的现实基础

现代消费正在向需求的多元化和个性化方向发展，商家只有迎合这一趋势，从根本上提高顾客对产品的满意度，才能在竞争中立于不败之地。在旅游市场已经转向买方市场的背景下，众多的旅游企业也深刻认识到顾客需求在企业发展中的重要地位。

开展网络营销可以让企业节约大量的成本，使经营规模不受场地限制，同时还便于企业收集客户信息，保持与顾客信息沟通的畅通。这些方面都会使企业的经营费用降低，运作周期变短，从根本上增强企业的竞争优势，增加盈利。

四、旅游网络营销的特点

现代市场营销最重要的是供需双方信息传播和交换。互联网以超越时空的神奇功能将旅游企业、组织和团体与消费者连在一起，使无限多的信息交换成为轻而易举的事情。旅游网络营销突破了传统营销方式的局限，创造性地发扬了互联网的优点，呈现出以下的特点：

（一）交互性

互联网使旅游企业或旅游目的地与旅游者之间可以保持互动的信息交流：旅游企业可以在网络上适时发布产品或服务的信息，旅游者则可以根据旅游产品或旅游目的地的相关信息随时随地进行了解和购买，从而完成交互式的交易活动。网络营销使供给双方的直接沟通得以实现，从而使营销活动更加有效。

（二）时空性

旅游网络营销可以超越时间和空间限制进行信息交换，并跨越时空达成交易，使任何旅游企业都有可能全天候提供全球性营销服务。

（三）虚拟性

互联网的多媒体功能使旅游网络营销可以集中图、文、声、像等各种媒体的传播形式，创造出虚拟环境，立体化地传播旅游信息。这就使旅游网络营销具有虚拟营销的突出特征。

（四）高效性

旅游网络营销具有高度的整合性，它可以将旅游产品生产、售价、渠道、促销、市场调研、咨询、交易、结算、投诉等所有旅游事务一网打尽。企业可以储存、分析大量的市场信息，向顾客传递信息的精确度也远超过其他的媒体，并能迅速更新产品或调整价格，因而能及时有效地了解并满足顾客的需要。

（五）经济性

旅游网络营销最具经济性，非店面销售省去租金、水电、人工成本等大笔费用，减少实物交换，节约印刷费与邮递成本，这一切都大大降低运营成本。

五、旅游网络营销的发展态势

随着计算机技术和网络通讯的迅速发展和广泛应用，现代社会已经进入了信息时代。就旅游业而言，酒店、旅行社、航空公司、旅游目的地等都已经利用计算机网络进行旅游预订和营销。

（一）航空公司的计算机预订系统

航空公司是对新技术最敏感的行业之一，也是互联网最积极的利用者。航空公司与代理商极为微妙的关系，促使它积极地想要跨越代理商，直接与客户进行交易。航空公司一直为削减成本所驱动，通过各种渠道增加销售额并减少相关的成本费用。建立自己的网站之后，航空公司开始通过直接预订以吸引旅游者，对在线预订的顾客提供诸多的优惠。航空公司还通过与相关的专业旅游网站合作，让他们代售自己的产品。航空公司同时与旅行社开展合作，使自己的预订系统延伸到旅行社代理商，涉及的范围也逐步扩大，包括订购机票、预订客房、租车等。

（二）大型饭店集团的中央预订系统

对于旅游业的支柱部门之一的饭店业，建立完善的中央预订系统是企业营销活动网络化的重要步骤。最早的是1965年假日集团建立的假日电讯网，客人可以通过该网络预订假日饭店集团在全球各地200多家酒店和度假村的不同等级的客房，并在几秒钟内得到确认。这一系统每天可以处理7万间客房的预订服务。现在国际知名的大型酒店连锁集团都拥有了自己的网络预订系统，这也成为他们控制客源市场的有效工具。目前，我国的酒店集团大部分也都逐步建立了自己的网络预订系统，网络营销的方式也日渐普及。

（三）旅游目的地网站建设

旅游目的地网站建设的主要功能是向旅游者提供全方位的旅游目的地信息，如景点资讯、接待设施、旅游价格等，同时也可以开展旅游预订服务。它所提供的旅游目的地信息有助于旅游者策划、组织旅游线路，从而有利于旅游交易的达成。目的地网站的建设有助于旅游目的地克服传统上旅游客源市场异地性的障碍，使目的地和客源市场的旅游者之间的直接信息传递与沟通更加便捷。

（四）专业旅游网站的建设

与旅游营销的高速发展同步进展的是旅游网站的迅猛增加。自1997年华夏旅游网创办以来，中国的旅游网络获得飞速发展。进入21世纪以来，经历了全球网络经济的剧烈震荡，中国旅游网站进行了大整合，出现了一大批有影响的旅游网站，如中国旅游网、中华旅游网、华夏旅游网、中国旅游资讯网、携程旅游网、e龙网、去哪儿网、驴妈妈网等。海内外风险投资资本十分看好中国旅游的发展和中国旅游电子商务的巨大利益空间，纷纷投资中国各大旅游网，香港长江实业集团、美国IDG（International Data Group）公司、港中旅游集团、香港南华集团等海外公司，相继投资华夏旅游网、携程旅游网等一些中国专业旅游网站，显示出旅游电子商务的巨大市场空间。

专业旅游网站的出现，方便了旅游者的出行，同时也使得旅游资讯的传递更为便捷。专业旅游网站的优势在于：信息更丰富，经营方式更灵活，游客可以在网站里收集文字、图片、游记以及相关的景点信息，还可以通过链接和搜索引擎漫游相关网站。可以打破地域限制，最大限度地将各种旅游资源以最经济的方式组合在一起。

六、网络对传统旅游营销方式的冲击

传统的营销模式依靠层层严密的渠道（目的地旅游企业—旅游批发商—旅游零售商—旅游者），企业需要向市场投入大量的人力、物力，以及大量开展广告宣传和产品推广等活动。随着互联网的普及与应用，传统的营销方式插上了网络的翅膀，形成了低成本投入带来高市场销量的营销模式。网络营销对传统旅游营销的冲击主要体现在以下方面：

（一）网络营销对传统的营销策略的冲击

1. 对营销渠道的冲击——旅行社作用的改变

传统的营销模式下，旅行社发挥了重要的媒介和沟通的作用：沟通信息、组合包价旅游产品、代理销售等。在传统的渠道模式下，是离不开旅行社这个中间环节的。但是随着网络技术的普及和应用，这些职能逐渐由专业的旅游网站和旅游供应商（酒店、航空公司等）网站直接承担。通过互联网，生产商可以与最终用户直接联系和交流，甚至可以通过网上交易平台直接完成产品的预订和买卖。这一变革使旅行社在传统模式下的重要性大大降低。随着代理销售利润的消失，旅行社需要重新进行市场定位。

2. 对标准化产品的冲击——定制产品成为主流趋势

当前旅游者的消费心理因为网络的普及也出现了新的特点，个性化的张扬和对定制产品的需求成为新的主流趋势。网络为旅游者提供了一个这样的平台，也使得企业定制产品的“一对一”式服务个人的产品形态得以实现。

网络的出现将导致大众市场的终结，并将逐渐实现市场的个性化，并最终按照个体的特殊需求来组织生产和销售。标准化的产品将不再受到旅游者的青睐，而成为束缚其个性张扬的桎梏。企业必须依靠强大的网络整合能力，根据旅游者的需求提供产品和服务，通过与旅游者保持实时沟通进而更有效地满足各种个性化的需求。

3. 对定价策略的冲击——价格透明化使消费者更具主动权

传统营销模式下，价格的透明度是非常有限的，但在互联网普及之后，旅游者将会通过在线信息及时了解价格的变化等实时资讯。所以，相对于传统媒体而言，互联网先进的浏览功能和发达的资讯信息会使变化不定且存在差异的价格水平趋于一致，并日渐透明化和公开化。这些新的变化无疑对旅游者是一大利好，因为他们可以自主斟酌和选择性价比最优的产品组合，避免购买决策的盲目性。而这一变革将会对根据不同地域而采取不同价格的公司产生巨大的冲击。

4. 对促销方式的冲击——传统广告障碍的消除

传统的促销方式需要以各种大众媒介开展信息发布，传统媒介方式的最大缺陷就是单向的信息传递，企业无法及时了解信息发布之后和消费者接收到信息之后的反馈信息，这使消费者的反馈信息无法顺利传到企业，也为企业测定广告宣传和推广的效果设置了障碍。新兴的网络媒体使企业面对的这些问题迎刃而解，企业能与顾客实现双向的、互动式的交流和沟通，及时了解第一手的前沿反馈资讯，及时、有针对性地对营销策略进行调整。同时，网络空间的无限扩展性使网络广告克服了空间和时间上的局限，最大范围地进行信息的散播，提高了企业信息传播的效率。

（二）网络营销对传统营销方式的冲击

随着网络技术迅速向宽带化、智能化、个人化方向发展，用户可以在更广阔的领域内便捷地实现声音、图像、动画和文字一体化的多维信息共享和人机互动功能。“个人化”把“服务到家庭”推向了“服务到个人”。正是这种发展将使得传统营销方式发生革命性的变革，其结果将可能导致大众市场的逐步终结，并逐步体现市场的个性化，最终企业将会以每一个用户的需求来组织生产和销售。

1. 顾客关系的重建

网络营销的企业竞争是一种以顾客为焦点的竞争形态，争取新顾客、留住老顾客、扩大顾客群、建立亲密的顾客关系、分析顾客需求、创造顾客需求等，都是最关键的营销课题。因此，在网络环境下，公司如何与散布在全球各地的顾客群保持紧密的关系，并能正确掌握顾客的特性，再通过对顾客的教育和对本企业形象的塑造，建立顾客对于虚拟企业与网络营销的信任感，这些都是网络营销成功的关键。基于网络时代的目标市场、顾客形态、产品种类与以前传统的一切会有很大的差异，如何进行跨越地域、文化和时空的差距重新营造企业与顾客的关系，将需要更多创新的营销行为。

2. 营销战略的再造

由于互联网所具有的平等性、自由性和开放性等特征，使得网络时代企业的市场竞争是透明的，人人都能掌握竞争对手的产品信息与营销行为。因此，胜负的关键在于如何适时地获取、分析、运用这些在网络上获得的信息，并采用具有优势的竞争策略。

同时，在互联网的环境下，企业间的策略联盟是网络时代的主要竞争形态，如何运用网络来组成企业的合作联盟，并以联盟所形成的资源规模创造竞争优势，将是网络时代企业经营的重要手段。

3. 企业组织的重整

互联网的发展带动了企业内部网的蓬勃发展，使得企业的内外沟通与经营管理均需要依赖网络作为主要的渠道与信息源。其结果对企业所带来的影响包括：业务人员与直销人员减少、组织层次减少、经销代理与分店门市数量减少、营销渠道缩短；虚拟经销商、虚拟门市、虚拟部门等企业内外部的虚拟组织盛行。这些影响与变化，都将促使企业对于组织再造工程(Reengineering)的需要变得更加迫切。

企业内部网的兴起，改变了企业内部的作业方式以及员工学习成长的方式，个人工作者的独立性与专业性将进一步提升。因此，个人工作室、在家上班、弹性上班、委托外包、分享业务资源等行为，现在都已十分普遍，也使企业组织重整成为必要。上述情况，使企业为适应网络环境必须对企业的组织结构进行调整，这是对将全球业务转换到互联网上的公司提出的组织性挑战。

【任务拓展】

浏览两家同一类型的旅游网站，分析他们在营销方面具有怎样的特点，同时发挥了怎样的作用。

【任务反馈】

随着网络技术的发展，网络营销应运而生，网络营销对于旅游企业和旅游者而言带来了哪些便利？

释疑：伴随着互联网技术的发展，网络营销被越来越多的旅游企业重视和运用起来。网络营销对于旅游者而言提供了更多可选择的产品，并能比较便捷地获得各种丰富的信息资讯，同时也使得旅游者和旅游企业之间能够进行即时的互动。而网络营销对旅游企业而言也有很多好处，它能够让旅游企业更便捷地建立客户关系，还可以降低营销成本，提高营销效率、降低沟通成本等。

◆项目评价

在本项目中，我们了解了旅游企业进行营销观念更新的现实意义，学习了当前有代表性的营销新理念：服务营销、关系营销、网络营销等。在追随市场环境变化的基础上，旅游企业要进一步明确自己的发展目标，并根据自己的客观情况选择恰当的新型营销策略，以更鲜明突出的形象出现在竞争市场上。

在本项目中，学生能通过实践与调研，对营销新理念形成更深入的认识，同时掌握实务性的操作技巧，将其在营销实践中加以运用。

【知识/技能评价】

① 名词解释。

旅游服务营销　旅游关系营销　旅游网络营销

② 简述旅游服务营销与传统营销方式相比优势体现在哪里。

③ 常见的旅游服务营销形式有哪些。

④ 旅游关系营销的现实意义体现在哪些方面。

⑤ 旅游网络营销的发展对传统的营销方式提出了哪些挑战。

【实践演练】

选择一家你熟悉的旅游企业，了解它是否运用了一些新型的营销理念，并评价其效果。

【项目链接】

互联网时代旅游营销的新趋势

第一,互联网时代的营销首先是手段的整合。旅游营销置于互联网的大背景之下,不排除传统手段,但更强调各种手段的创新。传统手段包括纸质、广播、电视、户外等,新手段包括短信、视频、网站、博客、播客、拍客、微博等,现在更是形成了跨媒体,传播手段越来越丰富,更显立体化、组合化、系统化。

第二,互联网时代的营销是信息的整合。旅游营销的本质就是把信息有效地传递到市场上去。信息传递要经过三个阶段。一是强化品牌性信息阶段,二是形成服务性信息阶段,三是完善后续性信息阶段。

第三,互联网时代的营销是品牌的整合。新品牌塑造包括地方形象、企业形象、产品形象、服务形象。在营销中要实现政府认同、行业认同、市场认同。

拓展路径

① 扫下面二维码,阅读文章《旅游目的地全域旅游营销解决之道——互联网新媒体全案营销行之有效》,了解互联网新媒体营销知识。

② 扫下面二维码,阅读文章《互联网时代,重庆该如何做好旅游营销?》,了解旅游城市网络营销的发展现状与趋势。

③ 扫下面二维码,阅读文章《2018年五大旅游创意营销网红案例,即吸睛更吸金》,了解最新的旅游文创营销思路。

项目十　掌握旅游营销沟通与管理技巧

◆项目目标

【行业要求】

① 审视旅游企业客户关系管理工作是否到位，对营销工作中的沟通技巧是否理解，运用是否恰当；② 让学生认识到客户对于旅游企业的重要性，掌握建立客户关系的方法和技巧。

【学习目标】

① 让学生初步了解营销沟通的意义及作用，了解和掌握营销工作中的常用沟通模式；② 帮助学生认识到客户关系管理对于旅游企业营销的重要性，掌握建立客户关系的技巧。

◆项目任务

在这一项目任务中，学生通过了解和掌握营销工作中的沟通理念，同时确立客户在旅游企业营销中的重要地位，掌握建立客户关系的技巧和方法。此项目任务可帮助学生在日后营销工作中树立先进理念，掌握正确工作方法。

任务一　旅游营销的金钥匙
——客户关系管理

【任务目标】

认识客户关系管理的重要性，掌握客户关系维护的技巧。

【案例聚焦】

2016“金音奖”最佳呼叫中心：

同程旅游网客服中心

2016年11月，央视新闻报道了由51Callcenter主办，国家工信部、人社部支持，中国呼叫中心与BPO产业联盟、全国呼叫中心行业自律与监督委员会指导，4PS国际标准作为评选标准的客户联络中心行业奥斯卡奖——“‘金音奖’2016中国最佳联络中心与CRM颁奖典礼”系列活动。同程旅行网客服中心作为旅游业代表荣获“金音奖·2016年度中国最佳客户联络中心奖”。

同程网络科技股份有限公司（简称同程旅游）是中国领先的休闲旅游在线服务商，创立于2004年，总部设在中国苏州。在多年精心打造和致力于服务客户的基础上，同程旅游服务中心在服务质量、全流程客户体验和客户满意度等方面，收获了越来越多的客户信赖和好评。同程出境游服务中心已通过4PS国际标准认证，且荣获“金音奖”，并已有6位主要管理人员持有4PS认证协调员证书。

1. 快响应，暖服务的服务品牌

同程旅游一直秉承“客户第一，创新

执行，正直进取，合作共赢”的价值观，每一位同程员工都以此作为工作准则和标准。同程旅游服务中心承载同程所有产品的客户服务，提供游前、游中、游后的服务，对于公司而言，服务中心承担所有对客端的工作，包括售前、售后全流程的服务。同程旅游客服中心致力于为全国各地旅游的客人提供优质的服务，包括产品的选择，到出行前、中、后的紧密跟进，解答客人的所有疑问点，对游客提供专属贴心的顾问式服务。

2. 口碑管控，提高客户满意度

同程旅游在2016年上半年提出用户口碑管控“零差评”，相对于同行业来说，同程旅游在口碑数据管控力度上成效也很显著。2016年上半年，同程服务人次超过了一亿人次，总差评数也从去年的229 587条，降至69 786条，差评率下降了70%左右。未来同程的目标就是要实现“零差评”。同时，同程旅游也在加快同程专线的占比，最大程度上保证产品质量，同时同程专线的6大出游保障也在全方位地为产品质量和客户体验保驾护航。

3. 极致的全流程服务

目前同程服务中心业务涉及旅游全产业链服务，同程服务中心内部框架主要分为呼叫中心、订单中心、售后以及客户服务部门。

呼叫中心是客户和同程保持沟通的第一个桥梁，该中心提供全年365天7*24小时的服务；订单中心，在初步了解客户的需求后，进一步挖掘其需求，及时跟客户推荐最合适的产品，进而转化成功；售后，在客人成功支付之后，包括合同签订、信息同步等均会及时跟客户取得联络；客户服务部，即客户关系维系部门。

4. 服务渠道拓展

创新化，同程服务中心服务方式的深入推进，尤其是非标品度假板块，从之前单一的电话服务渠道，同时增加了多服务渠道的覆盖。电话、在线客服、智能服务等最大程度加大跟客户沟通的渠道。从之前的跟客服来电的客户交互，而并无后续的交互，到目前主动提供持续的服务给到客户，使客户的感知更深，另外也提升了企业的产品购买率，同时也提升了服务中心的创收数据。

规范标准服务态度和方式。整个电话服务过程中均使用完善的礼貌用语，快速解决客户的问题，提高客户体验。客服专属手机制，每一个员工都有专属的工作手机，方便客户在24小时内都能随时找到他的客服，客户的信赖感更有保障。

5. 会员营销策略

从客户出发，基于服务中心和客户信息系统，通过对客户的基本信息、消费偏好、个人爱好等情况进行长期关注，形成了整套的客户营销推进思路，包括对客户的生命周期的跟踪，了解客户潜在需求，给客户在合适的时间推荐最适合的产品，促进NPS(Net Promoter Score)净推荐值一直保持较高水平，并长期活跃，从而全面提升企业的竞争力。并通过对未来客户需求提前做调研和规划，确定未来的服务模式。

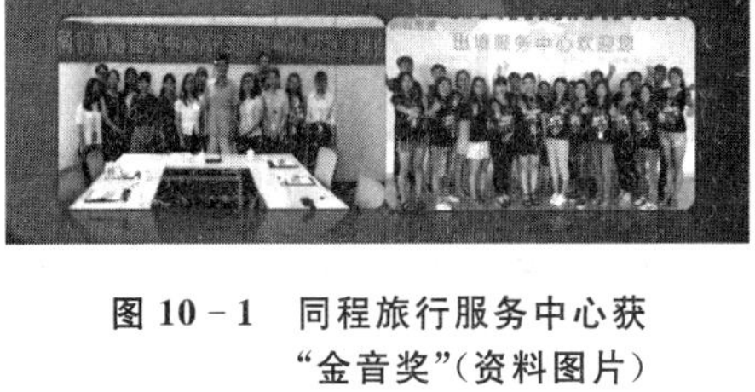

图10-1 同程旅行服务中心获“金音奖”(资料图片)

案例点评：旅游企业的服务理念在客户关系维系中发挥了重要作用，在互联网发达、竞争激烈的旅游市场中，维护客户关系的最重要法宝还是客户服务与有效沟通。

【任务执行】

任务工作单 10－1

<table>
<tr><td>任务名称</td><td colspan="5">客户关系管理的技巧与方法</td><td>学时</td><td>4</td></tr>
<tr><td>学习小组</td><td></td><td>姓名</td><td></td><td>学号</td><td></td><td>指导教师</td><td></td></tr>
<tr><td colspan="8">工作任务描述
了解客户关系管理的概念，并掌握旅游企业客户关系管理及维护的方法。</td></tr>
<tr><td colspan="8">具体工作任务
（1）获取相关资料与信息：
① 搜索相关资料，熟悉什么是客户关系管理。
② 网上搜索旅游企业客户关系管理的典型案例。
（2）讨论：
① 旅游企业客户关系的重要性体现在哪里？
② 旅游企业客户关系维护的方法有哪些？
③ 选择一家典型企业营销部的客户关系管理的案例进行分析，并评价其客户关系管理工作做的是否到位。
（3）成果展示：各小组汇报讨论结果，将案例分析通过幻灯片在课堂上展示。
（4）提交工作记录单和案例分析报告。</td></tr>
<tr><td colspan="8">学习条件
（1）市场营销实训室；
（2）每个小组配备一台可上网的电脑；
（3）任务工作单、工作记录单、学习情境练习单等；
（4）课件、视频资料、题库等。</td></tr>
</table>

旅游行业是服务行业，旅游者是旅游业得以生存的根本。旅游行业要塑造顾客的忠诚度比任何其他行业都难，因为旅游产品及服务的可模仿性、可复制性太强。但并不是说旅游企业就对塑造客户忠诚度毫无办法，客户关系管理就是一个很好的手段。

一、客户关系管理的含义

客户关系管理(Customer Relationship Management，简称 CRM)是一个不断加强与顾客交流，不断了解顾客需求，并不断对产品及服务进行改进和提高以满足顾客需求的连续的过程。其内涵是企业利用信息技术和互联网技术实现对客户的整合营销，是以客户为核心的企业营销的技术实现和管理实现。

客户关系管理注重的是与客户的交流。企业的经营是以客户为中心，真诚对待每一位客户，以期留住老客户，开发新客户；并加强与客户的沟通，为客户提供多种交流的渠道。

客户关系管理目前还没有十分统一的定义。顾名思义，客户关系管理指的是企业与其客户的交流方式，它实施于企业的市场营销、销售、服务与技术支持等与客户有关的领域。

客户关系管理首先是一种管理理念，起源于西方的市场营销理论，产生和发展于美国。其核心思想是将企业的客户（包括最终客户、分销商和合作伙伴）作为最重要的企业资源，通过完善的客户服务和深入的客户分析来满足客户的需求，以求与客户建立长久的合作关系。

客户关系管理又是一种旨在改善企业与客户之间关系的新型管理机制，要求企业从“以产品为中心”的模式向“以客户为中心”的模式转移，也就是说，企业关注的焦点应从内部运作转移到客户关系上来。

客户关系管理也是一种管理软件和技术，它能够提供客户资源及相关数据分析，为企业的销售、客户服务和决策支持等领域提供了一个业务自动化的解决方案。使企业有了一个基于电子商务的面对客户的前沿，从而顺利实现由传统企业模式到以电子商务为基础的现代企业模式的转化。

客户关系管理的目标是一方面通过提供更快速和周到的优质服务吸引和保持更多的客户；另一方面通过对业务流程的全面管理降低企业的成本。设计完善的客户关系管理解决方案可以帮助企业在拓展新收入来源的同时，改进与现有客户的交流方式。据国际客户关系管理论坛统计，国际上成功的客户关系管理实施，能给相应的企业每年带来6%的市场份额增长，提高9%～10%的基本服务收费。

相关链接

CRM的发展历程

CRM（Customer Relationship Management，客户关系管理）是伴随着互联网和电子商务的大潮进入中国的。

最早发展客户关系管理的国家是美国，在1980年初便有所谓的“接触管理”（Contact Management）专门收集客户与公司联系的所有信息。到1990年演变为包括电话服务中心支持资料分析的客户关怀（Customer Care）。

从管理科学的角度来考察，客户关系管理源于市场营销理论；从解决方案的角度考察，客户关系管理，是将市场营销的科学管理理念通过信息技术的手段集成在软件上面，得以在全球大规模地普及和应用。

二、客户关系管理对旅游企业的意义

（一）适应市场竞争环境的需要

当今的旅游业市场竞争越来越激烈，谁能最终留住客户，谁就能在激烈的竞争中站稳脚跟。当今的旅游市场竞争是围绕留住和吸引更多的客户展开的，客户关系管理是抓住客户需求、留住客户的必要和有效手段。旅游企业客户关系处理的好坏，直接影响企业在行业内的竞争力及经济效益。面对激烈的市场竞争，不得不展开强势的客户关系管理来留住客户。

（二）实现客户忠诚度最大化的需要

旅游企业的客户忠诚度很难塑造及保持，这是由旅游产品及服务的可模仿性及可复制性造成的。旅游企业为了塑造和实现客户的忠诚度的最大化就必须要从建立良好的客户关系及对客户关系进行有效管理着手，积极与客户进行沟通，与客户建立良好的关系，想客户之所想，以客户需求为中心开展经营，为客户提供真诚的服务。只有这样才能塑造和保持客户的忠诚度。

（三）实现客户价值最大化的需要

旅游企业要实现客户价值的最大化就是要让客户得到他所想得到的最大利益，并且争取与客户的长期合作，让客户在消费中获得最大利益，有利于客户关系的建立和稳定。同时运用其他手段与客户建立良好的关系，争取与每一位客户长期合作，实际上就是把每一位客户都培养成旅游企业的忠诚客户，从而实现客户、企业与社会利益的多赢。

（四）实现旅游企业利益的最大化

旅游企业的所有经营活动的最终目的都是为了顾客满意、组织获利。而顾客满意是组织获利的前提基础。为了使顾客满意就要与顾客建立良好的客户关系，注重细节，攻心为上。运用服务这个有利的手段建立和稳固客户关系，用细节感动顾客，用心服务于每一位顾客，争取每一位到企业消费的客人都能成为回头客，那么企业利益的最大化也就随之实现了。

三、客户关系管理的作用

（一）降低成本，增加收入

客户关系管理可以降低销售费用和营销费用。并且，客户关系管理能使旅游企业与客户产生高度互动，可帮助旅游企业实现更准确的客户定位，使旅游企业留住老客户，同时获得新客户的成本显著下降。在增加收入方面，由于客户关系管理过程中掌握了大量的客户信息，可以通过数据挖掘技术，发现客户的潜在需求，增加旅游企业销售收入。并且，由于采用了客户关系管理，可以更加密切与客户的关系，增加客户的消费量和消费的频率，减少客户的流失。

（二）提高业务运作效率

由于信息技术的应用，实现了企业内部范围内的信息共享，使业务流程处理的自动化程度大大提高，从而使业务处理的时间大大缩短，员工的工作也将得到简化，使企业内外的各项业务得到有效的运转，保证客户以最少的时间、最快的速度得到满意的服务。

（三）保留客户，提高客户忠诚度

客户可以通过多种形式与旅游企业进行交流。旅游企业的客户数据库可以记录分析客户的各种个性化需求，向每一位客户提供“一对一”的个性化服务，而且企业可以根据客户的不同消费水平及层次采取不同的优惠措施，鼓励客户长期与企业开展业务。

（四）有助于拓展市场

客户关系管理系统具有对市场活动、销售活动的预测、分析能力，能够从不同角度提供有关产品和服务成本、利润数据，并对客户分布、市场需求趋势的变化做出科学的预测，以便更好地把握市场机会。

（五）挖掘客户的潜在需求

每一个企业都有一定数量的客户群，如果能对客户不同层次需求进行研究，则可带来更多的商业机会。客户关系管理过程中产生了大量有用的客户数据，只要加以深入利用即可发现很多客户的潜在需求。抓住客户的潜在需求不但能为旅游企业创造更多的利润，还有利于为客户提供个性化服务，维护客户关系。

因此，做好客户关系管理是旅游企业营销部员工的重要职责，它是旅游企业与顾客建立良好的客户关系，从而实现顾客、企业、社会利益最大化的关键。

四、建立完善的客户服务管理体系的基础

实施客户关系管理，最根本的是要建立以客户为中心的企业运行和管理模式，而其基础则是要建立规范化和制度化的客户服务管理体系。在客户服务管理体系中，要明确旅游企业各部门在客户管理中的职责，规范各种业务流程与规章制度，从而使客户管理工作做到有章可循、有据可查。

建立客户服务管理体系的主要环节包括两个方面：

1. 明确部门职责

旅游企业销售部负责识别顾客的需求与期望，组织有关部门对产品及服务要求进行评审，并负责与顾客沟通。一线部门在做好服务的同时要帮助销售部门征集顾客需求，为顾客提供优质服务，并根据顾客需求的变化及时调整服务内容和形式。

2. 识别顾客要求

旅游企业营销部员工负责发现和满足顾客的需求。可以通过市场调研、顾客满意度测评（含对旅游产品及服务的改进建议、顾客投诉及处理等过程中产生的数据、竞争对手分析）等方式和渠道来获取相应的信息。

明确旅游企业各部门在客户关系管理中的职责，让各部门都参与到客户关系管理工作中，有利于旅游企业客户关系管理工作的开展。旅游企业销售部员工要明确自己的职责，发现并捕捉到顾客的需求，并将顾客需求的变化及时与其他部门沟通，确保提供给客人最称心如意的产品及服务，赢得顾客的满意，积极塑造客户的忠诚度。

五、建立完善的客户服务软件系统

旅游企业为了更好地进行客户关系管理，积极运用现代信息技术及互联网技术，旅游营销人员要善于抓住机遇，做好客户关系管理工作。

现代旅游企业一般会安装方便客户关系管理的软件系统，来实现客户资料及信息的共享，以方便各部门协作展开客户关系管理。这样的软件系统操作起来比较简单，信息存储量大，数据齐全，可以为营销策划、制定企业营销策略提供有力的支持。同时，方便企业及时调整营销的全过程，帮助营销部及时掌握团队的销售力。

（一）旅游企业客户关系管理软件系统一般包含的信息

1. 客户往来信息

对客户信息进行全面的管理。如：

查询客户的相关详细信息，客户购买旅游产品及服务的信息，客户的反馈信息等。

2. 客户管理

包括客户资料管理，客户交互管理，客户跟近管理，客户提醒管理，客户回款管理，流失客户管理，合同文档管理等。

3. 统计分析

包括客户分析，产品及服务销售分析，利润贡献分析，企业销售部销售员业绩分析。其反映出客户、产品销售、利润与销售部销售员之间的关系。

旅游企业的营销部员工要及时对客户信息进行更新，与企业其他部门协同合作，利用管理软件的统计分析功能，及时进行产品及服务销售分析、企业销售部销售员业绩分析及相关的各种分析，将分析数据所体现的问题或结论及时与上级及企业其他部门沟通，以便为企业营销决策提供强有力的依据。

（二）旅游企业客户关系管理软件的作用

（1）系统内可添加一些常用的客户知识及旅游产品知识，方便全员学习客户和产品知识，为客户关系管理奠定良好的基础。

（2）知识和信息可以全员共享，有利于及时建立和维护客户关系，提高旅游企业员工建立和维护客户关系的能力，并进一步提高员工的素养和工作能力。

（3）有利于营造以顾客为中心的经营理念。客户关系管理软件系统可以有效地将顾客为中心的经营理念时刻传递给各个员工，形成一种良好的企业文化氛围。

（4）有利于旅游企业的各项经营决策。软件操作系统中的数据分析功能，可以为企业的各项经营决策提供强有力的依据。

六、旅游企业营销部员工客户关系管理技巧

（一）树立正确的客户关系理念

旅游企业的营销部人员必须树立正确的客户关系理念，充分认识客户对于营销部及企业的重要性。在营销工作中建立良好的客户关系对于企业来说至关重要。旅游企业的营销人员要用真诚去建立客户关系，用真诚去维护客户关系，积极塑造客户的忠诚消费。

（二）开发和建立客户关系的技巧

1. 确定准客户的条件

旅游企业营销人员开发和建立客户关系的首要任务是如何开发客户，也就是要找到能到企业消费的客户，那么如何辨认出能到旅游企业消费的准客户呢？一般情况下，准客户应具备以下三个条件：

（1）客户的需求。首先要看客户有没有旅游消费的需求，如客户并没有到旅游企业消费的需求，那么无论旅游销售人员如何宣传销售，客户都不会购买相应的旅游产品。

（2）消费能力。旅游企业的营销人员要根据企业所提供的产品和服务的档次来开发符合旅游产品消费能力的客户。如果客户不具备与产品相符的消费能力，那么再开发也是徒劳的。

（3）有没有旅游消费的决定权。刚开始做旅游产品销售工作的业务人员最容易忽视这一点。营销人员开发企业客

户，需要找到负责企业接待事务的管理人员进行宣传，因为这个负责人对是否到营销人员所在企业进行旅游消费有决定权。

同时具备以上三个条件的人，才是旅游企业营销人员要开发的准客户。

2. 拜访客户的技巧

（1）在拜访客户之前要准备好名片、宣传资料、协议。宣传资料一定要简洁明了、重点突出、能吸引人，提前准备对产品和服务的口头介绍，介绍一定要能做到专业又吸引人，重点突出，通俗易懂，时间不要过长。所带协议要便于当场签订。

（2）根据客户的具体情况不同来决定拜访是不是需要电话预约。如果销售人员要拜访的客户是政府公务员、公司的经理或者是单位的主要负责人，最好提前电话预约拜访时间。因为这类客户时间安排比较紧凑，如不提前预约很有可能扑空，造成时间及其他成本的浪费。电话预约也是对此类客户的尊重。如果是大范围随机性的宣传则不需要进行电话预约。

（3）如拜访的时间确定了，营销人员一定要准时，绝不能迟到。旅游企业营销人员一定要准时到达拜访客户的地点，最好能提前几分钟到达。准时是销售人员职业素养和人品的良好体现，迟到是对客户的一种不尊重，也是对自己的不尊重。在拜访客户之前如还有时间可以再熟悉熟悉宣传资料及拜访的程序。如果是没有预约的客户，在选择时间时，一定要选择客户方便会面的时间，切记不要选择客户即将结束工作的时间前去拜访，因为此时客户已没有心思与营销人员交谈，此时去拜访是对客户的不尊重。

（4）在进入与客户会面的地点后，要坐在方便和客户交谈的位置上。营销人员与客户会面时要尽量坐在靠近客户的位置上，如有可能，尽量坐在与客户水平高度相当的位置上，方便与客户进行沟通。如与客户的会面地点已安排了营销人员的座位，那就按照客户的安排入座。

（5）与客户沟通的过程中要简明扼要，直入主题，介绍清楚后确认客户是否愿意签订协议。营销人员在与客户沟通时要直奔主题，不要过多寒暄以免浪费与客户沟通的宝贵时间。在介绍旅游产品和服务时要简明扼要、主次分明、详略得当。介绍完成后确认客户是否已经完全了解企业要宣传的产品或服务，如已经完全明白，销售人员可以主动询问客户是否愿意签订协议。如果被拒绝，可以请求客户再做考虑，以便为下次拜访留下伏笔。

（6）第一次拜访客户一定要掌握好时间，不要太长。销售人员第一次拜访客户一定要把握好时间。无论拜访的结果是否成功，营销人员的拜访时间要控制在1小时以内，如拜访时间过长容易引起客户的反感，难以给客户留下一个良好的第一印象。要本着真诚守信的心态介绍企业的产品和服务，不夸大其词，不说空话，给客户留下一个诚信的好印象。

（7）第一次拜访客户前要设计拜访的流程及话题。见到客户要主动打招呼，在客户未开口之前，以亲切的音调向客户打招呼问候，如："王经理，早上好！"

打完招呼后要进行自我介绍，报上企业名称、自己姓名及所在部门，并将名片双手递上。

直奔拜访主题之前可做适量沟通，可稍微聊一点可以活跃气氛的轻松话题，拉近与客户之间的心灵距离，使接下来的沟通更加轻松顺畅。

（三）维护客户关系的技巧

1. 细致入微，攻心为上

营销人员应当熟记客史档案，在客人生日当天为他送上礼物及诚挚的问候。时刻以细致优质的服务来感动顾客，必要时可以根据客史档案为客人提供个性化的服务，力争留住客人，把客人塑造成为企业的忠诚消费者。

2. 替客户着想，多做换位思考

旅游企业与客户合作一定要追求双赢，客户满意，是企业获利的基础。因此，销售人员要多站在客户的角度去思考问题，多为客户着想，不要把客户不需要的产品或服务介绍给他，也不要让客户花多余的钱，要尽量减少客户在旅游消费时不必要的开支。这样才能赢得客户的信任和尊重，才能有效地维护与客户的关系。

3. 真正地尊重客户

每个人都需要尊重，都需要获得别人的认同。对于客户给予的合作，销售人员一定要心怀感激，并对客户表达出诚挚的谢意。而对于客户的失误甚至过错，则要表示出宽容大度，而不是责备埋怨，并立即与其共同研究探讨，找出补救和解决问题的方案。这样，客户才会从心底里感激销售人员，感激企业。

4. 信守原则和职业道德，对所有的客户要一视同仁

一个信守原则和职业道德的营销人员最能赢得客户的尊重和信任。不管客户的消费档次或社会地位，只要是旅游企业的客人，营销人员都应一视同仁，不能厚此薄彼，戴着有色眼镜看人。营销人员要用原则和职业道德赢得顾客的信任及尊重，维护建立好客户关系，塑造客人的忠诚消费。

5. 为客户提供优质服务

要想维护好客户关系，高质量的产品及服务是不可或缺的。客人购买旅游产品消费，最想得到的就是优质的产品及服务。旅游企业内部各部门都要担负起维护客户关系的职责，旅游企业的员工都要对全员营销及服务营销有透彻的认识，并能很好地将全员营销及服务营销的理念贯彻到现实工作中去。只有企业各部门加强协作，才能真正维护好客户关系。

6. 当工作出现失误时不要替自己找借口

营销人员在对客服务或沟通过程中如果出现了工作失误一定不要忙着替自己找借口，这样会给客人留下推卸责任、不顾客人利益的印象。营销人员应坦诚承认自己的过失，然后尽力弥补过失，把过失给客人造成的不满感降到最低。当营销人员能承担责任并改正过失时，反而会赢得客人的信任。

7. 营销人员要多学习专业知识及心理学知识

营销人员多学习相关专业知识可以帮助销售人员更好地维护客户关系，赢得客人的喜爱和信任。要想抓住客人的心，除了真诚细致的服务和关怀外，相应

的心理学知识也可以帮助销售人员更好地把握客户的心理，从而更好地开发和维护客户关系。

客户关系的开发和维护是旅游企业营销人员的重要工作职责，客人是旅游企业的生存之本，没有客人就失去了一切。面对行业内越来越激烈的市场竞争，旅游企业营销人员要把客户关系管理工作当做重点工作用心去做，争取到更多的客人、维护好客户关系，企业才能得到长远的发展。

【任务拓展】

选择两家不同类型的旅游企业，观察这两家企业在客户关系维护方面的工作方法有何异同。

【任务反馈】

在客户关系管理中，旅游企业的服务质量发挥了怎样的作用？

释疑：在客户关系管理中，服务质量的水平发挥了非常重要的作用。高质量的服务能够留住顾客，并能形成顾客的忠诚度，进而实现良好的口碑效应。高质量的服务能够避免企业卷入价格竞争的泥沼，帮助企业最大限度地获得潜在收益。高质量的服务为稳定员工队伍，留住优秀员工提供了基础。因此客户关系管理虽然需要技术手段的支撑，但优质的服务仍然同样重要，且能发挥关键的基础性作用。

任务二　拉近心灵的距离
——实用营销沟通技巧

【任务目标】

学生应掌握常用的营销沟通技巧，并能在营销工作中加以运用。

【案例聚焦】

小王是一家四星级酒店的营销部经理，周一早上开完例会后回到办公室，正巧有一位老客户到营销部来洽谈会议事宜并找到了小王。小王热情地接待了客户，并与客户进行愉快的交谈，期间小王办公桌上的电话响了，小王致歉后接起了电话，是另一位客户打来商谈会议接待事项的，小王热情地和客户洽谈着，大约5分钟后小王想起还有一位客人正在等他，于是便尽量迅速地结束了电话，马上和在办公室等候的老客户继续沟通。没过几分钟小王的手机响了，也是一位客户，小王就与这位客户寒暄了几句，又交谈了几分钟。刚挂掉手机，销售代表小张进到了小王的办公室，说事情紧急，有一项工作需要小王出面与其他部门协调，这时在小王办公室的老客户起身告辞了，小王赶紧起身相送，并和老客户说好处理完手头上的事马上和老客户联系。奇怪的是当小王办完手头上的事再给刚才这位老客户打电话时却得知会议已经安排到其他酒店了，而且后来在今年的会议旺季再没有接待过这位老客户所在单位的会议。

小王心想："无所谓了，反正酒店的生意好，不愁没客户。到节日时再去拜访，能拉回来最好，拉不回来就算了。"

案例点评：营销工作中，掌握沟通的技巧与方式是非常重要的，案例中的小王正是因为没有重视与客户的沟通而丢掉了老客户。对于营销人员而言，应吸取小王的教训，尽量避免类似情况的发生。

【任务执行】

任务工作单 10－2

<table>
<tr><td>任务名称</td><td colspan="5">掌握实用的营销沟通技巧</td><td>学时</td><td>2</td></tr>
<tr><td>学习小组</td><td></td><td>姓名</td><td></td><td>学号</td><td></td><td>指导教师</td><td></td></tr>
<tr><td colspan="8">工作任务描述
理解沟通技巧在营销工作中的现实意义，并掌握一些实用的沟通技巧与方法。</td></tr>
<tr><td colspan="8">具体工作任务
（1）获取相关资料与信息：
① 搜索相关资料，熟悉什么是沟通。
② 网上搜索与营销沟通技巧相关的典型案例或者图片。
（2）讨论：
① 沟通的内涵和意义是什么？
② 在旅游企业的营销人员开展工作的过程中，应掌握怎样的沟通技巧？
③ 选择一个典型企业营销沟通活动的成功案例进行分析，并描述你对沟通的理解。
（3）成果展示：各小组汇报讨论结果，将案例分析通过幻灯片在课堂上展示。
（4）提交工作记录单和案例分析报告。</td></tr>
<tr><td colspan="8">学习条件
（1）市场营销实训室；
（2）每个小组配备一台可上网的电脑；
（3）任务工作单、工作记录单、学习情境练习单等；
（4）课件、视频资料、题库等。</td></tr>
</table>

旅游企业营销人员与客人的沟通大多数时候是在客户接待的过程中完成的，如何做好客户接待关系着企业营销工作的成败。旅游企业营销人员与客人进行有效沟通的前提就是做好客户接待工作，正确的客户接待技巧是留住客户的必备条件。

一、客户接待过程中的倾听技巧

对一个旅游企业销售人员来说，首先应该掌握的是客户接待过程中的倾听技巧，这是进行有效沟通的前提。

（1）客户开始讲话时，营销人员要停止讲话。这个技巧要求营销人员首先要仔细听客户的话语，从客户的话语中发现并了解客户的需求。只要客户开始讲话，营销人员应立即停止自己的发言，让客户先表达。

（2）不要随意打断客户的讲话。随意打断对方的讲话是一种非常不礼貌的行为。如果没有听明白客户的意图，可以在客户表述完一项需求后进行适当的提问，而不要过多打断对方，以免影响客户表达思路，无法从客户的表述中发现客户需求。

（3）与客户交谈的过程中要集中精神。营销人员与客户交谈的过程中要集中精神，仔细聆听，表现出对客户尊重的同时可以抓住客户需求。尽量不要在客户面前看公文、打电话。如果有非常重要的电话一定要接，要先向正在交谈的客户致歉，并与电话交谈的客户协调一个该客户方便的时间，再回复电话。不要让之前正在交谈的客户久等。

营销人员应该尽量做到在与客户交谈过程中手机保持静音。

(4) 创造让客户轻松的交谈氛围。旅游企业的营销理念一般都是以尊重顾客需求为导向的。因此，旅游企业的销售人员在与客户进行交谈时同样要创造出一种轻松愉快的氛围，并且要充分关注到顾客的需求。很多细节能够帮助沟通双方营造更为和谐的沟通环境，比如在洽谈场所为客人准备舒适的沙发，客人平时喜爱的饮品，交谈房间的装修风格要明亮惬意等。

同时，旅游企业营销人员的微笑是创造轻松交谈氛围的法宝，营销人员在与客户的交谈过程中应时刻保持让客户心情放松的微笑，轻松愉快的氛围有利于业务洽谈的成功。

(5) 营销人员在与客户交谈的过程中要以听为主，辅之以视。眼睛是心灵的窗口。营销人员在与客户的交流中要恰当运用目光交流的技巧，与客户进行自然的目光交流很重要。不要斜视客户、扫视客户，要正视客户，眼神自然，让眼神传达出友善与尊重，让眼睛也会微笑。在充分表示出对客人尊重的同时营造和谐轻松的交流氛围。

(6) 在聆听的过程中注意抓住客户的主要需求，学会听客户话语中的关键词。客户所说的话不一定都与他的需求有关，这就要求营销人员在与客户交谈的过程中学会抓住客户的主要需求，能够抓住客户话语中的关键词，这些关键词就代表了客户的主要需求。营销人员可以适当记录反映客户主要需求的关键词。

(7) 学会换位思考，站在客户的立场上考虑问题。旅游企业营销人员在聆听完客户的需求后要迅速提供产品及服务来满足客户的需求。在提供产品和服务时要学会换位思考，站在客户的角度考虑客户的需求，为客户提供他们真正需要的产品和服务。

营销人员在接待客户的过程中也要站在客户的角度思考问题，关注接待过程中的每一个细节，做到真正尊重客户。

二、客户接待过程中的表达技巧

在客户接待过程中不仅要会倾听从而抓住客户的需求，还要学会向客户传达信息，从而满足客户的需求。

(1) 用客户听得懂的语言向客户传达信息。旅游企业的营销人员在向客户推销产品时一定要使用客户听得懂的语言，少用专业术语或专有名词，把专有名词和专业术语用最简单直白的语言进行表述，确保客户能真正了解产品的优点及特色。

(2) 通过倾听抓住客户主要需求的同时，提供多种选择给客户，并帮助客户做比较。旅游企业的营销人员要掌握倾听的技巧，在倾听的过程中抓住客户的主要需求，提供多种产品及服务满足客户需求并帮助客户做比较。并能根据客户对旅游产品的认知度的不同及性格类型的不同，采用不同的方式接待及推介产品。

相关链接

掌握顾客类型，沟通事半功倍

新顾客：

接待新顾客要礼貌、热情，争取给新顾客留下美好的第一印象。推介产品时要热情主动，尽量详细介绍。

常客或大客户：

接待常客或大客户要凸显热情，营造轻松愉快的氛围。由于常客或大客户对已有旅游产品都比较熟悉，所以旅游企业销售人员在推介产品时要着重介绍企业新推出的旅游产品和服务。

性急或有急事的顾客：

接待性急或有急事的顾客要快节奏，推介产品时要注意介绍速度与质量相结合。

精明顾客：

接待精明型的顾客要做到积极热情。介绍产品时要耐心细致，实事求是，为顾客提供多种选择，可帮助客人多做比较，但不要帮客人做决定。

老年顾客：

接待老年顾客要热情主动，学会换位思考，多关心、多帮助。要着重推荐既方便老年客人消费又经济实惠的产品和服务。

无主见型顾客：

接待无主见型顾客要积极热情，推介多种产品和服务，帮助客人做比较的同时成为顾客的参谋，适当的时候可以帮助顾客做决定。

主见型顾客：

接待主见型顾客要热情和气，向此类型客人推介产品时话语要简洁明了、突出重点，避免介绍过于细致冗长，为客人提供多种满足需求的产品及服务，让客人自己做决定。

(3) 旅游企业营销人员向顾客传递信息时语言要清晰有逻辑，层次分明。旅游企业营销人员与顾客交流时话语要突出要点、重点，不啰唆、不夸大其词、不讽刺挖苦。还要注意尽量不使用方言，以免造成沟通障碍。

(4) 旅游企业营销人员可利用产品展示的技巧说服客人购买旅游产品及服务。旅游企业营销人员在面对新客户或推介新产品时，为了让客户对旅游产品及服务有个感性的认识，可引领客人参观或采用其他情景再现的方式，将新的旅游产品或服务实际展示给客人，以增强客人对旅游产品及服务的认知度，从而可以帮助客人尽快作出决定，有效说服客人购买旅游产品。

（5）面对客人投诉要及时迅速解决，及时给客人答复。① 用温和的态度缓解客人的焦躁情绪。② 做到诚恳耐心的倾听，倾听完投诉后立即表明态度，并向客人表示感谢。③ 在倾听的过程中要善于过滤信息，找出客人投诉的事因和要求解决的具体问题。④ 如投诉合理，立即与有关部门联系处理投诉。如不能马上解决，不要轻易许诺。待解决投诉后马上与客人联系，通报处理结果及相关事宜。

（6）摆正心态，真诚、热情周到地为客人提供服务，接待客人的过程中要做到不卑不亢。

三、研究对客沟通技巧的目的

旅游企业营销人员在接待客户的过程中要运用一定的技巧，要树立一种良好的沟通心态，多做换位思考。这样才能站在顾客的角度去想问题，才能真正理解客户的需求。

理解客户的需求才能抓住客人的需求，把符合客户需求的产品及服务推介给客人，并帮助客人作比较，尽可能说服客人购买旅游产品及服务。

用一颗真诚的心与客人沟通，才能感动客人，达到良好的沟通效果，从而把新客户变成老客户，把老客户变成大客户，把大客户变成常客。真正留住客人，让客人满意的同时积极塑造客人对企业的忠诚消费。

【任务拓展】

选择一个主题，小组成员之间进行沟通技巧的模拟与演练。

【任务反馈】

情感沟通在旅游营销中发挥了怎样的作用？

释疑：现代心理学研究认为，情感因素是人们接受信息渠道的“阀门”，通过情感的有效传递，能叩开人们的心扉，引起旅游者关注。对绝大部分的普通旅游者来说，了解产品的功能性、独特利益点未必是促使其完成购买行为的第一要素，而基于理性需求之上的情感沟通，建立产品与旅游者之间的情感关联，却可带动购买，不仅如此，它对于培育旅游者对品牌的忠诚度也尤为重要。

在情感消费时代，旅游者购买旅游产品所看重的已不是产品数量的多少以及价钱的高低，而是为了一种情感上的满足，一种心理上的认同。所以要重视情感沟通的重要性，从旅游者的情感需要出发，唤起和激起旅游者的情感需求，诱导旅游者心灵上的共鸣，寓情感于营销之中。

◆项目评价

在本项目中，我们了解了旅游企业进行客户关系管理和沟通技巧掌握的现实意义，学习了旅游企业进行客户关系管理的常用形式与方法，如何更清晰地识别客户，以及在与客户沟通过程中的实用技巧。

在本项目中，学生通过实践与调研，对客户关系管理以及客户沟通技巧形成更深入的认识，同时掌握实务性的操作技巧，使其能在营销实践中得以运用。

【知识/技能评价】

① 名词解释。

客户关系管理　沟通

② 简述旅游企业进行客户关系管

理的作用与意义。

③ 实行客户关系管理需要有哪些基础条件。

④ 客户关系管理的常用方法与技巧有哪些。

⑤ 简述客户沟通中的倾听技巧。

⑥ 简述客户沟通中的表达技巧。

【实践演练】

① 如果您现在刚开始经营一家小型的经济型酒店，您会怎样开发和维护客户关系？

② 针对一家企业的产品或服务写一封投诉信。你是否收到退款、更换产品、回信，还是根本没有回应？不同的反应是如何影响你对这家公司的态度的？

【项目链接】

如何与客户更好的沟通？

沟通意味着与别人的意见交流或是共享，这需要一定的技巧。

第一步：语言同步，找到共同的语言。有一句话叫"话不投机半句多"，半句都多了当然下面就是说"不"了。那么如何在推销过程中，规避这种情况，不给顾客说"不"的机会，就要找到共同语言，即实现语言同步。

第二步：表现同步，迅速找到双方的共鸣点。迅速地掌握顾客的表征系统。用顾客的表征系统来沟通，就能迅速地找到双方共同感兴趣的话题。与顾客产生共鸣，非常有利于我们达成交易，减少对方说"不"的机会。

第三步：状态同步，你是镜子里的他。实现推销成功，达成交易，都是在非常友好的气氛中、非常愉快的状态中达成。那么作为一个具体的推销员，又怎么和千差万别、各式各样的顾客迅速地建立一个宽松的、愉快的状态，避免顾客的拒绝呢？这就要让顾客看到你就像看到镜子里的他一样。你的言谈、举止、心境等等，要在短时间内与顾客达成一致。

拓展路径

① 扫下面二维码，阅读文章《旅游产品的销售技巧和话术有哪些？》，了解旅游销售的技巧与表达方式。

② 扫下面二维码，阅读文章《旅游服务纠纷精选案例》，了解与学习如何处理旅游纠纷。

③ 扫下面二维码，阅读文章《旅游销售技巧和话术》，了解销售语言表达的技巧。

参考文献

1. (美)菲利普·科特勒,等.旅游市场营销[M].谢彦君,译.大连:东北财经大学出版社,2006.

2. 赵毅,叶红主编.新编旅游市场营销学[M].北京:清华大学出版社,2006.

3. 林南枝主编.旅游市场学(修订版)[M].天津:南开大学出版社,2000.

4. 谷慧敏编著.旅游市场营销[M].北京:旅游教育出版社,2002.

5. 俞慧君编著.旅游市场营销[M].天津:南开大学出版社,2005.

6. 刘晓琳主编.旅游市场营销学[M].济南:山东大学出版社,2007.

7. 刘晓琳,曲春蕾主编.酒店市场营销[M].北京:中国旅游出版社,2012.

8. (英)A. V. 西顿,等编著.旅游产品营销:概念、问题与案例[M].张俐俐,马晓秋,主译.北京:高等教育出版社,2004.

9. 赵兴元主编.广告原理与实务[M].大连:东北财经大学出版社,2002.

10. 王喜雪主编.休闲旅游策划与营销[M].上海:上海交通大学出版社,2011.

11. 刘晓明主编.旅游市场营销[M].上海:上海交通大学出版社,2011.

12. 狄保荣,等.饭店文化建设[M].北京:中国旅游出版社,2010.

附录 1

电话记录单

S&MD—F—5

时间	通话人及其单位	具体事宜

附录 2

编号　　　　　**签发：**

会议接待指令

S&MD－F－3

一、活动名称：____________________

二、活动时间：__________　会议地点：__________　人数：__________

三、主办单位：____________________

四、有效签字人：__________　会务组：__________

五、内部协调第一责任人：__________　联系电话：__________

　　内部协调第二责任人：__________　联系电话：__________

六、接待规格：☐ VIP ____级　　☐ 常规

七、会议安排：

1. 会议时间：______年______月______日______时至______时

______年______月______日______时至______时

______年______月______日______时至______时

______年______月______日______时至______时

备注：____________________

2. 参加人数：______人

3. 会议地点：

☐ 5F 多功能厅　☐ 5F 第一会议室　☐ 5F 第二会议室　☐ 5F 西餐厅　☐ 3F 华夏厅

☐ 3F 维也纳厅　☐ 3F 山东厅　☐ 2F 芙蓉堂　☐ 1F 贵宾厅　☐ 其他会场

备注：____________________

4. 场租：______元/天，计费天数：______天，合计场租：______元

5. 会场形式：☐ 课室式　☐ 剧场式　☐ U 型会场　☐ 回型会场　☐ 其他形式

备注：____________________

七：各部门分工：

1. 前厅部：

1）于______年______月______日______时前预留：

房型：______　间数：______　价格：______元/间·天（13%服务费☐ 加收　☐ 免收）

房型：______　间数：______　价格：______元/间·天（13%服务费☐ 加收　☐ 免收）

房型：______　间数：______　价格：______元/间·天（13%服务费☐ 加收　☐ 免收）

房型：______　间数：______　价格：______元/间·天（13%服务费☐ 加收　☐ 免收）

2）房卡：☐ 预制　☐ 不预制

3）宾客入住形式：☐ 散客　☐ 团队　☐ 分配客房　☐ 自理　☐ 代办（附名单及要求）

4）宾客到店车次（航班）：______　到店时间：______　接站服务：☐ 是　☐ 否

5）代订车票（机票）：☐ 是　☐ 否　车次（航班）：______　数量：______　目的地：______

6）行李服务：☐ 是　☐ 否____________________

7）总机服务：

a. 长话：☐ 开　☐ 关　市话：☐ 开　☐ 关

b. 叫醒服务：☐ 是　☐ 否　时间：______　房号：____________________

2. 客房部：

1）提前清扫房间：☐ 是　☐ 否　时间：________　房号：________________

2）房间小酒吧：☐ 保留　☐ 撤除

3）房内其他要求：☐ 花插：________　☐ 果盘：________

4）会场盯厕服务：☐ 是　☐ 否

5）洗衣服务：________________

6）其他：________________

3. 康乐部：

1）会议服务要求：

☐ 茶水：☐ 绿茶　☐ 花茶　☐ 红茶　☐ 乌龙茶　☐ 其他

☐ 果盘：标准：________元/个，数量：________个，共计：________元

☐ 茶歇：标准：________元/位，人数：________人，共计：________元

2）会议所需物品及设备：

☐ 白板　☐ 白板擦　☐ 水性白板笔______只　☐ 信纸　☐ 铅笔　☐ 圆珠笔　☐ 激光教鞭

☐ 有线麦克____只　☐ 无线麦克______只　☐ 录音______元/小时

3）☐ 绿色植物品种数量及摆放要求：________________

4）康乐服务：

a. ☐ 保龄球：　消费时间：________　价格：________　服务费☐ 加收　☐ 免收

b. ☐ 游泳池：　消费时间：________　价格：________　服务费☐ 加收　☐ 免收

c. ☐ 桑拿浴：　消费时间：________　价格：________　服务费☐ 加收　☐ 免收

d. ☐ 健　身：　消费时间：________　价格：________　服务费☐ 加收　☐ 免收

e. ☐ 棋牌室：　消费时间：________　价格：________　服务费☐ 加收　☐ 免收

f. ☐ 歌舞厅、KTV：消费时间：________　价格：________　服务费☐ 加收　☐ 免收

5）其他：________________

4. 餐饮部：

1）会议服务要求：

☐ 茶水：☐ 绿茶　☐ 花茶　☐ 红茶　☐ 乌龙茶　☐ 其他

☐ 果盘：标准：________元/个，数量：________个，共计：________元

☐ 茶歇：标准：________元/位，人数：________人，共计：________元

7）会议所需物品及设备：

☐ 白板　☐ 白板擦　☐ 水性白板笔______只　☐ 信纸　☐ 铅笔　☐ 圆珠笔　☐ 激光教鞭

3）用餐要求：

a. 用餐形式：☐ 零点　☐ 宴会　☐ 自助餐　☐ 会议桌餐

b. 用餐地点、标准及人数：

☐ 2F 餐厅　标准：________元/人　用餐人数：________人　桌数：________桌

☐ 3F 餐厅　餐厅：________　标准：________元/人　用餐人数：________人　桌数：________桌

餐厅：________　标准：________元/人　用餐人数：________人　桌数：________桌

餐厅：________　标准：________元/人　用餐人数：________人　桌数：________桌

☐ 5F 餐厅　标准：________元/人　用餐人数：________人　桌数：________桌

c. 服务费：☐ 加收　☐ 免收

4）其他：________________

5. 工程部：

1）会议所需设备的安装：______ 会议接待部门确认安装调试结果：______

□ 有线麦克____只 □ 无线麦克____只 □ 领夹式麦克____只 □ 电脑投影仪____元/天

□ 笔记本电脑____元/天 □ 电视 □ VCD □ 音响

2）条幅的安装：位置：______ 安装完成时间：______

3）保证设施设备的正常运转。

6. 财务部：

1）房价：□ 公开 □ 保密

2）杂费：□ 自理 □ 会议结算 □ 免收 □ 其他形式______

3）押金收取：会议消费总额的□ 15% □ 30% □ 50%

4）结账方式：□ 现金 □ 支票 □ 金卡 □ 担保

5）服务费：□ 加收 □ 免收

6）电脑房：

电脑刻字：

内容：______

规格：______cm×______cm 制作完成时间：______

7）其他：______

7. 安全部：

1）停车位：□ 预留 □ 不预留

2）制订紧急事件处理方案：□ 是 □ 否

3）交通协调：会议用车车号(车型)______

五座以上车号(车型)______

抵店时间：______日______时______分

4）其他：______

8. 营业部：

1）指示牌/路标：数量______个 规格：□ 大 □ 小 摆放位置：______

内容：______ 费用：______元

2）条幅：内容：______

规格：______m×______m 费用：______元

3）桌签：内容：______

数量：______ 费用：______元

4）□ 投影屏幕 □ 胶片投影仪______元/天 □ 摄影______元/小时 □ 摄像______元/小时

5）会议期间负责与会务组协调随时补充未尽事宜，做好服务工作。

6）其他：______

9. 车队：

1）租用车型：

□ 依维柯 （车号：* * * * * * *） 费用：______元

□ 桑塔纳 （车号：* * * * * * *） 费用：______元

□ 丰田佳美（车号：* * * * * * *） 费用：______元

2）其他：______

计划拟定：________　　　　营业部经理：________

时间：________　　　　时间：________

会议准备情况完成记录：

	计划发放	会场布置	设备安装	房卡制作	用餐安排	客房准备	路标指示	车辆使用	车辆停放	押金收取
完成时间										
工作人员										
检查人员										

附录3

散客预订单　　　　No.

S&M—F—1

宾客姓名		人　数	男：　　人 女：　　人	户籍地或国籍	
抵店时间	年　月　日　时		航班/车次		
离店时间	年　月　日　时		航班/车次		
拟住天数	天	接待标准	元/间·天		
房间要求		特殊要求			
付款方式	直接付款：现付□　优惠券□ 支票□　消费券□ 信用卡□	间接付款	金卡□ 托收□	有效签字人	
单位		联系方式			
房务部	财务部	签　发	接待人		
备注					

年　　月　　日

附录 4

团队预订单

GROUP PESERVATION FORM

S&MD—F—2

预订日期：

Reserved on

抵店日期 Arrival Date		抵店时间 ETA		离店日期 Departure Date		离店时间 ETD	
团队名称 Name of Group				人数 Pax		国籍 Nationality	
旅行社公司名称 Name of Agent/Company							
联系人 Contact Person		电话 Telephone No.			传真 Fax No.		
房量及房价 No. of Room&Application Rates			________豪华标准间________ Standard Room(S)				
房价 Application Rates				付款方式 Billing Instructions			
叫醒时间 Morning Call				出行李时间 Luggage Collecting			
早餐时间 Breakfast Time		用餐地点 Outlet			用餐人数 Pax		
用餐标准 Meal Price				付款方式 Billing Instruction			
晚餐时间 Supper Time		用餐地点 Outlet			用餐人数 Pax		
用餐标准 Meal Price				付款方式 Billing Instruction			
特殊要求 Special Instructions							
备　注							

接单人____________　　　　　　　　　　接单日期____________

Received by　　　　　　　　　　　　　　Received on

审　批：

附录 5

客户拜访计划表

日期：

周计划 周目标										
时间 任务	上午	下午	上午	下午	上午	下午	上午	下午	上午	下午
计划										
完成										
经理审核										

附录 6

客户拜访记录表

S&MD—F—4

待回复□　　已回复□

时间	单位名称	地址/电话	联系人	意见及消费趋向	回复意见	回复时间	回复人
部门意见： 经　理							

附录 7

客户信息统计表

拜访时间：

客户名称	地　址	电话/传真/手机	行政接待联系人	主要领导	曾入住酒店及协议价格	主要部门负责人	反馈信息

填表人：

附录 8

美工申请单

F&MD—F—6

申请部门		申请日期	
工作项目及完成时间			
工作内容			
申请人		申请部门经理	
收费标准	美工：		
验收意见	验收人：		
备　注			

附录 9

会议设备使用通知单

设备名称	出租期限	费用	设备情况	承租人	经办人	备注
	月　—　月　日					
	月　—　月　日					
	月　—　月　日					
	月　—　月　日					
	月　—　月　日					
	月　—　月　日					
	月　—　月　日					
	月　—　月　日					
	月　—　月　日					
	月　—　月　日					

附录 10

协议客户资料登记表

客户名称	电话	联系人	职务	价格	备注

旅游服务心理与实务

旅游者心理与行为

旅游管理心理与沟通

旅游者的感知觉与行为

旅游企业人际关系与沟通

酒店服务心理与实务

TOURISM

（2006—2010）教育部高等学校高职高专餐旅管理与服务类专业教学指导委员会推荐教材
全国高职高专旅游类立体化示范教材

旅游心理与人际沟通

TOURISM

第2版

本教材编写委员会
主 编 张树夫 张莉娟
李 玲 任 静
副主编 吕 虹 吉 玥
王小利 凌丽琴 杨中华

南京师范大学出版社
NANJING NORMAL UNIVERSITY PRESS

图书在版编目(CIP)数据

旅游心理与人际沟通 / 张树夫等主编. — 2版. —
南京 ：南京师范大学出版社，2019.7
(全国高职高专旅游类立体化示范教材/黄震方总主编)
ISBN 978-7-5651-4262-8

Ⅰ. ①旅… Ⅱ. ①张… Ⅲ. ①旅游心理学—高等职业
教育—教材 ②旅游—人际关系学—高等职业教育—教材
Ⅳ. ①F590

中国版本图书馆 CIP 数据核字(2019)第 136813 号

书　　名　旅游心理与人际沟通(第2版)
丛 书 名　全国高职高专旅游类立体化示范教材
主　　编　张树夫　张莉娟　李　玲　任　静
责任编辑　马　笑
出版发行　南京师范大学出版社
地　　址　江苏省南京市玄武区后宰门西村9号(邮编:210016)
电　　话　(025)83598919(总编办)　83598412(营销部)　83373872(邮购部)
网　　址　http://press.njnu.edu.cn
电子信箱　nspzbb@njnu.edu.cn
印　　刷　兴化印刷有限责任公司
开　　本　787毫米×1092毫米　1/16
印　　张　12.25
字　　数　230千
版　　次　2012年5月第1版　2019年7月第2版　2019年7月第1次印刷
书　　号　ISBN 978-7-5651-4262-8
定　　价　37.00元

出 版 人　彭志斌

总 序

近年来，我国高等职业教育主动适应社会经济发展的需要，以培养生产、建设、服务、管理第一线的高素质技能型专门人才为主要任务，坚持以服务为宗旨、以就业为导向，走产学研结合发展道路，通过不断深化教育教学改革，推进体制机制和办学模式创新，办学思路日益明确，教育规模不断扩大，人才培养质量显著提升，为经济社会的发展提供了强大的人才支撑和智力支持。

现阶段是我国高等职业教育稳步发展和全面提升的关键时期，是办学活力明显增强、办学水平整体提升、服务能力显著提高的重要时期，是高等职业教育深化改革、创新发展的攻坚时期。这一时期，也是我国文化和旅游业大发展、大繁荣的黄金机遇期。高等职业旅游教育面临着巨大的行业人才需求，也肩负着深化教育教学改革、全面提高教育质量、培养高素质技能型旅游专门人才的历史重任。

教材是实现教育目的的主要载体，是教学的基本依据，是培养高质量优秀人才的基本保证。伴随着我国高等职业旅游教育的发展，教材建设也取得了明显的成果，教材种类大量增多，教材内容不断丰富，对促进高等职业旅游教育发展起到了积极的作用。但是，现有的高职旅游教材还存在一些不足，主要表现在：一是高职教育特色不强，仍然没有完全摆脱本科压缩型的教材模式；二是教材内容与生产实践结合不紧，实践性内容相对不足，没有充分体现行业生产实践和职业技能鉴定规范的要求；三是教材低水平重复建设现象比较严重；四是教材内容比较单调、陈旧，难以适应现代技术、行业发展和教学改革要求。

高职旅游教材的编写是一项研究课题，需要变革和创新。应根据高职培养目标准确进行教材定位，按照应用导向设计教材内容结构，将“做中学”“用中学”“工学结合”等现代性、实用性观念融入教材，带入课堂教学。必须面向广大学生，研究专业的职业特点及培养目标的业务规格，突破传统教材框架，探索易于高职学生接受的编写模式和内容体系，编写体现高职院校自身特色的专业教材，使教材真正成为实现旅游教学与职业紧密对接的现代教学媒体。

高职旅游示范教材的编写更是一项系统工程，需要多领域高水平协同研发。南京师范大学出版社在全国范围内精心组织编审、编写团队，其研发历经三年多时间。从深入一线课堂进行调研，听取相关领域众多师生的意见；到向全国不同教学层次学者、行业专家征求高职旅游课程建设与教材改革、行业发展新建议、新要求，在全国多所骨干、示范性高职院校旅游类重点建设专业和精品课程负责人中遴选作者；再到多次召开调研会、编委会、组稿会、统稿会、评审会……其目的在于让教材跟上时代步伐、体现高职旅游类课程改革最新成果、彰显示范性。

本套教材结合高职旅游专业的特点，围绕工作过程(任务)系统化的课程要求，在遵循科学性、职业性、实用性、创新性、示范性的编写原则的同时，在现代职业教育理念与教材有机融合、体现课程改革与高职教材特点、教材框架体系与教材内容选择、教材编写队伍与编写方式、教材立体化开发和呈现形式等方面，体现出较好的示范作用。

本系列教材基本涵盖了当前高职高专院校旅游管理、酒店管理专业基础课、专业核心课程。编写体例分两个版本：A 版偏重理论知识的课程体例，提倡以案例化、能力活动化形式展现；B 版偏重实践操作的课程体例，提倡以情境化、实操化形式展现。无论是 A 版还是 B 版，其基本体例都包括"目标—过程—评价"。为了让学生在学习的过程中能够了解并熟悉行业要求，我们在体例设置上把"目标"进一步细化，分为"行业要求"和"学习目标"(或"终极目标")；为了把"知识和技能"融进学习任务或工作任务中，在每个教学任务下分设了"任务目标""案例聚焦""任务执行""任务拓展""任务反馈"栏目(另外，有些教材在栏目的增减或措辞上稍有差异，以适应相关课程的具体发展要求)，加强了任务与任务、项目或模块与任务之间的条理性和系统性，突出了每个栏目下内容都是科学设置、合理设计的特点；为了使得学习过程和教学过程更加完整，我们在"模块评价"(或"项目评价")栏目下分设了"知识/技能评价""能力应变"(或"实训演练")和"模块链接"(或"项目链接")三个小栏目，与行业动态、实训内容等相联系，使得学生在过程评价或实践演练中培养素质、积累经验、提高技能。

本套教材凝聚了国内多位高职旅游院校优秀教师和行业精英的智慧和经验，体现了现代旅游职业教育的特点和教育教学改革的成果，是高职旅游专业教材改革创新的一次有益尝试，对提高旅游专业教材质量、推进专业教材建设具有积极意义。

期待这套教材的出版，能在我国旅游人才的培养中发挥重要的作用，为促进高等职业旅游教育的发展做出更大的贡献。

(2006—2010)教育部高等学校高职高专餐旅管理与
服务类专业教学指导委员会　主任委员

南京师范大学旅游系主任、教授、博士生导师　黄震方

第 2 版修订说明

旅游心理学是研究旅游活动中人的心理现象和行为规律的科学。在旅游活动中，旅游者与“旅游产品”之间，旅游服务人员与旅游服务人员之间，旅游服务人员与旅游企业管理人员之间时时刻刻有着接触和联系，这些相互之间的接触和人际关系的发生取决于各自的心理活动。旅游心理学既研究在旅游活动中这些人的心理活动规律，又研究在旅游活动中这些人的行为规律。其特点是运用心理学的方式来分析和解决旅游消费、旅游服务、旅游管理中的心理现象和心理问题。

通过本教材的学习，希望学生掌握影响旅游行为的各种心理因素，如需要、动机、知觉、态度、个性等，还要了解影响旅游行为的社会因素，如家庭、社会阶层、社会文化等，以及在这些因素的作用下旅游者决策的特点和旅游行为产生、发展的规律；希望学生掌握旅游服务心理的具体操作，以旅游者为研究对象，在旅游业的主要工作范围内，掌握如何根据旅游者的心理和行为特点出发，提供符合旅游者心愿的最佳服务；希望学生掌握旅游企业人际关系和旅游企业部际关系的沟通技巧，结合管理心理学原理，掌握如何让员工愉快地高效率地工作，如何让员工发挥其积极性、创造性，使他们调节好自身的心理状态，克服工作中的挑战、困难、挫折。

在我国，旅游业的发展具有非常广阔的前景，需要更多高知识高技能的旅游专业人才。要培养出专业型人才，就得要有高质量的教材。由于旅游专业的实践操作强，心理学理论又较为抽象，因此本教材在编写过程中，选择了大量的案例来帮助学生将理论和实践相结合。本书自推出以来受到了使用者的广泛好评，应出版社之邀，在原书的基础上进行了以下的修订和完善：第一，对书中的相关数据和内容进行了更新完善，使教材更具前沿性和针对性；第二，对书中的案例进行了更新完善，突出实用性，体现与时俱进，更符合现今的教育教学发展需求。本教材凝聚了多位高等职业院校教授本课程教师的教学经验和心血，并由企业管理者参与编写，本次修订完善工作是由江苏经贸职业技术学院的李玲和任静完成，康莉提供相关辅助资料。

与此同时，我们也恳切地希望使用本书修订版教材的师生朋友能提出批评和改进的意见，我们将不胜感激。

李玲

2019 年 5 月

前 言

“旅游心理与人际沟通”是高等职业院校旅游管理专业的一门专业基础课。它从心理学视角分析讨论旅游者在旅游活动过程中的心理活动规律,并帮助旅游者调整和规范旅游认知和旅游行为方式,使旅游者在旅游中获得快乐和享受。同时,对旅游从业人员来说,在充分了解旅游者心理活动和行为表现规律的基础上,有助于全面提高旅游服务水平并提升企业管理能力。

遵从高等职业院校教学改革的基本思路和最新理念,本教材在教学内容的安排和教学方法的设计上均有一定的创新,力求把旅游心理学的基本理论和旅游者的旅游活动、旅游从业人员的实际工作紧密联系起来,着力解决旅游活动和实际工作中的种种困惑和困难,使旅游者学会旅游、享受旅游,使旅游企业的服务人员学会为旅游者服务的要诀和方法,使旅游企业管理人员掌握人力资源管理的基本方法和要求,提升企业经营管理的水准,以完成企业奋斗目标。

本教材按教学内容体系,共分成三大模块、十二项任务。

旅游心理与人际沟通

- 旅游者心理与行为
  - 旅游者的感知觉与行为
  - 旅游者的情绪情感与行为
  - 旅游者的需要动机与行为
  - 旅游者的态度与行为
  - 旅游者的个性与行为
  - 旅游者社会心理因素与行为
- 旅游服务心理与实务
  - 酒店服务心理与实务
  - 旅行社服务心理与实务
  - 旅游交通服务心理与实务
  - 旅游购物服务心理与实务
- 旅游管理心理与沟通
  - 旅游企业人际关系与沟通
  - 旅游企业部际关系与沟通

第一模块为旅游者心理与行为，通过六项任务来阐述旅游者的个体因素和社会因素对旅游者行为的影响。

第二模块为旅游服务心理与实务，分成四项任务，把模块一所学知识应用到酒店、旅行社、旅游交通和旅游购物的服务过程中去，旨在提高服务能力。

第三模块为旅游管理心理与沟通，分成两项任务，运用管理心理学原理结合旅游企业实际情况，阐述旅游企业人际关系和旅游企业部际关系以及沟通技巧等，意在提高管理水平。

我们相信：《旅游心理与人际沟通》这本教材一定会是旅游者的良师益友、旅游服务人员的指导参谋、旅游企业管理人员的谋事妙方。本教材集合多位高等职业院校教授本课程教师的教学经验和心血，并由企业管理者参与，是集体讨论和交流合作的结晶。本教材由张树夫（应天职业技术学院）、张莉娟（无锡商业职业技术学院）担任主编，李玲（金肯职业技术学院）、吕虹（苏州旅游与财经高等职业技术学院）担任副主编。

在三大模块、十二项任务的撰写中，具体分工如下：

模块一各任务具体分工——任务一：任静（江苏经贸职业技术学院）。任务二、四：张莉娟。任务三：吉玥（应天职业技术学院）。任务五：王小利（南京视觉艺术职业学院）。任务六：凌丽琴（镇江高等专科学校）。

模块二各任务具体分工——任务一：吕虹。任务二、四：李玲。任务三：王小利。

模块三各任务具体分工——任务一：吉玥、杨中华（玄武饭店）。任务二：张树夫、杨中华。

最后，本教材由张莉娟、张树夫统稿。

本教材的编写参考了诸多专家学者的教研成果，部分案例选自近年来的旅游相关书籍和旅游企业实际案例，在此对这些专家学者深表谢意！由于编写时间仓促，加之编者对高等职业教育教学改革的认识所限，本教材还不甚成熟，疏漏与不足在所难免，希望各位同仁在教学实践中多提宝贵意见，使之日趋完善。

2012 年 1 月

目　录

模块一　旅游者心理与行为

◆模块目标

【行业要求】

旅游从业人员需要了解旅游行业服务对象——旅游者最基本的心理特点和行为规律，即旅游者的感知觉、旅游者的情绪情感、旅游者的需要与动机、旅游者的态度、旅游者的个性以及旅游者的社会心理因素。

【学习目标】

了解并掌握旅游者最基本的心理特点和行为规律，并能根据旅游者的外在行为表现来分析其心理。

◆模块任务

人的心理现象是极其复杂的，但在研究过程中人们一般都把心理现象分成两个方面：心理过程和个性心理。见表1－1。

表1－1　人的心理现象

心理现象	心理过程	认识过程：感觉、知觉、记忆、思维过程
		情绪情感过程：低级的情绪表现和高级的社会情操
		意志过程
	个性心理	个性心理倾向：需要、动机、兴趣、信念、世界观
		个性心理特征：能力、气质、性格

众所周知，旅游从业人员的服务对象就是旅游者，只有了解旅游者的心理现象，旅游从业人员才能给旅游者提供满意的服务，而模块一正是为了解决这一问题。

在模块一中，首先要对旅游活动中旅游者的心理过程有所了解，它们分别是任务一和任务二的学习内容，即旅游者的感知觉和旅游者的情绪情感；其次要对旅游者的个性心理进行学习，它们分别是任务三、四和五的学习内容，即旅游者的需要与动机、旅游者的态度和旅游者的个性；最后在掌握前面五个任务的基础上，还要学习任务六的内容，即旅游者的社会心理因素。

任务一　旅游者的感知觉与行为

【任务目标】

感觉和知觉是人们理解世界的一种心理过程，风景、名胜古迹、旅游中的衣食住行等都是通过旅游者的感觉和知觉来形成印象的。在这一任务里，将着重讨论旅游者的感觉和知觉，明确知觉的组织规律，使学生能分析影响知觉的主客观因素；了解首因效应、晕轮效应、心理定势的概念，能分析旅游活动中的各种社会知觉现象。在掌握上述心理学原理的基础上，学会怎样让旅游者减少风险及如何让旅游企业作出相应的对策，从而更好地服务旅游者。

活动一　旅游者的感觉

【案例聚焦】

案例一

令人失望的小鱼温泉

某旅行社组织安徽巢湖两日游，出发前导游说会安排室外小鱼温泉，请大家自备泳衣，大家听了兴致很高。期间导游组织大家游玩了巢湖著名景点姥山和巢湖的无为县、宋代的黄金塔，以及米公祠、地下溶洞泊山洞，还品尝了无为板鸭等各种美食。巢湖龟山景致灵气十足，令人称奇。山上有憩亭，也有很多神奇、有惊无险的水上娱乐活动。以上景点和活动都得到了大家的一致好评，但大家仍惦记着去室外泡温泉。当导游带领大家来到一个湖畔浴场，眼前景象顿时让大家大失所望。该室外浴池似乎很不完善，泳池旁是石子地，水质也是浑浊不清，更衣设施不完善且池中并无一人，大家看了直摇头，强烈质问导游，并要求导游换温泉。经过与大家的协商以及与旅行社的沟通，最终导游答应换成酒店室内温泉，额外费用由旅行社承担，游客们才勉强同意。

请问应该如何分析案例中大家前后不同的反应？

分析提示：感知觉在我们生活中起着非常重要的作用，在旅游活动中也是如此。旅游者通过眼、耳、鼻、舌、皮肤这些感觉器官对旅游中的食、宿、行、游、购、娱等活动有了最基础的选择和判断。以上案例中，巢湖美好的风景、美味的食物、鸟语花香以及水上娱乐活动使旅游者"感觉"不错，但简陋的室外温泉让大家知觉为不安全不完善的旅游设施，不能满足大家的心理需求。

另外，在旅游活动中，旅游产品的规划与策划，都需要根据旅游者细微的表情、语言、动作等信息来揣测旅游者的心理需求，从而为他们提供满意的服务。

【任务执行】

为了更好地理解旅游者的感觉，下面从旅游心理学的角度来介绍旅游者选择的基础——感知觉的有关知识。

一、感觉的概念

感觉是人最基本的心理活动。在日常生活中，人们常说到"感觉"；在心理学中，感觉是指人脑对直接作用于感觉器官的客观事物的个别属性的反映。比如，旅游者在就餐时眼里看到的菜肴、鼻中闻到的香味、嘴里尝到的美味，这些都是满足旅游者感官的各种享受。旅游正是给人们提供丰富、新异的感官刺激的一种最好的休闲娱乐活动。

从本质上说，感觉是最低级的心理过程、最简单的心理现象，是人体未经加工的对外界刺激最原始、最客观的反映。感觉是认知过程中最初级的形式，可以说，感觉是人认识外部世界并形成各种复杂心理过程的基础。

下面来看一个实验。

如果没有了感觉，会怎么样？

——感觉剥夺实验

1954 年加拿大麦吉尔大学的心理学家赫布和贝克斯顿进行了感觉剥夺实验。实验如下：征募一些大学生为被试，他们每忍受一天的感觉剥夺就可以获得 20 美元的报酬。实验者每天 24 小时躺在有光的小房间里极其舒服的床上，除了吃饭、上厕所之外，任何感觉输入都被严格控制。实验者给每个被试戴上半透明的塑料眼罩，可以透进散射光，但图形视觉被阻止了；手和胳膊套上用纸板做的袖套和手套，以限制触觉；房间中充斥着空调单调的嗡嗡声，以限制被试的听觉。

实验结果：被试者出现情绪紧张、忧郁、记忆力减退、判断能力下降，甚至产生各种幻觉、妄想，最后难以忍受，不得不要求停止实验。

该实验说明丰富的感觉刺激对维持人的生理、心理功能的正常状态是必需的。

根据刺激的来源不同，感觉可以分为外部感觉和内部感觉两大类。外部感觉是机体对外部刺激的觉察，人类主要有五种感觉器官：眼、耳、鼻、舌、皮肤，相对应的五种感觉包括视觉、听觉、嗅觉、味觉、皮肤觉（触觉）；内部感觉是对机体内部刺激的觉察，反映自身的位置、运动的不同状态，主要包括运动觉与平衡觉。

二、感觉对旅游活动的影响

感觉使旅游者获得对旅游产品和服务的第一印象。旅游者借助感觉器官对各种旅游产品、服务、信息以及对自身需要的反映，是旅游者旅游选择的基础。不同的感觉对旅游行为的影响会有不同的反映。

（一）视觉

旅游活动在很大程度上是视觉的活动，游景点看美景，大部分旅游景点在开发和规划时首先需要考虑旅游者视觉上的需要。

旅游者在进行旅游选择时，首先考虑的是：这个景点美吗？旅游者进入一个高星级饭店的时候，首先会要求饭店整体氛围豪华，色彩搭配协调，色调统一，有豪华感，灯光柔和，有装饰效果，陈设主题突出等。（如图 1－1）

图 1－1－1　某饭店外型壮观

图 1－1－2　某饭店外型别致

图 1－1　不同视觉效果（赵霞摄）

基于此，无论是旅游景点还是星级饭店，在设计时应非常重视色彩。旅游者在观看色彩时，受到色彩的视觉刺激而在思维方面产生对生活经验或环境事物的联想，这就是色彩的心理感觉。了解旅游者对色彩的空间感、大小感、冷暖感、轻重感和软硬感等共有的心理感知特性，有助于更好地运用色彩语言的特性塑造旅游景观环境。“客路青山外，行舟绿水前”，旅游无时无刻不与色彩发生联系。从旅游学的角度看，色彩是一种自然现象，也是一种审美体验。色彩文化对于旅游资源评价、文化发掘、特色主题打造、色彩景观设计、资源整合、线路设计等方面具有重要意义。比如，红色是中国传统吉祥喜庆的色调，能引起人们热烈激情的联想，金黄色古代为皇室专有，现在也多为国家的象征。中国古典园林按占有者的身份分为皇家园林和私家园林，从色彩审美上也可以明显地分为“富丽”和“淡雅”两种风格。北京故宫是皇家园林的代表，广泛运用了色彩对比达到色彩调和的效果。红色的宫墙、汉白玉的石基、黄色琉璃屋顶、檐下的青绿彩画，在蓝天灰地的背景下显得金碧辉煌，使人们联想到皇权的威严和至高无上（如图1－2－1、图1－2－2）。中国私家园林当推苏州园林，苏州的拙政园、留园、沧浪亭、网狮园是经典范例（如图1－3），粉墙黛瓦的黑白世界具有非常鲜明的地域特色，黑白是两种极色，灰色在中间起调和作用，配上园林四季潺潺流水和红花绿树，使人感觉自然、恬淡、清雅。（如表1－2）

图1－2－1 北京故宫正面图

（赵淼摄）

图1－2－2 北京故宫侧面图

（顾跃峰摄）

图1－3 苏州园林一隅

（金佳摄）

表1－2 北京故宫和苏州园林色彩比较

比较角度	北京故宫	苏州园林
颜色	金黄、红色	黑、白、灰、绿色、粉色
园林设计者或者园林拥有者的心理	传统礼教对色彩崇拜和色彩限制	道家虚静无为、儒家天人合一的审美意境
旅游者的心理联想	封建帝王君临天下的气势，至高无上的意志	清雅、恬淡、自然、疏朗

色彩作为最易被人感知的形式美要素，无论是旅游者身临其境的感受，还是在各类宣传媒体上出现，都能起到先入为主的效果，被旅游者牢记于心，旅游主题设计者正是抓住色彩的这一特点在旅游地色彩形象上大做文章。（如表1－3）

表1－3　中国部分色彩旅游主题一览表

旅游地	旅游主题
中国	中国红色之旅(2005)
中国东北	白山黑水
新疆	色彩之旅，寻觅一生梦想的地方
云南	万绿之宗，彩云之南
湖北	神秘浪漫之旅，绚丽多彩之旅
湖南	听声，赏色，品韵
江西	红色摇篮，绿色家园
安徽宏村	中国画里乡村
江苏南京	王者风范，文化绿都
广西南宁	中国绿城
广东丹霞山	中国红石公园

（二）听觉

心理学研究表明，人们20%以上的信息是听来的，“有声有色”是一种审美境界。正如看电视，如果只有画面而没有声音，就会使人产生不适应感。对旅游者来说，自然界的风声、水声和鸟儿的鸣叫声都是最自然的反映，加上导游精彩的解说更能打动他们渴望自然、接近自然的心。旅游是一项多种感觉参与的活动，旅游企业开发旅游产品和服务自然也要从听觉角度去考虑旅游者的需求。

比如，庐山瀑布群中最为壮观的是三叠泉瀑布（如图1－4），也是旅游者去庐山必游的一个特色景点。不只是因为三叠泉的三级阶梯式形态，更有山体的巨大落差带来震耳欲聋的巨大轰鸣让旅游者感到无比震撼。旅游者在远距数十步外的铁壁峰由下向上仰观，三叠泉瀑布抛珠溅玉、雪浪翻流，具有气势磅礴的豪壮感。瀑布的轰然落潭之声，旅游者虽对坐说话，却语不相闻。旅游者目睹耳闻此景，虽衣衫都被水雾打湿，仍情不自禁地欢呼雀跃。

图1－4　三叠泉瀑布

（杨爱东摄）

（三）嗅觉、味觉

嗅觉总在其他感觉之前反映周围环境，好的气味能让人精神振奋，产生甜蜜、幸福、温暖、兴奋、愉快、安全的感觉。

20世纪七八十年代，中国很多景点的公厕由于肮脏、气味难闻，遭到外国游人的一致批评，使旅游景点的观赏效果大打折扣，这曾是阻碍我国旅游业发展的一个重要因素。

人们对气味的敏感要求旅游企业不断加强和改进旅游产品、设施、景点的绿色环保行动。不只针对旅游景点，星级饭店也是如此。现在很多酒店都在大厅的空调系统里增加香薰精油，这些精油常用东方花卉植物提炼调制而成，气息高贵而典雅，能充分体现精品酒店的时尚品位。

旅游中的味觉还体现在美食上。大部分的旅游景区同时还是美食天堂。旅游者既能赏景又能品到美食。例如，“上有天堂，下有苏杭”中的杭州，除了著名的西湖美景之外，特色美食也是吸引游客的重要因素。杭州菜属中国八大菜系之浙菜，“清爽别致”是杭州菜的最大特色。选料时鲜，制作精细，品种繁多，注重营养，讲求鲜咸合一，清淡鲜嫩。宋代大诗人苏东坡曾盛赞“天下酒宴之盛，未有如杭城也”，且有“闻香下马”的典故。杭州的叫花鸡、西湖醋鱼、东坡肉、龙井虾仁、宋嫂鱼羹名扬中外。愉快的美食体验满足了旅客的味蕾，往往可以增加他们对景区的美好印象。品尝异国他乡的美食也是旅游的一大享受。马来西亚的美食之一肉骨茶（如图 1-5），汤色如茶，却非真茶，而是一道排骨药材汤，肉骨是选用上等的包着厚厚瘦肉的新鲜猪排骨，配上一碟酱汁，再搭配一碗米饭或油条做主食，品尝此美食绝对是从嗅觉到味觉的完美体验。

图 1-5 马来西亚美食肉骨茶（资料图片）

但是我国的一些旅游景点还没有充分认识到这一点，对美食与旅游体验之间的密切关系重视程度不够，食物、饮料不仅价格昂贵，而且品质很差。有的旅行社安排给旅游者的食物既无味道也无营养，更谈不上满足游客的口味了，这就大大影响了旅游者的游览情绪。

（四）皮肤觉（触觉）

电视上的旅游风光宣传片经常使人们“身未动，心已远”，然而“心动不如行动”，再热烈的电视宣传都无法帮助人们产生“身临其境”的感觉，无法体会到漂流时的惊险和喜悦，无法产生登上山峦之巅的豪迈与兴奋，更无法感受到大海的激情与澎湃。人们必须走出家门，亲自去旅游，用自己的手、脚、皮肤去全面接触沙滩、激流、冰雪、海洋，才能真正体验到旅游的美妙感觉。如现在十分盛行的旅游活动项目之一温泉 SPA，为“Solus Por Aqua”的缩写，意思为“平衡健康之水”，现代指一种针对人体的治疗方法，也称“水疗法”，即以水为媒介，利用人与水的接触，使水中含有的一些对人体健康有益的成分通过亲和渗透作用进入人体，最终达到治疗或美容美体的目的（如图 1-6）。水疗通过触觉的感知让在都市生活久了疲惫不堪的人们达到完全放松、身心俱畅的感觉，因此受到广大旅游者的青睐。

图 1-6 天目湖御水温泉 SPA（顾勇雷摄）

再如 2010 年在中国上海举办的世界博览会，丰富多彩的展馆除了满足旅游者视觉上的需求，也给旅游者带来触觉上的震撼。其中有一个很有特色的场馆——中国航空馆，该馆的主展区可以让旅游者体验4D飞行，当旅游者的手真实触摸和把握住那些控制杆，那种遨游太空的感觉很真实，让人心驰神往，充满了愉悦和惊喜。（如图1-7）

图1-7　上海世博会旅游者体验遨游太空（资料图片）

【任务拓展】

①如今旅游发展很快，已经从刚开始的观光旅游发展到多种形式，像探险旅游、保健旅游、生态旅游、科技旅游等是如何满足旅游者需求的？

②试想，如果你去一家酒店住宿和就餐，你觉得酒店应提供哪些服务才能满足客人的心理需求？

【任务反馈】

案例二　据报道，北欧冰岛一个偏僻山区里，有一个生态农庄，叫史耐赛公社。该公社的宗旨是：热爱地球，爱护环境。并希望通过自给自足，创造一个与西方现代文明不同的新的生活方式。公社现有社员30余人。他们每人都能分到一栋建在悬崖而又面临大海的小木屋，呼吸完全纯净的空气，喝天然的山泉水，吃的是从未污染、从不施化肥农药的庄稼和瓜菜；同时公社还提倡自然疗法，提倡中国式的按摩、针灸、草药、气功等；一日三餐，全体社员在一起享用。但公社不是封闭的独立王国，而用电脑与传真机保持与外界的联系。这种独特的个人生活和集体生活相结合的生活方式，以及没有任何污染的生态平衡的生活环境引起了旅游者的极大兴趣。公社目前已成了欧洲人的旅游热点，每日来公社旅游的观光客是公社社员总人数的五至十倍之多，来此旅游者都以好奇而又困惑的目光注视着这个"绿色社会"，有的旅游者在观光后自动留下来，成为该公社的新社员。

为何这家生态农庄目前成了欧洲人的旅游热点？

释疑：该案例显示了如今森林生态旅游大受都市人的欢迎。长期生活在大城市的人们，对城市现代生活早已产生厌烦情绪，对城市文明有些感觉疲劳，欲追寻"原始味"的生活，想回归自然。于是人们开始倾向森林旅游，因为到森林中去，可以沐浴清风，欣赏山野风光，使人们心中的忧烦杂念消除殆尽，因而越来越多的旅游者在假日里走向森林，去享受自然的恩惠。

活动二　旅游者的知觉

【案例聚焦】

案例三

两小儿辩斗

孔子东游，见两小儿辩斗。问其故，一儿曰："我以日始出时去人近，而日中时远也。"一儿以日初出远，而日中时近也。一儿曰："日初出大如车盖，及日中，则如盘盂，此不为远者小而近者大乎？"一儿曰:“日初出沧沧凉凉,及其日中如探汤,此不为近者热而远者凉乎?”孔子不能决也。两小儿笑曰:“孰为汝多知乎?”

请问案例中,为什么孔子没有办法回答这两个孩子的问题?

【任务执行】

通过以上案例,不难发现,不同的知觉角度使两个孩子对距离的认识产生了差异。那么,什么是知觉?对旅游企业经营和管理又会起到什么作用?

一、知觉的概念

感觉是人们认识事物的起点,但感觉不会单独出现,它通常是和知觉一起产生的。比如,旅游者到达一个旅游景点,看到绿色的风景,闻到空气的清新,听到泉水的声音,就在头脑中产生关于这个景点的一个整体印象——这是一个美丽的自然风景旅游区。再如,旅游者在品尝川菜时,尝到了麻辣的味道,闻到了诱人的香味,看到了鲜艳的色彩,把这些个别属性综合起来,旅游者就得到了川菜色、香、味俱全的印象。这个整体印象正是旅游知觉。因此知觉是人脑对直接作用于感觉器官的客观事物的整体属性的反映,它是在感觉的基础上,把所有的信息材料加以综合整理,从而形成对事物的完整印象。

二、旅游者知觉的特性

(一)旅游者知觉的选择性

从某种意义上说,知觉的选择性是一种感知防御形式,通过主动的知觉选择,排除那些非本质的、无关的或从个人角度出发难以接收到的事物。旅游者对刺激(知觉对象)的选择主要取决于刺激本身的特性,取决于主体先前经验对知觉对象的期望和当时的需要、动机的影响。知觉的选择性帮助消费者确定购买目标。

旅游者知觉的选择性是旅游者在旅游活动中,根据需要有选择地将知觉对象从背景中区分出来的特性。作用于旅游者的客观事物是丰富多彩的,但旅游者总是选择少数事物作为知觉对象,对这些事物产生鲜明的知觉印象,而把周围事物作为知觉背景,其知觉印象比较模糊。比如,在蓝天白云下,人们最先关注的是飞过头顶的鸟儿;在一望无垠的沙漠中,人们总是最先注意绿洲;在无边的大海上,人们的视觉总会被船只所吸引。这些都体现了知觉的选择性。不同旅游者有不同的喜好,他们所选择的旅游目的地也不尽相同,正所谓“仁者乐山,智者乐水”。山水并存,乐山或乐水取决于人的知觉选择。有人喜欢自然风光,有人喜欢人文古迹;有人喜欢比较安全的旅游项目,有人则喜欢冒险性强的旅游项目。

(二)旅游者知觉的理解性

在知觉过程中,人们借助过去的知识经验,力求对当前的知觉对象做出某种解释,使其具有一定的意义,并能用语词来概括,这就是知觉的理解性。

知觉的理解性在旅游者旅游中具有十分重要的意义,它会使旅游富有乐趣,使旅游者收获更广更多。旅游者初次到达一个旅游地,不论是自然风光还是人文景观,如果没有旅游产业对景物的加工,没有导游员的讲解,游客缺乏对景物基本知识和文化的理解,也就不会感到有超越景物本身的审美乐趣。如张家界武陵源风景名胜中著名的溶洞景点黄龙洞,因享有“世界溶洞奇观”、“中国最美旅游溶洞”等顶级荣誉而名震全球。正因为导游员对钟乳石的特殊成因、历史、形态等进行专业的讲解，游客们理解了其内涵，才会游兴大发。理解使旅游者的知觉更为深刻、精确，并能提高旅游者知觉的速度。人们越是经常旅游，就越能增强对旅游的理解。

（三）旅游者知觉的整体性

当客观事物的个别属性作用于人的感官时，人能够根据知识经验把它知觉为一个有机的整体，这就是知觉的整体性特征。

人们对个别成分（部分）的知觉，依赖于事物的整体特性。如图1－8左图中，当正中间的图形处于字母序列中，人们易把它知觉为字母“B”；当它处于数字序列中，人们易把它知觉为数字“13”。另外，人们的知觉系统也能够把事物的个别属性、个别部分综合成一个整体，如图1－8右图所示，尽管三个图形没有连接起来，但人们仍能看出一个三角形的棱角被三个圆形包围。

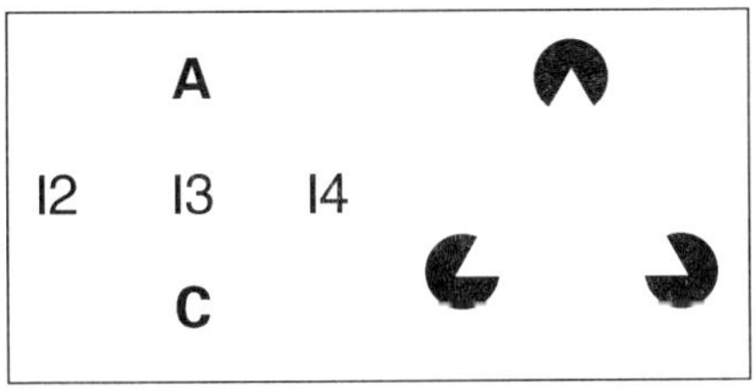

图1－8 知觉的整体性

在旅游活动中，旅游者总是把旅游活动作为一个整体来知觉，把食、宿、行、游、购、娱等各个方面综合起来进行认识，从而对旅游活动作出评价。

（四）旅游者知觉的恒常性

当知觉的条件在一定范围内改变了的时候，知觉的印象仍然保持相对不变，这就是知觉的恒常性。

在旅游活动中，旅游者知觉的恒常性会受到多种因素的影响，其中主要是过去经验的作用。如看过《红楼梦》的旅游者知道大观园的气魄，当在旅游中再看到大观园的微缩景点时，同样能想象出大观园壮丽的景点，获得美的感受。

三、影响旅游者知觉的因素

旅游者的知觉是旅游者对旅游刺激物的感知过程，它必然会受到旅游对象本身特点和知觉者本人特点的影响。因此，影响旅游者的知觉因素包括客观因素和主观因素两方面。如北京的圆明园，普通游客和历史学家对其知觉印象是有差别的。再比如，苏东坡说：“西湖天下景，游者无愚贤；深浅随所得，谁能识其全？”前者从主观因素点出旅游者学识和经验导致知觉的差别；后者从客观因素说明旅游景区自身的发展变化让旅游者的知觉不同。当然，从某种意义上来说，旅游者对旅游景区的知觉印象往往是受到主客观因素双重影响的。

（一）影响旅游者知觉的客观因素

1. 知觉对象的刺激强度

旅游者容易感知在特定环境中有突出特点和较强特性的事物。一般情况下，知觉对象的刺激强度越大，越容易被旅游者清晰地感知。壶口瀑布奔腾的河水、隆隆的水声、喷薄的水雾就比上游静静流淌的河水更容易吸引旅游者的注意，从而被旅游者感知。在旅游活动中，最容易被旅游者感知的是那些形状怪异或具有不寻常特性的景物，如浙江海宁的钱塘潮（图1－9）、泸沽湖畔摩梭人的奇异风俗(图 1－10)、山西的悬空寺(图 1－11)等。

图 1－9　钱塘潮(王莉霞摄)

图 1－10－1　泸沽湖畔摩梭人的歌舞

图 1－10－2　泸沽湖畔摩梭文化大使杨二车娜姆阿妈家一隅

图 1－10　(韦娟摄)

图 1－11　山西的悬空寺(杨爱东摄)

2. 知觉对象的组合

刺激物在空间上的接近、连续或形状相似时容易成为知觉的对象。人们对旅游环境中的刺激进行选择时并非凌乱无序，而是倾向于把它们知觉为一个整体。当其他条件相同时，空间上彼此相邻或接近的刺激物、具有连续性的刺激物或者在视野中相似的刺激物等，都容易组成图形而从背景中凸显出来被知觉加工和处理。组合形式一般有接近组合和相似组合。

接近组合是指两个或两个以上的刺激物在空间上彼此接近时容易被知觉为一组而形成知觉对象。比如“东南亚之旅”就是把新加坡、马来西亚、泰国等东南亚国家知觉为一组；国内的“华东线”，就是把宁、镇、扬、苏、锡、常、沪、杭等城市景点知觉为一组；山海关和北戴河、日照和青岛，由于它们距离的接近，往往被旅游者知觉为一条旅游线。这种接近组合景点构成的旅游产品其花费的时间、金钱、精力不多，却可以让旅游者多游几个景点，对旅游者有较强的吸引力。

相似组合是指在感知各种刺激物的时候，彼此相似的刺激物更容易被人们在知觉上归为一类。如图 1－12 所示，由于图形不同，人们很自觉地把相同的图形看成一组，该图很容易被知觉为四个竖排，即正方形、菱形、三角形、圆形。

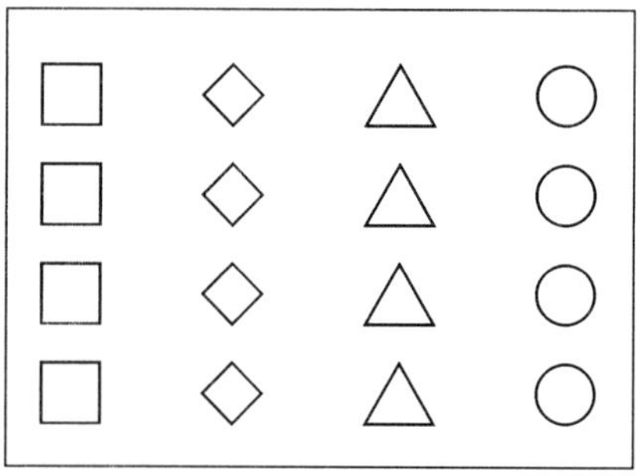

图 1－12　知觉的相似组合

在旅游活动中，旅游者对一些特征相似的旅游景点容易知觉为一组。例如：青岛、大连、北戴河、秦皇岛等，旅游者会把它们知觉为都是北方避暑胜地；周庄、同里、南浔、西塘、乌镇等，旅游者都会把它们知觉为江南水乡；上海锦江乐园、苏州乐园、芜湖方特、常州恐龙园等，常常被知觉为大型游乐场；五台山、峨眉山、九华山、普陀山等，虽然地理位置相隔甚远，但人们通常把它们都知觉为佛教旅游胜地。这在某种程度上对各地旅游产品的推销有不利的一面，但实际上它们各有特色，各自的内涵是不同的。因此，了解知觉这一特性后，旅游企业就应注意宣传各景点的特色，同时注意在开发、规划旅游产品时不要雷同。

3. 知觉对象的运动

在静止的背景中，活动变化的物体更容易被纳入知觉范围。如山中运行的缆车，湖中前行的游船，正是因为它们的运动，所以很容易被旅游者感知到。再如李清照的《如梦令》中写道："争渡，争渡，惊起一滩鸥鹭。"其中划船的少女、飞翔的鸥鹭都容易成为人们知觉的对象。

4. 知觉对象和背景的差别

当对象与背景的差别越大、对比越强时，对象越容易被感知，如万绿丛中一点红、用白粉笔在黑板上写的字、夜深人静时隔壁的电话铃声；反之，则不容易被感知，如冰天雪地中的白熊、穿着迷彩服藏在草丛中的士兵。一块古色斑斓的碑刻，放在陵墓、寺院、山水、园林等处，很容易被人们知觉到，但是若把它放在著名的西安碑林中，旅游者则不易注意到它。旅游者对旅游产品的知觉也是这样，千篇一律、毫无特色的产品很难成为旅游者的知觉对象。因此，旅游产品要想打动旅游者，就必须做到有特色，让人有眼前一亮的感觉。

观光旅游发展了多年，走马观花看景，上车睡觉下车拍照的形式已让很多旅游者厌倦。近几年兴起了民俗旅游热，各具特色的民俗文化及民族风情、异地风情等，对旅游者了解社会具有很大的吸引力。如有的旅游者专门去内蒙古草原观看蒙古族的赛马与摔跤，住蒙古包，与蒙古族兄弟共喝奶茶、一起歌舞，体验他们的生活；有的专门去西南地区看少数民族的村寨；有些旅游者跑到边疆地区参加边贸大会，参观各种民族文体表演。再比如，由于新疆大盘鸡在日常生活中非常受各地食客欢迎，2011 年新疆沙湾县以此为契机，把发展大盘美食项目作为沙湾县旅游特色。沙湾县借助大盘鸡发源地及当地人文优势，深挖沙湾大盘鸡产生、发展和当地文化内涵，并将历史、文化元素融入大盘美食项目建筑的景观、装饰当中，增强美食城的文化内涵。（如图1－13）这种以旅游者需要为前提开发的特色民俗旅游势必会在各种旅游产品中脱颖而出。

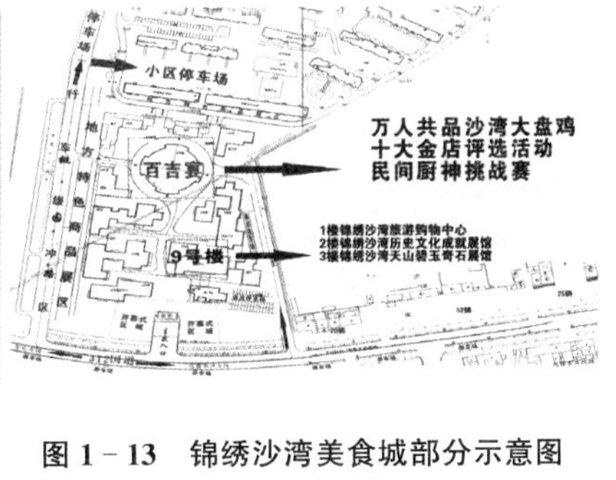

图 1－13　锦绣沙湾美食城部分示意图

（沙湾县委宣传部摄）

（二）影响旅游者知觉的主观因素

1. 需要和动机

动机是在需要的基础上产生，是激励人们行动的动力。一般来说，能满足人们需要、符合人们动机的事物，往往会最先成为知觉对象。旅游者的旅游需要及旅游动机不同，他们的知觉对象也不同。例如，观光旅游者为了了解异国他乡的风土人情、风俗习惯，在旅游过程中非常在意旅游风景的特色；度假保健型旅游者旅游目的主要是为了休息、保健身体，因此他们喜欢选择海滩、温泉等旅游目的地，对酒店住宿、餐饮的要求比较高；而商务旅游者由于业务方面的需要，认为城市交通发达、通信便捷、酒店位置优越比风景优美更重要。

2. 知识和经验

人在感知事物时，总会根据以往的经验来理解它们，因而旅游者的知识经验不同，知觉会有很大的差异。有经验的旅游者知道哪些景点景观应该多玩多看，他们凭借以往的知识和经验，节约感知时间，扩大知觉范围，获得更多、更深的知觉体验。在相同的旅游时间里，有相关知识的旅游者会有更多的旅游收获。例如，有佛学知识的人游览各地寺庙时对庙宇特色的理解会更为深刻，没有相关知识的旅游者会把它们视为类似的景点；一个历史知识丰富的旅游者参观秦兵马俑后的收获要比几乎不懂历史的旅游者多。

3. 兴趣和爱好

兴趣是人积极认识并探究某种事物的心理倾向。这种倾向促使旅游者把不感兴趣的事物排除到知觉的背景中去，集中注意力于感兴趣的事情。喜欢自然风光的旅游者会对黄山的雄伟奇特由衷赞叹；对历史感兴趣的旅游者对乔家大院的布局、雕刻留下深刻印象；喜欢购物的旅游者对当地商店商品的信息关注度更高，希望导游多安排一些购物活动。

4. 情绪

情绪是人对客观事物的态度体验和相应的行为反应，对人的行为既有激励作用，又有干扰作用。良好的情绪会积极主动感知，形成愉快的认知图式和积极体验，不良的情绪影响感知内容，体验消极。愉快时，人的感知是积极主动的；苦闷时，人的知觉水平和主动性就会降低。当旅游者情绪好时，他会积极主动参与到旅游活动中，认真听导游讲解；而旅游者情绪不好时，他就会觉得任何事情都索然无味，对导游的讲解听而不闻，并对周围景观视而不见。因此，在旅游活动中，导游应随时注意旅游者的情绪，当发现旅游者情绪不好时，应及时调节他们的情绪。

5. 阶层

在旅游活动中，不同社会阶层的人们在旅游方式、时间、地点、目的、消费方式等方面是有很大差别的。富有阶层和富裕阶层的旅游者，更注意那些象征社会地位、代表经济实力的旅游项目；小康阶层旅游者既会在能力所及范围内选择一些昂贵的旅游项目，也乐于接受价格实惠的旅游项目；温饱阶层旅游者更倾向于物美价廉的旅游消费。

6. 个性

人的个性体现为气质、性格、能力等方面的特点，这些特点的不同往往极大地影响一个人的知觉选择性。在旅游活动中，不同个性特征的人在知觉的深度和广度上有很大的差别。例如，多血质的旅游者知觉速度快、范围广，但不够细致；黏液质的旅游者则知觉速度慢、范围小，但往往更注重细节，对事物的知觉更为深刻。

美国学者斯坦利·帕洛格 1972 年调查发现，体弱多病或内倾型性格的旅游者，面对高山、大海或参与活动量大、刺激性强的游览项目时，心中往往充满危机感，因而他们喜欢去熟悉的目的地，乐于选择正规的旅游设施和低活动量的旅游项目，喜欢家庭式的气氛、熟悉的娱乐活动；反之，身体强壮或外倾型性格的旅游者大多认为冒险项目刺激性和娱乐性强，并且外倾型旅游者乐于接触不熟悉的人和事，对陌生的文化有强烈的兴趣。

【任务拓展】

①旅游者知觉特性包括选择性、理解性、整体性与恒常性。请思考如何利用旅游者的知觉规律来解决以下问题：盛夏来临，我国避暑胜地很多，比如哈尔滨、江西庐山、河北北戴河与承德避暑山庄，试问在众多旅游线路中如何成功推销北戴河与避暑山庄这条旅游线路？

②旅游者知觉受到众多主客观因素的影响，从这个角度出发，思考以下问题：目前我国旅游饭店数量每年激增，竞争也很激烈，且四星级以上饭店主要收益来源于住宿，而饭店餐饮和康乐设施少人问津，利用率非常低。如何解决这一难题？

【任务反馈】

案例四

这些土著人的“视力”怎么了？

在非洲的刚果腹地，有一个土著部落住在原始森林中，他们看不到超过正常人视力范围四分之一远的东西。当他们被带出森林后，竟把远处的牛说成是小虫，更不能相信远处那么“小”的船能够装上那么多真正的人。

土著人为什么出了森林后视力还没有恢复正常？

释疑：知觉的恒常性的形成是经验的结果。当现实距离超过了这些土著人的通常经验范围后，他们就没有正常人在这个距离上所具有的知觉的恒常性。当然，伴随着他们在新的生活环境中的经验积累，就会逐渐建立起与其他正常人一样的知觉能力。

活动三　旅游者对旅游条件的知觉

【案例聚焦】

案例五

去哪里游玩呢？

小王暑假准备跟团出去旅游，旅游团费预算为 4 000 元。在此预算中，面对众多旅游地，小王选择了泰国和港澳游作为重点考虑。去两地的交通工具都是飞机，而去香港飞行时间是 2 个小时，去泰国需要飞行 4 个小时，对于经济舱来说，4 个小时略长，且非常不舒适。小王咨询了自己的朋友，得知去港澳主要是购物和游玩迪士尼，对于不喜欢购物和大型游乐场的人来说没有特别的吸引力。泰国旅游项目非常多，特别是海边项目，餐饮口味和中国没有太大的差别。两地的气温都在 34 度左右，酒店接待条件都是四星级标准。综合以上条件，并结合自己本身的兴趣，小王最终选择了去泰国旅游。

请问案例中的小王选择去泰国旅游时综合考虑了哪些旅游条件?

【任务执行】

案例五表明,旅游者选择旅游目的地时,会综合食、宿、行、游、购、娱等旅游条件来比较,因此了解旅游者对旅游条件的知觉对旅游企业招徕游客有着重要的意义。

一、对旅游目的地的知觉

一般情况下,旅游者对旅游目的地的知觉印象关键取决于以下三个方面。

(一)对旅游景点的知觉

旅游景观必须体现独特性、观赏性,相应的旅游项目必须具备让游客参与的特性。景观的吸引力,是景观与人的旅游需要相互作用的结果。比如乡村旅游中的采摘项目、海边度假游的潜海项目等都深受游客的欢迎。

(二)对旅游设施的知觉

旅游者出门旅游对旅游地的接待设施关注度也比较高。一般来说,旅行社会在旅游合同中注明接待饭店的等级、餐饮的质量、景区内小交通的配备。由于我国旅游主体仍然是经济团观光客,所以游客对旅游设施最基本的要求是安全、方便、舒适。

(三)对旅游服务的知觉

旅游是一种精神享受的过程,对旅游行程是否满意很大程度上取决于旅游服务质量的好坏。在旅游过程中,领队和地陪的服务态度要做到礼貌、周到、诚实、公平,与旅游者之间应该互相尊重,保持良好的人际关系,这些都有利于旅游活动的顺利进行。同时,旅游饭店或酒店服务人员的服务也应做到礼貌、及时、高效。

二、对旅游距离的知觉

旅游者在选择旅游目的地的时候,还会考虑旅游目的地和自身居住地之间的距离,距离的远近常常影响旅游者的旅游决策。距离知觉对旅游行为的影响通常表现为阻止作用和激励作用。

(一)距离对旅游行为的阻止作用

距离的阻止作用被称为“距离的摩擦力”,旅行距离越长意味着人们付出的金钱、时间、体力、情感等方面的代价越高。人们付出的代价越高,期望值就越高。如果人们不能从旅游中得到足够的利益补偿这些代价,抵消摩擦力,那么旅游行为就不会发生。由此可以明白,为什么国内旅游者多于国际旅游者,近距离旅游者多于远距离旅游者。

(二)距离对旅游行为的激励作用

当然,距离越长也越容易让旅游者产生神秘感和朦胧感。在现实生活中,旅游者的动机之一,就是寻求新奇刺激的感受。远距离的旅游目的地新奇性越强,对旅游者就越有一种特殊的吸引力,正是这种距离美、神秘感和吸引力驱使很多旅游者舍近求远,宁愿去遥远的地方旅游,也不愿在距离近的旅游地休假。从这个意义上说,距离知觉对旅游者产生了激励作用。

三、对旅游时间的知觉

第一,旅途要快。旅游者对时间的知觉首先反应在去旅游地的途中,在交通工具上花费的时间本身枯燥乏味,所以旅游者对于旅途时间的知觉,总是要求短些、短些,再短些,希望尽快到达旅游目的地开始旅游。这也正是部分旅游者在旅游交通工具的选择上，宁愿多花钱乘飞机也不愿少花钱坐火车的原因。

第二，游览要慢。旅游是手段，游览是目的。在游览过程中，旅游者总是希望在有限的时间里多看一些景点，并希望能够细细观察、慢慢欣赏，游览活动越丰富，旅游就越具魅力。

第三，一切要准时。整个旅游活动的安排，旅游者希望能够在计划和预料之中进行，即准时出发、如期归来，否则多少会给旅游者带来一定的心理压力。旅游者对于时间的知觉相当敏感，旅游部门应该从旅游者的知觉心理出发，不断丰富旅途生活，科学而又合理地安排好旅游活动和旅游时间。

四、对旅游交通的知觉

旅游交通主要包括飞机、火车、汽车、轮船等。

（一）旅游者对飞机的知觉

对于国际旅游者来说，飞机是最主要的交通工具。对客运航班的知觉直接影响旅游者的旅游决策。在对机票价格满意的基础上，旅游者对飞机的要求主要是时间、安全和舒适，如航班的起飞和到达时间是否合适、航班是否准点、中途是否转机、空中服务员的态度是否礼貌友好等。如今，航空公司之间竞争非常激烈，飞往同一目的地的机票价格相近，那么可以比较的只有服务了。因此，航空公司应在服务上做得更出色。

（二）旅游者对火车的知觉

对于国内近距离（一般 1 000 千米以内）旅游者来说，火车是主要的交通工具。旅游者会觉得火车安全性高，舒适度优于旅游汽车。乘坐火车的旅游者主要关心的是火车的发车时间和抵达时间是否合适、能否正点运行、停靠次数和火车上的相关服务等方面。

（三）旅游者对旅游巴士的知觉

对于短途旅游，特别是周末双休游，多数游客选择乘坐旅游大巴。旅游者比较关心车内是否有空调、座椅是否舒适、行李架是否宽敞，以及途中路况是否良好等。

（四）旅游者对轮船的知觉

轮船曾经是人们旅游活动的主要交通工具，随着航空、铁路、公路交通运输条件的极大改善，大多数长途客轮消失了。由于轮船的速度慢、乘船时间较长，旅游者对它的知觉主要考虑轮船的安全舒适程度和服务人员的工作态度以及客舱、餐厅等设施是否舒适，娱乐设施是否完备等。

【任务拓展】

旅游者选择旅游目的地时，会综合食、宿、行、游、购、娱等旅游条件来比较，旅游者对目的地、距离、时间、交通的知觉会影响他们的最终选择。请从以上角度对某个你熟悉的景区进行分析，如景区的独特性、设施设备的设置情况等，哪些方面做得不错，哪些方面存在不足，应如何改进。

【任务反馈】

2019 年清明节过后，文化和旅游部的数据显示，假日期间，参观博物馆、美术馆、图书馆、科技馆和历史文化街区的受访者分别高达 54.33％、32.36％、38.24％、37.23％和 42.91％。此外，红色主题类景区在线购票量同比增长55.2％。各地历史博物馆、革命烈士纪念馆、抗战纪念馆等红色旅游景区纷纷开展清明主题活动。其中,历史博物馆同比增长17.8%,以秦始皇陵兵马俑、杜甫草堂博物馆、故宫、上海自然博物馆和陕西历史博物馆最受欢迎;文化遗产及小镇同比增长23.4%,云水谣景区、连南千年瑶寨、云南民族村、周庄古镇和东平水浒影视城吸引打卡人数最多;宗教祈福类景区同比增长17.2%,灵山大佛、灵山小镇拈花湾、奉化溪口风景区和寒山寺的香火气息最重;民俗风情类景区同比增长19.6%,杭州宋城景区、乌镇、景德镇古窑民俗博览区是该类景区领头羊。

飞猪数据显示,樱花旺季来临,日本一举成为今年清明小长假出境游客流量第一。同程旅游数据显示,仅在同程小程序端,就约有10万人次参与了清明节前"同程旅游度假"小程序发起的各类活动,其中出境游用户通过小程序预订产品和服务的比重最高,其次是国内游、周边游。飞猪数据显示,在杭州,平均每天有超过1.5万人通过线下扫码购买门票进入景区;近1.5万游客通过刷脸入园,大大提高了游玩的效率。

这些调查结果,说明了哪些问题?

释疑:对旅游景区类型的知觉,旅游者对文化性越来越关注,以博物馆、文化遗产及小镇、宗教祈福、民俗风情等为代表的民俗文化游走热;出境游方面,考虑对旅行距离的知觉,四小时飞行圈内的目的地是此次小长假出游的首选。旅游服务方面的知觉,旅游预订更加快捷,4G时代改变着人们的旅游活动,手机小程序预订异军突起。

活动四　旅游者在旅游活动中的社会知觉

【案例聚焦】

案例六

可怕的导游

小张跟随旅游团来到某地旅游,刚下飞机,看到地接导游一头金发,脖子上戴一条很粗的金项链,胳膊上还有文身,顿时产生了不好的印象。在随后的旅行中,导游张口就来黄段子,屡次明示暗示游客消费,强硬推销自费项目,游客非常反感,造成导游和游客关系很紧张,车内一路吵吵闹闹,矛盾不断升级。最终导游甩团下车,由地接社另派了一名导游才作罢。游客纷纷表示回去后会投诉,要求赔偿。

请问案例中的地接社导游为何让游客产生不好印象—反感—关系紧张—投诉的情况?

【任务执行】

案例六表明,在旅游过程中存在大量的客我交往,特别是导游和游客的关系,如果处理不好,不但旅游者无法满意,导游利益也无法实现,同时也给旅行社带来很坏的影响。如何与客人保持良好的人际关系,是旅游从业人员需要关心的问题。

一、社会知觉

社会知觉是对人的知觉,有时又称作人际知觉。例如,两个陌生人初次见面会注意对方的外貌、穿着、表情、行为等从而形成初步印象,通过进一步接触,得到更全面、更完整的印象。

二、旅游者的社会知觉

在旅游活动中,组织者、接待者与旅游者之间相互知觉的内容直接影响他们之间相互关系的建立、维持和发展，并在很大程度上影响旅游活动开展的效果。旅游者的社会知觉主要包括对旅游从业人员仪表、表情、性格的知觉，对旅游活动中人际关系的知觉和自我知觉等。

（一）对旅游从业人员的知觉

1. 仪表

旅游者初次接触旅游从业人员时，首先观察他/她的高矮胖瘦、衣着打扮等，然后根据自己已有的经验对这些特征加以整合得出自己的初步判断。例如，饭店服务员服装整齐划一，身材高挑，面容姣好，就给旅游者带来美的感受；相反，如果服务员制服有明显污迹，旅游者就会产生联想，认为该饭店卫生情况不好而不愿在该饭店就餐。旅游者初次看见领队或地接导游，也是从仪表产生第一印象。目前国外地接按行业要求大都穿着正装来接待团队，而不再是从前随便穿着的牛仔裤和T恤，这样既符合行业形象，也能让旅游者产生信赖的感觉。

2. 表情

表情是旅游从业人员情绪状态的外在表现，也是社会交往传达信息的手段。在现实生活中，一个人的喜怒哀乐等情绪从表情上可以判断出来，同时也可以从说话的眼神、语气、动作中表露出来。旅游者的面部表情可以传达旅游者一部分需求信息，例如，一位客人在餐厅吃饭前掏出一瓶药，面对桌上的茶水皱了皱眉，显然他需要一杯白开水，服务员觉察到这个信息，马上把白开水送到客人手中，这样的举动将会使客人非常满意。另外，旅游从业人员在与游客交往过程中要取得良好的交往效果，就要学会使用表情这一手段。比如，面带微笑，目光诚恳而热情会让游客产生一种亲切感。

3. 性格

在旅游活动人际交往中，旅游从业人员和旅游者都可以慢慢知觉出对方的性格。例如从一个人说话嗓门大、速度快能推测出他性格外向、直爽、性急；如果一个人走路步伐缓慢、说话慢条斯理，表明他可能是一个沉着内向的人。

（二）人际知觉

人际知觉是对人与人之间相互关系的知觉。一个旅游者在旅游团体中，其个人行为必定受其他成员的影响，旅游者与旅游工作者之间，旅游者与旅游目的地居民之间，旅游者与旅游者之间的人际关系如何，对旅游知觉都能产生重要的影响。在旅游活动中，服务者与旅游者通过交往形成对彼此的印象，产生各种情感，或者喜欢，或者厌恶，进而形成不同的人际关系。旅游者之间也由于各自的价值观和认识倾向不同，会有选择性地和某些人特别亲近，形成不同的小团体。

（三）自我知觉

自我知觉是指人在社会实践中，通过对自己行为的观察，进而对自己的心理状态以及自己同周围人关系的认识。

人的自我知觉分成不同的组成部分：一是“物质的自我”，即对自己的身体、仪表、家庭等方面的自我认知；二是“社会的自我”，即对自己在社会活动中的地位、名誉、财产及与他人相互关系的认知；三是“精神的自我”，即对自己的智慧、能力、道德水准的内在认知。

(1) 在实际生活中，由于每个人的社会化程度不同以及各种主客观因素的影响，每个人的自我知觉水平不一样。例如，有的人非常注重自己的容貌和身材；有的人看重物质欲望的满足；有的人偏重于事业的成功、显要的社会地位和他人的赞赏；也有的人追求高尚的情操等。一个人要有正确的自我知觉，才能知道自己需要怎样做，如何对自身的行为进行不断调节，以便使自己与社会环境保持协调。

(2) 在旅游活动中，旅游者要有正确的自我知觉，否则可能会在旅游活动中选择一些不适合自己的项目或对导游提出一些不恰当的要求，并且容易在达不到要求时产生某种消极心理。

(3) 旅游从业人员如果没有正确的自我知觉，就无法正确看待自己和旅游者之间的关系，容易把自己放在一个错误的位置上，从而无法规范自己的行为。比如，有些导游不是把自己视为服务者，而是自以为与己无关，对游客态度傲慢，对游客的疑问爱搭不理；在购物环节上，又急功近利，拼命煽动游客购物，在效果不理想时对游客出言不逊，造成与游客关系僵化，矛盾重重。

三、旅游中社会知觉的误区

社会知觉受到个体主观因素的明显制约，由于情感因素参与知觉过程，所以极易产生知觉偏差，这些知觉偏差，直接影响良好人际关系的形成。

(一) 第一印象

第一印象又称首因效应，是双方在首次接触时给彼此留下的印象，它对双方日后的交往进程有很大的影响。第一印象受知觉恒常性的影响。旅游者第一次来到一个新环境，第一次和导游接触，第一次到宾馆住宿，第一次到某地游览所产生的初次印象非常重要，它就像一副有色眼镜，会不知不觉地影响旅游者日后对其的看法。

例如，游客第一次来到某饭店就餐，恰巧碰到一个实习生服务员，在多次提问都得不到满意回答后，游客心生不满，认为该饭店服务水平很差，不会再度光顾。

因此，在旅游行业中，由于旅游从业人员和旅游者双方都是短暂接触，第一印象显得尤为重要；旅游从业人员既要自觉防止偏见的干扰，又要注意自身的仪表美、语言美、行为美，以便给旅游者留下良好的第一印象。

(二) 晕轮效应

晕轮效应是指由对象的某种特征推及对象的总体特征，进而美化或丑化对方的现象。

晕轮效应的产生与知觉的整体性有关，它是一种“以点概面”的主观倾向，当一个人对另一个人的某点品质有一个良好印象后，就觉得他/她具有一切好的品质；相反，则认为他/她具有所有坏的品质。

例如，旅游者刚来到一个旅游地，在初次自由活动时便与当地商贩发生了争执，这就给旅游者内心留下了非常不好的印象，导致旅游者以偏概全，认为该地的居民素质差，进而认为这个旅游城市整体水平差。再如，有些国外游客初次来到中国旅游，恰巧碰到交通堵塞，就会认为整个中国旅游交通不够通畅便利。

在旅游服务中，旅游从业人员要避免晕轮效应的消极作用，就不能忽视工作中的细节，谨记工作无“小事”，以免因小失大，防止旅游者把对某些劣质产品和服务的印象扩大化，以致影响企业良好形象的树立。

(三) 刻板印象

刻板印象是指人们对某一类人或某类事物所持的固定的、笼统的、呆板的印象。刻板印象的形成与知觉的选择性有密切关系。例如，一般人普遍认为：日本人讲究礼貌，注重礼仪，好胜心强；德国人做事精细严谨，工作效率高；法国人浪漫热情；美国人自由散漫，注重实际等。

刻板印象有利于人们对众多人的特征有个概括的了解，有时是旅游从业人员知觉客人的有效途径。比如，在接待日本或美国客人时，可以根据各自国家的民族性特征，在短时间内知觉对方概括性的印象，提供针对性服务。但是，刻板印象又有局限性，它会使人的感觉产生偏差，比如，很多美国人至今认为中国地区落后，中国人闭塞、保守，因而在接待时难免产生怠慢之举。

在旅游工作中，从业人员的知觉对象来自世界各国各地的游客，除了解他们的共同特征外，还要注意不要受自身刻板印象的影响而提供“对号入座”的服务。

（四）心理定式

心理定式又称经验效应，它是指人们经常受以前经验模式的影响，产生一种不自觉的心理活动准备状态，在头脑中形成一定的思维定式，按照固定思路去思考问题。苏联心理学家曾做过这样一个经典的关于心理定式的实验。

研究者向参加实验的两组大学生出示同一张照片，但在出示照片前，向第一组学生说这个人是一个怙恶不悛的罪犯；对第二组学生却说这个人是一位大科学家。然后他让两组学生各自用文字描述照片上这个人的相貌。第一组学生的描述是：深陷的双眼表明他内心充满仇恨，突出的下巴证明他沿着犯罪道路顽固到底的决心。第二组的描述是：深陷的双眼表明此人思想的深度，突出的下巴表明此人在认识道路上克服困难的意志。

对同一个人的评价，仅仅因为先前得到的关于此人身份的提示不同，得到的描述竟然有如此戏剧性的差距，可见心理定式对人们认识过程的巨大影响。

这种心理定式效应在旅游活动中既有积极作用又有消极作用。积极作用在于反映出旅游心理活动的稳定性和前后一致性，消极作用在于妨碍思维的灵活性和正确地反映旅游客观现实。旅游企业应充分发挥心理定式的积极作用，搞好经营和管理，要主动介绍和提供旅游优质产品和优质服务，使旅游者先入为主，形成良好的心理定式。

【任务拓展】

旅游活动中的社会知觉对客我交往产生重要影响，旅游服务人员在工作中如何利用良好的第一印象和晕轮效应给客人服务？如何学会利用刻板印象为客人提供相应的服务，消除旅游者的疑虑，促成购买行为？

案例七

巨大的知觉差异

一个青年走进酒店，装扮新潮，穿花衬衫、格子裤，戴巨大的蛤蟆镜。第一个服务员看到他时，他正在弯腰全力地帮助一位先生捡拾掉了满地的文件，等他终于完成帮助别人的行动，直起身来跟他所帮助的人道别时，这位服务员对他的印象是：这个人时尚、充满绅士风度、形象潇洒。等他转过一个拐角，迎面碰到第二位服务员时，这位服务员对他的印象则是：装扮怪异、流里流气。

为什么同一个人会给大家带来如此巨大的知觉印象差异？

案例八

客人的需求是什么？

客人李先生来到饭店的洗浴中心，

想要享受难得的片刻放松时光。近几日李先生一直很疲倦，来到洗浴中心后，前台接待热情地向他打招呼，他也只是淡淡地回应。很快，他选择了所要消费的项目后，按着程序沐浴和桑拿，之后进入按摩房，服务员非常热情地为他提供按摩服务。李先生躺在按摩床上，闭上眼睛开始享受按摩。没过几分钟，他就感觉有些困顿了。但因为服务刚刚开始，服务员正在按一般服务要求与李先生聊天和沟通，想要了解他对按摩的力度、方位和特殊偏好等，于是不断提问题。开始李先生还摆摆手，或是点点头来回应，服务员没有看懂他的意思，于是赶紧询问是否力度不够或是其他方面做得不合适？李先生烦躁地说："如果你现在什么也不说，那就是最好的服务了。"服务员没有再说话，但心里还是有些委屈和不解，觉得自己的好意没有得到客人的理解和认同。

请问服务员该怎样通过客人的体态语言准确把握客人的状态和服务需求？

【任务反馈】

为什么同一个旅游服务者在不同的旅游者眼中会形成很大的印象差异？

释疑：知觉者的经验不同，思考问题的角度不同，对同一刺激会产生不同的认知内容。例如，对某一个旅游服务人员的认知，艺术家侧重注意其外貌、身材、姿势、语调等，伦理学家则侧重于观察人的行为举止和道德品质，学者可能侧重于考察人的智慧、能力及专业知识。各人的经验不同，其认知结构也不同，有简单和复杂之分。例如，年龄小的旅游者具有简单的认知结构，认知他人时往往采用两分法，即好人或坏人。

任务二　旅游者的情绪情感与行为

【任务目标】

情绪情感与我们每个人都密切相关，我们的行为时时刻刻受到我们情绪情感的影响。了解情绪与情感的定义、分类和表现形式，有助于旅游工作者了解旅游者的情绪情感对其行为的影响，从而更好地为旅游者服务。

活动一　旅游者的情绪情感

【案例聚焦】

案例一

在那遥远的地方

——一个大学生的自述

我自小生长在北方大都市，对西北边陲有无限神往之情，后来从大学同学那里得知了新疆这个以草原和戈壁滩闻名的地方。"畅游新疆，激情之旅"的渴望在我心里萌发，并随着时间的推移而愈加强烈。

毕业前夕，我兴奋地踏上了向往已久的畅游之旅。在新疆的 20 多天，我领略了天地造化带给新疆的宽广与精致，它的山、岩、湖、滩、寺等成就了神奇隽永的山水画卷。然而在我陶醉于秀丽迷人的景色的同时，难免有些遗憾：本应纯净的草原却散落着一些垃圾；还有诸多人为因素阻碍着我的行程。这并非风景本身之过而是景区管理疏漏所致。建议景区相关部门加强对景点环境卫生的管理，使其管理水准与整个城市、地区的形象相符，同时，正确评估自身的旅游接待能力也是很有必要的。

请问本案例中旅游者的负面情绪情感是如何产生的？

【任务执行】

本案例说明实际的旅游过程与游客对旅游的预期出现不利偏差时，游客会出现负向情绪情感。事前的美好期望与事实中的负面印象冲突的结果，无疑是会感到“遗憾和失望”。个人的旅游行为与其情绪情感密切相关，为探究旅游者的情绪情感，请先来了解一下情绪与情感的相关知识。

一、情绪与情感的概述

（一）定义

情绪与情感，指人们对客观事物是否满足其需要、愿望和观点而产生的态度体验，是人脑对客观世界的一种特殊的反映形式，是人类行为中最复杂、最重要的一面。人的情绪与情感是任何动物或高智能的计算机都不能替代的。试想，若是一个人没有情绪情感生活，这个丰富多彩的世界对他将毫无意义，无所谓悲伤忧愁，无所谓幸福快乐，不需要友谊的慰藉，也体验不到爱情的温馨。就本质而言，情绪与情感为客观事物的刺激所引起，是一种内心的主观体验，这种体验来源于客观事物与主体需要之间的关系，见表 1－4。

表 1－4　客观事物与主观体验之间的关系

客观事物是否满足其需要、愿望和观点	主观体验
满足人的需要，符合人的愿望、观点	愉快、喜爱，积极的情绪
不符合人的需要，违背人的愿望、观点	烦闷、厌恶，消极的情绪

（二）分类

1. 基本情绪

（1）快乐。这是一种在追求并达到所盼望的目的时所产生的情绪体验。快乐的程度取决于愿望的满足程度和满足的意外程度。快乐的情绪从微弱的满意到狂喜，可分为一系列程度不同的级别。

图 1－14　快乐的笑脸

（丁卫平摄）

（2）悲哀。这是一种失去自己心爱的对象，或自己所追求的愿望破灭时所产生的情绪体验。悲哀的程度取决于所失去的对象和破灭的愿望对个人或社会的价值的大小。悲哀按程度的差异表现为失望—遗憾—难过—悲伤—哀痛。

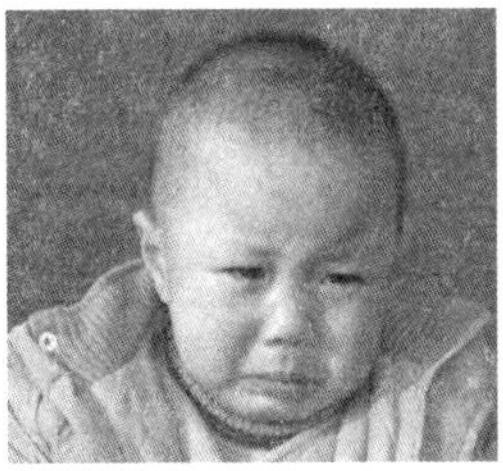

图 1－15　伤心难过的脸

（丁卫平摄）

（3）愤怒。这是由于妨碍目的实现

的因素造成紧张积累而产生的情绪体验。愤怒的程度取决于对妨碍目标实现的因素对象的意识程度。愤怒从弱到强的程度变化，是轻微不满—愠怒—怒—愤怒—暴怒。

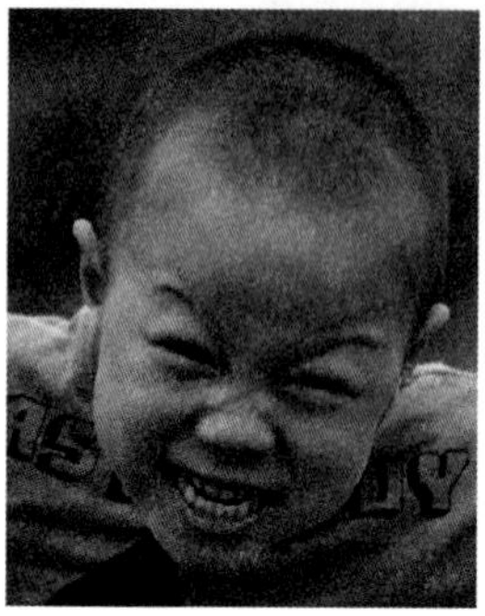

图 1－16　佯作愤怒的脸

（丁卫平摄）

（4）恐惧。这是在危险情境下产生的情绪体验。引起恐惧情绪的原因，主要是缺乏处理可怕情境的经验或能力。

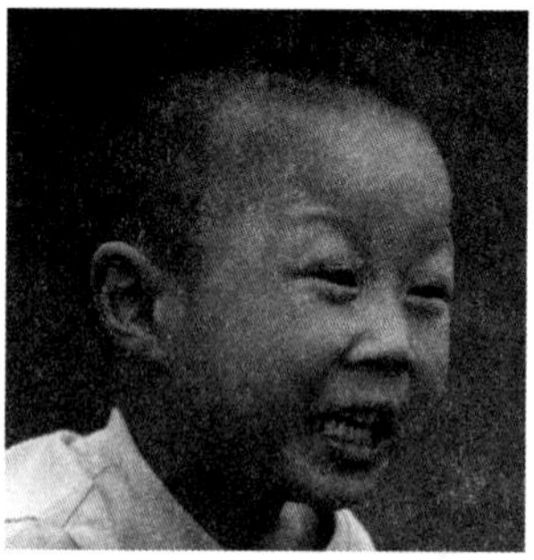

图 1－17　恐惧的脸

（丁卫平摄）

（5）喜爱。这是一种对特定对象的某种需要得到了满足而产生的情绪体验。喜爱表现为接近、参与、欣赏或获得。事物、活动、艺术品和人等，都可以是人们所喜爱的对象，引起人们喜爱的情绪体验。

图 1－18　因喜爱而喜悦的脸

（丁卫平摄）

2. 高级的社会情感

（1）道德感。它是用道德准则去感知社会行为时所产生的情感体验。例如义务感、责任感、友谊感、同情感、仇恨感、嫉妒感、自豪感、尊严感等，都是道德感的不同表现。当一个人的思想、行为符合道德标准时，他就会产生肯定的情感体验，感到满意、愉快；反之，就会产生不愉快的心情，会感到内心痛苦并受到良心的谴责。当别人的思想意图和行为举止符合道德标准时，大家就对他肃然起敬，反之，则对他产生鄙视和愤怒的情感。道德感在高级情感中占有特殊的地位，对人的言行起着重要的制约作用。它可以迫使人按照道德准则去衡量和影响别人的言行；同时也以此规范自己的言行，促使自己成为一个道德高尚的人。

（2）理智感。它是由客观事物间的关系是否符合自己所相信的客观规律所引起的情感。客观事物所表现出来的关系，如果超出自己所相信的客观规律，人就会感到困惑不解，甚至痛苦。如果别人发现的客观规律与自己所相信的客观规律不符，或自己不懂，人也会感到痛苦，感到不愉快。通过再认识，经过调整，解除了认识上的矛盾，人才能感到愉快。例如，求知感、惊讶感、怀疑感、坚信感、满意感等，都是理智感的不同表现。理智感是与人的认识活动、求知欲和认识兴趣的满足，以及对真理的探求相联系的。当一个人的活动与深刻的理智相联系时，他往往会取得一定成就。

(3) 美感。它是对客观现实及其在艺术中的反映进行鉴赏或评价时所产生的情感体验。如对自然景色的欣赏、对祖国山河的赞美、对新人新事的喜爱和对艺术作品的鉴赏，都是美感的体验和表现。美感是客观事物与主体审美需要的不同关系的反映。对同一客观对象，不同的人会有不同的美感。美感还具有社会性和民族性。美感会受到社会生活条件的制约。一个人对美的需要，总是反映一定社会的审美标准。不同民族由于在文化、风俗习惯、传统观念、所处的地理环境、气候条件等方面各不相同，形成了具有民族特点的不同审美意识，造成了美感上的民族差异。

它们三者进行有机结合，就构成了人的高尚情操。

（三）区别与联系

情绪与情感是十分复杂的心理现象，它们是从不同角度提示人的心理体验的近似概念。对二者作出严格区分是不易的，只能从不同的侧面对它们加以说明。

1. 区别

情绪，通常是指由肌体的天然需要是否得到了满足而产生的心理体验，它是天然的、低级的、与生理需要相联系的心理体验，带有情景性、冲动性和不稳定性。情感，是与人在历史发展中所产生的与社会需要相联系的心理体验，它是后天的、高级的心理体验，具有情景性、历史性、深刻性和稳定性。就人类个体而言，情绪发展在先，情感体验在后。

2. 联系

情绪与情感既有区别又有联系。情绪是情感的外在表现，情感是情绪的本质内容。情绪情感是多种多样的，情感是一种深刻持久的情绪，它反映着人们的社会关系和社会状况，并对人的社会行为产生积极和消极的影响。

二、情绪与情感的表现形式

（一）两极性

每种情绪与情感都能找到与之对立的情绪与情感，这就是情绪与情感所具有的典型特征，即情绪与情感的两极性。

1. 肯定的与否定的

例如，满意与失意、快乐与悲哀、热爱与憎恨、敬慕与蔑视、兴奋与烦闷、轻快与沉重等。构成肯定或否定这种两极的情绪情感，不是绝对地互相排斥的。对立的两极性在一定条件下可以互相转化。如“乐极生悲”“苦尽甘来”等。

2. 积极的与消极的

积极的情绪，如愉快、热情等，能够增强人的活动能力，促使人积极地行动。消极的情绪，如烦闷、不满等，则降低人的活动能力。在有些情况下，同一情绪可以既有积极的性质又有消极的性质，如在危险情境下产生的恐惧情绪，既会抑制人的行动、削弱人的精力，又可驱使人动员自己的能量同危险情境作斗争。

3. 紧张的与轻松的

紧张的情绪和轻松的情绪，一般与人所处的情境、面对的任务、对个人需要的影响等相联系。当人所处的情境直接影响到个人重大需要的满足，以及面临重大任务需要完成时，情绪就会紧张起来，相反，则比较轻松。一般说来，紧张的情绪与人活动的积极状态相联系。人们进行的任何活动，都需要激发起情绪的一定紧张度，否则，情绪处在很低的水平而松松垮垮，甚至处在半睡眠状态，是无法适应任务和活动要求的。但过度的紧张情绪也会引起抑制，造成心理活动的干扰和行为的失调。

4. 激动的与平静的

激动的情绪，表现为强烈的、短暂的，然而是爆发式的心理体验，如激愤、狂喜、绝望。激情的产生，往往与人们在生活中占重要地位、起重要作用的事情的出现有关，而且这些事情违反原来的意愿并以出乎意料的形式出现。与激动的情绪相对立的是平静的情绪。人们在大多数情况下是处在平静状态之中的。在这种状态下，人们能从事持久的智力活动。

5. 强烈的与微弱的

许多类别的情绪都具有由强到弱的等级变化。如从微弱的不安到强烈的焦虑，从愉快到狂喜，从担心到恐惧等。情绪的强度越大，人自身被情绪卷入的程度就越大。情绪的强度决定于事件和活动对人的意义的大小，以及人的既定目的和动机是否能够实现。肯定的与否定的、积极的与消极的、紧张的与轻松的、激动的与平静的、强烈的与微弱的等每一对对立的情绪之间，都存在强度不同的中间情绪状态，如非常满意与非常不满意之间有很满意、满意、基本满意、不满意、很不满意等。人们在某时某地的情绪情感总是处于两极之间的某一位置。两极性是相对的，没有爱就无所谓恨，没有快乐就无所谓悲伤，没有紧张就无所谓轻松。因此，所有情绪与情感的两极性都是相互联系的，并可以在一定条件下相互转化。

（二）外部表现形式——表情

情绪的生理机制极为复杂，这里仅对其外部表现——表情作些介绍。情绪发生时，表现在身体外部的生理变化叫做表情。达尔文进化论认为，表情是动物生存竞争与适应环境的手段之一。如狗在兴奋时会晃动尾巴，害怕时会夹着尾巴。甚至有些植物也会出现类同表情的反应。如“含羞草”，人接触到它就会蜷缩；有的植物受到外部刺激则会改变颜色。相比之下，人类的表情不像动植物表情那样对适应环境起着直接的作用，而是更复杂、更细腻。

由于情绪的变化会引起肌体的生理变化及表情动作的变化，所以可以通过测量肌体的生理变化和观察表情变化，间接地去了解别人的情绪。人的情绪发生变化时，会引起呼吸系统、循环系统及生物电的变化，利用现代医学仪器，通过测量呼吸、心跳、血压、脑电图等的变化，便可了解人的情绪变化。

人们表达思想、交流情感的主要手段之一是语言，但有些心理状态是无法用言语来表达的。言语有时可“口是心非”，但表情却不容易掩饰。心理学家艾伯特·梅拉宾曾得出这样一个公式：情感表达＝7％的词语＋38％的声音＋55％的面部表情。可见言语在交际中仅占很小的比重，更多的是人的“体态语”。这些千姿百态的体态语，是十分微妙、非常有趣的。

表情可划分为面部表情、言语表情和身体表情等。

1. 面部表情

眼：眼睛是打开人心灵的窗口，能够最直接、最完整、最深刻、最丰富地表现人的精神状态和内心活动。它能够冲破习俗的约束，自由地沟通彼此的心灵，能够创造无形的、适宜的情绪气氛，代替词汇贫乏的表达，促成无声的对话，使两颗心相互进行神秘的、直接的交流。眼睛通常是情感的第一个自发表达者，透过眼睛可以看出一个人是欢乐还是忧伤，是烦恼还是悠闲，是厌恶还是喜欢。从眼神中有时可以判断一个人的心是坦然还是心虚，是诚恳还是伪善：正眼视人，显得坦诚；躲避视线，显得心虚；乜斜着眼，显得轻佻。眼睛的瞳孔可以反映人的心理变化：当人看到有趣的或者心中喜爱的东西时，瞳孔就会扩大；而看到不喜欢的或者厌恶的东西，瞳孔就会缩小。目光可以委婉、含蓄、丰富地表达爱抚或推却、允诺或拒绝、央求或强制、讯问或回答、谴责或赞许、讥讽或同情、企盼或焦虑、厌恶或亲昵等复杂的思想和愿望。眼泪能够恰当地表达人的许多情感，如悲痛、欢乐、委屈、思念、温柔、依赖等。

眉：眉间的肌肉皱纹能够表达人的情感变化。柳眉倒竖表示愤怒，横眉冷对表示敌意，挤眉弄眼表示戏谑，低眉顺眼表示顺从，扬眉吐气表示畅快，眉头舒展表示宽慰，喜上眉梢表示愉悦。

嘴：嘴部表情主要体现在口形变化上。伤心时嘴角下撇，欢快时嘴角提升，委屈时撅起嘴巴，惊讶时张口结舌，忿恨时咬牙切齿，忍耐痛苦时咬住下唇。

鼻：厌恶时耸起鼻子，轻蔑时嗤之以鼻，愤怒时鼻孔张大、鼻翕抖动，紧张时鼻腔收缩、屏息敛气。

面部：面部肌肉松弛表明心情愉快、轻松、舒畅，肌肉紧张表明痛苦、严峻、严肃。

图 1－19　面部表情图

（《儿童简笔画大全》）

一般来说，面部各个器官是一个有机整体，协调一致地表达出同一种情感。当人感到尴尬、有难言之隐或想有所掩饰时，其五官将出现复杂而不和谐的表情。

2. 言语表情

语言本身可以直接表达人的复杂情感，如果再配合以恰当的声音（如声音的强度、速度、声调、旋律等），就可以更加丰富、生动、完整、准确地表达人的情感状态，展现人的文化水平、价值取向和性格特征。

根据语言声音的不同特点可以判断人的情绪状态和性格特征：悲哀时语速慢，音调低，音域起伏较小，显得沉重而呆板；激动时声音高且尖，语速快，音域起伏较大，带有颤音；说话语速较快，口误又多的人被认为地位较低且又紧张；说话声音响亮，慢条斯理的人被认为地位较高、悠然自得；说话结结巴巴，语无伦次的人缺乏自信，或者言不由衷；男声中如带有气声，被认为较年青，富有朝气，富有艺术感；女声若带有气声，被认为美妙动人，富有女性味；平板的声音被认为冷漠、呆滞和畏缩；喉音使男性显得成熟、世故和老练，判断力强，但使女性失去魅力；女中音和男低音代表暴躁气质；女高音和男高音多属于活泼型的人；急剧的变调对比表达暴躁气质；音调的抑扬婉转显露活泼的天性，表明气质温和柔顺；旋律可以表达人的欢乐与苦闷，希望与企盼。

判断人的说话情绪和意图时，不仅要听他说些什么，还要听他怎样说，即从他说话声音的高低、强弱、起伏、节奏、音域、转折、速度、腔调和口误中领会其"言外之意"。语言交谈能够沟通思想，促进相互了解，语言的声调使语言本身具有更多的感情色彩，从而揭示出人的思想、感情和意向的精微之处，而这非词汇所能完全表达的。任何事物都可以用最体面的语言来讲述，而不致流于粗俗，问题只在于思想是否丰富，语言是否和谐，比喻是否恰当，礼貌是否周到，时机是否适当。

3. 身体表情

人的情感状态、能力特性和性格特征有时可以通过身体姿态来自发地或有意识地表达出来，从而形成身体姿态表情。当人处于强烈的兴奋、紧张、恐惧、愤怒等情感状态时，往往抑制不住身体姿态的表情变化，如演员经常通过身体姿态来有意识地表达角色的情感变化。

人的身体姿态表情是丰富多样的。正襟危坐可知其恭谨或紧张，坐立不安可知其焦急慌神，手舞足蹈可知其欢乐，捶胸顿足可知其懊恼，拍手称快可知其兴奋，振臂时显得慷慨激昂，握拳时显得义愤填膺，不停搓手时表示心中烦躁不安。轻盈的脚步可看出心情愉快，沉重而不均匀的脚步表明处境不佳，迟缓的脚步表明心事重重，铿锵有力的脚步表明勇敢与坚强。昂首挺胸表明自信与自豪，点头哈腰表明顺从与谦恭，手忙脚乱表明心情紧张，全身颤抖又冒虚汗表明心虚害怕。

值得注意的是，不同民族、不同文化背景的人，在面部表情上大体一致，而在身体表情上存在差别。如有的国家摇头表示赞成，点头表示反对。

（三）内部表现形式——情绪状态

情绪状态指在某种事件或情境下，人在一定时间里表现出来的一定的情绪。它主要包括以下四种：心境、热情、激情和应激。

1. 心境

心境，是持久而微弱的情绪状态。心境由于持久且具有弥散性，故可以形成人的心理状态的一般背景。一个人在愉快、喜悦的心境中，仿佛一切都染上了"快乐的色彩"，看什么都那么顺眼，对一切都感到满意。而处在忧愁悲伤心境中的人，在一段时间里就表现得无所不悲，仿佛一切都染上了"忧伤的色彩"。心境的特点是不具有特定的对象，即心境不是对某一事物特定的体验，而是一种具有弥散性的情绪状态。心境可分为暂时心境和主导心境两种。暂时心境，是由当前情绪产生的心境。例如，人们在欣赏艺术表演时会产生愉快的心境，当演出结束后，这种心境还会持续一段时间，但不会很长。随着其他情境和事物的出现，这种心境就会逐渐消失。主导心境，是由一个人的生活道路和早期经验所造成的个人独特的、稳定的心境。主导心境是以生活经验中占主导地位的情感体验的性质为转移的。它决定着一个人的基本情绪倾向。一个具有良好主导心境的人，总是朝气蓬勃，具有乐观的情绪。这样的人，别人比较愿意并容易和他交往。一个具有不良主导心境的人，则会经常表现为失望、忧愁和情绪消沉。这样的人，别人不太容易和他交往。当然，对主导心境不好的人，更需要给以热情的关心、帮助并予以更多的谅解。心境的产生总是有原因的，其原因也是多种多样的。个人生活中的重大或意外事件、事业的成败、工作的顺利与否、与周围人相处的关系好坏等，都能引起某种心境。此外，身体的健康程度、自我感觉及气候的变化等，也可能成为某种心境发生的原因。

2. 热情

热情，是一种强有力的、稳定而深刻的情感。热情的人情绪饱满、生活丰富、动作迅速、学习和工作很有效率。热情的人蕴蓄着坚强的意志力。诚如巴甫洛夫所指出的，"科学是需要人的高度紧张性和很大的热情的"。因此，热情是一种对学习和工作具有巨大推动力的健康情感。

3. 激情

激情，是强烈、短暂、爆发式的情绪状态。激情是由对人具有重大意义的强烈刺激所引起的，这种刺激的出现及出现的时间往往出人意料。人产生激情时伴有明显的外部表现，如欣喜若狂、悲痛欲绝等。激情发生时，肌体内部也会出现显著的变化，如心跳和呼吸加快、血压升高、毛发竖立、语速加快等。这是因为在大脑皮层相应部位引起强烈的兴奋，降低了皮层对其他部位的控制作用。激情有积极和消极之分。积极的激情，与理智和坚强的意志相联系，它能激励人们克服艰险，化为正确行动的巨大动力，如运动员参加国际性比赛时，为国争光，赛出国威，这就是激励他们力量的源泉。而消极的激情，对肌体活动具有抑制作用，使人的自制力显著降低，如在绝望时目瞪口呆、呆若木鸡，或引起冲动的行动，如打人、摔东西等。

4. 应激

应激，是在突然出现的异常紧急情况下所产生的情绪状态。有些人在应激状态下会出现姿态失调、语无伦次、目光呆滞、大脑一片空白；但也有些人能在应激情况下反而表现出思维清晰、精确灵敏，反应能力增强，如急中生智。这种个别差异，主要是受人的性格、经验、知识以及道德品质、理想、对集体的义务感和责任感等因素的影响。

三、情绪与情感的功能

正常的情绪反应，有助于人适应环境，良好的情感生活有益于身心健康。情绪与情感的功能表现在以下四个方面。

（一）动力功能

人在情感激动或情绪冲动之时，呼吸会加速，这是要增进体内的氧化作用；心跳加快、血压升高，是要增加血液循环，加强输送作用；部分动作受到抑制，是要节约能量等，这时人就会产生一种较大的力量，去抵抗压力或逃避危险。人正是有了这种灵敏的心理与生理机制、奇特的功能，才能更好地适应复杂的环境。

（二）调节功能

情绪与情感能在很大程度上调节人的行为活动，积极的情绪能够促进认知活动，而消极的情绪会阻碍认知活动。当然，情绪情感也由大脑控制，受到人的世界观、人生观、价值观的支配。这三者比较稳定的人，就不会完全受情绪情感的左右，单凭感情用事。

（三）信号功能

情绪与情感是人思想意识的自然流露。如在言语彼此不通的情况下，凭着表情，彼此也可以相互了解，达到交往的目的。

（四）保健功能

情绪与情感对一个人的身心健康有增进或损害的效能。积极情绪对健康有益，消极情绪会影响身心健康。我国自古就有喜伤心、怒伤肝、思伤脾、忧伤肺、恐伤肾之说。当人情绪变化时，往往伴随着生理变化。例如，人在恐怖时，会出现瞳孔变大、口渴、出汗、脸色发白等一系列变化。这些生理变化在正常的情况下具有积极的作用，可以使身体各部分积极地动员起来，以适应外界环境变化的需要。过度的消极情绪，长期不愉快、恐惧、失望，会抑制胃肠运动，从而影响消化机能。情绪消极、低落或过于紧张的人，往往容易患各种疾病。因此，只有保持乐观的情绪，才有利于身体健康。

【任务拓展】

①为什么每位旅游者的情绪与情感差异很大？

②通过对旅游者身姿动态的观察，了解旅游者的情绪。

【任务反馈】

旅游者的情绪如果处于消极、低落或紧张的状态，会影响到整个旅游行程的顺利进行，所以他们要尽快调整情绪。那旅游者该如何来调整自己的情绪呢？

释疑：①了解自己的情绪。旅游者要找到自己情绪低落的原因，人的情绪不会无缘无故产生，它定有其发生的原因。②管理自己的情绪。了解情绪低落的原因后，旅游者可以通过很多方法来改善不良情绪，比较常见的做法是和其他旅游者聊一聊，倾诉内心的郁闷，或者去旅游商场购物，犒劳一下自己或是到旅游饭店好好吃一顿等。

活动二　旅游者的情绪情感与旅游行为

【案例聚焦】

案例二

摘葡萄的故事

一次，导游小王在带领旅游团进行了一天的游览后，乘车返回酒店。在某乡间路上行驶时，旅游车突然坏了。小王与旅行社取得联系，旅行社答应派汽车来接应，但由于路程比较远，要两个小时才能赶到。此时，旅游者抱怨声一片，有的说累了，要休息；有的说饿了，要吃饭。小王突然发现公路旁的农民正在大棚内采摘葡萄，向旅行社请示后，他找到农民，经过协商，农民同意旅游者采摘葡萄，按市价购买。来自城市的旅游者听说可以采摘葡萄，非常高兴，大家兴致勃勃动手摘了起来，完全忘记了刚才的烦恼。导游通过积极的方法转移了客人的情绪。在登上接应的旅游车后，旅游者还意犹未尽，纷纷表示旅游车“坏”得好，使他们多了一份难忘的记忆。

请问在旅游过程中，影响旅游者情绪情感的因素有哪些？

【任务执行】

旅游行为是旅游者在旅游活动过程中满足某种需要的社会性活动。一方面，旅游者的情绪情感影响着旅游行为；另一方面，旅游者的行为也受到情绪情感的影响。二者是相互作用的互动关系。

一、影响旅游者情绪情感的因素

在旅游活动中，能引起旅游者情绪情感变化的因素主要有以下五个方面。

（一）需要是否得到满足

人们外出旅游就是为了满足某种需要。需要是情绪产生的主观前提。人的需要能否得到满足，决定着情绪的性质。如果旅游能够满足需要，旅游者就会产生积极肯定的情绪，如高兴、喜欢、满意等；如果旅游者的需要得不到满足，就会产生否定的、消极的情绪，如不满、失望等。案例一中游客发现本应纯净的草原却散落着一些垃圾，准备一路畅游却有诸多人为因素阻碍行程。游客的畅游需要没有得到满足，从而产生负面情绪。

（二）活动是否顺利

不仅行动的结果会产生情绪，在行动过程中是否顺利，也会导致不同的心理体验。案例二中旅游车中途坏掉，导致游客产生抱怨情绪，而导游把等待换车的时间临时安排为在农民大棚采摘葡萄，通过积极的方法转移了客人的消极情绪。

（三）客观条件

旅游活动中的客观条件，包括游览地的旅游资源、活动项目、接待设施、社会环境、交通、通信等状况，地理位置、气候条件等也是影响旅游者情绪的客观条件。如果外出旅游住宿条件不卫生或者夏天高温时外出旅游，都会影响游客的情绪。

（四）团体及人际关系

一个团队中成员之间如果心理相容，互相信任，团结和谐，就会使人心情舒畅，情绪积极；如果互不信任，彼此戒备，则会随时都处在不安全的情绪之中。在人际交往中，尊重别人、欢迎别人，同时也受到别人的尊重和欢迎，就会产生亲密感、友谊感。

（五）身体状况

身体健康、精力旺盛，是产生愉快情绪的原因之一，过度疲劳或身心健康欠佳，容易产生不良情绪。因此，旅游工作者应该随时注意游客的身心状态，使其保持积极愉悦的情绪，以保证旅游活动的正常进行。

二、旅游者情绪情感的特征

（一）兴奋性

兴奋性常常表现为“解放感和紧张感两种完全相反的心理状态的同时高涨”。如考试后去旅游的解放感，久别重逢的紧张感等。又如外出旅游，使人们暂时摆脱了单调紧张的日常生活和工作对人的监督控制，这给人们带来了强烈的解放感；然而到异地旅游可能接触到新的人和事，对未知事物和经历的心理预期，却又使人感到缺乏把握和控制感，人们难免会感到紧张。无论是“解放感”还是“紧张感”，其共同特征是兴奋性增强，表现为兴高采烈和忐忑不安。

（二）感染性

旅游服务的情绪情感含量极高，以至于被称为“情绪行业”。在旅游活动中，旅游者和旅游工作者的情绪都能影响到对方，使对方也产生相同的情绪。比如，导游员讲解时的情绪如果表现出激动、兴奋、惊奇等，游客就会对导游员的讲解对象表现出极大的兴趣；如果导游员表现得厌烦、无精打采，游客肯定会觉得索然无味。当然，游客的情绪也会影响导游员的情绪。因此，导游员需要热爱自己的行业，上团前调整好自己的情绪，带团中充满热情和激情。如果在带团中遇到有情绪的旅游者，导游员需要了解真实情况，调整自己或旅游者的情绪，尽量保证自己不要受到旅游者情绪的影响，这样才能服务好整个团队。

（三）易变性

在旅游活动中，旅游者随时会接触到各种各样的刺激源，而人的需要又具有复杂多变的特点，因而旅游者的情绪容易处于一种易变的不稳定状态。导游员的情绪情感对旅游者的影响很大，因此，导游员要尽量使自己的情绪情感处于平稳的状态，这样才能保证整个服务过程中游客情绪的基本稳定。

三、旅游者情绪情感对行为的影响

人的任何活动都需要一定程度的情绪和情感的激发才能顺利进行。情绪情感对旅游者行为的影响，主要表现于以下三个方面。

（一）对旅游者动机的影响

要促使人们产生旅游行为，首先要激发人们的旅游动机，而喜欢、愉快等情绪可以增强人们的活动动机，使之做出选择决定的可能性大大增加；消极、悲观、懊悔的情绪会削弱人们从事活动的动机。案例一中游客对草原和戈壁滩的游览预期和实际情况出现不利偏差时，游客会出现负向情绪情感。事前的美好期望与事实中的负面印象冲突的结果，无疑是会感到“遗憾和失望”。如果有重游机会，估计旅游者再次前往的可能性不大。

（二）对旅游活动效率的影响

人的一切活动都需要积极、适宜的情绪状态，才能取得最大的活动效率。情绪与工作效率的关系理论说明，旅游者的情绪过高或过低，都不利于产生最佳的活动效率。过低的情绪不能激发人的能力，而过高的情绪会对活动产生干扰作用。因此，旅游者和导游员的情绪都保持在一个中等适宜的状态，才有利于服务过程的进行。

（三）对人际关系和心理气氛的影响

人在良好的情绪状态下，会增加对人际关系的需要，对人际交往表现出更大的主动性，并且容易使别人接纳，愿意与之交往。在旅游活动中，旅游工作者应该细心观察旅游者的情绪变化，主动引导他们的情绪向积极方向发展，并利用情绪对行为的影响作用，协调旅游者与各方面的人际关系，创造良好的心理气氛，达到旅游服务的最佳状态。案例二中的导游员意识到由于旅游车突然坏掉导致抱怨声不断，并给游客带来的了不良情绪，随机应变，用临时安排的采摘葡萄活动来转移游客的不良情绪，重新建立了和谐的人际关系和心理氛围。

【任务拓展】

游客和导游的情绪情感如何互相影响？

【任务反馈】

了解影响旅游者情绪情感的因素以及旅游者的情绪情感对其行为的影响之后，不难发现旅游者对一次旅游的评价和导游员密切相关。

那导游员该如何做才能给旅游者提供满意的服务呢？

释疑：①导游员需要热爱自己的行业，上团前调整好自己的情绪，只有自己处于良好情绪状态，才会给旅游者良好的第一印象。

②带团过程中，要时时刻刻意识到自己是为旅游者服务的，要保持谦卑的态度，讲话一定要注意自己的语气，做好讲解和服务工作。

③如果游客因为自身的原因情绪不佳，导游员可以适当地关注一下，但是不要忽略了其他客人。

④如果因为导游员的原因导致游客情绪不佳，导游员需要及时道歉，尽量获得游客的谅解，并且要一如既往地做好之后的讲解和服务工作。

任务三　旅游者的需要动机与行为

【任务目标】

学生们会问，人们为什么要旅游？旅游行为产生的推动力量是什么？学生没有多少心理学基础，对于需要、动机的理解容易混淆。需要是个性心理的源泉，动机是推动行为的动力，需要是动机产生的基础；旅游行为的产生，直接的心理动因是人的旅游动机，而隐藏在旅游动机背后的原因是人们的旅游需要。

活动一　旅游者的需要与行为

【案例聚焦】

案例一

暑假旅行

某市有三位女教师利用暑假外出旅行。她们中的小梅先飞到北京参加了一个学习班，后又飞到云南进行村庄旅行，她在每个村庄住了三天，和那里的人同吃同住五周后，又乘车返回该市。另两个人到欧洲去旅游，其中小红与好朋友一起跟随旅游团，采取双飞的形式，走过好多国家后，返回该市；另一个小婷独自乘火车前往北京，然后与同学一起乘飞机去欧洲，之后再飞往广州拜访老师，未果，她就在广州游览了几个旅游胜地，接着又前往重庆，一周后，乘火车返回该市。这三位女教师度过了很不相同的假日，游览了不同的旅游地点。

人们为什么离开自己温暖、舒适、安全的家而选择外出旅游？

【任务执行】

在旅游过程中经常有这种现象出现:人们选择了冒险而不是选择简单、平淡。例如徒手攀岩,独自海上冲浪,乘热气球环球飞行,徒步到南极等。案例一中涉及的现象用人类的需要来解释恰如其分。那什么是需要呢?

一、旅游者需要

(一) 旅游者需要的含义

按照心理学的解释,需要是个体在内外条件的刺激下,感到某种生理或心理因素的缺乏而产生内心紧张不适的不平衡状态。简单地说,需要是指个体对生存和发展的某些条件缺乏时而力求获得满足的一种心理状态。

从需要的定义中可以看到,需要常以一种"缺乏感"被体验着,以意愿、欲望的形式表现出来并最终导致行为的产生。需要和人的活动紧密联系在一起,一种需要满足后,又会产生新的需要,人的需要绝不会被完全满足和终结,正是需要这样的无限发展性,决定了人类活动的长久性和永恒性。

所以,可以将旅游者需要理解为旅游者生理上或心理上的缺乏状态,即感到缺少些什么,从而想获得它们的状态。

理解了什么是需要,再来看一下需要的基本结构是怎样的。

(二) 旅游者需要的基本结构

1. 马斯洛的需要层次理论

美国社会心理学家马斯洛于 1943 年在《人类激励理论》论文中提出的需要层次理论几十年来流行甚广,也是国内外心理学家试图揭开需要规律的主要理论。

根据马斯洛的需要层次理论,可以将旅游者的需要由低级到高级划分为五个层次:第一层是生理需要;第二层是安全需要;第三层是社交需要;第四层是尊重需要;第五层是自我实现需要。如图 1-20所示。

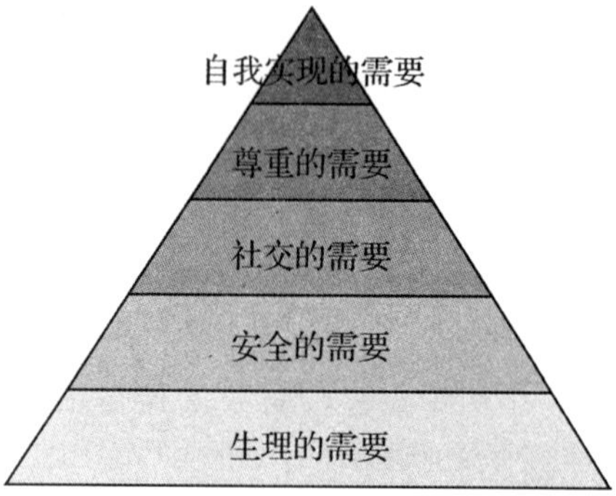

图 1-20　需要层次

(1) 生理需要。它是个人生存的基本需要,如吃饭、穿衣、住宅、医疗等,若不满足,则有生命危险。也就是说,它是最强烈的不可避免的最底层需要,也是推动人们行动的强大动力。当一个人存在多种需要时,例如同时缺乏食物、安全和爱情,总是缺乏食物的饥饿需要占有最大的优势,这说明当一个人为生理需要所控制时,那么其他一切需要都被推后。出于这方面的需要,人们夏天要到海边、山里去避暑,城里人要到乡下去享受清闲,紧张生产线上的工人、繁忙工作岗位上的企业家和高度兴奋的公关人员要到异国他乡改变环境释放压力。

(2) 安全需要。当基本的生理需要得到一定程度的满足后,人们开始关心周围是否存在威胁其生存的因素，即安全需要。安全需要比生理需要高一级，包括心理上和物质上的安全保障，如财产和生命不受威胁、危险事故有预防、职业有保障、晚年有退休金等。安全需要要求劳动安全、职业安全、生活稳定、免于灾难、未来有保障等。在美国“9·11”恐怖事件发生之后的很长一段时期，美国人乘飞机出行次数减少，旅游者多选择近距离旅游，乘火车外出，这是出于安全需要考虑。

（3）社交需要。它也叫爱与归属的需要，是指个人渴望得到家庭、团体、朋友、同事的关怀、爱护和理解，是对友情、信任、温暖和爱情的需要。人是社会的一员，需要友谊和群体的归属感，人际交往需要彼此理解、互助和赞许。社交需要比生理和安全需要更细微，更难捉摸。它包括对交往、情感、接纳等方面的需要。人们通过旅游这一象征性的社会行为，可以摆脱刻板的日常生活，在新异有趣的旅游环境中，结识新朋友，得到某些群体的接纳，获得友谊，甚至收获爱情。有时人在旅途中小别家人，对激活或修复已经麻木的亲情，也会有极大的帮助。

（4）尊重需要。人人都希望自己有稳定的社会地位，要求个人的能力和成就得到社会的承认。尊重的需要又可分为内部尊重和外部尊重。内部尊重是指一个人希望在各种不同情境中有实力，能胜任，充满信心，能独立自主。总之，内部尊重就是人的自尊。外部尊重是指一个人希望有地位，有威信，受到别人的尊重、信赖和高度评价。马斯洛认为，尊重需要得到满足，能使人对自己充满信心，对社会满腔热情，体验到自己活着的用处和价值。尊重的需要很少能够得到完全的满足，但基本满足就可产生推动力，这种需要一旦成为推动力，将会对人的行为产生持久的影响力。在尊重需要的驱动下，旅游者会购买那些昂贵的或非常独特的旅游产品，以标志个人的成功或取得的名誉与威望。越是一般人难以承受的旅游行为，就越受具有强烈尊重需要的旅游者的欢迎，如漫游欧美、探索两极、异国度假、环游世界、征服高山等，这些旅游行为本身就是成就的象征，并且可以使旅游者获得独立感、优越感、自信心，有助于满足个人的尊重需要。

（5）自我实现的需要。自我实现的需要是指实现个人理想、抱负，发挥个人的能力到最大程度，完成与自己的能力相称的一切事情的需要。满足这种需要就要求最充分地发挥自己的潜在能力，成为所期望的人物。旅游作为一种极具象征意义的行为，在特定条件下，有助于自我实现需要的满足。一方面，旅游者可以在旅游过程中，开阔视野，获得知识，更加深刻地理解自己生活的世界，提高自己的认识能力、审美能力、沟通能力，丰富自己的情绪情感，完善自我；另一方面，旅游者可以通过旅游行为充分展现个人的风采、魅力、能力、智慧、身份、地位等，追求个人价值和潜力的实现，满足自我实现需要。

马斯洛的需要层次理论，对揭示人类复杂需要的普遍规律性作出了贡献，成为国内外许多管理理论的重要基础。

但是在心理学界，对该理论还是存在比较大的争议：有人认为这个理论过分强调了人的生理属性，并且只是注意了人的各种需要之间存在的纵向联系，忽视了横向联系；有的人认为该理论存在一定的机械主义色彩，人的需要是复杂的，不是机械地、绝对地按层次进行划分，也不一定严格按上述各个层次逐级去满足。

2. 奥尔德弗的 ERG 理论

美国耶鲁大学的克雷顿·奥尔德弗（Clayton Alderfer）在马斯洛提出的需要层次理论的基础上，进行了更接近实际经验的研究，于 1969 年提出了一种与马斯洛的理论密切相关但不同的人本主义需求理论。他把人的需求分为三类，即存在（Existence）、关系（Relatedness）和成长（Growth）的需要，由于这三类需要的英文名称第一个字母分别是 E、R、G，因此，奥尔德弗的理论又称 ERG 理论。

ERG 理论指出，人们共存在三种核心需要，即生存需要、关系需要和成长需要。“ERG”理论还提出了一种叫做“受挫—回归”的思想。马斯洛认为，当一个人某一层次的需要尚未得到满足时，他可能会停留在这一需要层次上，直到获得满足为止。相反地，ERG 理论则认为，当一个人在某一更高等级的需要层次上受挫时，那么作为替代，他的某一较低层次的需要可能会有所增加。例如，如果一个人社会交往需要得不到满足，可能会增强他对得到更多的金钱或更好的工作条件的愿望。与马斯洛需要层次理论相类似的是，ERG 理论认为较低层次的需要满足之后，会引发出对更高层次需要的愿望。不同于需要层次理论的是，ERG 理论认为多种需要可以同时作为激励因素而起作用，并且当满足较高层次需要的企图受挫时，会导致人们向较低层次需要的回归。如图 1－21 所示。

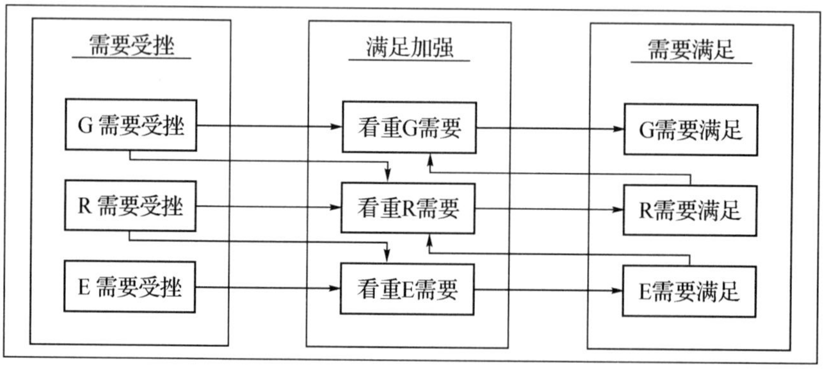

图 1－21 “受挫—回归”思想

在初步认识了什么是旅游者的需要，以及对旅游者需要的结构层次进行了大致了解，接下来需要确定旅游者需要的种类。

二、旅游者需要种类

人的需要是多种多样的，旅游者需要的种类，用不同的标准可以有不同的分类，学术界也存在多种分类。有的分为精神和物质两大类，有的分为单一性和多样性两大类，有的分为生存、发展、享受三大类，有的分为天然、社会、精神三大类。这些分类虽有可取之处，但有的过于简略，有的标准不一。本活动试着从横纵两个角度对旅游需要进行分类。

（一）横向分类

按照横向分类，旅游需要可分为一般旅游需要和特殊旅游需要两大类。

1. 一般旅游需要

一般旅游需要是指旅游者的共同旅游需要。按起源划分，可分为天然性需要和社会性需要两小类；按对象划分，可分为物质需要和精神需要两小类。具体分类见表 1－5。

表 1－5　横向分类

<table>
<tr><td rowspan="12">横向分类</td><td rowspan="4">一般需要</td><td rowspan="2">按起源划分</td><td>天然性需要</td><td>天然性需要源于自然本能，包括生理性需要（如对衣、食、住、行等的需要）和对安全健康的需要</td></tr>
<tr><td>社会性需要</td><td>社会性需要源于社会生活，它是旅游者对于名誉、权力、尊重、交往和友谊等方面的需要</td></tr>
<tr><td rowspan="2">按对象划分</td><td>物质需要</td><td>物质需要主要是指旅游者对服饰、食物、住所、交通等物质产品的需要</td></tr>
<tr><td>精神需要</td><td>精神需要主要是指旅游者对于艺术、道德、宗教信仰和美的需要</td></tr>
<tr><td rowspan="8">特殊需要</td><td colspan="3">团队旅游者</td></tr>
<tr><td colspan="3">散客旅游者</td></tr>
<tr><td colspan="3">境外来华旅游者</td></tr>
<tr><td colspan="3">我国国内旅游者</td></tr>
<tr><td colspan="3">不同社会阶层的旅游者</td></tr>
<tr><td colspan="3">不同性别的旅游者</td></tr>
<tr><td colspan="3">不同年龄的旅游者</td></tr>
<tr><td colspan="3">不同教育程度、不同个性特征、不同民族的旅游者</td></tr>
</table>

（1）天然性需要和社会性需要。天然性需要源于自然本能，包括生理性需要（如对衣、食、住、行等的需要）和对安全健康的需要。旅游者的天然性需要，与马斯洛需要层次理论中的生理需要和安全需要有着很大的区别，它并不局限于生存层面，而是渗透到了发展和享受层面。以旅游者的住宿需要为例，旅游者需要的是环境优雅、干净卫生、设备齐全的休息场所，为了体验对生活的享受和美的追求，而不是一般意义上的“居者有其屋”的概念。

社会性需要源于社会生活，它是旅游者对于名誉、权力、尊重、交往和友谊等方面的需要，对应于马斯洛需要层次理论中“归属和爱的需要”及“尊重的需要”。旅游者对于社会交往的需要表现在很多方面，例如探亲访友、故地重游、寻根求源、结交朋友、增进友谊等。旅游需要中的尊重需要，主要是为了摆脱日常生活工作中的烦恼，希望通过旅游这种方式重新感受人间的温暖和被人尊重的滋味。

(2) 物质需要和精神需要。物质需要主要是指旅游者对服饰、食物、住所、交通等物质产品的需要。旅游活动主要是为了追求精神上的满足，但精神上的满足离不开物质产品的支持，所以，旅游者的物质需要是普遍存在的。旅游者的物质需要不全是低级需要，除了生存需要外，有的属于发展需要，有的属于享受需要。在旅游活动中，后两者还比较突出，这也是旅游物质需要同一般物质需要的重要区别。

精神需要主要是指旅游者对于艺术、道德、宗教信仰和美的需要。旅游者在旅游过程中，普遍都有一种追新猎奇的需要。一个人利用自己的休息时间，千辛万苦，不远万里，很多情况下是想通过旅游这种活动寻访名胜古迹、体验风土人情，或者通过旅游欣赏奇珍异宝、艺术古玩等以获得精神上的满足。所以，精神享受的需要，是旅游者最为普遍和共同的需要。旅游精神需要中最具典型的是理解需要和探索需要，它使旅游精神需要与一般精神需要区别开来。

总的看来，旅游需要主要是一种社会性和精神性的需要。

2. 特殊旅游需要

特殊旅游需要是指不同旅游者的各自需要。如果说旅游者的一般需要是旅游需要的共性，旅游者的特殊需要便是旅游需要的个性。旅游者的情况千差万别，所以旅游需要也各不相同。具体分类如下。

(1) 团队旅游者。团队旅游者一般都有这样的旅游需要：希望一切活动都有计划地进行，自己不必劳心费神；希望有经验丰富的导游，几个相知或相识的游伴；希望有一定的安全感和保障感。

(2) 散客旅游者。散客旅游者有两种情况：经济收入和社会地位都比较高的人，他们习惯于住豪华宾馆、专车接送、左右随从，以充分显示其不同于他人的身份和地位。而多数散客旅游者，收入一般，他们追新猎奇，富于幻想，不喜欢团队旅游那种按部就班的安排，希望以最少的花费获得最大的精神满足。

(3) 境外来华旅游者。境外来华的旅游者，由于对中国的情况了解不多，所以他们的旅游需要倾向于安全、稳妥、方便，对中国的历史、文化、民族等特别感兴趣，旅游组织方式也以团队为多。

境外来大陆的旅游者中，还有相当一部分属于华侨和外籍华人，其中也包括港、澳、台同胞。他们旅游的目的以探亲访旧、寻根问祖和商务投资等为主，他们对于祖国大陆的历史、文化、民族和现状有着或多或少的了解，生活方式兼杂中西，对爱和尊重的需要特别强烈，旅游组织方式以散客为主。

(4) 我国国内旅游者。我国国内旅游者的旅游需要目前有几个明显的发展态势:一是旅游需要开始由单一性向多样性和复杂性发展。旅游已不再是单纯的生存的需要,而是以求知、求美和求异为目的的多元兼容。二是旅游消费需求逐步由低层次向中高层次发展。例如,旅游者对于住宿的需要,最初是能够落脚休息,如今是设施齐全、豪华舒适。三是对散客旅游方式的需要日渐增多。人们已经开始从前几年的团体旅游中解放出来,并且充分认识到散客旅游潜在的价值和优势,散客旅游正以前所未有的态势迅猛发展。四是出境旅游需求有明显增强的迹象。随着经济水平的提高、闲暇时间的增多、目的国的增加,人们出国旅游的需求明显增强,这从近些年出国旅游人数的不断增加即可看出。

(5) 不同社会阶层的旅游者。不同社会阶层的旅游者有不同的旅游需要。如果按照富有、富裕、小康、温饱、贫困这五个不同的阶层来划分,大体上可以认为,小康及小康以上的旅游者,需要舒适优越的旅游条件和一流的旅游服务;而小康以下的旅游者,以经济实惠为主导。

(6) 不同性别的旅游者。不同性别的旅游者,旅游需要也有很大差异。一般来说,男性旅游者喜欢新奇和富有刺激的旅游设施和旅游景点,讲究时髦,追求浪漫;而女性旅游者大都着眼于旅游的安全和舒适,具有明显的求美和从众心理,对于旅游交通、旅游设施和旅游服务既讲究又挑剔。

(7) 不同年龄的旅游者。年龄不同,旅游者的旅游需要也不同。儿童的旅游需要易变动,易感染,易爆发;青年旅游者的旅游需要表现为求新、求奇、求美、求名的倾向,追求自我成熟和个性;而人到中年,旅游需要开始变得平实,一切都希望在稳妥有序中进行;老年旅游者普遍具有怀旧的心理特征,他们害怕孤独,追求健康。

除了上面分析的以外,不同受教育程度、不同个性特征、不同民族的旅游者,旅游需要也各不相同。

(二) 纵向分类

按照纵向分类,旅游需要可分为准备阶段的旅游需要、旅途阶段的旅游需要、游览阶段的旅游需要、结束阶段的旅游需要。具体分类见表 1-6。

表 1-6 纵向分类

纵向分类	准备阶段	旅游者准备阶段的旅游需要表现得较为复杂
	旅途阶段	旅游者的旅游需要有:安全、快速、舒适和愉快
	游览阶段	旅游者在游览阶段的旅游需要呈多元化的释放态势
	结束阶段	旅游者一是需要愉快而又美好的回忆,让人真正体会到愉快所带来的满足感;二是需要精神上和物质上的双重满足

1. 准备阶段

旅游者准备阶段的旅游需要表现得较为复杂。首先,旅游者希望有一个周全而稳妥的旅游计划,而这个计划最好能周密详尽、科学合理,衣、食、住、行,一样也不能丢,一样也不要错;其次,旅游者希望能以最少的时间、精力和经济投入,取得最佳的旅游效果;最后,旅游者希望能有一种平常心的旅游心态。

2. 旅途阶段

在旅途阶段,旅游者的旅游需要为安全、快速、舒适和愉快。出门在外,谁都希望自己平平安安,顺顺利利。现代生活节奏加快,而旅途本身的枯燥乏味,使旅游者普遍希望用最短的时间去完成漫长的路程;希望旅游途中,交通不要过于拥挤、设施不要过于残破、卫生不要过于脏乱;旅途中最好还能看看录像、听听音乐,以增加旅途的乐趣,消除旅途的单调。

3. 游览阶段

旅游者在游览阶段的旅游需要呈多元化的释放态势。其中新鲜感和满足感是旅游者最主要的心理特征。旅游者在游览阶段的心理需求具体表现为:希望游览内容丰富多彩,项目安排紧凑有序;希望游览景点富有创意,并有强烈的诱惑力和吸引力,而且一个比一个引人入胜;希望游览活动组合随意,让旅游者根据各自的情况和需要,满足各自不同的愿望;希望旅游服务全面而且到位。

4. 结束阶段

在旅游结束阶段,旅游者的心理需要主要有两个方面的内容:一是需要愉快而又美好的回忆,让人真正体会到愉快所带来的满足感。二是需要精神上和物质上的双重满足,希望能够购买一些富有纪念意义的旅游产品,作为馈赠和留念;希望能够与亲朋好友分享丰富的旅途生活和旅游经历。

【任务拓展】

去当地某家旅行社调查各种类型旅游者的需求。

【任务反馈】

为什么不同的人会选择不同的旅游路线?

释疑: 由于每个人的需求不同,并且在实际生活中人的需要并不是单一的而是很复杂的。旅游是一种多样化生活的活动,能够使人摆脱日常厌倦的生活,改变生活节奏和生活环境,碰到新事物,做新奇事情。旅游是游戏的活动,行为、态度不会受到过多的约束。旅游是一种多样化角色的活动,旅游者扮演不同的角色,体验单一生活所不具有的喜悦、变化和多样性。

活动二　旅游者的动机与行为

【案例聚焦】

案例二　有一港台旅游团在广西桂林旅游,中午山区小饭店供应乌黑的墨米饭,吃惯了白米饭的游客,见此米饭既好奇又胆怯,不知此为何物。热情的导游说:“大家吃吧,这叫墨米,是广西河池地区东兰县的特产,为什么呈黑色呢?据民间传说,有一年天大旱,东兰附近的红水河也断流了,方圆数百里田地龟裂,禾苗枯死,有一位老汉的地里侥幸剩下一苑禾苗活着。为救活这苑禾苗，老汉爬了九重山，走过十六个村庄，还是不见水的踪影，没办法，只好忍痛割断自己的手指，用鲜血浇灌禾苗。说来也奇怪，禾苗得了血的滋润，居然长得很茁壮，结出一串颗粒饱满的稻穗，而老汉却因流血过多而死去。乡亲们把这唯一的稻穗保存下来，翌年春天用它播种，得到的稻米颜色竟然是墨黑色，用墨米煮成的饭，香气扑鼻。常吃墨米，可治疗慢性肝炎、胃炎、贫血，故有'药米'之称。"导游介绍了墨米的传说后，游客的情绪顿时活跃了起来，团内几位港台老太太纷纷要求购买带回去，让家人共享口福。

为什么这些游客对墨米情有独钟？

【任务执行】

案例二其实涉及了以下要讲的有关动机的内容。旅游行为是在旅游动机的支配和发动下产生的。人们一旦产生旅游动机之后，动机就成为他们旅游活动的推动力。那么什么是动机？什么是旅游动机呢？

一、旅游者旅游动机

按照心理学的解释，动机是个体发动和维持其行动并导向某一目标的直接内在推动力，所以旅游者动机就是指推动人们进行旅游活动，并使人处于某种积极状态以达到一定目标的动力。旅游动机的产生和人类其他行为动机一样，都来自于人的需要。例如，为了扩大见闻的需要游览名胜古迹。由于人的需要具有多样性和能动性的特点，所以人的旅游动机也是千差万别的。这正表明了人们的不同旅游需要。

人们从产生旅游动机到实际的旅游行为是一个比较复杂的心理过程。旅游动机的产生是个体主观需要和客观事物刺激的结果，也就是说，旅游动机的产生必须具备两个方面的条件：主观条件和客观条件。主观条件是指旅游者本身的旅游需要，例如：健康、交际、地位、声望、求奇等需要；客观条件是指一定的旅游条件和旅游刺激，包括旅游者的可自由支配时间，可自由支配收入，各种自然、人文景观的吸引，旅游饭店、旅游交通部门所提供的旅游服务，旅游商业环境，以及大的社会、经济、政治环境等。只有这些条件具备了，人们潜在的旅游需要才能转化为旅游动机，人们有了旅游动机才会有旅游决策，采取旅游行为，并把这些行为指向一定的旅游目标，并进一步保持和发展旅游行为使之达到既定目标。

然而旅游动机与旅游行为在许多情况下并非完全一致。一是动机与结果的不完全一致性。比如，有人本来打算去外地开会，却启动了旅游行为。在这里，"开会"不是为了满足旅游需要，但它启动了旅游行为，因而也成为旅游动机。再如，有人本来打算去游览，却启动了商务之旅。在这里，旅游行为虽然没有发生，但是"游览"仍因其为了满足旅游需要而可称为旅游动机。正所谓"正打正着"属常态，"歪打正着"或"打而不着"也是有的。二是旅游动机与旅游行为两者在数量上的不对应性：一种旅游动机可能导致多种旅游行为，多种旅游动机可能导致一种旅游行为。例如，同样是健康动机,它可能导致度假旅游,也可能导致疗养旅游;探险动机和考察动机并不相同,但都可能导致登山旅游活动。

二、旅游者动机的类型及其行为特征

从不同的角度,旅游动机可以有不同的分类。在这里,可以举出许多,而且从现存有关旅游动机的分类来看,也都有其合理的内涵。综合诸家观点,试将主要旅游动机分析如下。

(一) 身心健康动机

这包括两个方面的内容,一是生理上的健康动机,如以增强体质、恢复体力为目的的旅游动机;另一是指心理上的健康动机,如以消除心理紧张、缓解心理压力为目的的旅游动机。健康动机的特点主要是:以促进身心健康为目的,推动人们从事调节身心节律、增进身心愉悦的旅游活动,满足人们身心健康的旅游需要。纵观古今旅游,不难发现,许多旅游类型的背后,都有健康动机的存在,保健旅游、疗养旅游主要是健康动机推动的结果。

旅游的健康动机历史悠久,而且时至今日仍相当流行。从罗马帝国时期每年一次的避暑旅游,到16世纪英格兰医师倡议的矿泉旅游,无不说明旅游的健康动机自古有之。今天,随着人们对健康的高度重视,健康旅游已成为旅游者最主要的旅游动机之一。随着社会文明的进一步提高,健康理念的深入人心,旅游的健康动机在所有的旅游动机中将更为突出、更为重要。

(二) 探奇求知动机

这是驱使人们认识和了解自己生活环境和知识范围以外的事物的旅游动机。它包括以探险猎奇为目的的探险动机和以增长见闻为目的的求知动机。探奇动机和求知动机往往互相渗透,密不可分,故归为一类。探奇求知的特点,主要是以满足旅游者好奇心和求知欲为目的,推动旅游者从事具有新异性、知识性乃至冒险性的旅游活动。探奇求知的动机在旅游动机中很普遍,森林旅游、沙漠旅游、民俗旅游……甚至娱乐旅游、宗教旅游,都有探奇求知动机的成分,探险旅游、科考旅游、教育旅游等更是探奇求知动机的产物。

探奇求知的旅游动机同身心健康的旅游动机一样古老,古中国周穆王的昆仑山之游、古希腊亚里士多德的地中海之游,足以证明探奇求知的旅游动机早在奴隶社会即已形成。此后,探奇求知的旅游动机不断扩大,成就了一大批徐霞客式探险科考旅行家。发展到今天,探奇求知的旅游动机已成为推动现代旅游的主要动机之一。由于此类动机能推动人们获得奇特的感受和全新的知识,即使在将来,它也不会呈萎缩之势。

(三) 娱乐审美动机

旅游活动也是娱乐审美活动,娱乐审美是人们旅游的重要动机之一。娱乐动机以获得快乐、乐趣为目的,审美动机以获得愉悦、美感为目的。娱乐动机和审美动机往往如影随形、密不可分,故归为一类。娱乐审美动机与身心健康动机有共同之处,但前者生理成分较少,属于精神性动机,层次较高;后者生理成分较多,属于天然性动机,层次较低。娱乐审美动机的特点，主要是以满足旅游者求悦求美需要为目的，推动旅游者从事快乐有趣、具有审美价值的旅游活动。在旅游动力中，娱乐审美动机同探奇求知动机一样普遍，甚至有过之而无不及。几乎各类旅游活动的背后，都有娱乐审美动机的推动。如去异地参加游乐活动、游览名山大川，其主要动机便是娱乐审美。

旅游的娱乐审美动机属于非功利性动机，大概形成于封建社会。获取快乐、美感是人人所向往的，所以，该旅游动机一经形成，便发展迅速。近代以来，娱乐审美动机已成为最普遍的旅游动机之一。在今后相当长时间内，娱乐审美动机仍将在各种旅游动机中居中心地位。

（四）社会交往动机

社会交往是人之本性，它既是人们需要的层面，也是人们外出旅游的重要动机。旅游的社会交往动机包括以结识新朋、探亲访友为目的的亲和动机和以寻根怀古、归宗认祖为目的的怀旧动机。社会交往动机的特点是：以扩大交往、沟通情感为目的，推动人们从事增进友谊、联络感情的旅游活动，满足人们爱和归属的旅游需要。任何一种旅游活动，都需要接触新的人际环境、进行新的人际交往，所以每一种旅游的背后都不同程度地存在社会交往的旅游动机。社会交往动机还是探亲游、故国游等形式的主要旅游动机。如海外华侨、外籍华人、在华居住过或出生的外国朋友到中国旅游，美国人去欧洲旅游等，大多是出于这种动机。

社会交往的旅游动机古已有之，这从中国古代“交游”的存在即可看出。封建时代文人墨客在游览时写下了大量的怀古诗篇，亦可见那时该旅游动机的强烈。发展到今天，社会交往的旅游动机已较为普遍。随着人们非工作交流的日益减少和孤独感的日益加重，社会交往的旅游动机也会越来越强烈。

（五）自我实现动机

自我实现动机主要包括展现自我动机和发挥自我动机。前者以炫耀自己特殊经历、提高自己社会地位为主要目的，后者以挖掘自己最大潜能、充分发挥自己个性为主要目的。自我实现动机的特点是：以展现自我、发挥自我为目的，推动人们从事能够体现自我的旅游活动，满足人们自我实现的旅游需要。人人都有被尊重、被承认、被注意、施展才能、取得成就的需要。这种需要往往产生巨大的动力，驱使人们去展现、去发挥。旅游是极富有象征意义的产品，它能赋予旅游者以地位、声望和与众不同的感受，引起他人的仰望和羡慕。旅游又是一个自由的环境，人们完全可以按照自己的意愿去体验人生价值，发挥自己个性。于是，旅游便成为满足人们这一需要的理想形式之一，越来越多的人把旅游看作是他们实现自我的一种有效手段。豪华旅游、探险旅游在很大程度上是这种旅游动机推动的结果。

实现自我的旅游动机源于自我的觉醒、自我的提高。在世界范围内，旅游正经历着一个由自发到自觉的演变过程。旅游自发阶段和自觉阶段的最大区别在于：自发阶段的旅游动机，大都出于被迫和无奈，而自觉阶段的旅游动机，则主要出于自我理解、自我提高的需要。所以，自我实现的旅游动机目前虽然未成主流，但随着自我的觉醒和自我的提高，该旅游动机必将成为旅游动力中的主力军。

（六）宗教信仰动机

宗教信仰动机指直接推动某一宗教信徒暂时离开常驻地参加宗教活动的内在驱动力。它的特点是：以增强认同、规范行为、调节心理、整合社会为目的，推动某一宗教信徒暂时离开常驻地，去朝拜、求法、传教或参加宗教节日，满足人们宗教情感或宗教式情感的需要。宗教信仰动机也是重要的旅游动机之一，所谓宗教旅行就是该动机推动的结果。每年有数以万计的游客涌向宗教场所，旅游类型各种各样，多数类型都有宗教信仰动机的推动。

宗教信仰动机是最古老的旅游动机之一，人类文明之初宗教旅游的存在即已证明。进入封建社会，风靡世界的宗教旅行更昭示它的旺盛。近代以来，宗教信仰的旅游动机势头不减，宗教旅游资源的大规模开发，已说明了这一点。

（七）经济动机

旅游的经济动机主要包括购物动机和商务动机。前者以购物为主要目的，后者以商务为主要目的。它的特点是：以购买商品或从事商务活动为主要目的，引发人们从事“捎带旅游”，满足人们功利性需要。虽然旅游主要不是为了从事经济活动，但由经济动机推动的经济活动却常常引发“捎带旅游”。现代社会讲究效率，即使异地购物或经商，人们也希望能兼顾经济活动与旅游活动，常常借购物或经商之机进行一些旅游活动。有些人为了购物专程或绕道而到某地旅游；有些人为了商业或其他企业生产和营销的目的，去某地旅行甚至停留相当长的时间；还有人作为企业的代表到某国、某地旅行并长住。这些都是受经济动机的支配。

经济旅游动机也是最古老的旅游动机之一，人类文明之初商贸旅游的存在可为佐证。进入封建社会，商务旅游的盛行更显示出旅游的经济动机的强劲。近代以来，旅游的经济动机势头不减，购物旅游和商务旅游已成为两大主要旅游类型。随着旅游功利色彩的日益浓厚，旅游的经济动机仍将继续普遍存在。

三、旅游动机的影响因素以及旅游动机的激发

（一）旅游动机的影响因素

旅游动机是一种内容较为广泛的社会性动机，受到多种因素的影响。为了强化人们的旅游动机，必须认识和了解影响旅游动机的因素。影响旅游动机的因素主要有客体因素、主体因素、介体因素和社会因素。这些因素，有的也是旅游动机产生的条件。作为旅游动机产生的条件，我们侧重分析它如何决定旅游动机的有无；作为旅游动机的影响因素，我们侧重分析它如何影响旅游动机的变化。

1. 客体因素

客体因素主要指旅游对象。旅游对

象不但决定旅游动机的产生，也影响旅游动机的变化。旅游对象的性质和特性符合或满足旅游需要的程度，直接影响旅游动机的强度和指向。旅游对象特色越足，吸引力越大，满足旅游需要的程度越高，人们的旅游动机也就越强烈，旅游动机对该旅游对象的指向也就越明显。当然，旅游对象对旅游动机的影响，要受到人们对旅游对象知觉的制约。只有在人们知觉到旅游对象的存在，认识和了解到它的内容、方式及其特点和功能，判断它符合并能满足自己的旅游需要时，旅游对象对旅游动机的影响才能发挥作用。

2. 主体因素

主体因素主要包括旅游者的旅游需要、身体状况、工作生活、家庭环境、年龄、性别及受教育程度等。

(1) 旅游者的旅游需要。同旅游对象一样，旅游需要不但决定旅游动机的产生，也影响旅游动机的变化。首先，旅游需要的状况影响着旅游动机的强度。旅游需要迫切，旅游动机强烈；旅游需要一般，则旅游动机较弱。其次，旅游需要还影响着旅游动机的指向性。旅游需要总要求一定的旅游对象来满足，旅游需要指向何种旅游对象，旅游动机便支配主体把选择方向指向何种旅游对象。

(2) 旅游者的身体状况、工作生活及家庭环境。旅游者的身体状况、工作生活及家庭环境，亦是影响旅游动机的因素。体弱多病，容易削弱旅游动机；长期的室内紧张工作或缓慢而单调的生活，容易强化旅游者改换环境、外出消遣放松或丰富阅历的旅游动机。家庭孩子幼小、经济拮据、观念保守，其成员旅游动机相对较弱；新婚燕尔、家境富裕、家庭观念开放者，旅游动机相对较强。

(3) 旅游者的年龄、性别及受教育程度。旅游者的年龄、性别、受教育程度等自身状况因素对旅游动机有重要影响。从年龄上看，年轻人较为活跃好动，旅游动机多出自逐新猎奇和求知欲望，中年人在工作和事业上已有一定基础，他们的旅游动机大都倾向求实、求名或出自专业爱好和求舒适享受方面。从性别上看，由于男子和女子在家庭和社会两方面所处的地位和作用不同，在旅游动机上就有一定程度的差别，如男子外出旅游多以公务、经商为目的，女子外出旅游很多是以购物、探亲等为目的。从受教育程度上看，受教育程度高者，喜欢变换环境，较乐于探险猎奇，喜欢挑战性；受教育程度低者，常喜欢前往较熟悉的旅游点，对于远行常会有顾虑，易产生不安全感。

3. 介体因素

旅游介体因素主要指旅游服务、旅游设施、旅游宣传等。介体因素对旅游动机的影响是深刻的，有时能立刻决定旅游动机的有无、强弱。一般分析旅游动机的影响因素绝少提及介体，这是不完整、欠全面的。

(1) 旅游服务。狭义的旅游服务主要包括旅游服务人员的服务心理、服务行为等。服务人员的服务态度、服务语言、服务时间、服务技术、服务项目等对旅游动机有重大影响。服务态度良好、服务语言亲切、服务时间恰当、服务技术高超、服务项目多样，容易唤起人们的享受欲望，从而激发人们的旅游动机；反之则削弱人们的旅游动机。

(2) 旅游设施。旅游设施包括旅游基础设施和旅游上层设施。旅游设施是实现旅游的物质手段之一，也是旅游综合吸引力的组成部分，对旅游动机有很大影响。旅游设施齐备完好、便于利用，往往对旅游动机起激励作用；反之则起压抑作用。有的地方旅游资源一般而问津者众，有的地方旅游资源丰富而问津者寡，原因之一就是旅游设施状况对旅游动机产生了激励或压抑作用。

(3) 旅游宣传。旅游宣传是旅游企业为了树立形象、开拓客源、吸引消费、提高效益而进行的各种信息传播和情报沟通活动。其手段主要有图文、音像、广告、展销等。旅游宣传对旅游动机的影响非常之大。如在20世纪下半叶，据1980年资料统计，美国旅游业花在英国的宣传费年平均220万美元，平均每年吸引英国旅客220万人，也就是说平均一美元至少能启动一位潜在旅游者的旅游动机，影响力度可见一斑。

4. 社会因素

社会因素主要指一个国家或地区的经济、社会、文化等方面的状况，社会因素对旅游动机影响巨大。

(1) 经济水平。一个国家或地区的经济状况对该地居民的旅游动机有制约作用。有关统计资料表明，当一个国家或地区国民生产总值达到800美元至1 000美元时，国民的国内旅游动机普遍增强；达到4 000美元至10 000美元时，国民的国际旅游动机普遍增强。

(2) 社会状况。社会状况同样影响旅游动机。首先，节假日制度刺激旅游动机。我国实行双休日特别是“五一”“十一”长假制度后，外出旅游的人数明显增加，一个重要原因就是：新的节假日制度延长了人们的自由支配时间，从而强化了人们的旅游动机。其次，社会群体也能影响人们的旅游动机。同事、朋友、邻居的旅游经历往往能够相互感染，或者形成攀比心理，使人们产生外出旅游的冲动。集体组织的旅游活动或是奖励性旅游等，对个体参加旅游活动也有一定的吸引力，使人们不自觉地产生旅游愿望。再次，旅游客源地和目的地的社会风气、社会秩序也会影响旅游动机。社会旅游风气高涨、社会秩序良好，旅游动机自然旺盛；反之则相反。

(3) 文化因素。文化因素对旅游动机的影响似乎更大。观念是文化的核心，它不但影响旅游动机的变化，甚至影响旅游动机的形成。旅游动机的强弱固然离不开旅游需要的推动和旅游目标的吸引，但也同样离不开文化观念的干预。西方人的旅游动机要比中国人强，虽不能排除经济发展水平对旅游动机的影响，但必须指出，这种差异的形成有着更为深远的文化原因。从总体上说，西方人的旅游动机要比中国人强，在这一点上，不能排除中西方经济水平差距的原因，但应该看到这种差异有着更为深远的文化原因。中国人自古强调顺应自然、人与自然的和谐，推崇伦理等级关系，和谐的人际关系与社会的平衡稳定。

中国传统文化导致中国人在旅游心理需求上，单一性需求倾向更为明显，缺乏冒险精神，对旅游中的复杂性、多样性追求极为有限，对有冒险性质的旅游活动甚至予以拒绝。而西方文化强调支配自然、征服和改造自然，以个人主义为中心，追求享乐，塑造了西方民族明显的外张性格，这使得西方人相对于中国人更愿意出游，更愿意探求和认知外面的世界。我们所见的西方旅游者，多具有主动、热情、不畏艰难的特点，他们往往喜欢一些极具刺激性的旅游项目，以此来张扬自我的个性。中西方旅游需求心理的区别源于各自社会所根植的文化土壤及所衍生的国民性差异，西方社会的动态性使得他们的旅游需求更急速而激烈，中国社会的静态性则使旅游需求趋于舒缓和内敛。

（二）旅游动机的激发

旅游动机是一系列复杂因素相互作用的结果，它既有内在主观上的因素，也有外在客观上的因素。激发旅游动机，就是要通过调动相关影响因素，提高人们旅游的积极性，以促使潜在旅游者积极地参与到旅游活动中去。旅游者旅游动机的激发可以采用下列这些手段和方法。

1. 利用宣传法激发旅游者动机

旅游广告是向旅游者传播旅游产品信息的宣传手段，它突出旅游企业形象，树立旅游企业声誉，争取客源，介绍新的旅游线路和服务项目等。旅游企业可以通过广播、电视、报刊、新闻发布会、展览会等对新开发的旅游景点、新开辟的旅游线路、新建立的旅游设施、新的旅游节目和内容及旅游常识等进行长期连续的宣传、推广，以激发众多旅游者的旅游兴趣。例如有对西藏的宣传如下：

西藏以其雄伟壮阔、神奇瑰丽称著寰宇。她有着悠久的历史、壮丽的河山、奇特的民族风情、仙境般的自然景观，如果你踏上这片陌生神奇的土地，沿着朝拜者的足迹，走向那古老而遥远的年代，游览那金碧辉煌的名刹古寺，欣赏那灿烂的文化艺术，饱览那奇丽壮观的山川湖泊风采，领略那雪域高原独特的民风民俗，遨游那一座座冰山雪峰，定会使您如醉如痴，不由自主地啧啧称奇！

图 1－22　西藏巴松措美景

（鲁瑾摄）

2. 开发具有鲜明特色的旅游产品

求新求异是众多旅游者的旅游动机，因此旅游经营者应在特色产品上下功夫。开发产品时，应做到以下两方面：

一是突出旅游产品的独特性。①旅游产品所依托的旅游资源必须具备独特性，要求做到人无我有、人有我优。②在把旅游资源开发成旅游产品时，要注意保护旅游资源的原始风貌。

二是不断进行旅游产品的文化创新。缺乏文化创新的旅游产品很快就会失去生命力，被旅游市场淘汰。文化创新，就是要在保持高水平的同质文化水平基础上，弘扬地方文化、民族文化。

3. 努力提高旅游服务质量，加强旅游企业管理

旅游服务质量是影响旅游动机的关键因素之一，高质量的旅游服务会诱发并强化旅游动机，低质量的旅游服务只会削弱旅游动机。因此，全面提高旅游服务质量，为客人提供尽善尽美的服务，这是激发旅游动机的重要途径。

全面提高旅游服务质量，一要提高旅游设施的供应能力，确保旅游设施在数量、质量、规模、档次等方面充分满足不同旅游者的不同需要，让旅游者进得来，住得下，玩得开，出得去。二要提高旅游业的接待能力，确保旅游业有一支数量合理、素质较高、业务熟练、技能娴熟的接待队伍和一个完善的旅游接待系统，做到不论游客从何地来、到何地去，任何时间都有单位和人员安排游客的食、宿、行、游、购、娱，为旅游者提供优质高效的旅游服务。

4. 更新旅游观念，刺激旅游消费动机

旅游观念是对旅游的总体看法，包括对旅游事实的看法、对旅游价值的看法、对旅游审美的看法等。它是旅游动机的定向工具，对旅游动机有重要影响。旧有的旅游观念如“在家千般好，出门万事难”“旅游就是花钱买罪受”等至今仍大行其道，严重压抑了旅游动机。因此，要激发旅游者的旅游动机，必须更新旅游观念。更新旅游观念，首先，充分肯定旅游的价值，赋予旅游以新的内涵，让“旅游是现代大众生活方式”的观念深入人心，诱发人们的旅游动机。其次，引导参加新式旅游，让“生态”“绿色”等新式旅游普及于大众之中，让旅游者在新式旅游中接受新的旅游观念，激发人们的旅游动机。再次，继承优秀旅游文化传统，让“适度旅游”“问难天地，求知山水”等优秀旅游文化传统融入新旅游观念，强化人们的旅游动机。

【任务拓展】

根据大一新生的特点，设计一条适合他们心理需求的旅游线路。

【任务反馈】

如何策划一条旅游路线从而满足旅游者的动机？

释疑：旅游过程是一个在旅游动机支配下满足旅游需要的过程，但并不意味着只要是旅游就可以使旅游需要得到满足。缔造美好奇妙的旅游需关注以下几个方面：①旅游行为和旅游需要相符，如果错位结果只能是失败。②主动参与是至关重要的。人有这样一种心理定势，即维护已形成的观念和已做出的行为，这是在保护自我价值感。自己作出的决定，付出的代价越大（时间、金钱、精力等），自我维护现象越明显。③付出的体力和脑力越多，参与其中的器官越多，情感涉入越多，感受越深，印象越深。被动地看和听，自然没有主动地参与感受美妙。

任务四　旅游者的态度与行为

【任务目标】

在社会生活中，态度对人的行为有着深刻的影响。人们在与他人发生交

往、与各种团体产生联系时，经常表现出固定的行为模式和不同的态度。了解态度的构成、形成和发展规律，有助于旅游工作者了解旅游者的态度与其行为之间的关系，掌握改变旅游者态度的基本策略和技巧，从而提高旅游服务质量。

活动一　旅游者的态度

【案例聚焦】

案例一　上海是一座繁华的大都市，很多同学希望毕业以后能去上海就业，可是也有很多同学觉得在上海就业压力太大，希望去一个中等城市发展。

如果是你，你愿意选择去哪里就业呢？

案例二　小王平时不大出去旅游，单位有假期时，他一般就待在家里，只有单位组织旅游时，他才一起去；小孙只要单位有假期，都会安排自己出去旅游；小张是旅游发烧友，即使单位没假期，她挤时间或调休也要安排自己出去旅游。

请问他们三个人的旅游态度分别处于哪个阶段？

【任务执行】

案例一中的问题实际上就是在试图探求一个人对社会上的人或事物的态度。态度对人的行为有着深刻的影响，人们对于他人行为所做的解释，也与其自身的态度有关。要回答案例一中的问题，需要先了解一下态度是什么、由哪些成分构成。

一、态度及其构成

态度是个体对某一特定的客体做出反应时所特有的带有评价性的、较稳定的内部心理倾向。人的态度是在适应环境的过程中形成的。人们生活在社会中，由于个性、生活条件、周围环境、教育、文化等方面的差异，对社会上的各种事物必然产生不同的看法，这些看法用赞成或不赞成的方式连续表现出来，就形成了不同的态度。

态度的构成主要包括三种成分，即认知成分、情感成分和意向成分。

（一）认知成分

认知成分是个体对态度对象的认识、理解与评价，也就是平时所说的印象。认知成分是态度形成的基础。态度的形成首先要有其特定的认知对象，认知对象可以是人、物，也可以是某一事件或是代表具体事物本质的抽象概念，比如对某个旅游区的态度、对某种服务方式的态度等。

（二）情感成分

情感成分是个体在评价基础上对态度对象产生的情感反应或情感体验。情感成分是态度的核心，并和人们的行为紧密相联，比如喜欢或不喜欢某个景点、某个旅游项目或者某个旅游服务人员等。

（三）意向成分

意向成分是个体对态度对象以某种方式行动的倾向。意向成分不是行为，而是行动之前的思想倾向，是行为的心理准备状态，如想去某旅游地。意向是需要向行为动机转化的中间环节。

一般来说，态度的三种成分是协调一致的。例如，旅游者在选择旅游地的过程中，对某旅游地做出了良好的评价，进而对到某地旅游产生了积极肯定的情绪情感，他在心理上想去该旅游地，只要外部条件成熟就可能前往。就像案例一，如果择业者对上海印象很好，一般会对上海产生积极的情感，如果外部条件成熟，就会去上海工作；如果择业者对上海印象不好，一般会对上海产生消极的情绪，如果有机会去上海工作，也不会去。

但有时三种成分之间也可能发生矛盾，造成三者关系的失调。在它们不协调时，情感成分占有重要地位，往往决定行为倾向。

了解了态度的三种成分，再来看一下态度包含哪些特征。

二、态度的特征

人的态度常常有以下五个方面的特征。

（一）对象性

态度总是指向一定的对象，反映了主体和客体的相对关系。只有针对特定的对象，才能产生具体的态度。例如，旅游者对众多旅游景点有对象性偏好的态度，就将态度指向某一旅游地，指向具体的游览目标乃至具体的服务设施等，没有对象的态度是不存在的。

（二）习得性

态度不是生来就有的，是一个人在已有经验的基础上，通过后天学习获得的。一个人的经验来源于直接和间接两个方面。例如，某人对旅游的态度可能是他在旅游的过程中通过亲身感受得来的，也可能是通过广告宣传和其他人对旅游的评价形成的。

（三）内在性

态度是内在的心理倾向，是尚未显现于外的内心历程或状态，而不是外显的行为。一个人究竟具有什么样的态度，是不能直接被观察到的，而只能从他的外显行为，如语言、表情、动作中加以推测。

（四）稳定性

稳定性是指态度一旦形成就会持续一段时间，不会轻易改变。比如酒店服务中经常会有“回头客”光顾，“回头客”的多少反映了旅游者对酒店服务的态度，长期稳定的肯定态度是经常光顾的旅游者重要的心理因素。

（五）价值性

价值是态度的核心。当个体认为某一对象有价值时，就会持有肯定态度；反之，就会采取否定态度。价值的大小决定了态度的强弱程度。

了解了态度的五个特征，再来看一下态度的形成过程包括哪些阶段。

三、态度的形成过程

社会心理学家凯尔曼认为态度形成需要经历服从、同化、内化三个阶段。

（一）服从阶段

服从是人们为了获得物质与精神上的满足，或为了避免受到惩罚而表现出来的一种行为，当被迫的服从形成习惯以后，就会产生相应的态度。服从是表面顺从，而不是个体真心愿意的行为。个体总是按社会规范、社会期待或他人意志，在外显行为方面表现出与他人一致，其目的在于获得奖励、赞扬、被他人承认，避免惩罚、受孤立、受到精神或物质的损失。当环境中赏罚的可能性消失时,服从阶段的行为和态度就会消失。

（二）同化阶段

同化阶段是指个体自愿接受他人观点、信念、行为或信息,使自己的态度与所要形成的态度相接近。在同化阶段,态度不是在环境压力下形成或转变的,它已经超脱外部控制的奖惩,是主动趋同于对象,自觉接受,自愿进行的。

（三）内化阶段

内化阶段是态度形成的最后阶段。个体真正从内心相信并接受他人的观点,彻底转变原有的态度,形成新的态度,并自觉地指导自己的思想和行为。内化是个体原有态度与所认同的态度进行协调的过程,它是以理智为基础的。一个人的态度只有到了内化阶段才是稳固的,才真正成为个人的内在心理特征。

个体态度的形成,从服从到同化,再到内化成为稳定性的心理倾向,这是一个复杂的社会心理过程,并不是所有的人对所有事物的态度都能完成这个过程。有人对一些事物的态度可能完成了整个过程,但对另一些事物的态度可能只停留在服从或同化阶段。例如,对旅游的态度,一些人开始并不赞同,只是出于从众的动机参加旅游活动,处在服从阶段;在经过几次旅游之后,感觉到旅游给身心健康带来的益处,开始喜欢并主动去旅游,转为同化阶段;随着旅游经验的增加,把旅游作为现代人生活方式的一部分,作为自己生活的一项基本需要,进入内化阶段,至此就完成了旅游态度形成的整个过程。但也有很多人对旅游的态度只停留在同化阶段或服从阶段。

前文案例二中的小王对旅游的态度处于服从阶段,小孙对旅游的态度处于同化阶段,而小张对旅游的态度处于内化阶段。

最后,再来了解一下影响态度形成的因素有哪些。

四、影响态度形成的因素

态度不是与生俱来的,而是在后天的生活环境中通过学习形成的。态度的形成,要受到多方面因素的影响,既有社会环境的因素,又有个人主观方面的因素。这些因素主要有以下四点。

（一）个人需要的满足程度

人们对一个认知对象是否能形成满意的态度,主要取决于该认知对象对个人欲望、个人需要和动机的满足程度。对那些能够满足个人欲望、个人需要和动机的对象,人们容易产生好感,形成满意的态度;否则,就容易产生厌恶感,形成不满意的态度。例如,旅行社提供的服务质量好、收费合理,能够满足旅游者的需要,旅游者就会对其持满意的态度;如果服务质量差、收费又高,则无法满足旅游者的需要,旅游者就会对其持不满意的态度。态度会直接影响到旅游者选择的倾向性。

（二）个体的经验

个体的经验是态度形成的重要因素。例如,一个去过某地旅游的旅游者,通过与旅行社工作人员的接触与交往,对当地的旅游服务形成了一个态度,即愉快的交往经验带来肯定的态度,痛苦的交往经验导致否定的态度。极端深刻的事例也会促使人们形成针对特定对象的强烈态度。比如某些事件给人带来了出乎意料的幸福体验，或者极其深刻的创伤，它们会在人的心理留下不可磨灭的印迹。在旅游活动过程中，对山水的体验、对人文的感悟及人与人之间的交往等，都可能使旅游者获得一定的经验或感受到日常生活中无法感受的心理波动，进而形成相应的态度。

（三）群体的态度

一个人生活在一定的社会群体之中，他/她对于认知对象的态度，在很大程度上会受到所属群体的影响。在旅游团队中，同一群体的成员之间产生模仿和相互作用的现象尤其明显。在旅游线路的选择、旅游商品的购买等方面，群体的态度是个人态度的重要参照系。例如，在一条旅游线路上，有些景点可能一些人不想去，但如果团队中有较多的人选择去看一下，不想去的旅游者可能也会一起去。个人的态度很容易受到团队的影响而发生改变。

（四）个体的性格特点

由于人与人之间的性格特点、个性倾向性不同，对于不同的事物就有不同的喜好。在旅游活动中，有人喜欢人文的旅游景点，有人喜欢在自然景观中放松身心，因此，人们对不同的旅游线路也就会有不同的态度。

上述四个因素对于旅游态度的影响程度，要视旅游者的具体情况而定，但各种因素都或多或少地促成和影响着旅游态度的形成。

【任务拓展】

①对当地某景区游客的旅游行为进行问卷调查，分析其旅游态度的构成成分。

②根据态度的形成过程理论，试推销某旅游线路。

【任务反馈】

在学习了态度的形成过程包括服从、同化、内化三个阶段之后，找一找生活中体现这三个阶段的例子。

释疑：这三个阶段是逐层递进的，只有完成了第一个阶段，才会进入到第二个阶段；只有完成了第二个阶段，才会进入到第三个阶段。

可以用一个是否闯红灯的问题来更好地理解三阶段。

问题：你走路会闯红灯吗？如果会，什么时候会闯？

答案：我会闯红灯的，但是如果有警察在，我就不闯。——服从阶段

我一般不闯红灯，但是有些情况我可能会闯，比如：大家都在闯红灯的时候、我特别着急的时候。——同化阶段

我在任何情况下都不闯红灯。——内化阶段

通过生活中的例子，大家可以更好地掌握三阶段理论，进而把它运用到旅游实践中去。

活动二　旅游偏好和旅游决策的形成

【案例聚焦】

案例三

欧洲游的选择

每年3、4月份，在暑期旺季来临之

前，旅行社为了推广欧洲游项目，销售人员都会尽力去各大企事业单位联系走访，开说明推介会，以促销欧洲游旅游产品。

销售人员一般会推介欧洲游两种旅游产品：①英国一地11天游，团费11 800；②德、法、意、瑞四国13天游，团费13 800。在旅行社销售走访了大部分客户单位后，绝大部分潜在旅游者表示对产品②即欧洲四国游比较感兴趣，提了很多相关问题，并后续保持关注。

请问案例三说明了什么问题？旅游者的态度、旅游偏好与旅游决策之间有何关系？给我们什么启示？

【任务执行】

案例三探讨的旅游态度与旅游偏好、旅游决策和旅游行为之间的关系，请先来了解一下旅游偏好。

一、态度与旅游偏好

旅游偏好是指旅游者趋向于某一旅游目标的心理倾向，它建立在旅游者极端肯定态度的基础上。人们对旅游的态度一旦形成，便会产生一种对旅游的偏好和行为倾向，这种偏好和行为倾向会直接影响人们的旅游行为。

（一）影响旅游偏好的因素

1. 态度的强度

态度的强度是指态度的力度，即个体对对象赞同或反对的程度。人们对某一对象的态度强度与态度对象的突出属性有关，任何事物都有多重属性，如外形、价格、冷热等，态度对象的突出属性是人们所寻求的、能满足自己需要的基本利益。一般情况下，态度的强度越大，态度就越稳定，改变起来也就越困难。旅游态度对象的突出属性与人们的旅游需要有关，旅游地的特点、旅游价格的高低、时间的长短等在某些时候都可以成为最为突出的属性，成为旅游者最关心的、能满足自己需要的基本利益。在通常情况下，态度对象的突出属性越鲜明、越独特，就越能满足人们的需要，所形成的态度强度就越高，人们对这一对象的倾向性也就越大，也越易于形成对这一对象的偏好。

旅游态度对象的突出属性对人的重要程度是因人而异的。对于同一个人来说，随着他的需要或目标的改变，态度对象的突出属性也会发生变化。在旅游市场，每个旅游景区都是以其鲜明独特的性质和优势，赢得旅游者的偏好，并占有一席之地的。旅游服务人员要按照旅游者所寻求的收获去理解他们的行为，识别与其提供的旅游服务相联系的突出属性，真正满足旅游者的需要。

2. 信息的种类和数量

旅游者对某个旅游区、某种旅游方式、某类旅游项目、某些服务方式的偏好，直接取决于他们所接受信息的多少。旅游者掌握信息种类和数量的多少反映了他们对态度对象的认知水平，也反映出他们的行为倾向。一般来说，对某一旅游产品的倾向性信息越多、越完整、越正面，就越可能导致偏好的形成。例如，旅游者在选择旅游地时，首先要广泛收集信息。如果掌握的该旅游地的信息量和信息种类很多，如景点富有特色、道路通畅、交通便利、服务设施完善、社会治安良好，那么他就会对去该地旅游产生偏好，形成肯定的态度；如果对某一旅游地了解不多，就会犹豫不决，很难形成肯定的态度。

（二）旅游偏好的形成

旅游者在形成旅游偏好的过程中，首先要对能使他有所收获的旅游态度对象进行分析和评价，比较各态度对象能够满足其需要的程度，从而形成他对某一对象的相对偏好。一个人对某一旅游态度对象偏好程度的形成，关键取决于该对象对他的吸引力。对旅游者来说，旅游态度对象的吸引力一方面取决于旅游者的心理特征，即旅游者所希望获得的特定利益；另一方面取决于旅游态度对象的客观属性，即能够满足这种特定利益的能力。旅游态度对象的吸引力越大，形成旅游偏好的可能性就越大。旅游偏好的形成过程，如图 1－23 所示。

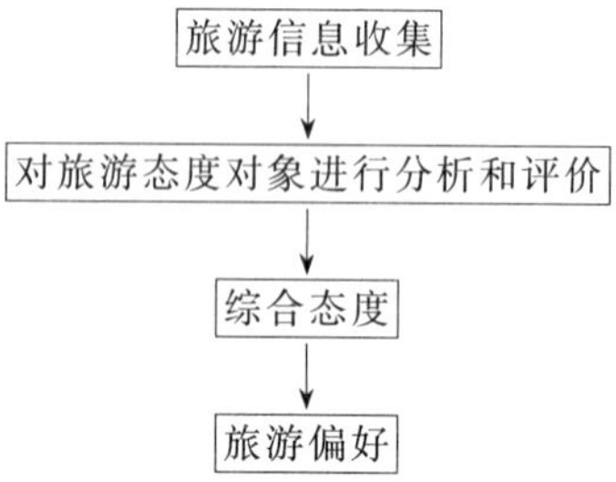

图 1－23　旅游偏好的形成过程

案例三中绝大部分潜在旅游者表示对产品②即欧洲四国游比较感兴趣，咨询了很多旅游相关问题。说明差不多的旅游团费，在观光游的游客心中，欧洲四国游显然比英国一地游的吸引力更大，去四个国家性价比或许更高，因此对欧洲四国游表现出的旅游偏好更明显。

了解了旅游偏好，再来看一下旅游决策。

二、态度与旅游决策

态度对旅游者行为的影响直接体现在对旅游决策的影响上。旅游者在旅游活动中，面对的第一件事就是旅游决策。旅游决策要解决的问题反映出旅游者的心理需要。想要达到什么样的目的，是要放松休息、摆脱乏味的日常生活，还是开阔眼界、增加知识见闻？选择什么样的旅游线路和景点，是娱乐消遣型线路、度假保健型线路，还是参观游览型线路？采取什么样的旅游方式，是包价旅游、半自助游，还是自助旅游等？旅游者做出旅游决策，要经历一系列的心理步骤。首先要广泛接受各种旅游知识和信息，如各种媒体的旅游宣传和旅游广告等，旅游信息的多少和准确程度，会直接影响到旅游决策的质量。在收集到足够的信息资料以后，旅游者要进行分析、对比，形成某种态度。态度一旦形成，就会导致某种偏好或意图，进而影响人们的旅游决策。当然，偏好或意图能否导致具体的旅游行为，还要受到各种社会因素的影响。例如，某人可能对某旅游景区感兴趣，打算假期到该地旅游的意图很强烈，但由于周围的朋友都选择到另一个景区旅游，于是最终放弃了自己的打算，和朋友们一同去了另一个景区。决策做出后，旅游者将会采取具体的行动，从而接触新环境，接受新信息，开始新的决策过程。态度和旅游决策的关系，如图 1－24 所示。

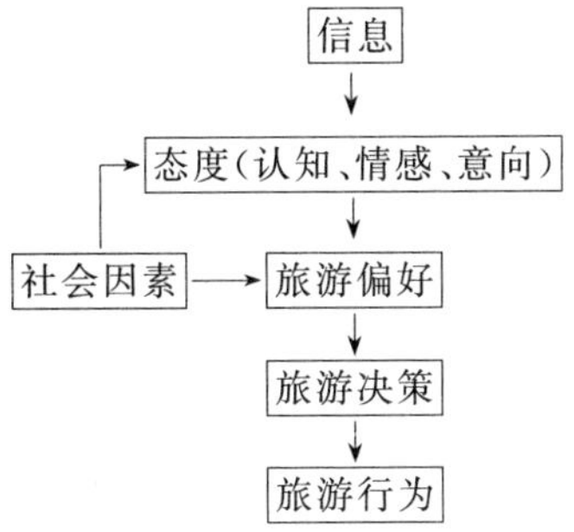

图 1-24　态度和旅游决策的关系

最后,再来看一下态度与旅游行为之间的关系。

三、态度与旅游行为

人们的行为常常会背离其态度,态度和行为有时候是一致的,有时候会不一致,这中间存在着影响两者一致性的种种因素。

(一) 态度和行为一致

心理学的传统观点认为态度与行为相互一致,有什么样的态度,就有什么样的行为。

态度是行为的准备状态,因而可以通过态度来预测行为,也可以根据个人的行为表现来推断人的态度和心理需要。在旅游行业的实际工作中涉及旅游者的态度和行为时,也往往从态度和行为一致的观点出发。喜欢旅游的人,只要有机会、有条件就会去旅游。喜欢参与性活动的旅游者,在可能的条件下就会跃跃欲试。如果旅游者对某个导游员的评价高,在旅游过程中就乐意与之交往,并可能在旅游活动结束后继续交往,甚至成为好朋友。

(二) 态度和行为不一致

虽然大量的研究证实态度与行为一致,但越来越多的人体验到,在生活与工作中,态度往往和行为有不一致的关系。心理学家从简单的自身经验出发,对态度与行为不一致的问题进行了深入研究和探讨,得出了态度和行为之间有时存在着很大的不一致性的结论。

态度和行为不一致有以下四个原因。

1. 态度构成要素之间的矛盾和冲突

态度由认知、情感、意向三个要素构成,当三者之间发生矛盾和冲突,特别是认知与情感之间发生矛盾和冲突时,将导致态度与行为的不一致。

2. 对同一对象的态度冲突

态度对象通常是由多个部分构成的统一体。个体可能对其中某些部分持有肯定态度,而对另一些部分持有否定态度,从而使个体的态度和行为有时一致,有时不一致。

3. 当时情境的影响

情境中存在着各种无形的压力,这些压力往往会压倒态度,约束人的行为,成为行为的决定因素。例如,强有力的群体舆论压力与个体已有的态度不一致时,将会较大程度地破坏态度和行为之间的一致性。

4. 个体的经验

个体的经验分为直接经验和间接经验。直接经验获得的信息量大,使人的经验更为丰富,使态度更为健全稳定,所以基于直接经验形成的态度能更好地预示一个人的行为,更多地表现出态度与行为的一致。而基于间接经验形成的态度更多地表现出态度与行为的不一致。如人们从传媒中获得了有关某旅游景区的宣传信息,可以对该景区形成肯定的态度。但这种基于间接经验形成的态度内容是笼统的，可能和具体的旅游行为无关。只有亲自到过该旅游景区的旅游者形成的态度才是直接的、生动的、具体的、稳定的，和旅游行为之间的关系才更为密切。如态度是否定的，人们有机会也不会旧地重游；如态度是肯定的，没有机会人们也要创造机会去该地旅游。

【任务拓展】

①调查本地大学生旅游市场的旅游偏好，分析其形成原因。

②如何利用态度与旅游决策的关系影响旅游者行为的产生？

【任务反馈】

学习了态度与旅游行为之间的关系后，请再来看看下面这个案例。

案例四 对于态度和行为之间的相符程度，美国社会学家R.拉皮尔在1934年做过一次著名的研究。他与一对中国留学生夫妇周游了整个美国。其间，他们下榻了66个旅馆和其他住处，到过184个饭店。虽然那时东方人在美国特别受歧视，但除了在一处遭到拒绝外，他们都受到了正常的接待。在结束旅行后，拉皮尔给他们曾经路过的每个饭店寄去一份问卷，其主要问题是：你愿意接待中国客人吗？结果，在128家回信的饭店中，只有1家回答愿意。拉皮尔的实验非常清楚地表明人们的态度和行为之间存在很大的差距，那些对中国人抱有歧视态度的饭店，实际上都接待了中国人。

该如何来理解以上这个案例呢？

释疑：美国人对待东方人态度的三个成分高度一致，可是最后现实的情况却是除了在一处遭到拒绝外，他们都受到了正常的接待。由此可见，一个人的行为除了受到态度内部因素的影响之外，还受到其他外部因素的影响。这个案例中很重要的一点就是饭店回答拉皮尔的问卷时，他们脑子里的中国客人是抽象的，不是特指哪一个中国人；而这对中国留学生夫妇来到饭店时，对饭店来说他们就不是抽象的个体，而是非常具体的个体。所以，我们可以得出结论：如果想预测一个人面对某一真实的特定情境或特定人物时将如何表现，对假设情境的口头回答和态度问卷测量是远远不够的。要通过真实的社会情境中人的真实行为才能可靠地测量一个人的态度。

活动三　旅游者态度的改变

【案例聚焦】

案例五 暑假你打算自己组团去常州嬉戏谷游玩，你打算如何做以便成功组团？暑假两个月常州嬉戏谷和平时的销售策略有所改变。一是暑假有亲子游套餐，一个大人可以免费带一个1.5米以下的小孩；二是暑假嬉戏谷开放了夜公园，时间为16:00—22:00。

首先，你要把目标人群锁定在两个群体。一是家里有1.5米以下小孩的家庭，二是初中生、高中生、大学生群体。

其次，你要把暑假嬉戏谷与平时不同之处告诉他们，包括亲子价格还有夜公园时间。

最后，针对他们不同的反应态度决定后面的营销策略。

①欣然愿意前往的客人，你可以让他们顺便问一下周围的同学、朋友、邻居、亲戚有没有人愿意一起前往，这样可

以帮助你找到更多的客人。

②听了你的大概介绍之后，对于态度不是很积极的客人，你必须先耐心听他说，看看他不太积极的原因在哪里。听完以后，看看你能否解决他说的那个原因，如果可以，告诉他；如果不可以，就不要再继续游说，不然会导致对方反感，这样一来，你连下次游说的机会都没有了。

请根据案例写一个组团方案。

【任务执行】

一般来讲，态度是比较稳定、不易改变的，但这并不意味着态度是不可改变的。当个体所处的社会环境发生变化时，态度也必然有或大或小的变化。

为更好地认识旅游者态度改变的本质，请先来了解一下态度改变的形式与过程。

一、态度改变的形式与过程

（一）态度改变的形式

1. 一致性的改变

态度发生一致性改变时仍会保持原来的方向，只是改变了原有的强度，即只是增加积极（或消极）态度的强度，使之成为一种更强烈的积极（或消极）态度。比如旅游者对一些新的旅游项目从比较喜欢到非常喜欢，这就是一致性的改变。

2. 不一致性的改变

态度发生不一致性改变时，其方向与原有态度的方向完全相反，积极的态度会变为消极的态度，或者消极的态度会变为积极的态度。比如某人对旅游一直持否定态度，后来，由于环境的影响和切身的体会，对旅游的态度从否定到肯定。又比如旅游者对某个旅游服务单位是持有肯定态度的，后来该旅游服务单位出现不合理的价格上涨、服务质量下滑等因素，他的态度便从肯定到否定。人们通常所说的态度改变更多的是指不一致性的改变，即方向上的改变。对个体来说，态度的改变实质上是一种新态度的形成。态度从一个极端到另一个极端，既是方向的改变，也是强度的改变，而且表明强度变化很大。

旅游者的态度，是旅游者在旅游活动中形成的对旅游商品或服务的肯定或否定的心理倾向。对旅游商品或服务持积极肯定的态度会推动旅游者完成旅游活动，而消极否定的态度则会阻碍旅游者完成旅游活动。要促使旅游者产生旅游行为完成旅游活动，就必须把旅游者的消极态度转变为积极态度，把否定态度转变为肯定态度。

（二）态度改变的过程

在现代社会生活中，每个人从早到晚都会接受到各种各样的信息，遇到各种各样的说服与宣传。也就是说，每个人都会面临着被说服的可能，面临被他人不同程度地改变态度的情境。态度改变的过程，实际上是一个沟通、劝导的过程。在特定的社会情境中，说服者通过各种方法有意识地向被说服者传递经过精心组织的信息，让被说服者接受。同时，这个说服过程是在一定客观情境中进行的，情境也会影响说服的效果。另外，说服效果还受到被说服者特点的影响。每一个人都有自己独立的意识，被说服者已有的态度和特质将影响其对说服信息的接受程度。说服过程的基本模型如图 1－25 所示。

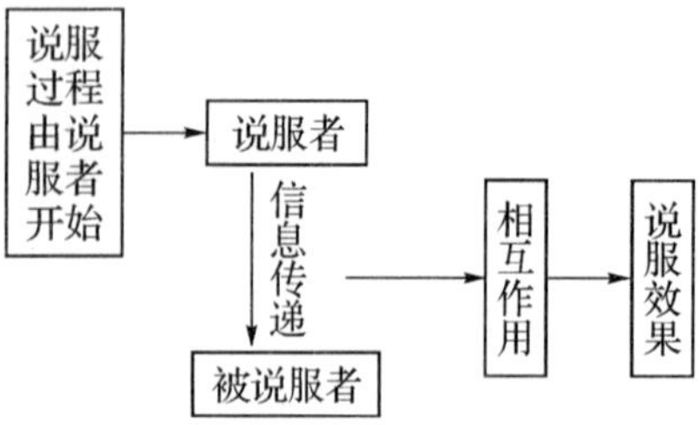

图1-25　说服过程的基本模型

了解了态度改变的形式与过程，再来学习一下影响旅游者态度改变的因素。

二、影响旅游者态度改变的因素

态度的改变会受到诸多因素的影响。想要有效地改变旅游者的态度，必须充分把握影响态度的因素，针对各种各样的因素采取行之有效的方法，做出相应的对策。

影响旅游者态度改变的因素主要有以下三个方面。

（一）态度本身的特点

从态度本身的特点来讲，态度形成的时间、态度的极端性、态度的三种成分之间的关系等都能对旅游者态度的改变产生影响。

1. 态度形成的时间

态度形成的时间越长，越不容易改变。比如一个人在幼儿时期就对去北京旅游持肯定的态度，久而久之，这个态度就会定型，不会轻易改变。

2. 态度的极端性

一般来说，旅游者受到的刺激越强烈，态度就越极端，其改变的可能性就越小。如旅游者在某地旅游的途中遭遇重大车祸，这会使他产生强烈的恐惧感，因而对该地的交通状况和某种交通工具产生强烈的否定情绪。这种态度一经形成就难以改变。

3. 态度的繁杂性

如果一个人的某种态度只依赖于一个事实，那么只要此事实被证明是假的或者不正确的，其态度就容易改变。而所依赖的事实越多、越繁杂，态度就越不容易改变。例如，某位旅游者对某旅馆的否定态度如果只依据一个事实，比如房间空调制冷效果差，那么如果这是偶然因素，这个房间空调正好有问题已经报修，调换房间后已经没有这个问题了，那么旅游者的态度比较容易转变过来；而如果态度建立在很多事实的基础上，比如除了空调有问题，早餐种类少质量也不好，服务人员态度也很冷淡，那么对这个旅馆印象差的否定态度想要改变就很难了。

4. 态度的一贯性

对于某事物对象前后一贯的且已经成为习惯的态度，则不易改变。比如旅游者在某景点购物时被骗，他对该地旅游购物就产生了否定的态度。之后如果又有朋友在那里被骗，那么这种态度就不会轻易改变了。

5. 态度的协调一致性

一个人的态度中包含认知、情感和行为倾向三种成分，三者越协调一致，态度就越稳定，越不容易改变。如果三者之间出现了分歧，其稳定性就变差，态度改变也就比较容易。例如，对中国的旅游态度：认为中国既有优美的自然风光，又有丰富的文化历史古迹，而且开展了富有情趣的旅游活动（这是认知成分），因此，国外旅游者觉得来中国旅游会很有意思，很喜欢来（这是情感成分），从而愿意并争取到中国来旅游（这是意向成分)。这种态度中的三种成分是协调一致的,所以态度是稳定的。如果认为中国虽然有自然风光和历史古迹,但是有的地方气候条件比较差,往来航班交通不是非常便利,那么想来中国的意向就不是很坚定。这种来中国旅游的态度就容易发生变化。

(二) 旅游者个体的因素

旅游者的需要、智力水平、性格特点、受教育程度及社会地位等,都会影响到态度的改变。具体如下四个因素。

1. 个体价值观

个体的种种态度常常反映出他的价值观。如果旅游者认为态度对象与他个人的基本价值观密切相关,那么对他的影响就会很深刻,这种态度一旦形成,一般不易改变。

2. 个体自我防御机制

自我防御机制强烈的人,会尽力保护自己已有的态度以增强自尊。这种人不容易接受他人的劝告,因而态度很难改变;反之,自尊心弱的人态度容易改变。

3. 人格特征

从性格上看,依赖性较强的接受者信服权威,缺乏判断能力,容易改变自己原有的态度;反之,自尊心强、自我评价较高的接受者独立性强,不容易被他人说服,因而不容易改变态度。社会赞许动机的强弱也是影响态度转变的因素,高社会赞许动机的接受者易受他人及公众影响,易于接受说服。

4. 学识能力

一般来讲,学识能力高的人,能准确分析各种观点,具有较强的判断能力,进而根据自己的认识决定主动地改变自己的态度,不容易受他人左右;反之,学识能力低的人,难以判断是非,容易被说服者暗示,常常人云亦云,因而容易被动地改变态度。

(三) 外在因素的影响

除了态度本身的特点和旅游者个体的因素外,一些外界的因素对旅游者态度的改变也起着重要的作用。这些外在的因素主要包括以下三点。

1. 信息的作用

任何态度的转变都是在接收的信息与其原有态度存在差异的情况下发生的。旅游者接收到的信息是他们态度形成和转变的基础。信息的一致性越强,形成的态度就越稳定,越不容易改变。

2. 旅游团队内部的影响

态度具有相互影响的特点。在旅游团队内部,旅游者之间在角色身份、目的和利益上具有相同或相似性,彼此的意见也容易被接受,这样自己原来的态度就会有所改变。比如某旅游者对某一自费旅游项目,可能原来不想参加,但在其他旅游者的影响下改变了态度,又去参加了。

3. 群体的影响

不同的群体在其活动中会有自己的规范和习惯力量,它在无形中会形成一种影响团体内成员态度的压力。当个人与所属团体内大多数人的意见相一致时,他就会得到有力的支持;否则,就会感受到来自团体的压力。

最后,来探讨一下改变旅游者态度有哪些策略。

三、改变旅游者态度的策略

旅游者态度的改变,会涉及多种因

素。要有效地改变旅游者的态度，就要充分把握影响态度改变的因素，针对各种各样因素的变化，做出相应的对策。

（一）更新旅游产品

态度来源于个体对客观对象的认识和评价，因此可以通过改变态度对象的形象来改变个体的态度。而更新旅游产品，使之与旅游者的需要相适应，是影响旅游者态度改变的最具有说服力的因素。

从旅游者的角度看，旅游产品是旅游者在旅游活动中为实现旅游目的而需要的各种产品。从整体上看，旅游产品是一种组合型的产品。它由旅游吸引物、旅游设施、旅游服务等多种要素组成。旅游者在旅游活动中对整体旅游产品的认识和评价，构成了他们的旅游态度。

仅从旅游吸引物上看，我国传统的旅游产品结构单一，主要是观光型产品，而且线路长、跨度大，不能完全适应旅游多元化的需要。这些问题不仅有碍于旅游业的可持续发展，影响旅游产业的经济效益，而且会影响到国内外旅游者对中国旅游的态度，进而影响到旅游者的行为。

当今的旅游市场，参与型、娱乐型、体验型、探险型等旅游项目越来越成为旅游者的时尚需要。在这种形式下，要改变旅游者的态度，最有效的方法是把握市场走向、更新旅游产品。只有不断创新、调整和改善旅游产品结构，才能满足不断变化的旅游消费需要。

（二）加强旅游产品的宣传

旅游者态度转变和他们接受什么样的信息密切相关。旅游企业通过旅游宣传，向旅游者传送新的知识和新的信息，有助于旅游者态度的改变。

1. 重视宣传方式

说服者首先要重视信息的传播方式，通过人们能接触到的各种媒介进行全方位的宣传，以引起人们的注意。不同的信息传播方式对旅游者态度改变的影响力是不同的。通过视听结合的方式传播信息对态度改变的影响力较大。在信息传播中，叠加式重复宣传也很有效果。反复进行宣传会使人们产生印象积累，使之获得积极的熟悉感，从而倾向于认同和选择。当然，进行叠加式重复宣传必须有变化的成分，因为简单的重复会成为单调的刺激，降低人们的注意力与接受程度。因此，旅游企业应以丰富、变化、新颖的信息吸引人们的注意。

2. 要有针对性

宣传效果与旅游者的心理特点有着密切的关系，根据被说服者的心理特点有针对性地进行宣传，才能产生良好的说服效果。如，近年来重庆某旅行社把握长江三峡库区建设的契机，巧妙地利用三峡的变化引导旅游者前来观光，取得了很好的效果。在三峡工程伊始，他们率先推出“告别长江三峡游”，接着是“三峡工程观光游”“即将沉没的三峡故景游”，一直到“畅游新三峡，看长江新气象”等，不断吸引旅游者对长江三峡的关注，激发旅游者的好奇心，很多旅游者在同一线路上多次游览，旅行社也因此取得不错的效益。一般来讲，旅游者在选择旅游线路的时候，比较倾向于到没有去过的地方体验新奇的感受，而不愿意重复购买同一旅游产品。本例中，造成旅游者态度改变并会多次游览的原因在于旅行社针对旅游者怀旧、好奇、求知的心理，巧妙地利用了长江三峡景区特色的变化，不断挖掘景区的吸引力，使旅游者对宣传的内容做出判断，进而认同。

在商业宣传中，只从一个角度传达某种信息，比如只向消费者说明商品的优点，被称为单方面宣传；而从多种角度传达多种信息，比如在展示该产品在同类商品中所独有的优点的同时，把商品中存在的一些不完善的地方告诉消费者，这种优缺点并举的方法称为多方面宣传。目前，许多商业性广告进行的都是“一边倒”式的宣传，即在宣传中，只说自己产品的优点，而绝对不讲它的不足。从社会心理学的角度看，“一边倒”式的宣传并不能发挥多大作用，特别是对一些知识经验丰富或受教育程度较高的人来说。在旅游销售过程中，当旅游者的态度和宣传者提倡的态度方向一致，或者旅游者相关的知识经验不足时，单方面宣传比较有效；而当两者态度方向不一致时，或者旅游者相关的知识经验丰富时，多方面宣传可以向他们提供更多信息，使之在权衡利弊之后做出判断。因而，在进行宣传时，还必须因人而异，要考虑被说服者的性别、年龄、职业等，针对不同的对象采用不同的宣传策略和宣传方法。

3. 把握宣传技巧

要进行说服宣传并期望旅游者改变态度不能急于求成。说服者要把握被说服者的心理，循序渐进。

（1）不断缩小态度差距。通过说服宣传来改变旅游者的态度时，如果要求其改变的态度与原来的态度差别过大，则不能操之过急，而应逐步提出要求，不断缩小态度差距，最后达到改变态度的目的。否则，提出的要求过高，不但难以改变旅游者原来的态度，反而会使其产生逆反心理而更加坚持原来的态度。

（2）把握宣传的时机。一般要在对方对所宣传的内容比较感兴趣的时候进行宣传较合适。在对方没有准备接受说服之前，不要急于去说服对方，因为如果对方没有丝毫诚意，无论说服者说得如何动听，被说服者也听不进去。遇到这种情况，可以先谈论一些比较次要的话题，并弄清对方拒绝的原因，然后选择另一个成熟的时机再继续进行说服工作，把自己真正想要表达的内容传达给对方。

（3）做好信息的组织。信息的组织应鲜明生动、语言通俗、简洁明快，使人们容易理解信息，从而很快做出是否认同宣传内容的判断。说服者传达的信息如果能与被说服者的个人经验产生共鸣，其态度的改变将很容易发生，否则极易导致被说服者抵抗和拒绝接受信息。

（4）说服者的影响力。在说服宣传过程中，还要注意说服者对被说服者的影响。一般来讲，说服者的可靠性、权威性和被说服者的相似性比较高，人们对他的信任就比较高，那么由该说服者传达的信息更容易被说服者理解、认同，进而也就越容易改变他们的旅游态度。许多产品请名人做广告的目的就在于此。

（三）引导人们积极参加旅游活动

从心理学的角度，个体所从事的社会活动的性质能决定个体的态度，也能改变个体的态度。因此，通过有意识地引导人们参加旅游活动，有助于改变一个人原来的态度，促使其对旅游产生积极的态度。“百闻不如一见。”当一个人离开居住地，摆脱日常生活而外出旅游时，往往能在这种特殊活动中了解新事物、结识新朋友、获得新机会、经历新体验，感受到旅游带来的种种好处，进而更乐于接受新的有关生活和旅游的信息，从而改变原有的旅游态度。

【任务拓展】

①如何改变挑剔游客的态度？

②根据前述大学生旅游偏好调查结果，利用旅游者态度改变方法，针对性设计新型旅游产品，提出宣传策略。

【任务反馈】

当人们想去改变一个人的态度时，是不是需要有很好的口才？

释疑：要想改变一个人的态度，口才很重要，但是倾听对方更重要。

任务五　旅游者的个性与行为

【任务目标】

通过了解个性的概念、特征和基本理论类型，熟悉个性、气质、性格、能力的基本含义和主要特征，并掌握不同气质、性格、能力类型的旅游者在旅游行为和旅游决策上的差异，以及旅游服务接待技巧。

活动一　旅游者的个性心理

【案例聚焦】

案例一　有这样一个小故事：一位老教授昔日培养的三位得意门生如今都事业有成，一位在官场上春风得意，一位在商场上捷报频传，一位埋头做学问如今也苦尽甘来，成为学术明星。于是有人问老教授：你认为三人中哪位会更有出息？老教授说：现在还看不出来。人生的较量有三个层次，最低层次是技巧的较量，其次是智慧的较量，他们现在正处于这一层次，而最高层次的较量则是个性的较量。

如何理解老教授提及的"个性的较量"？

【任务执行】

案例一中，老教授认为三位得意门生虽然目前都事业有成，但他们现在还没有达到最高层次的较量，也就是个性的较量。个性对个体的影响至关重要，甚至是伴随其一生的。旅游者是从旅游活动与行为中产生的独立个体。为了进一步了解旅游者的个性与行为，有必要对个性的概念和特征、基本理论和影响因素作深入了解。

一、个性的概念和特征

（一）个性的概念

个性是心理学中运用最广泛的术语，在西方又称人格。"个性"一词最初来源于拉丁语"person"，它有两层含义，一是指戏剧演员在舞台上表演时所戴的假面具，后演化为演员所扮演的各种性格和角色；二是指能独立思考、具有独特行为特征的人。后来心理学界把它引用过来，把面具的含义，转意为个性，用以表示个体的差异。

心理学界对个性的概念目前还没有一个公认的比较统一的定义。我国旅游心理学界的很多学者倾向于把个性界定为：个人在先天素质基础上，在一定的社会环境中，通过参与一定的社会实践活动，形成和发展起来具有一定倾向的、比较稳定的心理特征的综合。

从系统论的观点看，个性是一个多层次、多维度的复杂的整体结构。其主要成分包括个性心理倾向性和个性心理特征。个性心理倾向性是指一个人所具有的意识倾向和对客观事物的稳定的态度，主要包括需要、动机、兴趣、理想、信念、世界观等。个性心理特征是指一个人身上经常表现出来的本质的、稳定的心理特点，主要包括人的气质、性格和能力。个性心理特征是个性倾向性稳固化和概括化的结果。这两个成分有机地结合在一起，使个性成为一个整体结构。关于个性心理倾向性（主要指需要、动机）与旅游行为的关系，已在模块一任务三中详细阐述。本任务主要探讨个性心理特征的三个组成内容即气质、性格、能力对旅游行为的影响。

（二）个性的特征

1. 稳定性

个性不是一时表现的心理现象，它具有跨时间和空间的一致性。换句话说，在个体生活中暂时的、偶然表现的心理特征，不能认为是一个人的个性特征。只有一贯的、在绝大多数情况下都得以表现的心理现象才是个性的反映。因此，个性是一个人在较长时间的社会实践中，为适应或改变客观世界而经常表现出来的个性心理，一经形成，就具有稳定的特点。当然，这种稳定是相对的。随着社会环境、教育环境以及自身实践活动的变化，个性也会发生一定程度的变化。不过，个性的变化比较缓慢，不可能立竿见影。

2. 整体性

个性是一个人的整体精神面貌，是一个统一的整体结构。构成个性的各种心理品质，如需要、动机、兴趣、价值观、气质、性格、能力等，在一个具体的个人身上并不是孤立存在的，而是有机联系在一起表现出来。例如，对探险旅游感兴趣的旅游者，从气质上讲一般属于胆汁质类型，从性格上来讲属于外向型，从能力上来说一般具备独立解决突发事件的能力。

3. 独特性

个性的形成是由遗传因素、社会生活条件等多种因素影响决定的。由于每个人的先天素质和后天影响不同，因而人的个性也必然存在或多或少的差异。世界上可能存在相貌完全相同的人，却不可能存在两个个性完全相同的人，即使是同卵双胞胎，也同样具有自己的个性。

4. 社会制约性

人的个性会受到生物因素的制约，也就是人们所说的先天遗传因素的影响，但除了这一因素制约外，个性还会受到社会因素的制约，一定社会的政治、经济、文化、生活方式都会对个体个性的发展方向、内容和水平产生影响。苏联心理学家维果茨基曾说，个性是通过他在别人面前的表现才变成自己现在这个样子，这也是个性形成的过程。人的本质是一切社会关系的总合。人的个性的本质特征是由人的社会关系决定的，所以个性具有社会制约性。

二、个性的基本理论

个性在西方被称为人格。西方人格理论的种类很多，这些理论从多个角度揭示了人格的基本特征和规律，各有特色，较有影响的有以下几种。

（一）弗洛伊德的人格结构理论

弗洛伊德的人格结构理论是以本能性欲为核心构成的。他认为个性由本我(id)、自我(ego)、超我(superego)三部分构成。人格结构的最基本层次就是本我,本我中的本能冲动是个性的原始倾向。本我是一切心理能量之源,包含生存所需的基本欲望、冲动和生命力。它按照快乐原则行事,不理会社会道德和外在的行为规范,唯一的要求是活得快乐,避免痛苦。

自我,指人格中的意识结构部分,即现实状态下的自己,服从社会基本规范,是来自本我经外部世界影响而形成的知觉系统。自我的机能是寻求“本我”冲动得以满足,而同时保护整个机体不受伤害,它遵循的是“现实原则”,为本我服务。

超我,即自己心里的完美自己,是人格结构中代表理想的部分。它是个体在成长过程中通过内化道德规范、内化社会及文化环境的价值观念而形成的,其机能主要为监督、批判及管束自己的行为。超我的特点是追求完美,所以它与本我一样是非现实的,超我大部分也是无意识的,超我要求自我按社会可接受的方式去满足本我,它所遵循的是“道德原则”。

如果上述三者保持平衡,就会实现个性的正常发展,否则,会导致人格障碍或精神疾患。

（二）人格特质理论

特质论者认为,人格是由许多心理要素构成的。所谓特质是指一个人的行动中一贯具有倾向性的东西,如诚实、友好等。关于人格特质理论,主要介绍获得认可的两位学者的理论。

1. 奥尔波特的人格特质理论

奥尔波特是人格特质论的创始人。他将人的特质分为以下三类。

(1) 首要特质。特质论中所谓的首要特质是指足以代表个人独特个性的特质,是一个人最典型、最具概括性的特质,代表整个人格,往往只有一个。它在人格结构中处于支配地位,具有极大的弥散性和渗透性,影响到个人行为的所有方面。小说或戏剧的中心人物,往往被作者以夸张的笔法,特别凸显其首要特质,如林黛玉的多愁善感。

(2) 中心特质。它是代表个人性格几方面的特征。中心特质是构成人格特质的重要部分,每个人都有几个彼此相联系的中心特质构成其独特的人格。它虽然不如首要特质那样对行为起明显的支配作用,但本身还相当概括,对人格有一般意义的倾向。如评价某个学生时所用的“勤奋、尊重老师、待人热情、乐观、开朗、准时”等,即属于其个人的中心特质。奥尔波特认为,每个人所具有的中心特质一般在 5 至 10 种之间。

(3) 次要特质。顾名思义,次要特质不是决定人格的主要特质。它是不太明显、不太受人注意、一致性和一般性都较少的那些人格特质。次要特质与习惯和态度密切相关,但比两者都更具有一般性。次要特质包括一个人独特的偏爱,如某种食物、衣着等。

2. 卡特尔的人格特质理论

卡特尔应用因素分析法来探讨人格特质,并认为构成人格的特质彼此不是松散存在的,而是作为整体的机能相互关联的。他用特质的阶层来表示人格构造。第一层次：个别特质与共同特质。前者指每个人所具有的特质；后者指某一社区或某一集团的成员都具有的特质。第二层次：表面特质与根源特质。前者指经常发生的、从外部可以直接观察的行为表现；后者指从许多表面特质中发现的内在的潜在因子。它是人格结构的最重要部分，是外显行为的内在因素。从表面特质中精选出潜在深处的根源特质是卡特尔研究的主要方面。他运用因素分析，经过几十年的努力，最后确定人格的16种根源特质。这16种特质是：

A. 乐群性　B. 聪慧性　C. 情绪稳定性　E. 好强性　F. 兴奋性　G. 有恒性　H. 敢为性　I. 敏感性　L. 怀疑性　M. 幻想性　N. 世故性　O. 忧虑性　Q_1. 激进性　Q_2. 独立性　Q_3. 自律性　Q_4. 紧张性

卡特尔认为在每个人身上都具备这16种特质，只是在不同人身上的表现有程度上的差异。

（三）柏恩的人格分析理论——PAC分析

加拿大心理学家埃里克·柏恩于20世纪50年代提出人格结构的PAC分析。他认为，个体的个性是由三种心理状态构成的，即家长自我状态(P)、成人自我状态(A)、儿童自我状态(C)，所以简称人格结构的PAC分析。人的行为是由人的这三个"自我状态"的组成体或其中之一部分支配和控制的。

PAC分析理论中，Parents(P)代表父母或家长自我状态。家长自我状态是指人们通过模仿自己的父母或其他在其心目中具有父母一样的权威人物而获得的态度和行为方式。Adult(A)代表成人自我状态。成人自我状态是人格中支配理性思维和信息的客观处理部分。它掌管理性的、非感情用事的、较客观的行为。Child(C)代表儿童自我状态。儿童自我状态由自然的情感、思维和行为构成。父母、成人和儿童自我状态的表现见表1-7。

表1-7　父母、成人和儿童自我状态的表现

状态	行为表现	语言表现	语调
父母自我状态	指手画脚，双手叉腰，拍拍别人的头，摇头等	按理，应该，决不，不要，别，不，让我告诉你应该怎么做，你又想做什么等	高声＝批评；低声＝抚慰
成人自我状态	直截了当的表情，舒适自如，冷静，不激动，漠然等	为什么，什么，哪里，谁，有可能，我认为，依我看，我明白了，我看等	几乎像计算机那样不假思索
儿童自我状态	笑声，可爱的表情，眼泪，颤抖的嘴唇，撅嘴，发脾气，咬指甲，撒娇等	我想要，我要，我不知道，我不管，我猜，当我长大时，好极了等	激动，热情，高而尖的嗓门，尖声嚷嚷，欢乐，愤怒，悲哀，恐怖

三、影响个性形成的因素

影响个性形成和发展的因素很多，但无论从先天与后天还是主观与客观等方面分析，不外乎先天遗传因素、环境因素和社会实践因素三种。

（一）先天遗传因素

先天遗传因素是个性形成和发展的生理基础。它是个性不可缺少的影响因素，对个性的作用程度因个性特征的不同而异。通常在智力、气质这些与生物因素相关较大的特征上，遗传因素较为重要；而在价值观、信念、性格等与社会因素关系紧密的特征上，后天环境因素更重要。个性发展过程是遗传与环境交互作用的结果，遗传因素影响个性的发展方向及难易。

（二）环境因素

环境因素主要包括社会环境和家庭环境。社会环境因素是个性形成和发展的重要条件。遗传素质在个性形成中仅仅提供了必要的前提和可能性，而这种可能性是否能转变为现实性，主要取决于后天的社会环境因素的作用。同样，个性的形成和发展还要受到家庭环境的影响。俗话说："近朱者赤，近墨者黑。"家庭是社会生活的基本单元，父母的观念、思想、职业性格、文化水平，父母对子女的态度等，集中地表现为父母的养育态度和教育方式。不同的养育态度会直接影响子女不同性格特征的形成，可见，父母的态度对子女性格形成至关重要。

（三）社会实践因素

社会实践是个性形成和发展的主要途径。个性是在后天环境影响下，在社会实践活动中形成和发展的。实践活动是个性形成和发展的决定因素，决定个性发展的方向、速度和可能达到的水平。人在社会实践中总是扮演一定的社会角色，承担一定的社会责任，从而形成与个体社会角色相一致的态度体系、价值观念、行为方式等，即形成自己独特的个性。

【任务拓展】

①观察本班同学的个性特征，分析其形成原因。

②现场观察本地著名景区旅游者的旅游行为，分析其个性表现。

【任务反馈】

案例二

困惑的小李

小李是一个平时不苟言笑、学习认真的学生，毕业实习是在某酒店前台工作。原本以为一丝不苟地坚持按照酒店培训的工作流程和服务要求认真接待每一位客人，就会得到好评。可是，时常有客人不配合，甚至有几次小李险些与客人发生争吵。看到前台其他同学游刃有余地应对客人时，小李的自信心在一点点地消失，甚至开始怀疑自己不适合这份工作。当前台主管发现她的问题时，提醒她要根据不同顾客的个性特点进行相对应的服务，但她还是有些困惑，不知具体该怎么办。

（1）思考一下，你觉得该怎样帮助小李摆脱困境？

（2）通过这个案例，你觉得了解个性与行为习惯之间的关系对旅游企业管理究竟有什么作用？

释疑：（1）服务工作也要因人而异，根据不同客人在酒店的消费行为，了解其

不同的个性特点，提供有针对性的服务。比如对外向型客人，多热情攀谈，了解其需求；对内向型客人，认真遵循工作流程，通过引导型对话，了解其消费需求。

(2) 有利于更有针对性地进行员工培训，从而提高员工服务的宾客满意度；有利于了解目标客源市场的需求变化，从而提高企业的市场竞争优势。

活动二　气质与旅游行为

【案例聚焦】

案例三

看戏迟到了

不同气质类型的人，对待同一件事情，其态度和处理方法迥然不同。国外有学者观察研究了不同气质类型的人如何对待看戏迟到这件事情的。

类型 1：与剧场把门的人争执起来，企图当下进入剧场(按照规定，迟到的人应在幕间入场，以免影响其他观众)。他争执说，戏院的时钟走快了，他不会影响别人的，打算推开把门人径直跑进去。

类型 2：立刻明白现在人家是不会让他进去的，但他可以找个办法溜进去。

类型 3：看不到入场表演，就想："反正第一场也不会太精彩，我先去小卖部转转，等到幕间再进去吧。"

类型 4："我老是这么不走运，偶尔来看一次戏，竟如此倒霉。"于是垂头丧气地回家了。

你如果遇到同样的事情，会如何反应？

【任务执行】

这四种人分别代表了四种典型的气质类型。下面就来学习气质的基本理论知识。

一、气质的概念

气质是人的个性心理特征之一，它是一个人在其心理活动和外部动作中所表现的关于强度、灵活性、稳定性和敏捷性等方面的心理特征的综合，是个体与生俱有的心理活动的动力特征。所谓心理活动的动力，是指各个个体之间在认识过程中，存在着知觉的速度、思维的灵活程度、注意集中稳定的时间长短等方面的差别；在情感过程中，也有发生的强弱、深浅和持续长短的差别；在意志行动中，又会表现出意志努力程度的不同；在心理活动的指向上，有人偏向于外部事物，从外界获得新印象，也有人倾向于内部，经常体验自己的情绪，分析自己的思想和印象等。因而，气质仿佛使一个人的整个心理活动表现都涂上个人独特的色彩。

人的气质差异是先天形成的，受遗传因素的影响较大，在婴幼儿时期就表现得非常突出。孩子刚出生时，最先表现出来的差异就是气质差异，有的孩子爱哭好动，有的孩子平稳安静。气质作为个体典型的心理动力特征，一经形成，便会稳定下来，并对人的心理和行为产生持久影响。虽然如此，人的气质在社会环境、学校教育和个体社会实践经历的影响下，还是会有所改变的。

人的气质虽不相同，但本身并没有好坏之分。气质类型不能决定人的社会价值大小和成就高低，它只是会影响到人的心理过程和个性品质的形成。了解人的气质，有助于旅游从业人员利用气质特征的积极面，控制其消极面，提高对旅游者的服务技巧。

二、气质的类型及特征

关于气质类型的分类，有多种学说。在这里给大家介绍最广为学者所认可的“体液说”。古希腊名医希波克拉底提出人体内有四种体液，即黄胆汁、血液、黏液、黑胆汁。按照四种体液在人体中所占比重的不同，将人的气质分为四种类型即胆汁质、多血质、黏液质、抑郁质。

（一）胆汁质

基本特征是直率、热情、精力旺盛、情绪易于冲动和心境变化剧烈等。这类气质类型的人有理想，有抱负，有独立见解，反应迅速，行为果断，表里如一，在言语、面部表现和体态上都给人以热情直爽的印象。不过，这一类型的人一旦对某件事情丧失兴趣，情绪也顿时转为沮丧而心灰意冷。案例三中人物类型1就属于胆汁质类型。

（二）多血质

基本特征是活泼、好动、敏感、反应迅速。这种气质类型的人喜欢与人交往、注意力容易转移、兴趣广泛但容易变换，具有较强的外倾性，肯动脑筋，主意多，常表现出机敏的能力和较高的活动效率。但他们情绪不够稳定，一阵风一阵雨，容易失于浮躁，有轻诺寡信、见异思迁的表现。案例三中人物类型2就属于多血质类型。

（三）黏液质

基本特征是安静、稳重、反应缓慢、沉默寡言、情绪不易外露，注意稳定但难于转移，善于忍耐等。这种气质类型的人凡事力求稳妥，深思熟虑，一般不做无把握之事，在各种情况下都表现出较强的自我克制能力。他们行动缓慢而沉着，有板有眼，严格遵守既定的生活秩序和工作制度。案例三中人物类型3就属于黏液质类型。

（四）抑郁质

基本特征是孤僻，行动迟缓，体验深刻，善于观察别人不易觉察到的事物等，他们的兴趣爱好不广，有孤僻的表现。这种气质类型的人常比别人更感疲倦，在困难的局面下常表现出怯懦、自卑和优柔寡断。案例三中人物类型4就属于抑郁质类型。

三、不同气质类型旅游者的主要表现与旅游服务技巧

（一）胆汁质类型的旅游者

胆汁质类型的旅游者在旅游过程中表现为性情急躁，情感外露，情绪易于激动，一旦被激怒，就不易平静下来；在旅游团队中表现得很自信、讲话直率、对人热情。这种类型的旅游者精力旺盛，多有冒险精神，喜欢参与富有挑战性、刺激性的旅游项目，行动积极。他们多属于冲动型购物，容易成交，旅途中常粗心大意、丢三落四。

针对胆汁质气质类型旅游者的上述特征，旅游服务人员要做到：①讲究效率，服务尽可能迅速，在服务过程中要自信、冷静、简洁明确；②服务态度友好，和善，语言温和，避免与他们发生冲突，当出现矛盾时应避其锋芒，以柔克刚；③经常提醒他们不要遗忘物品，全心全意为旅游者服务；④给他们安排参与性强，富有冒险性的旅游项目。

（二）多血质类型的旅游者

多血质类型的旅游者活泼好动，开

朗大方，是旅游团队中的“开心果”，可以长期保持精神愉悦和朝气蓬勃的乐观精神。这类型的旅游者反应快、理解能力强、活跃、善交往，但缺乏踏实和耐心，因而他们情感多变。当从事自己喜爱的旅游活动时，能投入极大的热情；当从事自己不喜欢的旅游活动时热情就会减少，会给旅游活动带来不必要的麻烦。

针对多血质气质类型旅游者的上述特征，旅游服务人员要做到：①主动沟通，嘘寒问暖，详细介绍各种旅游活动，联络感情，以示关怀；②多安排新奇、刺激、有趣的旅游项目；③服务主动、高效率、灵活多变，避免呆板。

（三）黏液质类型的旅游者

黏液质类型的旅游者外柔内刚，平时表现安静，很少流露出内心的真实情感；他们喜欢清静的旅游环境，很少大声谈笑，不善与人交际；在旅游活动中的表现比较保守和墨守成规，缺乏灵活机动，反应往往比较慢，希望旅游路线安排不要过于紧凑，留有足够的时间休息。

针对黏液质气质类型旅游者的上述特征，旅游服务人员要做到：①在旅途过程中，尽量实行“无干扰”服务，给其适当的自由空间；②尽量安排周围环境比较安静、舒适的酒店，给他们充分的时间休息；③旅游活动项目不宜过多，张弛有度，尽量介绍一些活动量不大的旅游项目；④主动沟通，询问其意见，了解他们内心的想法，以便提供其所需的服务，但服务方式要有度，不可过于热情。

（四）抑郁质类型的旅游者

抑郁质类型的旅游者好独处，不善言谈，不爱交往，性情孤僻；感情细腻，常为区区小事引起情绪波动，但极少外露自己的情感；内心体验强烈、内向、脆弱、敏感，想象力十分丰富；兴趣爱好不广，有孤僻的表现；他们遇事要三思而后行，求稳不求快，因此显得迟缓和刻板；常比别人容易疲劳，多掉在旅游团队后面；对接待服务中的差错一般不会直言指出，而是独自忍受生闷气。

针对抑郁质气质类型旅游者的上述特征，旅游服务人员要做到：①尊重他们，语言表达要谨慎，态度要端正，注意细节服务；②旅游路线或活动出现更改时，要主动与他们商量，多征求其意见，如遇不理解的旅游者，一定要耐心，用心解释；③旅游活动中要多关心他们，留有充足的休息时间。

【任务拓展】

通过学习四种气质类型的基本理论知识，了解自己的气质类型。

【任务反馈】

案例四

美国客人

某天晚上八点多钟，有一位美国客人到某酒店餐厅吃饭。这位客人坐下以后，不断地和服务员交谈，让服务员介绍有什么好吃的。他对周围的一切都非常好奇，不是观察花瓶、餐具就是研究筷子了，还让服务员教他如何使用筷子。最后，他点了一份中式牛柳、一个例汤和一碟青菜。很快，菜就上齐了。他迫不及待地吃起来，只见他将一块牛柳放进嘴里嚼了几下，又吐在骨碟上，连续几次都是如此。这时，他无可奈何地擦了擦嘴，招手示意服务员过去。他非常幽默地对服务员说：“小伙子，你们这里的牛柳一定比我的爷爷还老，你看看我的嘴它如此不高兴，是否能来一点它感兴趣的牛柳呢？”说完，他笑眯眯地望着服务员，等候他的回答。服务员说：“实在对不起，请稍等。”便马上去找来了主管，主管对客人说：“实在抱歉，这份牛柳没有使您满意，这份菜给您免费。”客人结账时对服务员说：“看来今晚要麻烦送餐部了。”

这位美国客人的行为特征和气质类型是什么？

释疑：以上案例当中，这位美国客人行为特征是热情、开朗、外向，好奇心强，喜欢与服务员攀谈，遇到问题，能用幽默的方式处理和化解，从而看出他属于多血质的气质类型。

活动三　性格与旅游行为

【案例聚焦】

案例五　A同学外向急躁，一般心里有什么话就要马上说出来；B同学比较内向温和，一般情况下，不太会主动表达自己内心的想法。

请问案例中A、B同学为何有不同的表现？

【任务执行】

案例二中的A、B同学的不同表现主要是因为性格上的差异。为了解析性格差异本质，不妨先来了解性格的基本知识。

一、性格的含义

性格是一个人对现实的态度和行为方式中比较稳定的心理特征的总和，它在一个人的个性中具有核心意义，人的个性差异首先表现在性格上。

性格作为人比较稳定的心理特征，有两方面的含义：一方面，性格是在长期生活实践中形成的，比较稳固；另一方面，这种比较稳定的对现实的态度和行为方式贯穿在人的全部行为活动中。一个人偶然性、情境性的表现，不能代表他的性格特征。只有当一个人的态度以及与这些态度相一致的行为方式经常发生时，这种态度和行为方式才具有性格的意义。比如说，一个人具有诚实的性格特征，而经常表现的并不是这样，那么就不能说他是一个诚实的人。因此，一旦了解了一个人的性格，就能预测其在特定情境下的行为表现。

二、性格的特征

性格是一种十分复杂的心理现象，它包括一个人心理的各个不同侧面。人的性格特征指性格的各个不同方面的特征，它主要有四个方面的内容。

（一）性格的理性特征

性格的理性特征主要指人们在感知、记忆、思维和想象力等认识活动过程中表现出来的性格特征。在感知方面，人有被动感知型和主动观察型。前者易受暗示，易被干扰；后者独立性强，做事有计划，思考周密。在记忆方面，有人擅长直观形象记忆，有人擅长逻辑联系记忆；有人死记硬背，有人理解性记忆。在思维方面，有人是演绎型，有人是归纳型。在想象力方面，有人想象力丰富，有人想象力贫乏。

（二）性格的情绪特征

性格的情绪特征主要是指人们进行情绪活动时在强度、稳定性、持续性和主导心境等方面表现出来的性格特征。情绪的强度，表现为个人受情绪的渲染和支配的程度，以及情绪受意志控制的程度，如有人容易受情绪的渲染和容易被他人的情绪所控制。情绪的稳定性主要表现在个人情绪的起伏和波动的程度上。例如有人情绪比较平静，不以外界悲喜而大起大落；而有的人情绪易受外界影响，经常起伏不定。情绪的持续性，主要表现在个人情绪保持时间的长短上。例如，有人遇到不顺心的事，当时很沮丧，但事后很快能恢复平静；而有人恰恰相反，能被不愉快的心情压抑很长时间。情绪的主导心境主要表现为不同主导心境在个人身上稳定的程度。有人属于“乐天派”，他们常处于精神饱满、愉快欢乐的情绪当中，任何时候见到他们总能看到一张笑脸；但也有些人属于“忧郁型”，整天处于多愁善感的情绪之中。

（三）性格的意志特征

性格的意志特征主要指人对自己行为的自觉调节方式和水平方面的性格特征。它主要表现在以下四个方面。第一，对行为目的的明确程度。例如，有人行动前就有明确的目的性，在行动中有自己的主见，行动不易受他人的干扰。第二，对行为的自觉控制水平。例如，个人的行为是主动还是被动，是有自制力的行为还是冲动的行为。第三，在紧急或困难情况下的表现。例如，在紧急或困难情况下，有人沉着冷静，有人惊慌失措，有人勇敢面对，有人选择逃避忽视。第四，在长期工作和学习中的表现。例如，在长期的工作和学习中，有人持之以恒，有人见异思迁，有人有始有终，有人三分钟热度。

（四）性格的态度特征

性格的态度特征主要是指个人在处理社会关系时所表现出来的性格特征。它主要表现在以下三个方面。第一，对社会和他人的态度。有人大公无私，有人却自私自利。第二，对工作和学习的态度。有人认真刻苦，有人马虎懒散。第三，对自己的态度。有人谦虚谨慎，有人骄傲自大，有人严于律己，有人放任自我。

以上分析的这些性格特征，并不是孤立的、静止的，而是相互联系、相互制约的。例如工作认真负责的人，常常表现出较高的自制力和坚持性；而工作不负责任的人，常常马虎草率，自制力不强。性格是一个整体，各种性格特征之间存在着内在的联系，它们在个体身上结合为独特的统一体，从而形成了一个人不同于他人的性格。

三、性格的类型

每一个个体身上所共同具有的性格特征的独特组合，称为性格的类型。由于性格的复杂性，心理学家对性格的分类各不相同。关于性格的类型，主要有三种具有代表性的观点。

（一）心理机能类型说

心理机能类型说是英国心理学家培因和法国心理学家里波共同提出的，他们根据理智、情绪、意志三种心理机能何种占优势，把人的性格分为理智型、情绪型和意志型。理智型的人通常用理智来衡量周围的一切，并且用理智来支配自己的行为，遇到问题总是喜欢用事实来争论，喜欢与人讲道理；情绪型的人情绪体验深刻，言谈举止易受情绪的影响，处理问题喜欢感情用事，容易冲动；意志型的人独立性强，有明确的行动目标，善于自我管理。

（二）向性说

向性说是瑞士心理学家荣格提出

的，他属于弗洛伊德的精神分析学派。他依据精神分析的方法，根据人心理活动的指向将性格分为外倾型（外向型）和内倾型（内向型）。外倾者爱交际，活泼开朗，坦率，易流露感情，随和，乐于助人，轻信和易于适应新的环境。内倾者性格内向，较孤僻，不善交际也不爱交际，富于想象，深思熟虑，防御性强，适应能力差。

（三）独立—顺从说

独立—顺从说由奥地利心理学家阿德勒提出。他从个体心理学研究角度出发，根据个体独立性的程度，把人的性格分为独立型和顺从型。独立者独立性强，善于独立思考和解决问题，不易受外界因素的干扰，在紧急或困难情况下，沉着冷静，积极发挥自己的作用，但喜欢把自己的意志强加于人；顺从者依赖性强，容易无条件地接受别人的意见，没有主见，随波逐流，遇到重大事件表现惊慌失措，逃避现实。

四、不同性格类型旅游者的旅游行为与旅游服务技巧

（一）按照旅游者心理机能的强弱可分为理智型、情绪型和意志型

1. 理智型旅游者

这种类型的旅游者在旅游过程中，独立，理智，遇事有自己的主见，不会随大流，不容易改变自己的想法；在选择旅游景点时，喜欢选择有一定深意的，具有一定自然和人文审美底蕴的景点。

针对理智型旅游者的上述特征，旅游服务人员要做到：①态度要尊重，换位思考；②当旅游路线变动时，要与其商量，积极听取其意见，通过摆事实、讲道理的方式说服；③设计旅游路线时要投其所好，多安排具有认识和审美意义的景点作为游览的对象，少安排休闲、娱乐等旅游项目。

2. 情绪型旅游者

这种类型的旅游者在旅游过程中，受情绪影响较大，易受周围环境的影响；遇事无主见，情绪变化快，容易冲动；喜欢新奇的、有趣味的、令人愉快的旅游项目，不喜欢专项的旅游活动。

针对情绪型旅游者的上述特征，旅游服务人员要做到：①尽量在旅游线路中，安排参与性强、娱乐性强的旅游项目；②在接待过程中，动之以情，用“情”来感化他们；③主动跟其沟通，及时了解他们的想法。

3. 意志型旅游者

这种类型的旅游者做事具有明确的计划性和目的性，善于自我控制；遇事有独立的见解，不轻易改变自己的决定；在旅游过程中，能严格约束自己的旅游行为，不受外界的影响；遇到困难，冷静，沉着。意志型旅游者在整个旅游团队中，有一定的威望，能给人信任感。

针对意志型旅游者的上述特征，旅游服务人员要做到：①有自信，先发制人，获得他们的信任；②多安排具有挑战性，能够满足其成就感的旅游项目。

（二）按照旅游者心理活动的倾向性可分为内倾型和外倾型

1. 内倾型旅游者

这种类型的旅游者性格内向，在旅游活动中不喜欢和其他旅游者互动交流，不合群，不轻易相信他人；一般选择常规的旅游景区景点和大众化的旅游项目；喜欢自由的旅游环境和家庭式的气

氛，会事先准备好齐全的旅游用品，希望全程事先做好安排。

针对内倾型旅游者的上述特征，旅游服务人员要做到：①在旅游过程中，积极主动地与其沟通，了解其内心的真正想法；②营造一个轻松、自由的旅游环境；③在旅游路线设计上，注意旅游行程的合理安排，尽量安排景区内一般的旅游活动项目；④做好旅游活动的安排，保证万无一失。

2. 外倾型旅游者

这种类型的旅游者性格外向，活跃、自信、易于接受新鲜事物，喜欢交际，与其他旅游者能够很好地相处；在旅游活动中表现非常积极，主动配合导游的安排；喜欢去未开发的旅游地，希望旅游能带来新鲜的经历和全新的喜悦；喜欢新奇的、活动量大的旅游项目。

针对外倾型旅游者的上述特征，旅游服务人员要做到：①加强对他们的旅游宣传，使他们成为新的旅游目的地的首批来客；②在旅游产品设计和服务提供上要创新，开发丰富多彩的旅游活动和项目；③在旅游路线中，多安排参与性、娱乐性强的旅游项目；④在旅游过程中，引导发挥他们的积极性，调动整个旅游团队的气氛。

（三）按照旅游者的独立程度可分为独立型旅游者和顺从型旅游者

1. 独立型旅游者

这种类型的旅游者善于独立思考，不受外界和他人的影响；进行旅游选择和决策时，往往会认真分析，权衡利弊，一旦做出决定则难以改变；多喜欢单独性的旅游活动，即便参加团队旅游，也喜欢大部分的旅游活动由自己安排；在旅游过程中，能够积极提出问题，常受团队成员的拥护和信赖，乐意帮助团队客人反映意见或解决问题。

针对独立型旅游者的上述特征，旅游服务人员要做到：①遇事主动跟其商量，充分发挥其在团队中的领导作用；②重视其提出的问题，积极高效地解决问题；③创造一个能够充分发挥他们主动性的旅游氛围，营造一个相对自由的旅游环境。

2. 顺从型旅游者

这种类型的旅游者独立性差，易受外界、他人和广告宣传的影响；在进行旅游选择和决策时，往往按别人的计划或意见行事，随波逐流；遇到旅游突发事件往往会束手无策，一筹莫展；喜欢参加安排好行程的团队旅游。

针对顺从型旅游者的上述特征，旅游服务人员要做到：①合理安排好旅游路线，严格按计划行事；②在旅游过程中，要自信，果断，以获得其信任；③多安排团体活动的旅游项目。

【任务拓展】

根据你对一位朋友性格的了解，估计一下他在理想的假期打算去何处旅游。然后问一下你的朋友："如果有一个理想的假期，你打算去哪里旅游？"他的回答如果和你的预估很不相符，试找出其原因。

【任务反馈】

为什么从外表判断一个人的性格会出现很大偏差？

释疑：性格特点受很多因素的影响，包括先天遗传因素、环境因素和社会实践因素的影响，同时性格也有其理性特征、情绪特征、意志特征和态度特征，这些因素不是孤立的、静止的，而是相互联系和制约的。性格是一个整体，各种性格特征之间存在内在联系，它们在个体身上结合为一个统一体。判断一个人的性格是需要长期了解的，是一个很复杂的过程。

活动四　能力与旅游行为

【案例聚焦】

案例六

武当金顶众人谈

丁女士(30岁，某大学老师)与张太太(52岁，家庭主妇)，周老师(40岁，某中学历史老师)，李小姐(25岁，某单位职工)一起作为某单位的家属随团赴神农架旅游。得知大家去年也曾经随该单位游过武当山，从未去过武当山的丁女士很想从大家那里获得一些对武当山的了解，就主动聊起了武当山的话题。大家发言主动热烈，可各自的感受却大相径庭。

丁女士：“武当山这么有名，可惜去年我没空参加那次旅游，武当山到底怎么样呢？”

李小姐：“不怎么样！没什么好玩的，就山上那个金顶还有点看头，金光闪闪的。”

周老师：“武当山的建筑很有特色，是道教建筑的典范。尤其是武当金顶，那可是我们国家建筑史上的杰作……”

丁女士：“我特别想亲眼看看那个金顶……”

张太太：“什么金顶？我怎么不知道？”

丁女士：“那你去武当山游的什么？”

张太太：“游什么？去拜祖师爷嘛。”

早就听说武当山是善男信女烧香许愿的绝佳去处，丁女士接着问张太太：“武当山供奉的是哪位祖师爷呢？”

张太太：“反正就是祖师爷，我也不知道叫啥名字。”

“游客的感受与书上的记载可不完全是一回事。”丁女士暗自感慨。

为什么对于同样的旅游景观，游客会产生不同的认识和评价？这与什么因素相关？

【任务执行】

上述案例中，之所以大家的认识和评价不同，是因为每个人在旅游能力这一方面存在一定的差异。为探析旅游能力与旅游行为之间的关系，我们先来了解关于能力的基本知识。

一、能力的含义

能力是与顺利地完成某种活动有关的心理特征，通常是指个体从事一定社会实践活动的本领，它是顺利完成某种活动的主观条件。能力水平的高低会影响个体从事某种活动的快慢、难易程度，从而直接影响活动的效率和效果。

对于能力的含义，可以从两方面来理解：一方面，是指个人到目前为止所具有的知识、技能；另一方面含有可造就性或潜力的意思。在能力中，又可分为智力、性向和成就三种。智力是指个人的一般能力；性向是指个人可以发展的潜在能力；成就是指个人通过教育或训练在学识、知识和技能方面所达到的较高水平。

二、能力的类型

在现实生活中，人们面对不同的环境条件和不同的目标任务时，会采取不同的方式和手段，以显示其自身面对现实客观世界的各种能力。具体来讲，能力可以从以下三个方面进行不同的分类。

(一) 按照能力的倾向性划分

1. 一般能力

一般能力又称为普通能力，这是大多数活动所共同需要的能力，也是人所共有的、基本的、通用的能力。一般能力往往和认知活动紧密地联系在一起，观察能力、注意能力、记忆能力、思维能力、想象能力、操作能力都是一般能力。

2. 特殊能力

特殊能力又称为专业能力，是从事某项专业活动所必须具备的能力。如数学研究需要具有计算能力、逻辑思维能力和空间想象能力；做画家需要具备较强的颜色识别能力等。一般认为，计算能力、音乐能力、绘画能力、写作能力、动作协调能力、空间想象能力等都是特殊能力。

(二) 按照能力的创造性程度划分

1. 模仿能力

模仿能力是指人们通过观察别人的行为、活动来学习各种知识，然后以相同的方式作出反应的能力。

2. 创造能力

创造能力指能够打破传统的思维定势产生新的构思和新的产品的能力，是在模仿能力的基础上产生质的飞跃发展。

(三) 按照能力的表现划分

1. 实际能力

它是指实际作业已能熟练达到的某种程度。人们通常采用成就测量来评定一个人在知识或机能方面达到的程度，就是考察人的实际能力。

2. 潜在能力

通过采用人格测验来预测或估计个人接受训练后可能在知识或机能方面达到的程度，即潜在能力。

三、不同能力类型旅游者的旅游行为与旅游服务技巧

构成能力的要素是多方面的，不同的要素构成了不同的能力。在旅游活动中，旅游者典型能力与旅游行为之间存在着密切的对应关系。

(一) 观察能力与旅游行为

法国雕塑家罗丹说过："对于我们的生活，不是缺少美，而是缺少发现。"观察能力是旅游者在旅游过程中感知旅游之美最基本的一种能力。不过，这里所说的观察并非专指靠视觉感知世界，而是泛指人对客观世界感知的一种方法。这种观察能力既包括视觉，还包括听觉、触觉、味觉、嗅觉、时间知觉、运动知觉、距离知觉等，也包括大脑积极配合的对客观世界的综合感知功能。简单来说，观察能力就是人们了解客观世界、获得知识的本领。

为了提高旅游者的观察能力，旅游服务人员可以采取如下措施：①在旅游审美过程中，引导旅游者比较观察旅游资源之间的异同。任何事物都是相联系而存在的，有联系就可以作比较，有比较就可以发现事物之间的相同与不同，从而获得既深刻又准确的观察结果。例如，人们在欣赏山岳之美的时候，就可以根据山体的宏观形态及岩性特征、自然景观的特征及其成因进行比较观察，从而提高旅游者细致的观察力。②积极引导旅游者开放自己的感觉器官。观察虽以视觉为主，但不局限于视觉的作用，单靠视觉功能难以立体生动地再现旅游资源特色和人文内

涵,这就需要旅游者开放五官,运用多种感觉器官对旅游活动进行综合观察,力求旅游审美更生动、更完整。③导游人员在介绍旅游景点的时候,要抓住旅游景点的特色加以介绍,并且有层次地进行景点解说。④旅游活动安排要尽量留给旅游者充足的欣赏时间和想象时间。

(二)审美能力与旅游行为

美学家叶朗认为:“旅游,从本质上说,就是一种审美活动。离开了审美,还谈什么旅游?旅游,涉及审美的一切领域,又涉及审美的一切形态。旅游活动就是审美活动。”审美能力是指根据一定的审美情趣和审美理想,对美的对象进行欣赏、鉴别、评价和创造的能力。它包括审美感知、审美想象、审美情感和审美理解四个方面。所谓审美感知,即指审美主体通过感觉、知觉对审美对象形成的初级审美认识;审美想象,指的是审美主体在进行审美实践时,在审美客体表象的刺激下,回忆或联想其他事物而产生心境和情感的心理活动;审美情感,伴随着审美感知和审美想象中的主体对客体的一种主观情绪反应;审美理解,是在审美直觉基础上形成的一种审美领悟。审美主体能识别感受到审美刺激,并运用已获得的经验和知识对审美对象加以分析、理解,从而形成一种更为强烈和持久的审美愉悦。审美能力既与人的感官功能有关,但更受人的知识经验的影响。知识丰富、阅历深广的人,在旅游中能比较全面而深刻地认识审美对象,在眼前景物激发下,浮想联翩。

为了提高旅游者的审美能力,旅游服务人员可以采取如下措施:①旅游活动安排不要令游客太紧张劳累,注意使他们劳逸结合,保证有充分的休息时间。只有这样,游客才能精力充沛、精神饱满地投入旅游观光活动。②避免顶撞游人使之生气,提供周到优质的旅游服务,从而促成旅游者在游览过程中保持稳定良好的情绪。③导游人员既要把握旅游景物的美感特性及其品味,又应当尽量了解自己所带游客的审美情趣,进而研究两者之间有哪些相近相同之处,然后便可以此作为自己导游内容展开的重点,从而促成游客对所观赏的旅游景点产生浓厚的兴趣和积极的心态。④根据各个具体游览景点美感信息量的多寡,相应地为游览活动安排合理而充裕的观赏时间。导游服务人员通过做好以上多方面的工作,就能促成人们在旅游观赏时,充分发挥出自己审美的主观能动作用,使其全身心更加专注、更加投入地进入审美境界,从而获得更加理想的旅游审美效果。

(三)人际交往能力与旅游行为

人际交往能力是人们在社会生活中相互交往的基本能力,也是一种状况适应能力,即一种愉快地调整与周围环境关系的能力。旅游者的人际交往能力主要表现为如下四方面。

1. 交流信息

人际交往最明显的作用是交流信息。人们之间信息的交流与沟通,不仅是互相联系的形式,而且是获取知识的途径。人类学习和掌握知识最主要的方式之一就是通过直接的人际交往从其他人那里获取。对旅游者来说,其信息沟通,必须通过直接的人际交往才能实现。导游员的讲解、和其他旅游者交流等各种形式的交往，都是获取信息的途径。通过外出旅游，旅游者扩大了视野，拓宽了人际交往的空间，增加了信息来源，丰富了学识，从而提高了自己的人际交往能力。

2. 交流情感

人际交往具有交流情感的作用。积极的情感交流能使交往双方产生亲密感，并从中吸取力量。在人际交往中，交往双方不仅交流信息，而且以各种表达感情的方式如语气、表情、动作、姿势来感染对方，影响对方，使对方理解、接受自己的观点，产生心理的共鸣。自己的观点、态度为他人所接受，会激起积极的情感并产生行动的欲望；自己的行为为他人所赞许，就会增强行为的信心；个人心理上的负担因他人的同情、安慰而得到解脱，就能使情绪趋于稳定。这说明，情感交流是人们进行人际交往的不可忽视的动力源泉之一。人际情感交流的需要得到满足，就易于结成良好的人际关系。

3. 协调行动

人际交往能协调人们的行动，避免冲突，提高活动效率。一方面，人们通过交流信息，交流情感，交流思想、观点，可以改变对方的态度，达成行为的协调和一致；另一方面，在进行共同活动时，只有参加活动的每一个成员都以自己的行动为共同的活动目标作出努力，才会产生“系统效应”，提高活动的效率。

4. 加强人际知觉

人际交往有助于提高人际知觉的准确性。所谓人际知觉即人对人的知觉，包括自己对自己的认识以及自己对别人的认识。人际交往的过程也是交往双方相互认识的过程。在交往过程中，双方都从对方的言谈举止中认识了对方，又从对方对自己的反应中认识了自己。交往越深入，对对方的认识越完整，对自己的认识也越深刻。这样，自我的表象（对己知觉）越接近自己，他人的表象（对他人知觉）也越接近他人，从而提高了人际知觉的准确性。

为了提高与旅游者的人际交往能力，旅游服务人员可以采取如下措施：①在游览过程中，导游人员应经常赞美旅游者。在人际交往中，通过相互了解、比较、刺激和影响会产生一种鼓舞激励的作用。导游人员在与旅游者相处过程中要善于发现对方的优点和长处，学会赞扬、鼓励对方，使对方更充分地认识自我价值，产生被人尊重和信赖的感觉。这样，更有利于加深彼此之间的友谊。②旅游服务中，应与旅游者保持适度的交往距离。这里所说的距离，主要指的是应有的礼貌和尊敬。在与旅游者交往过程中，应注意说话的态度和方式，保持一定的距离，让旅游者感觉到自己是被关注的对象，同时又给予他们一定的自由空间。③旅游服务人员应心胸宽广，注意倾听和获取旅游者的意见，同时要能够准确表达自己的想法和意见，使用旅游者能够理解和接受的方式进行信息的沟通，促成双方的愉快合作。

（四）独立能力与旅游行为

旅游者的独立能力包括独立生活能力和适应环境能力。

独立生活能力是指依靠自己的力量进行生活的能力。旅游者独立生活能力主要指生活自理，养成良好的生活卫生习惯和增强体魄的能力。即善于安排自己的衣、食、住、行，善于本着勤俭节约的原则合理开销旅游费用，尽可能在经济上合理安排，并通过有目的的旅游锻炼增强体质、健全体魄。独立生活能力是旅游者首先应具备的基本能力之一。独立生活能力的增强，不仅能使旅游者更好地适应旅游生活，而且也是发展独立工作能力的重要基础。

适应环境能力是指人随着外界环境和时代变迁而改变自己的行为方式、生活方式、交往范围、思维习惯、思想认识和价值观念的能力。通过"自主自觉的活动"，发挥主观能动性，去认识和驾驭环境，成为环境的主人，这是人的适应能力的基本特征。从工作单位踏上旅行的路途，生活、工作、学习环境和人际环境都发生了变化，这些都要求旅游者调整自己、适应新的情况，并通过创造性的活动去适应所处的环境。

为了提高旅游者的独立能力，旅游接待人员可以采取如下措施：①在旅游过程中，应经常关心旅游者的吃、住，缓解旅游者在异地的陌生感，使其尽快融入到旅游活动当中去；②导游人员应主动引导旅游者，激发旅游者的潜在自主能力；③旅游服务人员应经常提醒旅游者，提高旅游者的辨别和判断能力，防止旅游者上当受骗。

【任务拓展】

①调查分析旅游者所需的各种能力，对此加以分析和归纳。

②如何为旅游者提供人性化的服务？

【任务反馈】

案例七 小陈是一家旅行社的导游，平时在带团过程中，喜欢把他的旅游者进行分类。他把旅游者分为"聪明的"和"不聪明"的旅游者。"聪明的"旅游者见多识广，多半有比较高的能力，从事过多种职业，去过很多地方，遇事总是喜欢问"为什么"；"不聪明"的旅游者多半学历比较低，年龄偏大，或者年龄偏小，没有见过世面，遇事容易受别人的影响。

导游小陈的分法可行吗？他的依据是什么？

释疑：从案例七中可见，导游小陈对旅游者个性的分类方法有一定的科学性。实践证明，判断旅游者个性比较有用的方法就是从认知能力入手。认知能力是指个体认知事物和事件的能力。旅游者的认知能力主要表现在两个方面：一是对引起骚动的事件给自己带来直接或间接的利害得失的判断力；二是对旅游活动中做出新的安排的目的和意图，对旅游者和旅游团所追求的价值和目标，以及旅游者个人和旅游团的关系等的理解力。判断力和理解力比较强的，就是小陈所说的"聪明"的旅游者，这些旅游者一般对旅游活动能做出正确的预测；这两种能力比较弱的，就是小陈所说的"不聪明"的旅游者。

任务六 旅游者社会心理因素与行为

【任务目标】

旅游者个体内在的心理因素（即感知觉、情绪情感、需要动机、态度和个性）是影响旅游者行为的关键因素。但人是社会的人，在社会生活中必然要与外界接触，与他人发生各种关系并影响着相互间的行为。旅游行为是人的社会行为之一，它也会受到个体所处的整个社会环境的影响。因此，还必须了解家庭、社会阶层、文化等社会因素对旅游者行为的影响。

活动一　群体与旅游行为

【案例聚焦】

案例一　小王最近参加旅行团去泰国旅游了，回来后感到很郁闷。原来在泰国旅游期间，当地地陪导游安排了一些自费项目，说明可自由选择，不会强迫参加。但当团队中大部分人都选择参加自费项目时，尽管小王对这些项目不太感兴趣，但想到大家都去，就自己例外，显得与群体格格不入，不太合群，不太合适，于是就勉强跟随大家参加了这些项目，结果感觉一点儿都不好，花了不少冤枉钱。

请问案例中的小王从泰国旅游回来后为何感到郁闷？

【任务执行】

案例一中的现象在社会生活中是相当普遍的，它实际上向人们展示了群体对个体行为的强大影响力。要想解释这些现象，首先需要了解群体是怎么回事。

一、群体的含义

群体是由两个或两个以上的，为了达到一个共同目标而相互关联、相互作用的人所组成的“人的结合”。

人们之所以结合成群体，是因为他们要在群体中从事某种或某些共同活动。由于群体成员从事着内容和形式一致的共同活动，必然存在着需要、兴趣、情感、态度等方面的相互作用并产生了群体成员间的亲近感、团结性等心理共同性。如图 1－26 所示。所以，共同活动是群体得以形成、整合乃至发展的根本因素和主要特征，群体成员在共同活动中相互作用、相互影响。

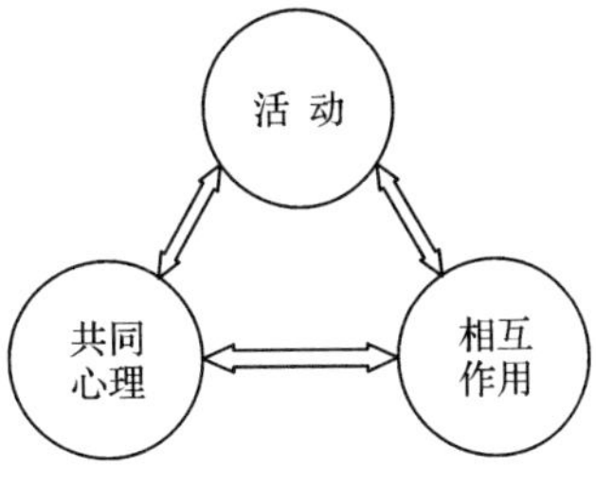

图 1－26　社会群体

旅游者群体是社会群体的一种，是旅游者组成的离开日常生活的“价值中心”到“远处的中心”去体验生活价值和存在意义的一种社会群体。虽然群体中不同的旅游者为了同一个目标组成一个群体，但是这个群体的持续时间不长，旅游行程结束后成员之间的后续互动也不普遍，因此旅游者群体只是一个临时群体。

了解群体的含义后，再来看一看群体有哪些类型。

二、群体的类型

群体可按照不同的标准来划分，常见的分类有以下两种。

（一）按照群体规模划分

按照群体的规模，群体可分成大型群体和小型群体，但大和小只是相对的。小型群体中成员有直接的、面对面的接触和联系，大型群体中的成员只能以间接的方式联系在一起。相对来说，小型群体对其成员的影响力更大。

（二）按照群体构成的原则和方式划分

按照群体构成的原则和方式，群体可分为正式群体和非正式群体。正式群体是指由组织正式规定而构成的群体，有具体的权利和义务，有明确的职责分工，如学校中的各个班级、学生会等社团组织等；非正式群体是指那些自发产生的群体，不受行政条文的约束，没有明确的权利和义务。这种群体成员之间的相互关系往往以个人之间的好感和喜爱为基础，以感情为纽带，带有明显的感情色彩，如案例一中的旅游团就是一个非正式群体。

了解群体的类型后，再来看一下群体有什么作用。

三、群体的作用

（一）满足群体成员的某种需要

群体可以通过成员之间的相互作用，来满足成员的个体需要。

群体能满足个体成员社会交往的需要。它能为个体成员提供与他人联系的环境，从而使个体获得支持、帮助和友谊，以满足个体的社交需要，并促进人与人之间的信任与合作。

群体能使成员获得安全感，增强信心和力量。个人只有属于集体时，才能避免产生孤独感、恐惧感，满足心理上的安全需要，并由于能得到其他群体成员的帮助、支持和形成与他们一致的对客观事物的看法、意见，从而增强信心和力量，增强战胜困难的勇气。

（二）制约群体成员的某些行为

如果个体没有遵守群体共同的行为规范，侵害了群体其他成员的利益，群体会在一定程度上阻止和制约个体的某些需要和行为。

了解群体的作用后，可以发现不同的群体对个体行为的影响力是不同的。本活动着重要了解对个体行为有深刻、直接影响的那些群体，也就是参照群体。那么，什么是参照群体呢？

四、参照群体

（一）参照群体的概念

参照群体也叫标准群体或榜样群体，指对个人的评价、期望或行为具有重大影响的事实上的或想象中的群体。

在旅游活动中，能够对人们的旅游行为产生重要影响的参照群体主要有家庭、社会阶层和文化群体，这些参照群体在不同的时间或不同的情境下影响着旅游者的信念、态度和行为。

（二）参照群体对旅游者的影响

参照群体对旅游者的影响，主要表现为三种方式。

1. 信息影响

个体通过从参照群体成员那里获取信息，或是通过了解参照群体成员的行为、观念、意见作为指导行为的来源，从而影响其行为。当旅游者对旅游目的地进行选择但又缺乏准确的信息而无从判断时，他人的旅游经历和推荐就将被视为非常有用的选择依据。

2. 功利影响

功利影响之所以发挥作用，是由于奖励和惩罚的存在，这些奖励和惩罚可以是有形的也可以是无形的。为了获得赞赏和避免惩罚，旅游者会按照参照群体的期待行事。

3. 价值影响

个体渴望通过消费选择，与参照群体保持一致，从而自觉遵循或内化参照群体的价值观和消费行为，以提升自我形象。

【任务拓展】

①以自己所属的某一群体为例，具

体分析该群体对你的影响。

②对不同消费行为中对人们有重要影响的参照群体进行问卷调查。(按重要程度列举)

消费行为	参照群体 1	参照群体 2	参照群体 3
生活必需品(如服装)			
发展消费品(如培训)			
高档商品			
外出旅游			

【任务反馈】

针对旅游行为,个体对各种提供信息的参照群体的信赖度是一样的吗?

释疑:信赖度是不同的。根据调查,就旅游活动而言,60%以上的旅游者在选择旅游产品时更相信来自于家人、朋友或熟人的介绍,他人的旅游体验对于旅游者来说是非常重要的参考信息。而相对的,旅游者对来自企业的宣传广告、专家的推荐信息则信任度不高。与这一结论相呼应的是,越来越多的旅游电子商务网站会开设专门的用户评论栏目,先前使用过产品的消费者的评论信息成为了潜在消费者在选择产品时十分重要的依据,而那些缺少评论或完全没有评论的产品往往会被否决或放弃。

活动二　家庭与旅游行为

【案例聚焦】

案例二　A 饭店是位于某海滨度假区的别墅式饭店。开业后,面对各家饭店对客源的激烈竞争,A 饭店采取了"合家欢"的营销方式,针对家庭旅游市场进行营销。饭店为开发市场,通过各种途径从记录在案的客户中寻找良好经历的家庭旅游者,为他们作出下一年的预订;饭店推出家庭价并免费为不同年龄的儿童提供体育活动、游戏、艺术和雕刻、短足户外活动,同时为 13 岁至 17 岁的少年免费提供冲浪、航行、高尔夫球、潜水、网球等培训课程;此外还组织主题比赛、填字游戏和与快餐店共同搞活动等来吸引儿童;饭店在下一季度的早期预订或淡季预订时,对携带孩子的家庭给予大幅度优惠。通过上述活动,该饭店在当地激烈的市场竞争中达到年均 75%以上的出租率,远远超出其他饭店。

请问案例中的 A 饭店为何能从同行中脱颖而出?

【任务执行】

家庭是由两人以上的成员组成的血缘关系、婚姻关系或收养关系的群体。家庭是社会最小的细胞,是个体所属的最基本、最重要的群体。家庭对个体的旅游行为会产生直接而深远的影响。

一、家庭生命周期与旅游行为

家庭生命周期,指的是家庭从诞生到以后经历的发展变化的不同阶段,直至最后消亡的全过程。心理学研究认为,家庭生命周期对人们的旅游行为的影响因周期阶段的不同而有差异。关于家庭生命周期的划分有许多种,但无论按照哪种方式划分,家庭生命周期一般由青年阶段、中年阶段和老年阶段三个主要阶段构成。

（一）青年阶段

青年阶段是家庭生命周期的第一阶段，是人一生中精力旺盛、求知欲强、富有浪漫情调的阶段，一般为 35 岁以下。它可以分为以下两个小的阶段。

1. 青年已婚无子女阶段

这个阶段在传统上称为“蜜月”阶段，历时较短，一般持续不到两年就会因为小孩的出生而结束。但随着现代社会的发展和人们生活观念的变化，年轻的夫妇希望将这个阶段保持得长久一些，更多地享受二人世界的美好生活。二人世界时间的延长，为婚后年轻夫妇建立了较雄厚的经济基础，这为家庭旅游提供了充足的物质条件，并对今后的旅游行为产生重大影响。“蜜月”阶段青年夫妇在旅游市场上非常活跃，他们会进行象征地位、实力或与众不同的旅游结婚，同时假日旅游在其生活中占有越来越重要的地位。

2. 青年已婚有子女阶段

这一阶段的家庭旅游兴趣会因为孩子的存在而受到很大影响。孩子的降临会对家庭生活方式和经济状况产生较大影响，这时家庭要花费相当多的收入用于孩子的吃、穿、玩和教育上，用于旅游的时间和费用支出会大大削减，甚至不去旅游，即使出游也是以合家欢旅游或为孩子受教育的旅游为主。

当然，现实生活中还存在着一些特殊情况。有些人在青年阶段可能会经历离异或丧偶等突发事件而进入青年离异/丧偶阶段，而在这一阶段，无论有没有子女，在自由时间的支配和生活费用的开支上，都对旅游带来消极的影响，一般不会花大笔钱去旅游或很少旅游。

（二）中年阶段

这一阶段的家庭主要成员通常是 35 岁至 65 岁的中年人，他们通常事业有成，经济状况良好，主要有以下几个阶段。

1. 中年已婚有子女阶段

此阶段家庭能否外出旅游取决于家庭的经济状况、子女数量、子女年龄，以及父母的职业和义务要求等。由于这一阶段家庭的孩子多为处于学习阶段的青少年，因而在出游时间上多会选择寒暑假，在旅游目的地和旅游活动的选择上特别重视旅游对孩子的教育意义。

2. 中年已婚无子女阶段

此类家庭为数不多，但其中有相当数量者是坚定的二人世界生活的拥护者。对此类家庭的夫妇而言，这一生命周期可谓无忧无虑阶段。他们的事业往往有所建树，因而舍得把大笔的钱用于旅游，乐于消费高档的旅游产品。

3. 中年已婚有无需抚养子女阶段

这一阶段家庭中的子女年龄已经长大独立，无需抚养，父母在经济、时间、精力上有了较大的自由，渴望新的生活方式，旅游的愿望就更为迫切和强烈，成为旅游市场的主力。

（三）老年阶段

这一阶段家庭的主要成员年龄都在 65 岁以上，已经退休。对于一部分人来说，退休意味着经济收入和生活方式的双重改变，他们有充足的时间旅游。只要经济条件允许，他们会乐于外出旅游，但这一阶段家庭是否外出旅游，主要取决于老年人的健康状况、经济状况、时间和对待旅游的看法。

二、家庭成员角色和家庭旅游决策

（一）家庭成员角色

家庭成员在旅游购买决策中所扮演的角色主要有五种，即发起者、影响者、决策者、购买者和使用者。

家庭旅游的发起者一般性格活泼、信息灵敏、易于接受新事物，促使家庭其他成员对旅游产品和服务产生兴趣。

家庭旅游的影响者是对发起者的建议持赞成或反对态度的人。影响者对发起者的建议所持有的态度直接影响着家庭旅游的决定。

最后决定购买旅游产品或享受服务的人就是家庭旅游的决策者。这种人一般握有家中经济大权，在家庭旅游中具有举足轻重的作用。

家庭旅游的购买者就是实际购买旅游产品和服务的人。决策者只做出要进行旅游的决定，对具体的旅游产品和服务的购买，取决于购买者。

享用旅游产品或服务的人就是家庭旅游的使用者，他们能反馈旅游产品和服务的信息，对旅游行业有重要影响。

（二）家庭旅游决策

在家庭中，丈夫、妻子和孩子在家庭中的地位和作用的不同，对家庭旅游决策产生不同的影响。

一般来说，在是否旅游和花费多少的问题上，丈夫和妻子会积极参与，发表各自的意见，相互施加影响，相互说服对方，常常在相互妥协中达成共识，作出双方都满意的决定。

在旅游地和住宿、交通、活动项目等问题上，丈夫和妻子中的一方有较明显的主导作用。由于孩子很少参与旅游信息的寻找和评价，所以其对家庭旅游决策的影响不大。但因为家长大多重视孩子的教育，旅游对孩子的教育价值也是家庭旅游的重要动机之一，因此，孩子对家庭旅游决策虽然没有直接的影响，但却是不可忽视的力量。

【任务拓展】

①对处于不同生命周期阶段的家庭进行问卷调查，了解这些家庭的旅游状况。

②以自己家庭为例，分析你的家庭旅游决策的方式，分析每个家庭成员在决策中的角色。

【任务反馈】

案例三 2005 年，布朗夫妇都非常热爱帆船运动，因此他们在法国的里维埃拉度了蜜月。除了帆船和其他一些冒险活动以外，布朗夫人比较喜欢参观艺术博物馆，但由于布朗先生不喜欢，布朗夫人选择了放弃。2010 年后，情况发生了一些变化。他们有了两个女儿，布朗先生仍沉迷于帆船运动，但布朗夫人放弃了。2013 年，他们选择到希腊一个小岛度假，既为了孩子，也为了夫妻间更好地沟通。2016 年，他们选择到美国度假，也参观了一些美国名校，为孩子的未来求学提前考察与选择。2018 年，布朗夫人想到古老的中国旅游，体味东方文化的神韵。但布朗先生想去俄罗斯旅游，现场观看四年一次的世界杯足球赛。最后，由于孩子学习不算好影响去度假的心情，加上家庭预算紧张，他们哪里都没去成。

家庭生命周期阶段的不同，对旅游行为会产生什么样的影响？为什么？

释疑：家庭生命周期一般由青年阶段、中年阶段和老年阶段构成。

青年已婚无子女阶段的夫妻有一定

的经济基础，且闲暇时间较多，因此在旅游市场上十分活跃；青年已婚有子女阶段，孩子对家庭经济状况产生巨大影响，在吃、穿、玩、教育上的开销很大，因此用于家庭旅游的时间和费用会大大降低。

中年已婚子女需抚养阶段，子女多为学习阶段的青少年，因此出游基本选在寒暑假，在旅游目的地和旅游活动选择上特别重视旅游对孩子的教育意义；中年已婚无需抚养子女阶段，这一阶段子女已长大独立，无需抚养，父母在经济、时间、精力上有较大自由，旅游愿望就更强烈，成为旅游市场主力。

老年阶段的成员年龄在65岁以上，已经退休，有充足的时间旅游，只要经济和身体健康条件允许，他们会乐于外出旅游。

活动三　社会阶层与旅游行为

【案例聚焦】

案例四　2011年，“百度贴吧”的一个帖子引起了广泛响应，帖子的题目是“谁来与我推动平民化旅游?”，其中说道：“我是一名旅游爱好者，但我是工薪阶层，工资有限，邀请所有工薪阶层手拉手联合起来，推动我们的平民旅游。”事实上，走平民化的路线会给旅游企业带来可观的效益。如今，东南亚很多国家都取消了景区门票，主要靠购物和其他消费来赚钱，收入不但没有减少，反而大大增加。一家多年经营东南亚旅游的旅行社老总深有体会地说，如果不是大众化，东南亚旅游就不可能像今天这么火。

请问案例中的“平民化旅游”体现了社会阶层与旅游行为之间的何种关系?

【任务执行】

一、社会阶层概述

（一）社会阶层的含义

社会阶层是指由于收入水平、受教育程度、职业及地位声望等综合因素的影响，社会中的人形成相对稳定、相对独立的不同层次的社会团体。决定社会阶层的因素有经济因素，包括职业、收入和财富；社会因素，包括个人声望、社会联系和社会化；政治因素，则包括权力、阶层意识和流动性等。

（二）社会阶层的结构

社会阶层的划分由于影响因素较多，是一项复杂的系统工程。为便于旅游从业人员掌握和了解社会阶层的划分原则和形成的层次结构，特介绍美国社会阶层划分的理论和以家庭年收入水平为主要依据的我国城镇居民的“五阶层”结构理论。

1. 美国社会阶层划分理论

美国社会学家把美国社会分为上层、中层和下层三个层次，每个层次又有上下两层。（见表1-8）

表1-8　美国社会阶层体系

社会阶层	成　员	人口比例
上上层	当地名门望族，连续三四代富户，贵族，商人，金融家或高级职员，财富继承者	1.5%
上下层	新进入上等阶层者，暴发户，尚未被上上层接纳者，高级职员，大企业创建人，医生，律师	1.5%

续表

社会阶层	成　员	人口比例
中上层	中等成就的职员，中型企业家，中级经纪人，有地位意识的人，以孩子和家庭为中心的人	10.0%
中下层	非管理人身份的职员，小企业主，蓝领家庭，正在努力并受到尊敬的人	33.6%
下上层	一般劳动阶层，半熟练工人，收入水平往往同中上和中下两个阶层一样高的人，对生活满意的人	38.0%
下下层	非熟练工人，失业者，以及未经同化的种族集团，冷漠者	15.4%
总　计		100%

上层阶层的人重视旅游，把旅游作为生活的基本内容之一。他们强调旅游的知识性，要求旅游活动具有文化和审美的内容及高级文化娱乐活动，注重旅游活动和旅游交通、食宿，要求服务符合自己的身份地位，喜欢购买艺术品、古玩等商品。他们之中会有较多的人参加远距离旅游和出国旅游。

中等社会阶层的人，由于比下层阶层的人地位较优越，因而比他们思想开放，更有自信，也更重视旅游的积极意义和教育意义。他们由于受更高的社会地位直接吸引，更爱冒险和承担风险，因而对旅游的兴趣比下层人士大而且广泛，是各种旅游活动的参加者，在所有旅游者中是数量最多的一种人。

下层阶层的人，由于文化教育水平的限制，大部分人的视野不如上层人士，他们会把时间、金钱和精力投入自己的家庭。他们也参加旅游活动，但由于对外部世界有较大的风险感觉，对去遥远的旅游地不感兴趣，他们把国内短途旅游观光或到某个旅游点短期度假作为自己理想的旅游方式。他们在旅游购物时比较注重实用性。

2. 我国城镇居民“五阶层”划分理论

(1) 富有阶层。该阶层包括民营企业家、合资企业老板、著名演员和体育明星、名画家和名作家、部分股份制企业负责人、部分承包租赁者、包工头、证券交易获高利者等。其消费行为特点表现为：奢侈享受型消费，即购买各种高档用品；炫耀显示型消费，玩高尔夫球、住高星级饭店、出国旅游等；投资储蓄型消费，即购买房地产、珠宝、古董等。

(2) 富裕阶层。该阶层包括外资企业和合资企业的中方高级管理人员、高级专家、律师、部分企事业单位领导人、个体企业主等。其消费行为主要表现为：象征标志型消费，注重商品的名牌，喜欢到风景名胜区旅游度假等；高雅舒适型消费，对吃、穿、住较为讲究；时尚科技型的消费，偏爱科技含量高的商品。

(3) 小康阶层。该阶层包括公司的中高级职员、一般外企雇员、企业中层以上的管理人员和技术人员、公务员、效益较好的单位职工等。其消费行为特点是:注重生活质量,追求品牌型、个性化消费;有较强的攀比和从众心理,喜欢追求时尚;在旅游方面注重保健活动和娱乐休闲,是我国旅游活动的主体和生力军。

(4) 温饱阶层。该阶层主要指普通工薪阶层,由企事业单位的普通职工构成。其消费特点表现为:经济实惠型消费,主要收入用于购买生活必需品;对价格很敏感,追求物美价廉、经久耐用,购物时精挑细选;对质量稳定的老牌子、老厂家忠诚感强,不盲目追求时尚或名牌。对旅游不太重视,只是在节假日、家人生日等特别的日子里才做短途旅游。

(5) 贫困阶层。该阶层包括经营状况不好的企业职工、临时工人、部分退休职工、失业人员等。其消费行为特点是:勉强度日型消费,主要购买日常生活必需品,留心廉价低档商品,如折价处理品、换季甩卖品等。

以上划分比较符合我国城镇居民的情况,旅游部门可根据不同阶层居民的消费特点开展旅游营销、服务、产品开发等工作。其不足之处在于目前尚未给出各阶层家庭或个人所占总数的比例,有待于在实践中具体分析把握。

二、社会阶层与旅游行为

社会阶层从多方面影响个体的旅游活动。一个人所偏爱的旅游活动通常是同一阶层或临近阶层的其他个体所从事的某类活动,其选择新的旅游活动往往也是受到同一阶层或较高阶层成员的影响。虽然在不同阶层之间,用于旅游的支出占家庭总支出的比重相差无几,但旅游活动的类型却差别颇大。一个阶层内部,各个阶层之间,旅游行为在相同与完全不同之间呈现出错综复杂的关系。

(一) 同一社会阶层内部旅游行为的相似性

同一社会阶层的成员,在世界观、人生观、价值观、经济收入、受教育程度和社会地位等方面比较接近,因此旅游行为呈现出相似的特点。人们把和自己属于同阶层的其他人视为与自己相同或相似的人,对所属阶层具有认同感,会协调自己的行为,使之与同一阶层的人们保持一致。例如,小康阶层的人,通常主张文化内涵和教育意义的旅游产品与服务,对出国旅游也很感兴趣。小康以下阶层的人,通常选择离家较近的旅游目的地,开支也不至于太大。

(二) 同一社会阶层内部旅游行为的差异性

社会阶层是一个多维度的集合体,在同一社会阶层内部,旅游行为也会表现出差异,这与旅游者的兴趣、爱好等有关。同一阶层的旅游者,也会出于不同的旅游动机而出游。有些旅游者对中国的传统文化感兴趣,而有些旅游者对新的旅游方式更感兴趣,如生态旅游、农业旅游等。有些旅游者秉持“读万卷书,行万里路”的目的,通过旅游了解社会、增广见闻;有些旅游者则出于健康的需要,选择一些疗养地、温泉景区以修养身心。

(三) 不同社会阶层之间旅游行为的相似性

俗话说:“人同此心,心同此理。”旅游者的旅游行为,有时候会超越他们所属的阶层，表现出不同阶层的相似性，或者受其他因素的制约，表现出无关阶层的一面。例如，对时髦的关心程度，就与社会阶层没有多大的联系，不同阶层的旅游者，都可能追逐同一流行的旅游产品与服务。

（四）不同社会阶层之间旅游行为的差异性

不同社会阶层成员的旅游行为的差异性表现得特别明显。如小康及以上阶层的人，购物时倾向于求美、求新，注重品牌和款式；小康以下阶层的人，则倾向于求实、求廉，注重物品的实用价值。小康及以上阶层的人，外出旅游多选择旅行社，不仅想漫游全国，还想周游世界；小康以下阶层的人，则可能更多地选择比较经济的自助旅游，搭乘汽车或火车前往比较近的旅游区旅游度假。

【任务拓展】

依据旅游者所属社会阶层，尝试推销某旅游线路。

【任务反馈】

测量社会阶层有哪些方法？

释疑：一般有主观法、声望法和客观法。

①主观法是让测量对象对自己的社会地位进行评估，把自己归入研究者提供的一系列社会阶层的某个阶层中。

②声望法是让其他消费者对研究对象的社会地位进行评估，将其归入某一社会阶层中。

③客观法有单一变量指标法和复合变量指标法。单一变量指标法是仅用一个社会经济变量（职业或收入）来评价消费者所属的社会阶层，而复合变量指标法则是同时参考能代表人的生活方式和价值观的几个社会经济要素，例如以职业、收入、教育、财产等为变量，分别计以权重，最后加权计算，确定社会阶层的等级结构。职业的权重可计为4，收入的权重可计为3，教育的权重可计为2，财产的权重可计为1。

活动四　文化与旅游行为

【案例聚焦】

案例五　安安女士是一位虔诚的基督教徒，每个周日总要去教堂做礼拜，出门在外旅行也不例外。昨天安安女士随先生参加商务联谊会后入住Z酒店。今天是星期日，她早早起床后来到酒店总台向叶小姐打听哪有基督教堂。叶小姐对什么是基督教知之不多，在她印象中，教堂无非就是尖顶钟楼式建筑，高悬十字架标志，院落幽深而清静，时不时里面还会传来悠扬的唱诗班的歌声，她每天上下班都要经过那里，对它再熟悉不过了。于是，她迅速在卡片上详细地写下教堂的地址、方位、行走路线，并礼貌地将卡片双手递给了安安女士。可是等到安安女士赶到叶小姐指点的那个教堂后才发现，那儿根本不是基督教堂，而是地地道道的天主教堂。安安女士愤然回到酒店，直奔大堂副理处投诉，声称酒店员工素质太差，连什么是基督教什么是天主教都分不清楚，实在让人不可理解，这与国际型酒店的要求相去甚远。

请问案例中的叶小姐好心告知安安女士地点为何会受到投诉？

【任务执行】

一、文化的概述

（一）文化的含义

文化是指人类在社会发展过程中，不断继承、总结、改造、创新，逐渐积累发展起来的物质财富和精神财富的总和。其内容包括物质文化和精神文化。物质文化是指一切通过人类劳动创造出来的物体，如建筑物、服饰、景点、汽车等；精神文化是指比较抽象的创造物，如知识、信仰、艺术、法律、观念、伦理道德、风俗习惯等。从消费心理学的角度来看，文化可以定义为用来调节某一特定社会消费行为习得的信念、价值和习惯的总和。文化有多种类型，在同一文化下的人，有着共同的信念、价值观、态度、习惯、风格、传统以及共同的行为方式；生活在不同文化环境中的人其行为方式的表现也有所不同。

（二）文化的特征

虽然不同国家、地区、民族有不同的文化，但文化却有其共性。主要表现为无形性、习得性、稳定性与动态性、共有性与独特性。

1. 无形性

文化的无形性是指它是作为精神财富而言的，但它凭借外界客观的存在——有形的具体之物和无形的行为准则如制度、风俗、时尚之类才为社会公认。对于人类而言，在其日常生活中很难清楚地感知到文化的存在，只有当与其他文化接触时，在不同的社会价值或习俗影响下，人们才会意识到文化差异的存在和文化是怎样对人的行为产生影响的。

2. 习得性

人自初生之日起，就与社会环境相接触，所接触的除了他人的影响外，便是文化的影响。儿童在幼年时期直接与他人接触，从父母和他人那里学会了进食方式、语言风俗、与他人交流的规则、为人处世的技巧等。随着儿童的成长，其接触的范围逐渐扩大，在这种情况下所接触的文化不仅仅是直接的，也有间接的，如通过他人接受到教育或通过传媒学习到文化。从人生这一过程来看，我们每一个人都是在文化中生长。

3. 稳定性与动态性

文化一经形成，便以风俗习惯、思想观念、行为方式、特定风格、节日、活动等形式表现出来，并以特有的稳定性保持相当长的时间，甚至百年、千年不变。例如我国人们的进餐方式、待人接物的礼节、各种各样的传统节日、房屋的建筑风格等历史都相当悠久。但文化的稳定性并非一成不变，科学技术的发展、人口的变化、资源的短缺、战争、政府政策、与外界的交流等都可以导致文化的演变。“父母在，不远游”已是历史，“女主内，男主外”已是过去，西餐、快餐已为众多公众所接受，一度为女性所垄断的化妆品现在也成为男士的日常生活用品，曾经被少数人所享有的旅游现在已经成为大多数人现代生活方式之一等，这都说明文化是处在动态变化之中的。

4. 共有性与独特性

文化通常被认为是群体的习俗，它和群体成员有着密切的关系。不管是一个单位的小群体，或是“地球村”这个大群体，都存在着共同的文化因素，诸如体育运动、音乐、舞蹈、教育、语言、法律、宗教仪式、日历、饮食等。但在不同的社会中，这些文化因素又存在相当大的差异。不同的民族有着不同的语言文字、民族性格、民族传统和生活方式。如中华民族历经几千年儒家文化的熏陶，形成了中庸、忍让、谦恭的民族风格，表现在旅游行为中，就是随大流、讲传统、重形式。而西方社会的文化则更强调以个人主义为中心，张扬和展现自我，在旅游行为中表现为主动、热情、不畏艰难的特点，他们往往喜欢一些极具刺激性旅游项目，以此来张扬自我的个性。

二、文化对旅游行为的影响

（一）文化价值观与旅游行为

人们生活在特定的文化环境之中，从小受到周围文化的熏陶，必然会建立起与该文化相一致的文化价值观。文化价值观是对人起着中心作用的持久信念，会对人们的志向、社会角色、感知事物的方式、消费方式等产生深刻的影响。

当今社会，“生活艺术”和“生活品质”取代“生活水平”的趋势越来越明显，度假旅游已经成为人们普遍公认的生活方式。一些人假日不外出旅游就会感到自己的社会地位在下降，因此追求社会地位、摆脱卑劣感成为旅游行为发生的巨大动力。

（二）风俗习惯与旅游行为

风俗是特定社会文化区域内历代人们共同遵守的行为模式或规范，其中由自然条件的不同而造成的行为规范差异被称为“风”，由社会文化的差异所造成的行为规则的不同被称为“俗”。每一种风俗习惯的形成都可以找到其文化渊源，来自不同国家和民族地区的旅游者在旅游活动中也会表现出自身的风俗习惯。因此，旅游主管部门应该多了解旅游者的特定风俗习惯，在住宿和饮食安排、景点介绍等方面为游客提供个性化的服务，这样才能使游客体验到愉快的情绪。同时，希望体验不同的风俗文化也成为旅游景点吸引旅游者的重要心理因素。旅游开发者可结合当地特色开发风俗体验式的旅游产品，满足游客想体验不同文化的心理。

（三）审美观与旅游行为

审美观是人们对美的事物进行判断所依据的标准和观念。不同历史时期、不同民族和地域的人们在文化的熏陶下会形成不同的审美标准，旅游者运用不同的审美标准判断事物时也会产生丰富的审美体验。

一般来说，中国旅游者注重观赏性，观赏过程就是旅游者抒发自身情感的过程，因此中国旅游者的审美行为多以观光、游览、参观等观赏性活动为主；西方旅游审美文化强调支配自然，改造自然，在旅游行为的选择方面注重参与性，因而西方游客偏爱登山、漂流、滑雪等参与性旅游活动。

（四）时尚与旅游行为

时尚是社会物质生产和文明程度发展到一定时期的产物，时尚是文化的标识，时尚的出现，总是与社会一定时期的文化背景密切联系的。随着我国经济的发展和居民生活水平的不断提高，旅游日益成为大众化的行为，而旅游成为时尚，离不开社会的宣传和参照群体对个体心理的影响。

（五）宗教与旅游行为

宗教是人类文化史上的瑰宝，涉足建筑、绘画、音乐、文学、礼仪、节日等各个领域，是不可替代的旅游文化资源。宗教与旅游之间的联系自古以来就十分密切，宗教旅游更是旅游活动中的最重要的类别之一。

图 1－27　大理崇圣寺庙宇大门
（赵霞摄）

宗教文化得以吸引各种类型的旅游者的原因在于其文化本身所蕴含的旅游价值，如宗教教义往往有自身的哲理性，那些劝人为善、净化身心的道德理念往往成为旅游者乐于接受的美好品质而对旅游者有着广泛而深远的吸引力。

三、文化差异与旅游行为

在现实的旅游活动中，旅游者的活动范围广泛，无论到哪里旅游，都会带着自身的文化，因此在旅游活动中文化冲击现象是不可避免的。为了使旅游愉快，旅游者常常更青睐符合自己文化要求的事物，而对不符合自己文化要求的事物则缺乏兴趣，避而远之。由于旅游是不同文化情境下的互动，其结果必然是既感到快乐、兴奋，又感到迷惑、厌恶。

人们在自己熟悉的文化环境中，什么时候与人握手，见面时怎样寒暄，什么时候接受邀请等，都会按照自己已经形成的经验、习惯、规范去做、去想。但当人们走入一个完全陌生的文化环境中时，原来所熟悉的一切线索都会消失，不管你是多么的外向，支撑你的一系列“靠山”都会坍塌，由此而产生沮丧或焦虑的情绪。

文化差异所带来的冲击对人们的旅游行为产生的影响，一般要经过三个比较典型的阶段。

（1）接触与崩溃：与新的文化接触时，旅游者往往对新的文化环境有着强烈的兴趣，表现为兴奋、愉悦、感到新鲜与奇特。但同时在心理上又常常产生一种紧张、困惑、消沉、退缩之感。

（2）恢复与自立：掌握了一点应付当地人的技巧后，敏感性下降，对文化差异和相对性表示欣赏。心理上恢复平静，紧张感减少，行为上较适应新的文化环境。

（3）适应与不适应：对新文化的适应，意味着固有文化与新文化的融合，必然产生行为上的协调。当旅游结束，旅游者返回自己的出发地（回到原有文化环境中），自身融入的新的文化将与其母体文化再次冲击，往往使人产生“再次入侵”的不适感。

【任务拓展】

尝试从文化价值观角度分析中国和日本旅游者在旅游行为上的相同之处与差异之处。

【任务反馈】

旅游者由于社会经济地位、年龄、性别、受教育程度、旅游经历的不同，他们在文化适应的过程中有什么差异呢？

释疑：通常来自欠发达国家和地区的旅游者由于自我形象感不好，对陌生文化的适应能力较差；相反，发达国家和地区的人到相对落后的国家和地区去旅游，文化冲击感并不明显。

青年人、男人和受教育程度较高的人一般比老年人、女人和受教育程度较低的人更能适应新的环境。旅游经历较多的人更容易适应陌生的文化环境。

此外，参团旅游的旅游者与自助旅行的旅游者在文化适应能力上也是不同的。参团旅游的旅游者由于社会交往范围比较明确，大多局限在旅游团内部成员之间的交往，而且由于旅游时间有限，旅游者对文化适应的心理准备不足，在文化冲击面前会表现得非常脆弱。而自助旅行的旅游者可能与当地有较为广泛的社会交往，文化冲击不可避免，但旅游者由于有一定的心理准备，文化适应的过程相对要短一些。

◆模块评价

【知识/技能评价】

①作为旅游工作者，你是从哪些方面给旅游者留下良好第一印象的？

②你是如何通过表情观察旅游者内心世界的？

③调查你的同学暑假出去旅游的动机有哪几种？主导动机又是什么？

④对当地某景区游客的旅游行为进行问卷调查，分析其旅游态度的构成成分。

⑤针对不同气质类型的旅游者，你与他们的交流方式需要有什么变化？

⑥周围社会群体对每个人都会有影响，如何利用这一点展开你的旅游销售工作？

【能力应变】

如果你所处的班级计划下周六外出旅游一天，现在需要你来设计一条一日游线路，根据你对上面六大任务的理解，你会如何来设计一条令大家满意的线路呢？

【模块链接】

导游需要心理学知识

导游小苏和其他几位导游一起分享做导游的经验。小苏感慨万分地说："团队就是一个小姑娘，女大十八变，团队也会十八变！刚入境的时候，客人好像都是自顾自，遇到什么问题都来找我。后来就不一样了，他们都变得有事先告诉那位林太太，再由林太太来找我。那位林太太可真厉害，我这一路上没有少受她的气，我觉得他们好像已经以林太太为中心抱成了一团，不再把我这个全陪放在眼里了。我觉得这个变化很大，不知道是怎么回事？"

每次旅游活动中，旅游者和旅游行业中的导游接触最多，因此旅游者对某次旅游是否满意，很大程度上取决于导游的讲解和服务工作，而导游做好这两块工作的前提都是导游对他的游客非常了解，因此导游迫切需要学习心理学知识。

拓展路径

①《西方心理咨询经典案例集》（上海教育出版社，2003），此书收入了西方心理学大师的一些经典心理咨询案例，值得认真研读。

②查尔斯·布伦纳的《精神分析入门》（北京出版社，2000）概括了弗洛伊德的基本思想与精神分析的主要内容，阐述明确贴切，对弗洛伊德的思想有清晰的认识，在同类书中极为难得。

模块二　旅游服务心理与实务

◆模块目标

【行业要求】

旅游从业人员需要了解和熟悉旅游服务过程中旅游者的心理，有针对性地为旅游者提供心理服务，使旅游服务真正做到优质高效。

【学习目标】

学生能把模块一所学知识应用到酒店、旅行社、旅游交通和旅游购物等服务过程中，提高自己的服务能力。

◆模块任务

旅游服务是一项复杂的活动，它蕴涵在旅游业的各个方面和各个环节，贯穿于旅游活动的全过程，体现在食、宿、行、游、购、娱六方面，是旅游服务人员通过各种设备、设施、方法、手段、途径和"热情好客"的种种表现形式，在为旅游者提供能够满足其生理和心理、物质和精神的享受需要过程中，创造一种和谐的气氛，产生一种精神的心理效应，从而触动旅游者的感情，唤起旅游者心理上的共鸣，使旅游者在接受服务的过程中产生惬意、愉快感，进而乐于交流和消费的一种活动。

按照旅游活动中食、宿、行、游、购、娱六要素，模块二分为四个任务，它们分别是酒店服务、旅行社服务、旅游交通服务和旅游购物服务。旅游企业只有提供优质的服务，才能使旅游者吃得有味、住得安适、行得安全、游得尽兴、购得称心、娱得开心，乘兴而来，满意而归。

任务一　酒店服务心理与实务

【任务目标】

人是各项生产活动的主体，在酒店服务过程中也不例外。研究和认识酒店服务心理，对做好整个酒店的接待服务工作有着深远的意义和影响。通过资料收集、调研活动、案例分析、情景模拟等方式了解并熟悉客人对前厅、客房、餐厅服务的心理需求，能够分析与解决在不同的服务场合酒店服务中的实际问题。

活动一　酒店前厅服务心理

【案例聚焦】

案例一　香港怡东酒店是当地最成功的酒店之一，在许多酒店从未出现过的顾客排队办理手续的情形这里早已是司空见惯，人们宁可忍受着旅途的疲惫排队也要在这里住上一宿，因为这里的环境和服务实在是太诱人了。

来自荷兰的总经理将这一切看在眼里，丝毫不敢懈怠，酒店为此一改多年来的排队办理入住手续的惯例，在大厅里另外开设了一个专门为已预订的商务散客和VIP客人办理入往手续的快速服务处，人们戏称之为“特别总台”。从此，所有来店前已经办理了预订手续或是持有VIP优惠的客人，就无须再到总台前去排长队了。“特别总台”设有宾客专用座椅，顾客可以边办手续边休息；这里的服务员都是经过专门训练的高级职员，外语娴熟、谈吐优雅、反应敏捷，能在最短时间里办好所有的事项。“特别总台”为酒店增添了许多亮色，推出以来，好评如潮，并因此带来了更多的商务客源。

从香港怡东酒店的例子中我们发现，前台服务在酒店中起着至关重要的作用。下面我们就来了解一下酒店前厅服务心理。

【任务执行】

前厅是位于酒店最前部的大厅，也被称作是酒店的门面或窗口，是整个酒店业务活动的中心。前厅部服务质量直接影响到客人对整个酒店服务质量的评价。案例一中的酒店之所以受到顾客的欢迎，主要是“特别总台”能够从客人的角度来思考问题。那么，客人对酒店前厅的心理需求是什么呢？

一、客人对前厅服务的心理需求

（一）求美心理

爱美之心，人皆有之。对客人来讲下榻的酒店应当是美的。在客人感知酒店服务的过程中，最早给客人留下印象的是前厅的环境和前厅的服务人员，他们希望前厅的环境美观雅致、清洁整齐，服务人员仪表端庄、言谈举止得体。因此，前厅服务往往给客人“先入为主”的印象，这种印象是否美好将强烈地影响其对酒店整体的认知。

（二）求快捷心理

客人经过旅途奔波进入酒店后，渴望迅速安顿下来休整一下，既要解除旅途疲劳，同时也为下一步安排作准备。同样，客人离店时需要结账手续办理得准确、快捷，使其能迅速离开。因此，客人在前厅无论是办理入住还是结账，都不希望在前台停留太长时间，都希望前台有高效率的服务。如果服务人员效率不高，做事拖沓，则极易引起客人的厌烦情绪。

（三）求方便心理

求方便是客人最基本、最常见的心理需求。他们希望入住的酒店地理位置方便；希望在酒店入住期间大量的零星及预想不到的事务能在前厅得到解决，不必自己四处找寻，如订票或确认回程票、订餐、参加当地短期门市旅行团、兑换外币、代邮、送机等。

(四) 求知心理

初来乍到的客人对旅游目的地的物产、景观、风土人情等都不太了解，他们步入酒店前厅时具有好奇的求知心理。他们需要了解客房的分类、等级、价格；需要知道酒店餐饮的服务项目、特点与价格，以及酒店的其他生活服务设施；需要了解当地的风景名胜、文物古迹、购物中心、交通线路等状况。所以，前厅总台往往要备有如上的一些资料供客人使用，服务人员也要对这些了如指掌，随时准备应答，以满足客人的求知心理。

(五) 求尊重心理

客人在步入酒店大厅时，求尊重的心理特别强烈和敏感。他们期望自己是受欢迎的人；期望面临的是服务人员热情的接待服务，看到的是笑脸、听到的是礼貌友好的语言；期望自己的人格、习俗及信仰得到尊重；期望服务人员尊重他们的朋友、客人；期望服务人员能仔细解答他们所提的问题，耐心倾听他们的意见和要求，并提供他们所需要的针对性服务。总之，他们期望进入一个充满友好、令人愉快的环境氛围之中。

二、前厅服务心理策略

知道了客人对酒店前厅的一般心理需求后，如何有针对性地做好前厅服务工作呢？

(一) 创设优雅的前厅环境

前厅是酒店的脸面，酒店必须十分重视环境的美化对客人所产生的心理效应。一般情况下，前厅空间要宽敞，光线要柔和，温度要适宜，色彩要和谐，布局应简洁合理；大厅内所有设施、环境要始终保持高度清洁卫生、宁静优雅，而且各种设施要有醒目易懂的标志，使客人能一目了然；前厅的装饰和陈设应营造意境美，即前厅的装饰、陈设要有自己的个性特色，做到形神兼备，情景交融，使客人触景生情产生联想，享受美的乐趣。前厅的装饰和陈设，无论是采用传统的民族风格，还是采用简洁大方的现代风格，或者采用庭园绿化风格，都要与酒店的总体格调保持和谐一致。总之，美化前厅环境，就是要创设一种安静、亲切、整洁、舒适、高雅的氛围，使客人一进入酒店就有一种宾至如归的感觉。

(二) 树立优秀的员工形象

前厅员工好的形象是给客人留下良好印象的前提条件，也是为客人创造美好体验的重要保证。前厅服务人员的形象美应该与环境美和谐辉映，相得益彰。

1. 优雅的仪表仪态

前厅服务员的仪表、仪态直接影响酒店的形象，关系到服务质量、客人的心理活动，甚至影响到酒店的经济效益。因此，酒店前厅服务员首先要在仪表、仪态上给客人留下一个管理有素、经营有方的酒店员工印象，从而让客人觉得受到尊重并且感到能在这样的酒店里住宿是一种荣耀，愿意再次光临。优秀的前厅服务员，必须着装整洁大方、面带微笑、主动热情、讲究礼仪礼貌、彬彬有礼地接待客人。许多酒店规定：前厅服务员上岗前要洗头吹风、剪指甲，保证无胡须、头型大方；化妆自然大方，朴实无华，素净雅致；不使用有颜色指甲油及浓味香水等。优秀的前厅服务员还应该做到站立标准、行为规范、举止大方，避免或克服不好的习惯动作如吸烟、嚼口香糖、高嗓门叫喊、勾肩搭背、指手画脚等。

2. 优美的服务语言

前厅的服务工作是面对面地为客人服务，服务人员的语言方式和质量，会直接影响客人的心理活动，能令人欢喜，也可招人厌或惹人怒。因此，前厅服务人员必须掌握交谈的原则和技巧，遵守交谈的基本礼仪。前厅服务人员的语言在内容上应简洁明确、充实，在语气上应热情、诚恳、有礼，在语音语调上应悦耳、清晰；要灵活运用服务用语，客人来自四面八方，要根据不同的对象，运用不同的语言进行接待服务，防止千篇一律闹出笑话；要掌握说话的时机和技巧，发挥语言的魅力，要因人而异，因对方的接受习惯而异。另外，要尽可能地多掌握几种外语与方言，以便与不同国家、地区的客人进行沟通和交流。

（三）提供优质的应接服务

1. 娴熟的服务技能

酒店前厅部的业务包括预订、接待、问讯、行李寄存、迎宾、机场接送、电话、票务、传真、复印、打字、旅游服务、收银、建档等，这些业务都有较强的专业性，因而要求服务员和管理人员必须要有较全面的业务知识和技能，能够熟练而准确地按程序完成本职工作。例如，总台服务员应具备验证、登记、住房分配、客流统计、财务计算、电脑操作、解答询问、代理服务等系列化技能；总机话务员必须在铃响三次之内接听电话，对常用电话号码的查询应对答如流，熟练操作转接、留言、叫醒、免干扰等系列化服务；商务中心员工不仅应掌握传真的发送和接收，而且还应具备外语听、说、译的能力，并能熟练进行电脑打印、排版和电子信箱服务技术等。前厅工作人员只有具备了娴熟的服务技能，才能使接待工作缩短时间，消除客人心理的焦虑，满足客人对前厅服务方便、快捷的心理需求，使客人感到亲切和舒适。

2. 周到的服务

周到的服务，首先要有良好的服务意识。前厅部员工要力求做到热情细致、落落大方、彬彬有礼、笑容可掬，把客人的烦恼当成自己的烦恼，认识到自己的一言一行代表了酒店的形象，自己的表现可能给酒店带来利益，也可能使酒店蒙受损失，从而进一步约束自己的言行，爱岗敬业，认真负责地做好本职工作。其次要主动。主动就是时时处处替客人着想，在客人开口动手之前满足其需求。如客人问你到酒店某处如何走，当然你可以告诉他如何去，但如果此时你工作不忙，亲自领他去，其服务效果就可能完全不同。另外，对于现代酒店来说，周到的服务，不仅表现在前厅工作人员的服务态度等“软”的方面，也体现在对现代科学技术应用等“硬”的方面。比如用于总台服务的电子计算机、大厅里的电报电传等通信设备以及打字复印设施等。比如总台为满足客人需求要备有百宝囊，包括：常用药品、创可贴，书报地图等印刷品，纸笔墨水直尺等办公用品，老花镜、轮椅等老年用品，奶瓶、尿不湿等婴儿用品，各式手机充电器，眼镜螺丝、拉链、小改锥等日常配件，各式衬衣纽扣及针线等，以方便在客人入住期间提供各项小服务。酒店前厅能满足客人所需要的一切必要的服务，才真正体现了服务的周到性。

3. 尊重客人

服务人员要对客人一视同仁，凡是在酒店消费的，无论贫富贵贱、职位高低都是酒店的客人，都应受到公正平等的接待。每位客人都是一个独立的个体，都有独立的人格，在服务过程中，有时服务人员因为意见相异而同客人产生摩擦，此时就要求服务人员注意自己的言谈举止，一切从客人出发，尊重客人，遵循客人至上的原则。另外，尊重客人还要关注客人的喜好，当客人走进酒店时，服务人员要主动问好，称呼客人时，如果是熟客就要准确无误地说出客人的姓名和职务，这一点非常重要，客人会为此感受到自己受到了尊重和重视。

【任务拓展】

了解了客人对前厅的普遍心理需求后，酒店服务人员在接待过程中如何来了解不同客人的特殊心理需求呢?

【任务反馈】

通过学习客人对酒店前厅服务的心理需求，可提出三个前厅服务对策。那么如何把它们运用在实际酒店工作中呢？请看看下面一个案例。

案例二　一个下雨的晚上，机场附近某一大酒店的前厅很热闹，大堂副理小刘密切注视着大厅内的情景。“小姐，麻烦您了，我们打算住到市中心的酒店去，你能帮我们叫辆出租车吗?”两位客人从大堂休息处站起身来，走到大堂副理面前说。“先生，都这么晚了，天气又不好，到市中心已不太方便了。”大堂副理想挽留住客人。“从这儿打的到市中心不会花很长时间吧，我们刚联系过，房间都订好了。”客人看来态度很坚决。“既然这样，我们当然可以为您叫车了。”大堂副理马上叫来行李员小秦，让他快去叫车，并对客人说：“我们酒店位置较偏，两位先生需要等一下，我们不妨先到大堂等一下好吗?”“那好吧，谢谢!”客人被小刘的热情打动，然后和她一起来到大堂休息处等候。天已很黑了，雨仍在不停地下，行李员小秦始终站在路边拦车，但十几分钟过去了，也没有拦到一辆空车，客人等得有些焦急，不时站起身来观望有没有车。大堂副理安慰他们说：“今天天气不好，出租车不太容易叫到，不过我们会尽力而为的。”然后又对客人说：“您再等一下，如果叫到车，我们会及时通知您的。”又是 15 分钟过去了，车还是没拦到。客人走到大堂门外，看到在风雨中站了 30 多分钟脸已冻得通红的行李员小秦，非常抱歉地说：“我们不去了，你们服务这么好，我们就住这儿吧，对不起。”这位客人亲自把小秦拉进了前厅。

客人最后为何改变了主意?

释疑：上述案例中的前厅工作人员为客人提供了非常周到的服务，最终使客人感动并入住了他们的酒店。追求物美价廉、质价相称是客人的普遍心理，但温暖人心的服务更让人回味无穷。前厅部工作人员的优质服务本身就是酒店最

好的广告宣传和推销。酒店员工应该具有全员营销意识，把握一切商机进行推销。每一位进入酒店大门的客人都可能成为酒店的潜在客人或潜在客源的影响人。

活动二　酒店客房服务心理

【案例聚焦】

案例三　某五星级酒店里，住了一位中东客人，他从入住房间的第一天起，就在房间里摆了一块朝拜用的方毯。服务员小王在清洁房间的时候，把朝拜毯挪动了方向和位置。客人晚上回来之后，看到了这种情况非常生气，当晚就投诉了服务员。

请问客房服务员小王触犯了哪条对客服务心理？

【任务执行】

客房是酒店的基本设施和重要组成部分，也是客人在酒店生活的主要场所。对客人来说，客房就是“家外之家”。他们期望有一个舒适的、符合自己生活习惯的住宿环境，并能接受到各种热情周到的服务。案例三中住店客人为什么生气？是因为服务员在清洁房间的时候没有注意和重视客人的宗教信仰和习惯。那么，客人对客房服务到底有什么样的心理需求呢？

一、客人对客房服务的心理需求

（一）求卫生心理

求卫生的心理是客人对客房最普遍的心理需求。客房是循环使用和大众公用的，因此客人对客房清洁卫生方面的要求比较高，清洁卫生工作也是客房服务的一项既平常又意义重大的工作。客房清洁卫生的范围包括客房部的环境、房内所有设施、食品和服务员个人卫生等四个方面。客人希望客房环境幽雅整洁、空气清新；希望与身体直接接触的用具是环保的、经过彻底消毒与清洁的，是可以放心使用的；希望服务人员有较高的卫生素养、干净利索、精神状态好等。

（二）求舒适心理

客房是酒店里真正属于客人自己的空间，客人会把居住的房间当成是自己的家，在客房里客人可以放松自己，得到良好的休息，消除疲劳，因此他们希望有一个安静舒适的休息环境。比如，他们希望客房的楼板、窗户、墙壁有良好的隔音效果，无论是白天还是晚上，都希望客房保持安静，能保证他们好好休息或顺利地从事其他活动；希望客房各种设施齐全、质量完好，房内装饰和家具陈设雅致、色调柔和协调、布局合理；希望房内气温适宜，体感舒适，房内、卫生间和衣橱无异味，嗅觉愉快，室内无蚊虫干扰；希望客房服务能让他们感到像在家里一样舒适，甚至比家更舒适。

（三）求安全心理

安全感是愉快感、舒适感和满足感的基石，客人身在异地他乡，举目无亲，又多带有钱财等贵重物品，求安全的心理突出。首先，客人希望人身安全有保障，如不希望发生火灾、触电、疾病、烫伤或其他意外伤害事故，能高兴而来，平安而归；不希望自己在酒店的一些秘密被泄露出去等。其次，希望财产不受损失，例如，不发生被窃、被损坏、被弄错等不愉快事件。

（四）求方便心理

酒店客房是客人临时的家，他们希望客房部能提供像家一样甚至于比在家还方便的服务。他们希望客房内生活用具齐全，如备有常用的生活、文化用品；希望客房设施不仅要齐全，还要保证质量，使用便利；希望服务项目完善，如洗烫服务、保姆服务、客房送餐服务、代办服务、网络服务等，而且由于时间关系，客人希望这些要求一旦提出，能尽快得到满足。

（五）求尊重心理

尊重是人的一种较高层次心理需要。作为付出费用购买客房服务的客人，对此的期望值自然比较高。客人在入住客房时希望看到服务人员真诚的微笑，听到亲切的语言，得到周到的服务；希望服务人员尊重自己对客房的使用权，自己的人格、宗教信仰、生活习惯、自己的客人都能得到充分的尊重；希望真正体验到宾至如归的感觉。

二、客房服务心理策略

（一）营造舒适的客房环境

1. 为客人提供安静的生活环境

保持客房安静也就是要防止和消除噪音。首先，做到硬件本身不产生噪音，酒店选择设备的一个标准就是它产生的噪音要小；在硬件上要保证隔音性，要能阻隔噪音的传入和传导。其次，在软件上要规范服务，减少服务人员的噪音，如服务人员在工作时需做到“三轻”，即走路轻、说话轻、操作轻；服务人员要控制好各种设备发出的噪声，如窗帘启合声、浴缸放水声、马桶冲水声等，要经常检查房间设备的运转情况。

2. 为客人提供方便舒适的生活环境

房内一切设施必须本着方便客人需求为出发点，不仅要考虑其美观，更要考虑其实用性。要有完整的服务项目、标准的服务程序、快捷的服务反应，所设立的一切服务项目及服务程序应以方便客人为准则，处处为客人着想，让客人感受到“家”的温馨。

3. 为客人提供绿色环保的生活环境

如设立无烟客房楼层，房间内无装饰装修污染，放置对身体有益的绿色植物，空气质量符合国家标准；房间内的牙刷、梳子、小香皂、拖鞋等一次性用品和毛巾、枕套、床单、浴衣等客用棉织品，按客人意愿更换，棉织品采用无污染原料等。

（二）保证客房的安全和卫生

1. 满足客人安全需求

首先，应有安全管理措施作保证，客房内外配备健全的保安设备，如走廊的监控摄像头、自动备用电源、显眼的“安全出口”牌、房顶的火警报警、自动喷淋灭火装置、房门后的“逃生图”、书写桌上的“安全须知”、豪华客房的保险箱和牢固可靠的房门锁等，配备以上设备能使客人产生酒店安全系数较高的放心感。其次，服务人员要有较高的安全意识，要严格执行客房部安全工作条例，按条例规定处理一切有关事宜；应提高警惕，配合保安人员，防止不法分子进入客房行窃或进行其他破坏活动；尊重客人对房间的使用权和保护客人的隐私权；在收拾房间时，不能随便乱动或扔掉客人的东西（哪怕是一张小纸片），整理完房间后，要检查房间的安全情况，如电线有无外露，门锁是否牢靠，设备是否完好等；在遇到突发事件如生病、醉酒时，一定要先替客人着想；要防止钥匙遗失或被不良分子复制后行窃。最后，要引导客人心理上的安全意识，如贵重物品要登记，最好由酒店代为保管，以免发生意外；要让客人知道发生意外事故时的应急措施，熟知防盗报警系统和防火报警系统的使用方法。

2. 满足客人卫生需求

首先，服务员要有良好的卫生素养，按标准对客房进行及时的清扫整理，保证眼看到的地方无污迹，手碰到的地方无灰尘，设备用品无病毒，空气无异味，床单、被套、枕套表面无污迹和破损，卫生间无异味等；其次，要使客人在心理上感受到清洁、卫生，如在马桶盖上使用"已消毒，请放心使用"封条，使客人在心理上得到满足。

（三）保持优良的服务态度

1. 主动

主动的服务态度是指服务要发生于客人提出要求之前。因此，服务人员要主动为客人让路引路、主动向客人致意问候、主动介绍服务项目、主动递送、主动为患病的客人求医送药等，总之，要想客人之所想，主动为客人服务。

2. 热情

热情是体现服务态度的本质表现，是取悦客人的关键。热情服务就是帮助客人消除陌生感、拘谨感和紧张感，使其心理上得到满足和放松。客房服务人员在服务过程中要精神饱满，面带微笑，语言亲切，语音适中，不卑不亢、落落大方、恰如其分地与客人进行言语交流。

3. 礼貌

客房服务通过讲文明礼貌体现出对客人的尊重、理解和善意。如与客人讲话时要轻声细语，注意礼貌用语；为客人服务时要聚精会神，彬彬有礼；操作时要轻盈利落，避免干扰客人。文明礼貌是人际交往的基本规范，在客房服务过程中更应该做到这一点。

4. 耐心

酒店服务人员在服务过程中，即使工作繁忙，也应对客人有耐心，不急躁，做到百问不厌，有问必答。对客人的意见要耐心听取，对客人的表扬要不骄不躁。

5. 尊重

首先要尊重客人的人格，要记住客人的姓名，并随时对客人使用尊称、使用礼貌用语。此外，服务人员还要尊重客人的喜好习俗、生活习惯和隐私权，尊重有生理缺陷和发生过失的客人，接待好客人的访客。

【任务拓展】

请小组讨论从客人踏出电梯后客房服务员引领其进房的全过程，并分配好任务进行情景模拟演示总结，完成下面的评价表。

评价表

班级＿＿＿＿＿＿　评价小组＿＿＿＿＿＿　日期＿＿＿＿＿＿

项目	评价内容	小组名称	得分	得分依据或存在问题
情景模拟	迎接服务及时、规范、准确(10分) 根据客人需求适时介绍房内设施设备，语言简洁、清楚(10分) 使用礼貌用语和标准服务用语进行服务(10分) 服装整洁、规范，仪表端庄，精神饱满(10分) 举止优雅，注意个人仪态、微笑服务(10分) 分工协作好，并能充分发挥团队作用(10分)			
小组合作	资料组织有条理，内容丰富有创新，能反映小组成员的接待能力与技巧(10分) 能够掌握好理论运用的幅度(10分) 展示手段多样化，效果良好(10分) 小组评价认真，能为其他小组提出一些建设性的建议(10分)			
合计分				

【任务反馈】

案例三中的客人是一位伊斯兰教信徒，定时、定向地做礼拜是他多年来的民族宗教习惯。这位客房服务员在不了解这些宗教知识的情况下，在清洁房间卫生的时候，无意识地把客人做礼拜用的毯子调整了方向和位置，触犯了宗教禁忌，自然会引起客人的不满。因此服务人员平时要多搜集了解各国、各地、各族客人的风俗习惯、宗教习惯、喜忌习惯，以便为客人提供更好的客房服务。下面再来看一个案例。

案例四　406房间的高小姐将参加一个重要的宴会，她洗好澡后想把头发吹干、定型，但由于客房里的小梳子十分地不顺手很难将头发整理成她满意的状态，于是她打电话到客房中心问："你们有没有多齿的梳子？"客房中心小黄听了客人的要求后说："高小姐，我们客房这里没有多齿的梳子，我想想办法，找到后立刻给您送到房间里。"放下电话后，小黄立刻与酒店的美容室联系，很快借了一把多齿的梳子送到高小姐的房间。高小姐非常高兴，打电话到客房中心致谢。第二天早上，客房部陈经理在阅读客房中心的工作记录要点时发现了小黄关于客人需要多齿梳子的记录，立刻通知客房中心采购一些方便客人吹头发用的多齿梳子，提供给需要的客人使用。

这家酒店的客房部是如何提高其服务质量的？

释疑：知道客人对客房服务的心理需求和客房服务相应对策后，我们更加要了解到客房服务质量的高低取决于工作的细化程度，只有将服务的细节做到位，客人才能感觉到服务的存在。酒店

要在竞争中立于不败之地，就必须了解和掌握更多的客人需求，深挖细节服务。

活动三　酒店餐厅服务心理

【案例聚焦】

案例五　某宾馆接待了一个外国旅行团，在宴会开始时经理特地去欢迎嘉宾光临，为了表示敬意奉送四盘冷菜，并说明第一道菜是灯笼菜，表示中国传统中的张灯结彩、喜迎贵宾之意，博得了客人的热烈鼓掌和喜笑颜开。住宿五天，客人要求天天在宾馆用膳，对此，宾馆餐厅尽心供应每餐不重样，临走最后一餐又送了一道锅巴菜，经理到场解释这是取锅巴的噼啪声表示热烈欢送并欢迎下次再来。结果在场客人纷纷表示有机会一定再来。

请问该宾馆经理的做法符合哪些对客服务心理？

【任务执行】

案例五中该旅行团连续五天在这家宾馆就餐，他们的吸引力从何而来？请先来了解客人在餐厅的一般心理需求。

一、客人对餐厅服务的心理需求

（一）求卫生心理

客人对就餐中的卫生要求非常强烈，这也是客人对安全需要的一种反映，他们不希望因为用餐而染病。他们希望踏进一个外部形象美观，内部环境幽静雅致、卫生整洁的餐厅；希望进入餐厅后，映入眼帘的是清洁而美观的桌布、锃亮的酒杯和茶具、一尘不染的碗碟、整洁的工作服饰等；他们更希望在餐厅里吃到的是新鲜、卫生的食品。

（二）求快捷心理

来到餐厅的客人无论时间是否充裕，他们都希望得到快捷的服务，而不希望长时间的等待。客人在整个用餐过程中求快心理都是非常明显的，他们一到餐厅希望马上找到位子坐下来，坐下后又希望菜单尽快递上让他们点菜，点菜后希望能尽快吃到，自己的要求能立即得到服务员的重视并尽快给予解决，就餐完毕后也希望及时快速地结账。此外，一些有特殊情况的旅客，如需要赶火车、赶飞机等，希望服务员能给予优先照顾。

（三）求公平心理

公平合理也是客人对餐厅服务的基本要求。客人希望在就餐的过程中，不会因为其社会地位、经济能力、穿着打扮或消费金额等方面的不同而在价格与服务上有不同的尺度，受到不同的接待。只有当客人认为在接待上、在价格上是公平合理的，才会产生心理上的平衡，感到没有受到歧视或欺骗。客人在用餐过程中的这种比较，既存在于不同的餐厅之间，也存在于同一餐厅的不同客人之间。

（四）求知识心理

客人到餐厅就餐，都希望自己在品尝异国他乡的风味餐时，能增长一些异国他乡餐饮方面的见识，如希望了解特色菜品的来历、制作方法、营养价值等，有的客人还会对喜欢的菜肴拍照，对厨师的制作过程进行摄像等，这都是客人求知心理的体现。

（五）求美观心理

客人在餐厅进餐，对美的需求也是显而易见的。比如他们希望餐厅的内外环境舒适美观，餐厅服务人员仪表、仪态美，装菜肴的器皿精美，从饮食产品形象上得到视觉、味觉、嗅觉的美感享受。

（六）求尊重心理

尊重需要作为人的一种高层次需要，贯穿于整个旅游活动中，在餐厅服务心理中表现得尤为突出。客人到餐厅就餐，希望自己受到欢迎和尊重；希望得到热情接待，不希望受到冷落和嘲笑；希望自己的选择需要受到尊重；希望自己的饮食习惯、特殊习俗受到尊重等。

（七）求特色心理

我国的饮食与当地的自然环境、文化、风俗、习惯等有很大的关系，因而形成了各种不同风味的地方菜系和特色菜点。客人不仅希望吃到合乎自己口味的食品，同时也希望品尝当地的特色风味，如北京的全聚德烤鸭、天津的狗不理包子、沈阳的老边饺子、山西的刀削面、陕西的羊肉泡馍等，从中感受到旅游的乐趣。

二、餐厅服务心理策略

（一）塑造优雅舒适的餐饮环境

1. 优雅舒适的餐饮环境应该是卫生的

它包括环境卫生、食品卫生、餐具卫生及服务员个人卫生等方面的内容。①良好的卫生环境给人以舒适、安全、愉快的感觉，因此服务员应在客人到达前全面搞好餐厅环境卫生，做到空气清新，地面洁净，墙壁无尘、无污染，门窗明净，桌椅整齐干净，台布、餐巾洁净无瑕，物品摆放整齐有序，厅内无蚊、蝇。②食品卫生在餐厅服务中特别重要，它关系到客人的身心健康，因此，餐厅的食品要保证原料新鲜，严禁使用腐败变质物品，同时在加工过程中要洗净烧透蒸熟，酒水饮料要确保质量。③餐厅的餐具为公共用品，难免被某些病菌和病毒污染，因此，餐厅必须配备有与之营业性质相适应的专门消毒设备，还要有足够数量的餐具，以保证餐具全部消毒和正常的周转使用，如此客人进餐时才会放心、舒心。④餐厅服务员的个人卫生对客人的食欲有重要影响，服务员如果体弱有病，精神萎靡不振，头发散乱，或服饰不整，满身油污，都会影响客人的就餐情绪，因此，餐厅服务员必须体格健康，精神饱满，衣着整洁，操作规范，这样才能给客人健康安全的心理感受，满足清洁卫生的心理需求。

2. 优雅舒适的餐饮环境应该是优美的

整洁优美的就餐环境是客人选择用餐场所的首要因素。根据客人在餐厅的各种心理需求，餐厅的内外环境要舒适美观、雅致大方，达到统一的和谐美。①如餐厅的门面要醒目，要有独特的建筑外形和醒目的标志；②餐厅内部装饰和家具陈设布局，服务人员的服饰，餐具的选配与餐厅类型、规格、餐饮内容特点相配套，形成统一和谐的风格，突出主题；③要根据不同餐厅、不同营业时间配置优美动听的音乐，服务人员应答时要彬彬有礼,优美的声音形象能制造良好的进餐气氛,可促使客人愉悦,增加食欲,还可掩盖厨房和其他地方传来的嘈杂声;④要有良好的空气和温度环境,餐厅应该采用空调、换气扇等设备来保持空气清新和环境恒温,避免由于餐厅里大量客人同时用餐而混杂各种饭菜味、酒味、油腻味,服务员不要使用气味浓烈的香水,以免干扰客人对食物的味觉和嗅觉。

(二) 供应货真价实的特色美食

1. 要让就餐客人吃到适合自己口味的、有特色的食物

(1) 在接待工作中要注意总结经验,归纳出各种餐客的饮食习惯,主动介绍本餐厅适合他们口味的菜肴。

(2) 记住客人对食物烹调的不同要求,以适应客人口味,如:煎鸡蛋是单面煎还是双面煎,牛排要几成熟,是否放辣椒等。

(3) 不同年龄、民族、籍贯、职业、性别的客人,要想方设法满足他们的要求,如老年人消化能力弱饭量小喜欢软、细、易消化的食物,年轻人牙口好喜欢香、脆、酥、焦、筋道的食品,脑力劳动者要求饭菜味道清鲜精细,体力劳动者要求饭菜经济实惠量足等。

(4) 在点菜时当好参谋热情提出建议,提醒客人菜品搭配合理;适时推荐自己酒店的特色招牌菜、地方风味菜,介绍菜肴相关知识和典故、营养价值、特色,甚至可以介绍该菜肴的用料及烹饪方法,使客人不仅食之有味,而且满足其求知的心理欲望。

2. 要让就餐客人吃到合理定价的、物有所值的食物

餐厅出售的菜肴、酒水饮料等要明码标价,让客人明明白白消费。餐厅制定的收费标准一定要合理,菜肴价格定得是否适当直接关系到餐厅与客人双方的切身利益,也会直接影响到客人的心理承受力,更直接体现在客人对餐厅菜肴食品是否愿意消费,以及消费的数量多少上,要让客人觉得他们的花费是“物有所值”的,有心理上的平衡感和满足感。

(三) 提供物超所值的心理服务

1. 服务快捷

(1) 服务人员在正式服务之前应当做好各项准备工作。

(2) 向急于就餐的客人推介现成的凉菜和快熟食品,随到随上桌。

(3) 客人一进餐厅,服务员要及时安排好客人的座位并递上菜单,让客人点菜。

(4) 服务员要掌握好服务的节奏、上菜的顺序及时间控制。客人点的菜,如制作复杂,烹饪时间较长,应事先给客人说明,关注客人就餐动态,迅速主动提供服务。

(5) 及时结账。客人用餐结束,账单要及时送到,不能让客人等待付账。

2. 尊重客人

(1) 微笑迎送客人,到餐厅就餐的客人,服务人员首先要给以热情接待,这是餐厅服务的良好开端。服务人员的迎送服务应该让每一个客人都感到受到尊重,不能顾此失彼,有所遗漏。

(2) 语言有礼、得体、婉转、谦恭,要让客人从语调和口气中感受到态度的诚

恳。如在拉椅、送茶水时，“请”字当头；回答客人问话要亲切、委婉，音量和语速要适中。

（3）领座恰当，客人到餐厅就餐，服务人员要主动上前领座，而不能让客人自己找座位，以免客人产生被冷落感。在安排座位过程中，要征询客人的意见，由客人决定坐在什么位置。

（4）尊重习俗，服务人员在介绍菜单、帮助上菜、倒酒和派菜等服务上，除了应该注意服务技巧以外，还要注意尊重客人的风俗习惯、生活习惯。

（5）服务技能娴熟，按规范和程序服务。如上菜、斟酒、换盘等操作尽量不发出声响，既表现出训练有素，又体现对客人的恭敬，另外还要按客人的主客顺序服务，使客人感受到被尊重。

3. 个性化服务

做到了解客人的需求，帮助客人解决困难，分析并记住每一位客人的爱好、生活习惯、饮食习惯，将服务工作做在客人开口之前。如当客人来餐厅入座后，发现有的客人头上冒汗，就在上茶的同时送上一块小方巾；有的常客来得多了，就应称其姓氏以便让客人觉得给了他优惠照顾，安排到他喜欢坐的位子上，问他是否按老样子点菜或者是有无变化；对新客人要用心记住客人的饮食习惯及喜好，以便日后提供个性化服务；当孕妇进来用餐时，就要领她到无烟区，同时介绍一些酸甜可口的菜肴，并通知厨房做得清淡些；如客人是左撇子，可以安排靠左面的桌子，当他第二次来时就应马上将筷子、茶杯放到左手边，使客人感到方便和亲切。

【任务拓展】

学生三五人组成一组，选择三家餐厅访问客人和餐厅工作人员。调查内容如下。

①客人对餐厅服务质量的关注因素有哪些？

②餐厅工作人员对餐厅服务质量的关注因素有哪些？

③对比两者，分析服务质量应该包括哪些构成因素，撰写一份餐厅服务质量构成因素调查报告。

【任务反馈】

学习客人对餐厅服务的心理需求和餐厅服务的心理策略，知晓在酒店餐厅服务过程中如何才能按照客人的心理进行有针对性的服务工作，并运用到日常工作中。

案例六 一位客人在餐厅内吃晚饭，在品尝菜包子时发现内有一根细小的鸡毛，要求服务员予以解释。

处理方式一：服务员仔细观察后对客人说：“对不起各位，是我们没有把包子做好，我马上给你调换。”

处理方式二：服务员仔细观察后对客人说：“其实这只包子里的东西根本不是鸡毛，而是一片黄菜叶根，不信，我吃给你看。”话音刚落，他已把这只剩下的包子吞下去了。

面对上述案例中的情况，有没有更好的处理方式呢？

释疑：客人进餐厅消费普遍有求卫生心理，日常服务和管理中尤其要强调和执行餐厅操作卫生制度。同时，在处

理客我矛盾时，既要坚持客人至上的原则，也要维护本企业的声誉，争取客企双赢。（要点）

活动四　酒店投诉心理分析

【案例聚焦】

案例七　某酒店门前，H太太正在上车。当门卫关上车门时，H太太的手被车门夹了且受了伤。“你是怎么关门的?”H太太怒气冲冲地责问门卫。“对不起，太太。我可是看您落座后才关门的。”门卫解释说。“你还要强辩!”H太太更是怒不可遏，向酒店投诉要求赔偿。

请问案例中的H太太为何要向酒店投诉要求赔偿?

【任务执行】

从案例七中可以看出，当酒店服务出现偏差时，可能会给客人带来一定的伤害。服务出现偏差是不可避免的，研究投诉心理产生的原因有助于酒店进行及时有效的服务补救，从而避免投诉行为带来的负面影响。

一、投诉及投诉原因

投诉是客人因未能得到满意的服务而表示自己的不满，并提出自己的意见和要求。

客人投诉是有原因的，这既有酒店软硬件方面的因素，也有客人方面的因素。

（一）酒店软硬件方面

对酒店硬件的投诉，主要是在使用酒店的设施和设备时，出现质量问题或无法正常使用，造成客人不满、不便或者一些其他损失，如酒店设施设备陈旧老化、酒店内部噪音太大、照明灯损坏、空调不制冷等。

客人对酒店软件的投诉要多于对硬件的投诉，对酒店软件的投诉大多集中于服务人员服务规范、服务态度、服务质量等方面。服务规范方面这类投诉主要是由于酒店服务人员违反规定操作程序或服务失误造成的，如不与客人商量而私自换房、无人接听电话、单方面取消预定等；服务态度方面的一个主要原因是不尊重客人，如服务员待客不主动，态度冷漠，说话没有修养、粗俗、冲撞客人甚至羞辱客人，不尊重客人的风俗习惯等；对服务质量的投诉，主要表现在服务效率低、出现差错、使客人陷入困境等，如没有完成客人交代的事情、损坏或遗失客人物品、清洁卫生工作马虎、餐厅食品用具不干净、延误叫醒时间等。

（二）客人方面

客人方面的原因主要表现在客人对酒店经营方式及策略的不认同、对酒店的要求或许超出酒店对自身的要求、对酒店服务的衡量尺度与酒店自身的衡量尺度不同、客人由于自身素质修养或个性原因对酒店提出过高要求而无法得到满足等。

二、客人投诉时的心理需求

（一）求尊重心理

客人在酒店里，对自己的“客人”角色认知十分清楚，求尊重的心理需求也十分明显。在投诉时，这种心理更是突出，他们希望别人认同他们的正确立场，对他们的遭遇表示同情，希望受到有关部门应有的重视及别人的同情和尊重，并及时地处理投诉。

（二）求发泄心理

客人在投诉时，心里充满了怨气、怒火、沮丧等不良情绪，他们要利用投诉的机会发泄出来，以维持心理的平衡。

（三）求补偿心理

客人希望自己在遭受到精神上或物质上的损失时，向有关部门投诉，酒店能予以补偿，这是客人投诉时的普遍心理。如食物不洁、不熟，就希望换一碟；损坏的皮箱就希望尽快修理好；弄脏了他们的衣物就希望能免费洗干净等。

三、处理投诉的原则及程序

对酒店行业来说，正确处理客人投诉，可以帮助酒店管理者发现服务与管理中存在的问题与不足，有利于酒店改善服务质量，提高管理水平；可以为酒店提供一个改善与顾客关系的机会，使其能够将对酒店不满意的客人转变为对酒店满意的客人，从而有利于酒店的市场发展。所以，酒店对客人的投诉应持积极、欢迎的态度，不应有任何不满或抵触情绪。

（一）处理投诉的原则

1. 不损害客人利益

在处理投诉时要真心诚意地为客人解决问题，以“换位思考”的方式去理解客人的心情和处境，满怀诚意地帮助客人解决问题。

2. 不损害酒店利益

酒店的声誉和可信程度是客人最关心的，也是经营管理者最为关注的问题。酒店的声誉是客源的保证，因此在处理投诉时，一定要维护酒店声誉，不损害酒店利益。

3. 不与客人争辩

在客人情绪比较激动时，服务员更要注意礼仪礼貌，要给客人讲话申诉或解释的机会，而不能与客人争强好胜，不可与客人争辩。即便客人错了，也应将对让给客人。如果与客人争输赢，表面上看来服务人员似乎得胜了，但实际上却输了，因为当客人被证明错了时，他下次再也不会光临这家酒店，酒店将失去这位客人和一批潜在的客源。

（二）处理投诉的程序

1. 耐心倾听

客人叙述时，应集中注意力倾听，努力听清事实，发现解决问题的线索和答案。倾听客人意见的同时应适当做好记录，尤其是客人投诉的要点、提到的一些细节，要记录清楚。

2. 保持冷静

认真倾听客人的讲话，切记不要打断客人或做无谓的解释。即使投诉者言语过激，或没有正当理由，接待人员也应该保持冷静，持容忍的态度，不要急于辩解或反驳，更不得与投诉者发生争吵，尽量满足客人的自尊心和优越感。接待人员的不适时解释可能会火上浇油，适得其反。

3. 简要重复

客人叙述时可适时复述客人的意见，这样做既表示对投诉内容的理解，也可缓和客人情绪。向客人表示自己代表酒店所采取的郑重态度，是把客人的喜怒哀乐放在重要位置。但是复述时要注意语言准确，简明扼要，既不轻描淡写，也不随意夸大。

4. 尊重同情

无论什么样的投诉，都要对客人的遭遇表示抱歉，这是对人不对事，主要是使客人感到安慰，即使客人反映的不完全是事实，或酒店并没有过错，但至少客人感觉不舒服、不愉快了；同时对客人的不幸遭遇要表示同情与理解，但也不要急于把问题往自己身上揽，这种同情与理解会使客人感觉受到尊重，会使客人感到你和他站在一起，而不是站在他的对立面与他讲话，从而减少对抗情绪。

5. 弄清真相

在认真倾听客人的陈述后，要迅速做出判断，尽快核实情况，客观分析客人投诉的真实原因，找到出错环节。

6. 及时解决

这是最关键的一个环节，为了节约时间，也为了不失信于客人、表示诚意，必须认真做好这一环节工作。如果自己能够解决的，应迅速回复客人；对确实是酒店服务工作的失误，应立即向客人道歉，在征得客人同意后做出补偿性处理。客人投诉处理超出自己权限的，必须及时向上级报告；暂时不能解决的投诉，要耐心向客人解释，取得谅解，并与客人订立解决问题的程序和日期，要定时向客人通报问题解决的进度，而且一定要遵照先前订立的程序和日期。

7. 善始善终

投诉处理结束后，相关人员要把解决问题的方法、步骤和结果以书信、手机短信、电话或传真等方式及时通知客人，要确保承诺的兑现并追踪了解客人对处理结果的满意程度，并对其合作与谅解表示感谢。

8. 完善制度

投诉处理后，要将整个过程写成报告，并记录存档。带有倾向性的问题，要整理成书面意见向上级呈报，以便领导分析动态，确定服务质量管理工作的重点，完善制度，改进服务工作，为客人提供高质量、高效率的服务。

【任务拓展】

请分组到酒店调查，结合网络资料收集与调研，撰写投诉处理案例。要求：案例取材与时俱进；案例内容应包括命题、叙事、案例分析三部分；案例分析要实例与理论相结合，力求透彻。

【任务反馈】

酒店日常运营过程中，前厅部、客房部和餐饮部等都会遇到一些客人的投诉，如何运用所学的知识来进行处理，需要大家在日常生活中积累投诉处理的案例，以便日后在工作中能够避免引起客人投诉并处理好投诉。

案例八　某酒店一名客房服务员由于疏忽，将客人放进玻璃杯里的眼镜液和隐形眼镜倒掉了，客人回来后大发雷霆并投诉。服务员承认了错误，并马上给客人配了一副，客人表示满意。在晚上提供开夜床服务时，酒店为客人做了一个眼镜型的小蛋糕作为礼物。客人看了开怀大笑，之后成为酒店的忠诚回头客。

客人的转变为何如此之大？

释疑：服务员的工作疏忽给客人带来了不必要的麻烦，此时靠一两句道歉的话难以平息客人的震怒，酒店作出快速反应，准确采取补救措施，使客人由震怒到满意再到开怀大笑，不仅弥补了客人的损失，而且抓住时机创造惊喜，赢得了客人的信赖。

任务二 旅行社服务心理与实务

【任务目标】

旅行社作为旅游业的三大支柱之一，处于核心地位。旅行社是连接旅游者和旅游相关部门的桥梁和纽带，是旅游活动必不可少的载体，是旅游业发展的形象和窗口。熟悉导游、接待、外联、计调人员服务心理，有助于旅游工作者更好地服务旅游者和旅游相关部门，从而提高旅行社服务质量。

活动一 导游服务心理与实务

【案例聚焦】

案例一 导游小王可谓是一名公关能力很强的人，每次带团都能跟客人打成一片，与全陪、司机相处也十分融洽，不仅如此，他总有一些办法与酒店、景点、餐厅、旅游购物商店及娱乐场所等接待单位的工作人员合作得十分愉快，别人办不到的事，他总是易如反掌。如在旅游旺季，各接待单位人满为患，客人排队等候甚至抢饭抢菜也时常发生，每个团队都要赶行程争时间，加上因拥挤而导致服务质量下降，常常招致客人不满和投诉。然而小王却不怕，哪怕是黄金周接待高峰，他的团都能按质按量按时入住酒店、用餐、购物及娱乐。无论他带团到哪里总是会受到快捷而良好的服务，这就充分保障了他的带团接待质量，并由此受到客人的欢迎，旅行社对他也十分信任，所以他上团的次数也比别的导游多，成为一名大家都钦佩的导游员。

请问案例中的导游小王抓住了哪些对客服务心理？

【任务执行】

在旅游过程中，旅游者一般接触最多的就是导游员，导游员的服务水平是旅行社服务质量的一面镜子，其工作性质决定了导游接待服务工作处于旅游综合服务的第一线和中心地位，起着承上启下、沟通内外、协调左右的关键作用。案例一中的导游小王在同行中起了很好的模范作用。作为旅行社重要的接待人员——导游员，其服务的到位与否，直接关系到旅行社的产品质量、服务质量和成本控制等。下面就先来了解一下导游在旅游活动中的作用。

一、导游在旅游活动中的作用

（一）导游服务是旅游各项服务中最根本的服务

食、宿、行、游、购、娱构成了旅游活动的六要素，其中最重要的是“游”，而游览的“导演”则是导游员。导游员为旅游者提供的语言服务沟通了不同的文化，促进了不同民族之间的友谊；导游员提供的导游讲解服务帮助旅游者增长知识、加深阅历、获得美的享受；导游员提供的生活服务帮助旅游者身心愉快地投入游览活动，去求新、求异、求乐。导游员的服务在旅游者实现其主要旅游目的方面起着不可或缺的作用，是旅游服务中最为根本的服务。

（二）导游服务是衡量旅游服务质量最敏感的标志

旅游者参观游览，导游员伴随始终，朝夕相处，为他们提供语言翻译服务、导游讲解服务和生活服务等，保证他们吃得好、住得舒适、玩得痛快，还维护他们的正当权益、保卫他们的生命财产安全。在现代旅游活动中，导游员已成为整个旅游服务工作运转的焦点和轴心，导游服务已成为整个旅游服务的关键环节。一次旅游活动的成败往往决定于导游员的服务质量，即导游服务的好坏直接表现为旅游服务质量的优劣，甚至关系着一个国家旅游业声誉的好坏。

（三）导游服务是各项旅游服务的联系纽带和中间桥梁

导游员是旅行社与旅行社之间、旅行社与其他旅游企业之间第一线的联络人员，在旅游服务各环节中起着承上启下、沟通内外、协调左右的作用。

了解了导游在旅游活动中的作用，应更加认识到导游对于旅行社的重要性。那么，在旅游者的旅游活动中，旅游者到底希望有什么样的导游为他们服务呢？

二、旅游者对导游的心理需求

导游员处于旅游服务活动的中心，带领旅游者完成旅游消费的全过程。旅游的质量与水平，很大程度上取决于导游服务的质量与水平。因此，旅游者对导游服务有着更多、更高的要求。

（一）旅游者求导游服务周全的心理

导游服务贯穿在整个旅游过程中，求周全的导游服务是旅游者最普遍的心理需求。对旅游团队来说，旅游者希望从旅行的第一站到全程旅游活动结束，都能享受到周全的导游服务。周全的导游服务不仅涉及组织、引导旅游者参观游览的全部活动，而且还涉及旅游交通、旅游接待、旅游陪同、旅游食宿、旅游购物、旅游娱乐以及旅游者委托代办业务服务等。旅游者对上述服务，在服务安排上要求做到周到、有序，在心理上要求使自己愉快、满意。如果中间任何一个环节或任何一个部门出了差错，打乱了旅游的原定计划，延误了旅游日期，旅游者的需要没有得到满足，就会产生不满情绪。

（二）旅游者求导游服务质量高的心理

高质量的导游服务是旅游者最迫切的心理需要。高质量的导游服务，对旅游企业来说，关系到吸引旅游者、占领旅游市场问题；对旅游者来说，关系到旅游活动质量的核心问题。为此，旅游者要求旅游的景点不要雷同，旅游线路不要重复，交通工具要安全、快捷、卫生、舒适，服务设施要方便、舒适、整洁、安全，服务态度要主动、热情、友好、礼貌。国外的旅游者要求导游员的外语水平高、业务素质好、知识面广，能与他们进行日常生活、旅游业务方面的口语交流，做好购物参谋，回答他们提出的有关旅游中的问题，尊重他们的风俗习惯，满足旅游活动中生理和心理需要等。

（三）旅游者求导游收费公平合理的心理

旅游者希望导游能认真执行合同中

双方约定的食、住、行和旅游费用的等级标准，价格公道，收费合理，与导游提供的服务等值。如果推荐计划外的景点和娱乐活动，也能做到收费公平合理，使旅游者感到物有所值。

（四）旅游者求导游讲解生动的心理

导游工作的中心任务是导游讲解，旅游者希望导游员能够把旅游地的自然风光、历史文化、人文风情等背景知识介绍给旅游者，帮助旅游者更深刻地了解、认识旅游地。在导游讲解的过程中，旅游者希望导游员能以准确、高雅的语言生动形象地进行讲解。内容趣味无穷，修辞优美，语调富有感情、抑扬顿挫，速度适中，强弱相宜，高低和谐，转折自然，嗓音甜润悦耳，这样的导游讲解才能让旅游者听了感到舒服，难以忘怀。

旅游者希望导游能够做到服务周全、保证服务质量、收费公平合理和讲解生动等，这样才会对旅行社提供的导游服务满意。那么，知道了旅游者对导游的需求，如何才能做好导游的心理服务呢？

三、导游服务心理策略

（一）导游提供心理服务的要领

1. 要尊重旅游者

不管旅游者来自哪里，也不管旅游者的肤色、宗教信仰、消费水平如何，他们都是旅游者，导游人员都应一视同仁地尊重他们。旅游者对于能否在旅游地受到尊重非常敏感。他们希望在旅游交往中，人格得到尊重，意见和建议受到重视；希望在精神上能得到满足；希望自己的要求得到重视，生活得到关心和帮助。旅游者期望得到的尊重心理是正常、合理的，也是起码的要求。导游人员必须明白，只有当旅游者处在热情友好的气氛中，尊重的需要得到满足时，提供的各种服务才能发挥作用。在旅游活动中，导游人员要妥善安排，鼓励旅游者进行“参与性”活动，增强旅游者的自豪感和成就感。

2. 要学会微笑服务

微笑代表欢迎、和平、友善，是一个人自信的象征。微笑是一种无声的语言，有强化有声语言、沟通情感的功能，可以产生无穷的魅力。作为导游人员，要学会提供微笑服务，要笑口常开。在接团时，见到旅游者的那一刻，导游首先应把微笑送给客人，使客人觉得你态度和蔼，平易近人，消除旅游者的戒心，从心理上接受你。

3. 要学会使用柔性语言

导游员讲解、与人交往、解决问题等都离不开说话，说话是导游的工作，但说的话是否有效，却反映了导游员水平的高低。“一句话能把人说笑，也能把人说跳”，这说明了语言所具有的力量。因此，导游人员在与旅游者交往时必须注意自己的语言表达方式，与旅游者说话要语气亲切，语调柔和，措辞委婉，说理自然，常用商讨的口吻与旅游者说话。这样的“柔性语言”既使人愉悦，又有较强的说服力，往往能达到以柔克刚的效果。

4. 要与旅游者建立起“伙伴关系”

在旅游活动中，旅游者不仅是导游人员的服务对象，也是其合作伙伴，只有旅游者通力合作，旅游活动才能顺利进行，导游服务才能取得良好的效果。要想获得旅游者的合作，导游人员应设法与旅游者建立“伙伴关系”。一方面，导游员可通过诚恳的态度、热情周到的服务、谦虚谨慎的作风、让旅游者获得自我成就感等方式与旅游者建立合乎道德的、正常理性的情感关系，而且导游员应与每一位旅游者建立情感关系，不能厚此薄彼；另一方面，导游员要正确把握旅游者的心理状态，尊重他们，与他们保持平行性交往，力戒交锋性交往，努力与旅游者建立融洽无间的关系，使他们产生满足感。

5. 要多提供“超常服务”

超常服务一般是指富有人情味的服务。人情味最重要的是理解人、体贴人、尊重人，就是要求导游员心中想着旅游者，时时处处关心他们，在提供一般照顾的同时，给予每位旅游者“特别关照”，满足他们的特殊需求，这样做会使旅游者感觉受到了优待，自尊心获得了满足，无形中拉近了与导游员之间的感情距离。

（二）导游进行针对性心理服务

1. 从国籍、阶层、职业、年龄、性别等方面了解旅游者

每个国家、每个民族都有自己的传统文化和民风民俗，有不同的性格和思维方式。就是中国人，来自不同地区、不同民族人们的习俗、思维方式也有很大的差异；来自不同社会阶层和不同职业的旅游者，不同性别和年龄的旅游者，他们的心理特征、心理情趣也各不相同。对此，导游员应给以足够的重视，努力了解各类旅游者，并根据具体情况向他们提供心理服务。

（1）东、西方人的性格和思维方式。一般而言，东方人含蓄、内向，善于控制感情，往往委婉地表达意愿；东方人的思维方式一般从抽象到具体、从大到小、从远到近。西方人开放、爱自由、易激动，感情外露，喜欢直截了当地表达意愿并希望得到肯定答复；西方人的思维方式一般由具体到抽象、由小到大、由近到远。

（2）小康阶层以上旅游者和小康阶层以下旅游者。来自小康阶层以上的旅游者，大多严谨持重，发表意见往往经过深思熟虑，一旦发表，希望得到导游员的重视；他们期待听到高品位的导游讲解，获得高雅的精神享受。小康阶层以下旅游者则喜欢不拘形式的交谈，话题广泛，比较关心带有普遍性的社会问题及当前的热门话题；在参观游览时希望听到有故事性的导游讲解，轻轻松松地旅游度假。

（3）年老者和年轻者。概括而言，年老者好思古怀旧，对游览名胜古迹、会见亲朋故友有较大的兴趣；他们希望得到尊重，希望导游员多与他们交谈，以求暂时抚慰孤独的心灵。年轻的旅游者好探新求奇，喜欢多动多看，对热门社会问题有浓厚的兴趣。

2. 从旅游活动各阶段旅游者的心理变化来了解旅游者

（1）旅游初期：求新心理、求安全心理。一般来说，人们选择到异地他乡旅游，大多为了抛开日常紧张的生活、烦琐的事务，希望自由自在地享受欢乐的旅游生活。因此，旅游者初到异地，往往都会显得比较兴奋激动，并且会对当地的

任何事物都感到新奇，什么都想看、都想问、都想知道，旅游者有着强烈的追求新奇、增长知识的心理需求。同时，人生地不熟，语言不通，难免产生孤独感、茫然感和不安全感，唯恐发生不测而危及财产和生命安全。

在旅游初期，接待服务工作是重点，导游人员应帮助旅游者调节好心理，将旅游者的注意力转移到轻松愉快的游览活动中，使之进入游览的良好心理状态。导游员是旅游者最可信赖的人，要笑脸相迎，以礼相待，热情周到，处处维护旅游者的利益，时时保卫他们的人身财产安全。当旅游者提出安全问题时，导游员必须注意认真倾听，谨慎对待，妥善处理，努力以实际行动让旅游者感到导游员是一个能信赖、可依靠的人，从而使旅游者获得安全感。导游员应该为旅游者安排一个相互了解和适应新生活环境的时机，接团后应立即清点旅游者人数，分发旅游日程表，讲解注意事项和各项要求，利用初期旅游者对导游员依赖性较大的心理，建立旅游团群体规范，以保证旅游活动计划的顺利实施。组织一些轻松愉快的参观游览活动，与旅游者自由交往，认真、耐心地回答旅游者的问题，以精彩生动的讲解和耐心细致的解答满足旅游者的好奇心；适当安排文娱活动让旅游者自由参加，以增进旅游者之间的了解，使其调节好身心适应状态，为下一阶段紧张的旅游活动做好充分准备。

(2) 旅游中期：懒散心理、求全心理。经过初期的环境适应，随着旅游者与导游员以及旅游者之间相互接触的增多，相互之间也越来越熟悉，旅游者的不安和戒备心理也得以逐渐消除，感觉到的是轻松、愉快，开始出现一种平缓、悠闲的心态。旅游者往往忘却了控制自己，思辨能力也不知不觉地减退，常常自行其是，出现一些反常言行，甚至做出放肆、傲慢、无理的行为。一方面，旅游者的个性充分暴露，开始出现懒散心理，如时间观念较差，游览活动中自由散漫；另一方面，旅游者对自己所参加的旅游活动要求过于理想化，心理期望值过高，对旅游服务和旅游产品表现出不满、抱怨，甚至横加挑剔和指责，求全心理非常明显。

中期阶段的导游工作是最紧张、最辛苦的，也最容易出差错。这个阶段最能考验导游人员的组织能力和独立处理问题的能力，也是对其导游技能、心理素质的一次重要考验。无论旅游者怎样，导游员都要保持良好的心态，对任何事物都不得掉以轻心，应全力以赴，努力提供优质安全的导游服务，使旅游活动顺利进行，让旅游者获得最大的满足。导游人员应做到：游览活动要有计划性，导游讲解要生动精彩，严格按计划落实每天的交通、活动项目和食宿；要向旅游者反复强调出发时间、游览路线、集合时间和地点，积极调动他们的群体积极性，发挥旅游团中核心人物的作用；向他们多讲注意事项，多提醒他们保管好证件和物品，注意安全；要合理安排旅游者的旅游活动，努力保持旅游者的体力和精力。全陪、地陪和领队等旅游服务人员之间要密切合作，相互尊重，避免产生矛盾，齐心协力让旅游活动顺利开展。

(3) 旅游后期：忙乱心理、回顾心理。临近返程时，旅游者的心理较为复杂，情绪波动很大，开始忙乱起来，他们希望与亲友联系，购买旅游纪念品或土特产品，他们希望有较多的时间处理个人事务。同时，旅游者会对旅游活动中所接受的各方面服务进行回顾和评价。

在旅游活动的结束阶段，导游员应努力向旅游者提供更加热情周到的服务，尤其是多提供超常服务；应留给旅游者充分的个人支配时间，让旅游者处理各自的各种事务；本着认真负责的态度，认真为旅游团行程结束做准备，积极跟有关方面联系，争取将各项遗留工作处理完备，尽力解决旅游者的困难，满足他们的要求；必要时做一些弥补和补救工作，使前一段时间旅游者未能得到满足的个别要求得到满足。总之，要尽力挽回消极影响，做好送别工作，力争锦上添花，让旅游者留下更深刻的印象。

3. 从旅游动机来了解旅游者

（1）观光游览。

观光游览型旅游者以增长知识、丰富阅历、陶冶情操为目的，到异国他乡观赏自然风光、城市风貌、名胜古迹、社会风情等。他们喜欢知名度高、形象好的观光目的地，在旅游目的地的活动空间和自由选择度大，受气候的影响大。他们的流动性大，消费水平低，逗留时间短，重游率低。所以，导游员应尽量安排参观文化古迹，游览风景名胜，着重知识性的导游讲解，即对所导游的景点，导游员不仅要知其然，还要知其所以然，要讲得清、讲得明，并告诉旅游者面前的景观奇在哪里、美在何处。在生活方面也要妥善安排，力争让他们吃得满意、住得舒服、玩得痛快。

（2）休闲度假。

休闲度假型旅游者是指以休闲、度假、疗养、消除疲劳、增进健康为活动目的的旅游者。他们对旅游地的自然环境条件有明确的要求，对旅游目的地设施有较高要求，对服务质量要求也较高。他们一般为高收入者，休闲消费水平较高，停留时间长，重游率高。所以，导游员应安排轻松、悠闲的旅游活动，环境要优美宁静，设施设备要具备保健疗养功能，能够缓解他们心理上的紧张和身体上的疲惫。

（3）文化科普。

文化科普型旅游者指以鉴赏异国异地传统文化、追寻文化名人遗踪、参加当地举办的各种文化活动为目的的旅游者。他们是追求增长知识、文化内涵的益智型旅游者。他们有较高文化修养、求知欲望强。所以，导游员应安排具有文化科普内涵的旅游活动，满足他们在旅游活动中与同行交流，知识及专业得到提高的要求，提供具有专业性的服务接待。

（4）个人事务。

个人事务型旅游者是以探亲访友、寻根问祖、出席节庆典礼活动、处理家庭事务为目的的旅游者。他们出游和季节选择性差，对价格敏感，讲求经济实惠。因食宿亲朋好友处较多，使用目的地设施较少。所以，导游员应积极为其安排与亲友会见及其他个人事务，让其了却心愿，可安排他们故地重游或与亲友同游。

（5）公务商务。

公务商务型旅游者是由于工作事务

需要而出行的旅游者，主要目的是经商贸易、出席会议、参加公务活动等。他们出游率高，停留时间长，对目的地选择无自由度，支付能力强，较少受价格变动影响。所以，导游员应安排舒适、快捷、完备、高档的服务单位，对旅游活动事先安排好，满足他们公务商务的目的。同时，可组织他们游览当地最具特色的旅游景点并陪同他们去购买当地特色纪念品，当好旅游顾问。

（三）导游讲解的服务心理

导游讲解服务是整个旅游服务过程中极为重要的一个方面，导游讲解时间占整个旅途时间的60%至70%。讲解是导游的看家本领，俗话说：祖国山河美不美，全凭导游一张嘴。

1. 传递正确的审美信息

帮助旅游者在观赏自然景观、人文景观时，感受、理解、领悟其中的奥妙和内在美是导游讲解服务的基本目的之一，也是导游员的责任。作为旅游者审美信息的传递者，导游员要善于通过讲解向旅游者传递正确的审美信息，用生动形象的语言介绍旅游目的地的风光美景和名胜古迹，介绍一些观赏美景的方法，把握观赏美景的距离、位置以及时机，注重季节、时间和气象的变化，正确地引导旅游者从不同角度欣赏自然风光美和人文景观美。只有帮助旅游者真正获得旅游的乐趣和美的享受，导游活动才能获得成功。

2. 依据旅游者的兴趣讲解

旅游者有强烈的好奇心理，很容易被新奇事物所吸引。导游员在导游过程中应抓住旅游者所感兴趣的事物，掌握他们的情绪反应，善于顺着他们的意愿去导游。导游员一接团，就要迅速观察旅游团人员的年龄结构、性别比例、身体状况等，很快地和旅游者进行沟通，从旅游者的言谈举止中判断出客人的文化层次、兴趣爱好，找到和旅游者相融的交汇点，以便找准自己导游服务的切入点。导游过程中还要处处留心旅游者的情绪变化：当导游讲解吸引大家时，就会发现每位旅游者都在认真地听；如果讲的内容不合他们胃口，就会看到他们东张西望，这时就要转变话题，顺着他们感兴趣的事物进行导游，效果往往会很好。

3. 引导旅游者主动参与到旅游活动中来

在游览活动中，导游员应当根据不同的情况，利用旅游者想要追寻景观特征，了解文物来历、故事结局和景区历史变迁等方面的信息或知识的迫切心情，有意识地创设一些情境，主动地向旅游者提出一定的问题和要求，以引导旅游者的有意注意，激发旅游者的思考、议论，这就是平常所说的“吊胃口”“造悬念”的讲解方式。这种方法常常可以使旅游者不得不全神贯注地听下去，或思考问题的答案，由被动听讲解变成主动探索，可以激起旅游者强烈的好奇心和求知欲，使某处的名胜古迹在他们的脑海里留下深刻的印象。同时，这种方法也可以使讲解过程生动活泼，更好地融洽导游与旅游者的感情。

4. 善于调节旅游者的情绪

在旅游活动中，导游员的情绪直接感染旅游者的情绪。导游员首先要学会运用正确的认知、积极的暗示、生动的讲解等调节自己的情绪，保证带团过程始终处于积极的情绪状态。其次还要适时调动旅游者的情绪，使旅游活动充满情趣，营造愉快的气氛，使自己成为受旅游者欢迎的导游人员，向旅游者提供热情周到的服务。当旅游者产生烦躁心理时，导游员应针对问题有意识地转移旅游者的注意力，使旅游者心情好起来，真正把旅游者当成自己的朋友、亲人，关心旅游者，缩短与旅游者的心理距离。注意强化他们的肯定态度，弱化否定态度，使旅游者的情绪愉快而稳定，并随时激发旅游者新的游兴，努力保持他们的最佳审美心境。

5. 掌握好导游节奏

为了使旅游者的心情好、游兴浓、精力充沛，并保证旅游活动能顺利进行，导游员在安排活动日程以及现场游览时，应掌握好导游节奏，注意旅游者集中听讲解和自由活动时间的合理安排，处理好游览活动的张弛关系、行进速度的缓急关系和导游讲解的快与慢、多与少的关系等，力争使观赏节奏适合旅游者的生理负荷、心理动态和审美情趣。

【任务拓展】

①找当地旅行社进行一次跟团，了解旅游者对导游的心理需求，并观察旅游者在旅游过程中的心理变化。

②运用情景模拟手段，锻炼接待不同类型客人的服务技巧。

③在班级进行模拟带团，并作导游讲解。

【任务反馈】

学习了旅游者对导游的心理需求和导游服务应对策略后，如何把这些导游服务心理实务运用于现实旅游活动中呢？请来看一看下面这个案例。

案例二 某年深秋的一天，上海导游员小王在机场接到了两位英国客人。由于飞机晚点，客人很不满意，表情也十分冷淡。去酒店的途中，小王面带笑容，热情耐心地介绍着沿途的城市夜景，但客人仍是不言不语。小王并不灰心，继续用微笑的表情、热情的态度和耐心的讲解去感化他们，终于其中一位客人与她交谈了几句。到酒店为客人安排好房间后，小王又微笑着以商讨的口气询问客人第二天出发的时间。两个人商量了一下，告诉了小王。第二天出发后，小王仍面带微笑为他们服务。小王的真诚、热情和微笑感染了他们，最后两个人终于被感化了。在游览中、餐桌旁、轿车里、商场内，处处可以见到小王的微笑，这微笑感动了客人，这微笑活跃了旅游的气氛，这微笑为友谊的建立铺垫了基石。

我们该如何看待案例中的微笑服务？

释疑：案例二向我们展示了微笑服务的魅力。小王以她的微笑化解了客人的冷淡，收到了良好的接待效果。尊重旅游者、微笑服务、柔性语言、伙伴关系、超常服务是导游员服务心理要领。导游日常带团过程要以这五个心理服务要领为基础，不断扩展运用导游服务心理技巧。

活动二　接待、外联、计调人员服务心理与实务

【案例聚焦】

案例三 某天上午一位先生带着一

个十一二岁的男孩，一直站在旅行社门市宣传橱窗前看图片和介绍，却不走进旅行社。门市服务人员觉得奇怪，便主动出门，请他们父子俩进来看看更详细的宣传活页。门市接待人员对他们很友善，一直在耐心地介绍。这位先生停留了约半个小时，最后沉默地离开。在出门时，接待人员仍然礼貌送别，并为父子俩拉门。下午快下班时，父子俩又来到旅行社门市，并最终购买了该旅行社的产品。在收钱开发票的过程中，接待人员问："我记得你们上午来过，但是没有报名，是我们产品有问题吗?"父亲很坦率回答："你们比另一家贵100块钱!"接待人员又问："那是什么吸引您最后决定参加我们的旅游线路呢?"父亲微笑着回答："我感觉你们这儿最热情、细心，孩子由你们带，我放心。"

案例四 成都某旅行社经过认真总结，竭力提高外联的服务水平，通过优秀的外联服务工作，不断赢得顾客，扩大销售量。首先，他们树立了"顾客至上，服务第一"的外联工作准则，对外联人员进行了认真培训，使他们具备良好的素质、一流的品质、绝佳的促销口才、精湛的业务技能。其次，不做任何虚假宣传和与实际不符的承诺，严格遵守双方签订的旅游合同，坚持诚信、公开、公平的交易原则，在所进行的营业推广中，严格履行各项诺言，如赠送、优惠、奖励等。再次，认真进行市场调查，定期回访老顾客，听取收集消费者意见，积极改进工作。最后，在公关营销中，做好每一次活动，绝不只是虚伪的表演和做作等。总之，把真诚、守信、热情、友好、周到、准确、快捷作为每个外联人员的服务宗旨，通过不懈的努力，该旅行社扩大了销量，赢得了良好的信誉和知名度。

案例五 某旅游团通知，乘8月30日1301次班机于14:05离开北京飞往广州，9月1日晨离开广州飞往香港。7月26日有关人员预订机票时，该航班已满员，便改订了同日3102次班机的票，12:05起飞。订票人当即在订票单上注明"注意航班变化，12:05起飞"，并将订票单附在通知单上送到计调部门。但计调部门工作人员并没有注意到航班的变化，仍按原通知中的航班起飞时间安排活动日程，并预订了起飞当日的午饭。结果导游按原计划安排旅游进程，造成了重大的误机责任事故。

请问上述案例分别说明了旅行社工作人员的哪些服务心理?

【任务执行】

案例三、四、五分别列举了旅行社接待部、外联部和计调部服务人员的服务心理，接待部、外联部和计调部并列为旅行社的三大一线核心部门。下面先来学习一下这三个部门工作人员的服务心理。

一、接待人员服务心理

接待服务是旅行社经营与管理活动的重要组成部分，是实现旅行社经济效益的重要环节。旅行社接待人员都在第一线工作，服务的直接对象就是旅游者，他们通过宣传、反馈、协调、组织、迎送、翻译、讲解、代理等形式为旅游者提供服务。其目的在于引导旅游者，便利旅游者，满足旅游者相应的旅游需求，实现旅游企业的经济目标。

(一) 美化服务环境,提供优质服务

旅游者来到旅行社首先是用各种感觉器官去感知周围的事物,然后通过思维做出初步的评价。对接待服务工作者来说,首先要重视接待区域的环境布置,光线柔和,色彩和谐高雅,景物点缀、服务设施的设立和整个环境要浑然一体,烘托出一种亲切、整洁、舒适、高雅的氛围,使旅游者一进旅行社就能产生一种宾至如归、轻松舒适的感受。旅行社接待人员要有良好的仪容仪表,举止行为得体,对旅游者应该热情接待,态度积极,主动接近,给旅游者留下一个良好的第一印象。同时,要认真全面地观察旅游者的言行举止,判断其意图,为其提供优质的接待服务。

(二) 做好咨询服务,掌握个别交谈的技巧

旅行社接待人员必须掌握熟练的专业知识,能够判断出旅游者的意图,提供有针对性的咨询服务,才能赢得旅游者的信任。一般上门咨询的顾客按有没有旅游目的地类型会分为三类,第一类:没有目标型,这类顾客大部分很少旅游,对各个地方都不是很了解,甚至完全不了解。第二类:有明确目标型,这一类顾客经常旅游,对很多地方都比较熟悉。第三类:选择困难型,这类顾客旅游不是那么频繁,会经常听亲朋好友说哪里好玩,自己纠结不知道到底去哪里。接待人员要抓住时机,准确了解旅游者的需求,为旅游者提供礼貌、准确、快捷的咨询服务,也可使用现代信息技术为旅游者提供更优质的服务。当旅游者有一定的购买需求时,接待人员要掌握交谈内容的分寸,学会个别交谈的技能技巧,不讲假话、空话、大话,尽可能解答旅游者提出的问题。同时,接待人员要善于观察、善于倾听、善于控制,要让旅游者充分把话讲完,掌握交谈方向,抓住重点,对旅游者提出的问题给予妥善的解答。

二、外联人员服务心理

外联部主要承担旅行社的产品生产和销售任务。外联人员要通过了解和掌握市场的需求动向,在利用信息的基础上,开发和设计旅游产品,促销旅游产品,将产品销售给旅游者。

(一) 了解旅游者的旅游需求和动机,设计有吸引力的旅游产品

外联人员要做好旅游市场调查,掌握旅游市场的发展动态,根据目标市场的特点,认真研究旅游者的旅游需求和旅游动机,设计出有吸引力的旅游产品。同时,加强与各地接待社的合作和联系,搜集当地最新的旅游市场信息,使旅游产品不断更新和完善。

(二) 掌握旅游者的购买行为需求,做好旅游产品的销售

旅游者购买旅游产品、参加旅游活动意味着要离开自已熟悉的环境,面对陌生的环境,不免会产生一种茫然不知所措的感觉。因此,外联人员必须对整个旅游过程了如指掌,才给旅游者讲解旅游产品。根据旅游者的购买行为习惯,先了解旅游者准备出游的形式、人数,拥有的旅游经验和旅游偏好,提供有针对性的销售服务。同时,在旅游者购买产品前,引导其进行积极的产品期望,

介绍情况时要注意让旅游者形成客观、理性的心理期望。

（三）熟悉旅游者的信息，掌握业务洽谈的技巧

外联人员要尽可能对旅游者的学历、经历、籍贯、年龄、个性、收入、兴趣、专长、家庭状况、交友关系等情况有较为全面的了解。而当旅游者发现外联人员对他的情况非常了解时，就能直接感觉到外联人员及整个旅行社对他的重视，会乐于与外联人员洽谈，有助于形成良好的洽谈氛围。外联人员在业务洽谈前要做形象、语言、心理、相关知识的准备，为旅游者制订出最优的方案。在洽谈过程中，外联人员要有自信心理，主动耐心，察言观色，根据事先拟定的谈判方案，在互惠互利的前提下，通过坦诚、认真地协商，争取达成产品购买协议。

三、计调服务心理

计调是计划调度的简称，是按照旅游接待计划落实旅游者在吃、住、行、游等方面的具体事宜，以保证旅游活动的正常进行。旅行社通过外联招徕客源后，接待准备工作由计调承担。

（一）线路制作的有效性

旅行社外联营销人员在外联团做业务时，经常需要一些新的线路及其制作，这时就要发挥计调人员的积极性，需要他们准确地制作或开发一系列有效的线路或产品。

（二）产品报价的准确性与竞争性

旅行社不仅需要一系列有效的线路，还需要其线路或产品报价的准确性。这样在对外与其他旅行社竞争时，本旅行社才有胜算的把握，才具有一定的竞争性。比如，红色旅游线路井冈山的三日游报价，价低的有 588 元/人，价高的则有 688 元/人，这样两者线路报价就相差百元。对于我国潜在的旅游者来说，这不能说不是一个比较敏感的因素，旅游者多半还是会选择低价位的旅行社。因此，旅行社计调人员不仅要熟悉自己旅行社各条线路或各种产品的报价和特色，还要知道其他旅行社相同线路或产品的报价，才能报出具有竞争力的价格。

（三）协调好与组团社和地接社的关系

1. 协调好与组团社的关系

作为地接社的计调人员，要协调好与组团社的关系。组团社组织客源交给地接社，而对同一目的地来说，有许许多多的地接社，哪一家地接社的报价适中，又能保证服务质量，就能在同行中取胜。每一个地接社不仅要自己明白，还要让导游人员明白：组团社组织客源非常不容易，是在许多家旅行社相互竞争中取胜的，双方要正确对待每一个旅游团，更要确保其服务质量。

2. 协调好与地接社的关系

作为组团社的计调人员，也要协调好与地接社的关系，不要以为自己是组团社，而摆出“大姐大、大哥大”的样子。组团社与地接社虽然是两个不同的旅行社，有不同的利益索求，但都有一个共同的目标，就是通过自己的服务，使旅游者获得一次美好的经历，让旅游者满意，并以此来树立各自旅行社的品牌。所以，组团社与地接社的关系，可以说是“唇齿相依”的关系，是否与各地接社建立良好

关系，是关系到每一个旅游团的服务质量好坏的问题。

（四）与各合作单位的协调性

协调好与各合作单位的关系，即与酒店、餐厅、景点、车队等单位协调好关系。旅行社组织一个旅游团的旅行过程，本身就是一个比较复杂的历程。它的涉及面很广，碰到的问题很多，而在第一线的导游却没有足够的时间和充分的条件来处理旅途中遇到的棘手问题，这就需要旅行社在经营管理中有 24 小时不间断的值班联络中心来及时、准确、无误地传达。如遇到团队在旅途中发生车祸、在酒店被盗，旅游者在旅途中生病、死亡等重大事故，就需要向有关部门及保险公司联络通报，采取相应措施；发生航班、车、船时间的变更或取消，则需及时与酒店、餐厅、车队联系并做出相应的安排，使各项旅游服务保证供应，不至于各站之间发生脱节，给旅游者和旅行社造成不必要的损失，从而导致旅游者投诉事件的发生。

【任务拓展】

访问当地某家知名旅行社了解旅行社接待人员、外联营销人员和计调人员的服务心理。

【任务反馈】

学习过接待人员、外联人员和计调人员的服务心理后，我们如何理解案例三、四、五？

释疑：案例三中的旅行社门市接待人员是旅行社的形象大使，接待人员既热情周到又耐心细致地为父子俩提供服务，最终让旅游者选择了这家旅行社。在这其中，也体现出接待人员的组团公关能力和承担重任能力。

案例四主要是外联部门如何培训外联人员，通过优秀的外联服务工作，不断赢得顾客，扩大销售量。要想提供优秀的外联服务，就必须从自身做起，不断提高自身业务素质，养成良好的职业道德，如吃苦耐劳，团结同事等。

案例五是一个计调犯错的事例，计调人员是旅游活动的幕后操纵者，是旅行社完成地接、落实发团计划的总调度、总指挥、总设计。所以，计调人员制作线路要有效，报价要准确，要有很强的组织协调能力，要认真细心。

任务三　旅游交通服务心理与实务

【任务目标】

旅游交通服务是旅游企业服务中很重要的一个部分，它会影响旅游者的旅游决策，而且影响旅游者对旅游的态度。要通过研究旅游交通服务心理，了解旅游交通的概念，以及旅游交通方式的类型与特点，总结出旅游者对旅游交通方式的选择偏好，分析旅游交通方式如何改变旅游者的旅游决策。同时，重点把握旅游者对旅游交通服务的心理需求，以及改进旅游交通服务的主要心理策略。

活动一　旅游交通的概述

【案例聚焦】

案例一　2018 年 7 月，小王和小焦准备利用带薪假期的机会，从南京前往北京去旅游。小王建议乘飞机前往，认为乘飞机时间短，现在还能买到 6 折机票，打完折 610 元，加上其他费用也就 800 元左右。小焦建议乘高铁前往，从南京南到北京南，高铁票价 440 元左右，即使一等座也才 700 元左右，而且旅途时间只有 3.5 小时至 4.5 小时。虽然乘飞机飞行时间只有1 小时 40 分钟，但加上去机场的时间，提前登机的时间，加起来也需要 4 小时左右。另外，乘坐高铁不用关手机，还有 4G 网络可以上网发微博，看电影，也不必担心电源问题，每个坐椅后均有插座，座位间距宽敞，活动自由。两人犹豫不决，不知道该选择哪种旅游交通方式前往。

请问案例中的小王和小焦究竟该如何选择？

【任务执行】

在案例一中小王和小焦所面临的难题，是大多数旅游者经常遇到的。一般来说，在旅游者产生旅游动机后，首先考虑的就是从旅游客源地到旅游目的地之间选择何种旅游交通方式。针对这一普遍性的问题，首先我们需要先行了解旅游交通的相关基础知识。

一、旅游交通的定义

旅游交通是指一般交通中服务于旅游事业的那一部分。广义上的旅游交通不仅仅包括旅游者由客源地到旅游目的地之间的交通设施和服务，还包括旅游者在旅游目的地游览以及在旅游景点游览所提供的交通设施和服务。它的核心内涵是：因旅游需求而伴随着旅游全过程的交通线路、交通工具、设施以及服务的总和。旅游交通是旅游业产生和发展的先决条件，是旅游者进行旅游活动的首要前提。

二、旅游交通的特点

前面我们已经提到，旅游交通是一般交通中服务于旅游事业的那一部分，因此，它具备一般交通所共有的特点，如产品的无形性、不可储存性、替代性、生产连续性、流动性、产品的同一性等。除此之外，旅游交通还有着与一般交通不同的特点。

（一）游览性

旅游交通区别于一般交通的突出特性在于它的游览性。特别是特种旅游交通，不仅本身形态各异，极具地方文化特色，同时还能极大满足旅游者娱乐、享受、游览的需求。此外，旅游交通，尤其是旅游公路交通和旅游水路交通在线路安排上，十分注意将若干旅游景区（点）连接起来，以便旅游者在旅行过程中更为有效地利用有限的旅游时间，游览到更多的旅游景点。

（二）舒适性

旅游交通的服务对象是旅游者而不是一般乘客。与普通出行者不同，旅游者外出旅游主要为了休闲、享受，所以，旅游交通不仅仅要将旅游者安全送达旅游目的地，同时还要让旅游者享受此次旅行生活。因此，旅游交通在运输设施等方面比一般交通更讲究舒适性和豪华性；在服务项目、服务质量等方面比一般交通更为全面和优质。如京沪高铁的二等车厢坐椅可以调整倾斜度；一等车厢的坐椅一侧车体上方有阅读灯；商务车厢内设置24个红色可躺可旋转的软席坐椅，坐、躺任意切换，还可通过手动方式实现整体180度旋转，变换坐椅朝向，每个坐椅都配有电视、小桌板、电源插座、阅读灯等配套设备。每个车厢均拥有4G无线网络，可以提供无线上网服务，同时还能享受到“高姐”的优质服务。

（三）季节性

旅游交通的运输量随着季节和时令的变化而发生明显的、有规律的变化，具有较强的季节性。旅游旺季、大型节假日期间，旅游交通量会骤然增加；旅游淡季期间，交通量会急剧减少。旅游交通的季节性变化，导致旅游旺季和旅游高峰时间内旅游交通运力紧张，给旅游交通企业带来巨大压力；旅游淡季和低谷时期会导致旅游交通运力的闲置浪费，造成经济损失。国际上通行的办法是实行季节性差价，通过浮动价格适时调节淡、旺季客流量，努力使全年的客运量在各个季节保持相对均衡。

（四）区域性

旅游交通的区域性特点是由旅游资源区域性分布的特点决定的。根据旅游资源区域性分布的差异，我国旅游者主要流向的旅游城市分别为杭州、青岛、成都、大连、桂林、丽江、深圳、上海、北京、西安等城市。除此之外，旅游交通线路根据旅游者的流动方向、旅游数量、旅行时间和旅行距离等情况，集中分布在旅游客源地与目的地之间。旅游目的地内各旅游集散、居留、餐饮、游览、购物、娱乐等场所之间，同样具有明显的区域性。旅游交通的区域性特征，决定了必须搞好区域的外部旅游交通和内部旅游交通，才能保证旅游者“进得来、散得开、出得去”，从而推动旅游业持久稳定的发展。

三、旅游交通方式的构成与特点

根据交通工具、线路以及地理环境，可将旅游交通划分为航空、铁路、公路、水路等大众旅游交通方式和特种旅游交通方式等类型。各种交通运输方式根据其自身优势分工协作，优势互补，协调发展，共同构成现代旅游交通网络。

（一）航空旅游交通

航空旅游交通，是以机场为客运始终停靠站，以民用客机为主要运输工具，以航空线为客运线路的一种交通方式，主要从事远距离旅游运输活动，如国内大城市间旅游包机、专线旅游航班和国际定期航班运输等，是现代远程国际旅游最主要的大众旅行方式。

航空旅游交通的优点表现为快速高效、灵活便捷、安全舒适。据统计，民用客机的飞行速度一般为每小时800千米至900千米，是时速为350千米的高铁的2～3倍，是一般列车的6～7倍，是高速汽车的8～10倍，是轮船的20倍左右。飞机每天的飞行航班次数多，灵活性大，可根据需要调整班次，旅游者选择机会大。同时，飞机能跨越地面各种天然障碍，如海岛、高山、大洋、沙漠等，航线遍布世界各地。另外，在所有旅游交通方式中，飞机是事故率最低的交通工具。飞机的快捷和安全，符合了人们对旅游交通服务的心理需求，赢得了众多旅游者的青睐。在经济条件许可的情况下，特别是远距离的国内旅游和国际旅游，飞机是旅游者首选的交通工具。世界上35%的国际旅游者选择乘飞机旅行。缺点是只能完成点到点之间的交通服务，不能独立提供完整的旅游交通服务；投资大，空港占地面积大，用地条件高，运载能力有限，能耗大、运输成本高，因而价格相对较贵；噪音污染严重，对周围环境影响大；航班容易受气候条件的制约，班机延误、取消会影响到旅游者的行程安排。

虽然航空旅游交通存在一定的不足，但其优势是其他任何交通方式所不能代替的。航空运输为进行远距离的国际旅游和国内大、中尺度的旅游提供了前所未有的条件。有无航空条件是能否大规模开展国际旅游业的前提，是衡量各国旅游业发展水平高低的重要标志。

（二）铁路旅游交通

铁路旅游交通以火车站为客运站场，以列车为客运工具，以铁路为客运线路，主要从事中距离旅游运输活动，如在旅游城市之间开行旅游列车和假日列车等。铁路旅游交通是我国旅游者首选的交通方式。

铁路旅游交通优势主要表现为客运能力大、价格实惠；速度快，连续性强；受季节气候等自然条件的影响较小；安全可靠、环境污染小。缺点主要是建设投资大、占用土地多、受经济和地理条件限制不能短期修建延伸，周期长。仅仅为发展旅游业修建铁路，从经济原则讲是不可取的。另外，灵活性方面比汽车差，舒适性方面比飞机差。但近年来国内铁路部门专门开辟了旅游专列，促进了旅游业发展。随着既有铁路提速改造和高速铁路建设进程的加快，铁路运输速度和效率不断提高。在日本和欧洲，时速200公里至300公里的高速铁路已十分普及。经过六次大提速，我国骨干铁路快速列车最高时速已达到160至200公里之间，时速160公里及以上提速线路延展里程达到1.4万公里，时速200公里线路延展里程达到6 003公里。与此同时，我国高速铁路快速发展，最高时速可达到350公里，再加上旅游直达车的舒适、省时，也很大程度地提高了铁路在旅游交通中的地位。

（三）公路旅游交通

公路旅游交通以汽车站为客运站场，以汽车为客运工具，以公路为客运线路，主要从事短距离的旅游者运送和专项旅游运输活动，它是适于短途旅游的最普及、最重要的交通方式，该方式占各种旅游交通方式比重的65%～70%。世界上50%以上的国际旅游者、发达国家80%左右的国内旅游者乘坐汽车出游。

公路旅游交通运输的优点主要表现为有较大的独立性；对自然条件的适应力强；能随时停留，可以任意选择旅游点，深入到旅游点内部，把旅游活动从点扩大到面上，是铁路与航空运输的外向延伸；公路旅游交通路线的建设投资较少、占地少、施工周期短、见效快。因此，旅游公路交通在提供旅游服务，特别是近距离的旅游服务方面起着重要作用。缺点是运载量小，受气候变化影响较大，能耗大，大气污染严重，运行速度较慢。此外，受公路等级、交通管制、汽车性能以及驾驶人员素质等多种因素的影响，旅游公路运输的舒适性和安全性相对较差。

（四）水路旅游交通

水路运输以港口为客运站场，以船舶为客运工具，以水上航道为客运线路，主要从事船运航线和轮渡、游轮及其他水上交通服务。水路旅游交通方式包括功能和特点反差极大的两种基本类型，即水上客运和水上游览。前者以运送旅游者为主要功能，运输优势是价格低廉，劣势是速度慢、舒适性差；后者以观光、度假为主要功能，优势表现为豪华舒适、安逸浪漫，劣势主要是速度慢、价格昂贵。

水路旅游运输的优点表现为运量大、耗能低、投资少、票价低、占地少。另外，水路旅游运输的突出优势是悠闲舒适，旅游者可以在航行中慢慢欣赏沿途风光，这种融旅与游于一体的特点是其他交通方式无法比拟的。其缺点表现为航行速度慢，受季节、气候、风浪等自然条件影响较大，准时性、连续性和灵活性等方面存在较大的局限性。

（五）特种旅游交通

在经济快速发展的今天，人们对相应的旅游业的设施设备的要求不断地提高，人们开始追求有视觉美感、新奇的交通方式，而特种旅游交通迎合了人们追求新奇、刺激的想法。

特种旅游交通方式类型繁多，从其适应的地理条件可分为：平地（黄包车）、坡地（旱地雪橇）、沙漠（骆驼）、草原（勒勒车）、雪地（雪橇）、水上（羊皮筏）、水下（观光潜艇）、空中（热气球）等类型。从历史沿革上可分为传统型和现代型，如传统的独木舟、马车、竹筏、人力车等；现代的如索道、缆车、气垫船、热气球、潜艇、太空船等。从主要功能上可分为客运、观光、娱乐、健身、经济等类型，如以客运车为主的水翼船、以观光为主的索道、以娱乐为主的仿古游船、以健身为主的自行车、以竞技为主的皮划艇等。

特种旅游交通方式的客运时间、客运工具、客运线路是多种多样、无统一固定的模式的，主要从事游览性的运输活动。其优点主要表现在类型繁多，在功能上千差万别，能够满足旅游者求新、求奇、求特、求异的多样化特殊游览目的；具有极强的参与性，多数可由旅游者亲自驾驭并从中得到独特、刺激的体验经历；游览性强，文化含量高，具有浓厚的民族、地方或科幻色彩，能够满足旅游者怀古和探知未来的特殊需求。其缺点表现为因其所受局限性多，普及程度一般较低；受自然地理条件的限制，灵活性差、客运功能弱，除特种现代方式如磁悬浮列车等外舒适性也差。（如表 2－1）

表 2－1　各种旅游交通方式的优势和劣势对比

类　型		运距	运速	运价	舒适性	游览性	灵活性
旅游公路		短	低	低	中	良	优
旅游铁路		中	中	中	良	中	良
旅游航空		长	高	高	优	差	中
旅游水运	一般	中	低	低	差	良	中
	远洋游船	长	低	高	优	优	差
特种旅游运输	一般	短	低	低	差	优	差
	高科技运输	短	高	高	良	优	差

四、影响旅游者选择旅游交通方式的因素

旅游者交通出行需求、动机和目的丰富多样。旅游者主观方面的因素如外出旅游的目的、时间价值观和个人喜好以及旅游目的地客观方面的因素，这些都会影响旅游者对旅游交通出行方式的选择。

（一）旅游者的收入水平

旅游者收入水平的高低是影响旅游者选择何种旅游交通工具的决定性因素之一。收入水平不仅直接决定着旅游者的消费能力，而且直接影响其消费观念和消费结构的变化。如果把旅游者收入水平和旅游交通运输工具对应起来比较的话，一般成正比关系，也就是说收入高的旅游者，多数会选择价格高的飞机、高铁或豪华游轮；与之相对应的是，收入低的多数会选择火车或者汽车。

（二）旅游时间与旅游距离

旅游活动是特定情境下的一种活动。旅游者在从事这一活动时，对时间的知觉是很敏感的。时间是经济活动的主要投入要素之一，因而它是具有价值的。旅游时间的价值直接影响着旅游者花费的多少。国内很多学者都倾向于用“一快、二慢、三准时”来描述旅游者对时间的知觉，即“旅途要快、游览过程要慢、旅游活动安排要准时”。因此，越在乎出行时间价值的旅游者会更多地选择航空或铁路来节省旅行时间，增加游览时间价值；与此相反，对旅游时间知觉不敏感的旅游者更多地会选择公路或者水路。另外，旅游时间还有一层含义就是旅游者用于旅游的时间，如果旅游时间比较充足，一般会选择铁路和水路；如果旅游时间比较紧张，一般会选择航空和高铁。

旅游是个人主观愿望与旅游地距离阻力斗争的结果，距离是影响旅游者决策的重要因素。旅游距离同样也是影响旅游者选择旅游交通方式的主要因素之一。相关研究表明，如果不计时间因素，旅游距离代表着旅程费用和旅途不适、疲劳。因此，长距离的旅游目的地多选航空或铁路；短距离、沿途游览一般选择公路或者水路。

（三）交通价格和旅游费用

交通价格和旅游费用是一般旅游者选择交通工具的主要考虑因素之一。如果一个旅游地可达性高，那旅游者就可

以有多种选择：航空、铁路、公路等。在此前提下，旅游者主要考虑的就是交通价格和旅游费用问题。如果旅游费用充裕，更多地会选择飞机、高铁等；与此相反会选择普通火车或者游轮等。如果交通方式价格改变，可影响到旅游者的选择。

（四）旅游者的旅游偏好和旅游经验

选择行为基础研究结果表明，个体的选择常具有一定的偏好。这里的偏好是指人总是优先选择某方案的特性。旅游偏好是建立在旅游者极端肯定基础之上的一种针对态度对象的行为倾向。旅游偏好在旅游者选择旅游交通服务时同样存在。例如有些旅游者对某种出行方式情有独钟，外界任何因素的改变，都不会影响其出行方式的选择。同样，旅游者的旅游经验也会影响旅游者对旅游交通方式的选择。旅游经验丰富的旅游者，往往会根据以往的旅游经历选择常用的旅游交通方式，在此种情况下，其他影响因素对其决策影响不大。

（五）旅游者的人格特征

人格，又称为个性，是一个人在其社会实践活动中经常表现出来的，比较稳定的，带有一定倾向性的个体心理特征的总和。它是一个人区别于他人的独特的心理面貌。旅游者的人格特征会直接影响其选择怎样的旅游交通服务或交通工具。十分活跃、自信和爱思考的旅游者一般会选择飞机；不爱思考、不活跃、冷漠、不善交际、忧郁、依赖性强、情绪不稳定的旅游者一般会选择火车或汽车；依赖性强、忧郁、敏感、好争吵、不善自我克制、对他人怀有敌意的一般会选择旅行车辆。国外许多旅游者喜欢驾驶旅行车辆旅游。这些旅游者特有的人格特征就是他们喜爱户外活动，体力充沛，爱好体育运动，但他们内向，不善于交际，较为保守。他们的生活方式往往以住房家庭为中心，把购买的旅行车辆看成是住房的延伸，围绕旅行车辆可进行一系列家庭活动。

【任务拓展】

①对本省旅游交通方式的类型和主要优缺点进行分析，另外，现场调查当地著名景区有哪些特种旅游交通方式，旅游者对其反应如何，有哪些需要改进的地方。

②通过学习影响旅游者选择旅游交通方式的因素这一知识点，分析旅游者对旅游交通方式选择偏好以及旅游交通方式如何改变旅游者的旅游决策。

③根据本省或当地的旅游资源特色，设计一条多种旅游交通方式连接的专题性旅游路线。

【任务反馈】

作为一家旅行社经理，目前主要负责古镇专项旅游产品路线的开发，针对这一项目，该如何合理安排此专项旅游产品的旅游交通和旅游路线的设计。

释疑：在这种情况下，大家还需要了解旅游路线的概念。旅游路线是指旅游经营者针对旅游客源市场的需求，利用交通工具，遵循一定的原则，将若干旅游地串联起来，专为旅游者开展旅游活动而设计的游览线路。旅游路线设计中，旅游交通起着一种桥梁作用，它使旅

游者的旅游活动得以衔接和完整实现，是旅游路线的交通媒介。

活动二 旅游者对旅游交通服务的心理需求

【案例聚焦】

案例二 小张是一名学生，准备利用暑假的时间，前往桂林进行自助旅游，他选择坐火车前往，因为火车价格便宜，在旅途当中，还能认识很多志同道合的年轻朋友。小郭是一家公司的营销经理，因为旅游时间有限，他选择乘飞机前往。这样不仅可以给自己充足的游览时间，同时飞机座位舒适，环境安宁，安全系数高，另外还能享受到空姐的贴心服务。

请问上述案例中的小张和小郭分别反映了怎样的旅游交通服务心理需求？

【任务执行】

从上面的案例二可以看出，旅游者对于旅游交通服务的心理需求是多层次、多样化和多方位的。人们外出旅游是为了放松自己而得到物质和精神的快乐享受。所以，旅游是一种“追求快乐的旅行”，要在旅游的全过程中尽情享受。人们不仅把旅游交通看作是到达目的地的一个手段，同时还把它作为整个愉快旅游的一个组成部分。

下面就来讨论一下旅游者对旅游交通服务有哪些最普遍的心理需求。

一、安全的需求

安全需要是旅游者最基本，也是最关切的心理需要。马斯洛的需要层次理论认为安全需要是人们生理需要得到满足后最基本的一种心理需要。旅游者对旅游交通服务同样也有“安全”的心理需求，而且是作为一种最为关注的首要需求。只有在满足了基本的心理需求的前提条件下，人们才会有旅游的可能。

安全是旅游活动的前提，可以说，没有安全就没有旅游。旅游包括“旅”和“游”，只有保证旅游者旅途中“一路平安”，不发生任何交通意外事故，才能使其充分享受旅游活动的乐趣。

据统计，国家旅游局接到各类旅游安全事故中，仅旅游车引发的安全事故就占了旅游安全事故总量的70%。旅游交通安全事故已经成为旅游安全的最大隐患，旅行社和导游人员都要引以重视。

二、舒适的需求

旅游是一种高层次、全方位的审美活动。旅游者在旅游活动中的消费属于享受型消费。在现代旅游活动中，人们已经逐渐放弃“吃苦饱眼福”的旅游观念，转向追求舒适和快乐的新旅游方式。这种舒适和快乐不仅仅是局限于旅游目的地，而是贯穿于旅游活动全过程，自然也包括对旅游交通舒适的需要。

人们休闲外出旅游是为了放松自己而得到身心的快乐享受；旅途“舒适方便”的交通服务，正是迎合了这种生理和心理需求。旅游交通服务不仅要为旅游者提供“行”的方便，而且也要为旅游者提供“行”的舒适和快乐。在日本，坐火车旅游是最受欢迎的一种方式：既有高速的新干线，也有一些特色的旅游列车。日本的一些旅游列车采用面向车窗的座位设计，使旅游者能更好地观景；车窗玻璃通过先进的技术处理，使旅游者即使在列车高速行驶时，也能看清楚四周的迷人景色，不会晃眼。

三、快捷的需求

在旅游活动中，旅游者通常认为“旅”是到达旅游目的地的条件，“游”才是目的，故旅途时间常被旅游者认为是无意义、枯燥乏味的。特别是长距离的旅途，容易引起身体和情绪的疲劳，因此，旅游者对旅游交通服务常有“方便快捷”的生理和心理需求。当旅游交通不便捷而又没有其他的旅游刺激因素时，旅游者常常可能因此产生厌烦的情绪体验和疲劳的生理体验。因此，旅游者在旅行过程中，对时间的知觉就是旅游要快，即“旅宜速”。

目前，中国多节点、网格状、全覆盖的综合交通运输网络已经初步形成，“五纵五横”综合运输大通道基本贯通。京沪高铁、宁杭客专、宁安铁路、宁启铁路复线电气化改造、海洋铁路、丰沛铁路、宿淮铁路等 7 个项目相继建成通车，特别是京沪高铁和宁杭客专的开通，展示了高铁诱人的前景，极大方便了沿线人民群众出行。根据国内中长期铁路发展规划，到 2020 年，中国 200 公里及以上时速的高速铁路建设里程，将占世界高铁总里程的一半以上。届时，全国各大中城市间基本可以实现 1 000 公里左右“朝发夕归”，2 000 公里左右“夕发朝至”。这一系列旅游交通服务设施的高速化正是为适应旅游者的时间知觉，满足其节省时间及要求交通服务“快捷”的生理和心理需求。

四、准点的需求

在旅游活动中，时间通常被分为旅途时间、游览时间、用餐时间和休息时间等。由于旅游交通带有严密的连贯性，前一站的误点和滞留要影响下一站的活动。如果旅游交通服务不能按计划要求准时运行，提前或推后都会打破旅游者的心理平衡。这会导致旅游者产生烦躁感，继而会发展成不安、不满、反感、恼怒的情绪体验，甚至会达到无法容忍的地步。它有时会直接损害旅游者的事业或健康，影响旅游活动的开展。所以，旅游者对旅游交通服务普遍具有“准时”的心理需求。这种需求是人们计划旅游活动内容，保持正常的生活和工作节奏的基本需要。

五、经济的需求

经济是在一定的需要满足程度之下，使付出的费用和时间最少。旅游者无论经济收入条件如何，都希望能花最少的钱享受最舒适和最便捷的交通工具，希望旅游交通部分有更多的可供选择的交通工具和价格，如有的旅游者选择淡季出游以此来减少旅游交通的投入，或者提前购买特价票、打折票、优惠票等；能乘火车的话就乘火车而不坐汽车或者飞机，能徒步的就不乘坐旅游景区交通工具等方式来节省交通费用。旅游费用主要包括交通费用、住宿费用、景点费用、购物费用等。交通费用在其中占有比较大的比重。许多旅游者认为把钱花在交通上还不如把钱花在旅游景区门票或者旅游购物等方面，所以，大部分旅游者希望选择物美价廉的交通工具。

【任务拓展】

①通过了解旅游者的心理需求，结合对旅游条件的知觉提出一些改进旅游交通服务的对策，为旅游者提供优质的、

全方位的服务。

②调查游览当地著名景区的旅游者，分析有哪些新的交通服务心理需求。

【任务反馈】

在学习了旅游者的旅游交通服务心理需求后，请来看下面的案例三。

案例三 2011年3月份的某一天，首都航空在北京至丽江的航班上，客舱中放起了Lady Gaga的音乐，空乘们跳着动感十足的舞蹈向乘客进行安全示范。音乐刚开始，乘客们都感到惊讶，但是随着乘务员拿出道具进行安全演示，有的乘客开始随着音乐鼓掌，有的乘客更是在座位上舞动起来。乘务员演示完毕，向全体乘客鞠躬，客舱内立刻响起了热烈的掌声。

空乘的安全示范为何受到乘客的欢迎？

释疑：从这则案例中可见，航空公司在针对旅游者服务过程中，开始转变服务观念，从原先单调地进行安全演示，转变为跳起动感十足的舞蹈向旅游者进行安全示范。这种特殊的呈现形式不仅使得枯燥死板的安全示范内容变得有趣、鲜活，便于旅游者真正学习和理解，减少空中的安全隐患；同时，还能带给旅游者旅行的舒适、快乐和美的享受。旅游是一种高层次的精神活动，因此，在经济条件许可的情况下，旅游者对交通的需求总是追求舒适，希望提供设备齐全，舒适平稳，便于休息和游览的交通工具；精神方面，希望在旅途中得到文明礼貌、热情周到、人性化的旅行服务。

活动三　旅游交通服务的心理策略

【案例聚焦】

案例四 2018年1月25日下午，在北京南站第一售票处的售票窗口打出“停运列车退票窗口”的电子屏提示，前来退票的乘客在窗口前排队退票。为了尽快疏散排队退票的旅客，售票和客运工作人员加班加点。工作人员拿着喇叭在退票队伍中不停地广播相关的退票政策。

从北京南站获悉，受多地降雪影响，北京南站部分始发列车停运，主要方向有徐州、上海、杭州、福州、黄山等地。针对这一情况，车站立即启动应急预案，增加现场服务保障力量。售票组织方面，北京南站迅速根据列车停运情况和旅客需求，调整售票窗口功能，共开设了38个退票窗口，方便旅客集中办理车票改退手续。同时，车站还加大售票厅前和自动售票区的宣传帮扶力度，引导购票旅客使用自动售票机办理购票业务。客运服务方面，车站在咨询台、检票口、爱心服务专区等重点区域加派工作人员，加强宣传引导，及时解答问询，安抚旅客情绪。同时，车站还加大站内广播频率，通过电子显示屏、车站官方微博以及广播电视等媒体，公布列车停运信息，方便旅客及时更改行程。

从案例四当中，我们可以看到，北京南站面对天气突变的情况，能够及时准确地拿出应急预案，做好充分的应急客运服务。下面我们就来了解一下旅游交通服务。

【任务执行】

一、旅游交通运行安全化——加强安全防范工作

安全是旅游交通服务最基本的工作。人类机体本身就有追求安全的机制。旅游交通服务最重要的工作内容就是要采取一切有效的措施，防止交通事故的发生，确保旅游者的安全。

（一）强化安全责任意识，严格落实旅游安全责任

“没有安全，就没有旅游。”旅游交通部门可以通过多渠道对旅游者加强交通安全的宣传和教育，丰富旅游者旅行安全常识及增强旅游者自身交通安全的保护意识。旅游交通服务企业需要强化安全责任意识，严格落实旅游安全责任，将旅游安全管理工作作为工作的重中之重，放在头等重要的位置。另外，要进一步强化旅游安全责任制，按照“谁经营、谁负责”的原则，确保安全责任落实到每个环节、每个岗位和每个职工上。

（二）落实旅游交通安全细节，加强旅游交通设施的检查制度

旅游交通服务企业要切实加强对旅游者运送车辆的安全管理，确保使用有旅游运营资质、车况良好、有充足保险保障的车辆和技术娴熟、熟悉路况、身体健康的驾驶员，坚决杜绝使用手续不全、证照不符、安全要求不达标的车辆；针对天气和行车路线等特点，做好行前准备和安全检查，强化危险路段和恶劣天气情况下的行车安全防范；加强对司乘人员的安全培训和教育，坚决杜绝驾驶员带病行驶、超速行驶、疲劳驾驶等违法违规行为。另外，旅游景区需要经常检查旅游车辆、游船、缆车、大型游览游乐设施的安全状况。做到旅游交通安全“三结合”的检查方式，即单位自查与行业检查相结合、全面检查与突出重点相结合、督促检查和推进整改相结合。

（三）完善旅游应急预案，全面开展安全知识技能培训和应急演练

所有提供旅游交通服务的旅游企业要不断完善旅游交通安全管理制度，建立健全旅游交通安全应急预案、旅游交通安全预警制度、重大安全隐患备案制度，推进旅游交通安全管理工作的制度化、规范化、科学化进程，提高旅游交通安全管理工作水平，切实提高应急救援水平。

二、旅游交通服务设施的现代化——加强硬件建设

随着社会经济的发展，交通工具和交通设施也越来越先进，旅游交通部门应尽量改进交通工具，完善交通配套设施。“工欲善其事，必先利其器”，所以，要提高交通服务质量首要的是要加强硬件建设，改善交通服务设施。

完善的旅游交通硬件环境，首先，要有合理的旅游交通线路设计，即要设计和规划安全、高效、四通八达的铁路、航线、公路网，能够保证旅游者“进得去，出得来”。其次，要具备完善的基础设施。基础设施包括公路、桥梁、隧道、航道、铁路、车站、机场、码头等设施。要依据地理条件对基础设施进行合理的规划和布局，同时增加基础设施的安全性和适应性。最后，要具备适宜的交通工具。在旅游过程中选择与旅途相适应的交通工

具，尽量安排多种或特种旅游交通方式，给旅游者体验不同交通方式的乐趣，另外要提供现代化的交通工具满足旅游者求舒适的心理需求。现代科技的发展促进现代旅游业的发展，而旅游业要发展，交通是至关重要的条件。只有改进交通设施设备，促进旅游交通的现代化发展，旅游业才有可能发展。

三、旅游交通服务的人性化——加强软件建设

旅游交通服务是为旅游者提供的一种服务，是对客服务中的一种。旅游者千差万别，要想提高旅游者的满意度，旅游交通服务就应该体现人性化服务。具体来说，旅游交通服务人员应具备人性化的服务技能和良好的职业心理素质。

（一）人性化的交通服务方式

越来越多的旅游交通企业开始意识到交通服务人性化决定旅游者的满意度，他们通过培育人性化服务来提升竞争力。人性化是表现旅游交通企业提供独特服务质量和水平的窗口，也是最容易形成口碑效应的。它要求旅游交通企业以一种精益求精的精神，超出一般的行业标准和服务理念，将微小的细节做到完美。例如，日本的火车便当非常丰富、精美、可口。这种在日本冷食文化基础上发展的便当不仅易于储存，且经过精心设计，形形色色，每一种都能够代表某一途经之地的物产人文风土，令旅游者对日本火车旅行产生浓厚的兴趣。

人性化服务的提供，贯穿于旅游交通服务的每一个层面，它往往在不经意间完成，却能给旅游者更多的关心与满足。凡此种种，都是在服务细节上下工夫，注重情感投资，突出服务的个性，力求在细微之处见真情。

（二）良好的职业心理素质

1. 过硬的知识技能

为确保旅游者生命财产的安全，必须加强对旅游交通服务人员的安全教育，强化安全意识，提高安全操作技能、服务技能，对交通工具、基础设施进行严格的维护与检查，加强安检。

2. 高尚的情感品质

高尚的情感品质是提供优质服务的前提，具备高尚情感品质的服务人员，要有顽强的毅力、高度的责任心、丰富的情感，能真心诚意地关怀旅游者，服务时才会体现出浓浓的人情味。

3. 敏锐的观察能力

思维敏捷的服务人员能主动察觉旅游者的需要，并及时提供体贴入微的服务，正所谓“想旅游者之所想、急旅游者之所急”，能机敏和果断地判断、分析、处理各种事件，使服务更有针对性。

四、旅游交通服务的系列化——建立“一条龙”服务体系

为了使旅游者感到更方便快捷，旅游交通部门应建立“一条龙”的服务体系。“一条龙”的服务体系是在旅游者联合运输的基础上延伸和发展起来的，它使单一化的服务向多层次、多功能、全方面发展。

“一条龙“服务体系特色主要体现在两个方面：第一，全程联网。旅游交通不仅包括大区域之间的旅游交通，同时还包括小区域间的旅游交通。以往，大小

区域之间无法实现联网交通，给旅游者增加了很多麻烦。“一条龙”服务体系能够把旅游线路上的各个交通联络点很好地串联起来，为旅游者服务。例如，“一条龙“服务体系统一客票、一次购票、一票到底的特点，使旅游者在中转地能及时换乘，简化了手续。第二，全面协调。由于“一条龙”服务体系涉及不同的接待服务部门和各种交通工具，其中任何一个环节出现问题，都会引起一系列的连锁反应，影响到旅游者的正常活动，所以“一条龙”服务要求接待服务和交通工具等方面在时间上要进行科学地安排、周密地计划，将食、住、行、游、购、娱各环节有机地衔接起来。在旅游者入境、游览直至出境的全过程中，在民航、铁路、车船队、酒店、景区景点等部门之间要做好大量的组织联络和协调工作，努力把突发性事件给旅游活动造成的影响减少到最低限度。另外，全面协调还体现在“一条龙”服务体系要求旅行社、旅游交通部门、景区景点、餐饮、娱乐等各部门相互配合、协调一致，强化质量意识和服务意识，在政府有关部门的监督指导下，加强日常的自检、互检、专项检查，优化整体素质、减少内耗、简化手续，使旅游者的旅途安全、舒适、准时、便捷。

【任务拓展】

①如何提高旅游者对旅游交通服务的满意度？

②调查当地知名旅游交通企业采取了哪些改进旅游交通服务的措施并加以分析，提出自己的一些意见和看法。

【任务反馈】

在学习了旅游交通服务心理策略后，请阅读下面的这则材料。

南京汽车客运南站自2011年6月投运以来，一直给旅客朋友们带了极大的方便。通过采用物联网等高科技手段，给乘客带来全新的乘车体验。如，借助于智能售检票系统，南京汽车客运南站可以提供9种售票方式：在车站入口窗口买票、在市内代售点买票、网上购票、短信购票、电话订购票、流动售票、自助式售票、手持式移动设备购票以及身份证电子客票。如果想购买电子客票，只需登录“南京道路客运综合服务网”注册、选票、支付便可完成。旅游者不用专门跑到车站取票，二代身份证就相当于车票。用手机购票的旅游者，也可以选择手机短信的方式，联网售票中心会把一条带有二维码的短信发送到绑定手机上，这就是电子车票。

不少旅游者都有这样的体会，车晚点了，在候车厅干坐着，不知道车什么时候来，不敢轻易离开座位，想去趟厕所都不放心。在南京汽车客运南站，这些问题迎刃而解。所有进入南站的班车，均装有GPS卫星定位系统，南站通过物联网传感技术，可动态采集周边区域30公里范围内的班车运行信息，当班车晚点时，可通过预判提前通知旅游者晚点信息。南京汽车南站的信息诱导系统还纳入了与铁路、民航的信息交互系统，比如乘坐汽车来南京换乘飞机，在南站的大屏幕上就可看到当天飞机航班起落时间等信息，这样，对于以何种交通方式赶去禄口机场乘客就会做到心里有数。

南京汽车客运南站为何能受到广大乘客的好评？

释疑：从这则材料中，我们可以发现南京汽车客运南站为了提高它的优质服务，在车站硬件设施和软件建设上进行了改善，如车站购买了多台自助式售票机，方便了旅游者，也减轻了人工售票的压力；借助了智能检票系统，提供9种售票方式；通过物联网传感技术，可动态采集周边区域30公里范围内的班车运行信息，提前预知突发事件，实施应急预案；依靠信息诱导系统与铁路、民航的信息全程联网，最大限度地为旅游者提供便捷的服务。南京汽车客运南站这种人性化的服务方式，方便了旅游者，同时也给自己留下了好的口碑。

任务四　旅游购物服务心理与实务

【任务目标】

购物是旅游活动的重要组成部分，旅游者能否买到称心如意的旅游商品，是影响旅游效果的重要因素之一，而旅游商品的销售又是影响旅游企业经济效益的重要因素。因此，为了做好旅游商品的生产和销售，更好地为旅游者服务，我们必须研究旅游商品的基本理论和旅游者的购物动机，研究旅游者对旅游商品的心理需求，研究如何通过有针对性的心理服务使旅游者的购物心理得到充分满足。

活动一　旅游商品的定义和属性

【案例聚焦】

案例一　云南省石林彝族自治县的撒尼服饰最初以一种当地居民必需的生活用品进入商品市场，如今已作为一种旅游商品陈列在大大小小的商店里并远销海内外。在撒尼文化中，尤以撒尼人绚丽多彩的服饰为亮点，撒尼妇女的花包头是引人注目的精美艺术品，包头以红、绿、蓝、紫、黄、青、橙七种颜色的丝绸配制，边沿钉有银泡，两侧坠有“彩蝶”，后垂一对串珠，末端系银铃缨穗，走起路来，银铃撞击作响。姑娘们的上装袖子用彩色丝绸布镶嵌两道宽花边，左襟边沿用紫红或黑色绒布镶牛鼻子形纹宽边，背部披一块以黑绒布作外壳的小羊羔皮，肩挎绣花包，腰系花围腰，腰带系于身后，下装为自制布裤，鞋子是绣花布鞋，节日或赶集的日子，鲜艳的撒尼服装将石林点缀得绚丽多彩。热情好客的撒尼人毫无保留地向旅游者展示着丰富多彩的撒尼文化，其节庆、婚俗、生活习俗、农家乐及各种活动吸引了众多中外旅游者到此观光游览，与此同时，代表撒尼文化的服饰也成为最受欢迎的旅游纪念品。

请问为何撒尼服饰既是普通商品又是旅游商品？

【任务执行】

如案例一所述，旅游商品与普通商品并无明显区分，而是呈亦此亦彼的关系。划分这样的一件商品是普通商品还是旅游商品，只能根据特定的环境和购买对象来决定。在撒尼服饰被当地人需要而购买时，它仅仅是一件普通商品；而在它进入了旅游商品市场，被旅游者购买时，显然成为一件旅游商品。下面就来学习一下旅游商品的定义和属性。

一、旅游商品的定义

旅游商品是指旅游者在旅游过程中所购买的物品，是实物性商品，具有完整的物体形态和旅游目的地特色。这些商品一般具有纪念、欣赏、保值、馈赠意义或实用价值。旅游者的购物活动是旅游过程中的一个重要组成部分。

同产品一样，旅游商品也由以下三个部分构成。

（一）核心部分

向旅游者提供的实物商品，如旅游者购买的一件南京云锦。

（二）外形部分

旅游商品的质量、价格、品牌、声誉等，如旅游者购买的这一件南京云锦的质量、款式、品牌、价格等构成了旅游商品的外形部分。通过这些因素，体现南京的地方特色。

（三）延伸部分或附加部分

提供给旅游者的附加利益或优惠条件，如旅游者购买这件南京云锦时经营者所提供的优质服务、折扣、信用保证、信息反馈等。

二、旅游商品的属性

（一）旅游商品的物质属性和精神属性

旅游商品的有用性是旅游商品使用价值的基础，旅游商品的各种自然属性又是形成商品有用性的物质基础。作为一件完美的旅游商品必须包含物质和精神两种属性，一方面要真正充分满足旅游消费者的物质需求，另一方面要满足旅游消费者的精神需求。作为旅游商品，应该成为旅游者游览活动过程的延伸和旅游印象的物化，能够吸引旅游者足够的注意和浓郁的兴趣，从旅游者求新、求奇、求异的角度，由追寻旅游商品的历史渊源、文化内涵、高科技含量等开始对名、特、优的旅游商品产生购买冲动。

（二）旅游商品的社会属性

旅游商品的存在是为满足旅游者的需求及旅游市场需求。如果只有旅游商品，而没有旅游消费者的需求和旅游市场的需求，那么，旅游商品的有用性就没有任何意义。不过，仅仅停留在人和商品这一层次上，还不足以说明旅游商品的本质属性，因而，还要深入到需求和功能上。旅游商品的变化是因消费者及市场环境需求的不同而变化，这体现了商品和消费相互作用、相互影响、相互接近的过程，使旅游商品的有用性得以实现。要在实际旅游消费中认识商品本身的影响或生产需求，并且提供商品的未来模型，按旅游消费者不断发展的需求创造出更好更多的旅游商品。产生新的旅游需求，开发新的商品，以此来满足旅游消费者的需求，同时又影响和引导旅游消费者的需求观念，这是一个旅游消费者与旅游商品社会需要不断循环的螺旋上升模式。

（三）旅游商品的特殊属性

1. 地方性和民族性

地方性是体现旅游商品特色的关键，地方性越强越能给旅游者留下长久的回忆，其纪念意义就越深远。它主要表现在地方性的原材料、地方性的设计、地方性的文化内涵、地方性的艺术风格和地方性的包装上。地方的民族特征，反映一个国家、一个地区、一个民族文化特征的商品，是许多旅游者所推崇向往的。旅游活动是一种异地文化的享受，具有鲜明的地域特征，而旅游商品必然与此种属性相适应，因此具备旅游目的地文化特征。反映中华民族特征的中国字画、景泰蓝、陶瓷、丝绸，之所以成为中国长盛不衰的旅游商品，就是它强烈地反映了中国这块国土和她所孕育民族的传统和现代文化，给人以艺术享受、知识熏陶。

2. 纪念性

旅游活动是一种精神享受，旅游购物是游览过程的延伸和旅游印象的物化，旅游商品在时间和空间上显示旅游目的地的标志，如名山、名水、名园林、民风、民俗、民族情，都可以引起旅游者对旅游目的地的怀念，给旅游者留下美好的回忆。有些旅游者追求旅游商品的可收藏性，更是深层意义上的纪念性的体现。它反映一个国家、一个地方、一个民族历史的值得人们收藏的物品，除具有文化特性外，同时具有包括纪念性在内的“三性”甚至“四性”（珍藏性、观赏性、实用性和纪念性）的旅游商品也不在少数。

3. 艺术性

旅游商品的艺术性所包含的内容是相当广泛的，简单地说，旅游者对旅游商品艺术性的要求是新颖、精致、美观，能给人以美的享受。旅游商品的艺术性体现在珍贵的材料、精致的做工和高超的艺术三者巧妙的结合，三者达到和谐统一才能成为艺术珍品。

4. 时代性

旅游是人们追求精神和物质享受的一种消费活动，具有鲜明的时代气息，旅游商品追随人们这种消费活动的时代步伐而具有时代性。随着高科技渗透到生产和生活的方方面面，许多旅游商品显现出高科技的时代特征，不断更新换代，三年五载款式大翻新，如景泰蓝已渗透到制作诸如钥匙扣、指甲刀、圆珠笔、放大镜、吉祥物等各种日用品中。

5. 实用性

实用性是指旅游商品应具有旅游者使用和消费的功能，做到旅游商品的实用化，能够满足旅游者的各种需求。要做到这一点，必须根据市场需求确定旅游商品发展目标，因地、因时、因人制宜。

6. 方便性

旅游者在旅游目的地停留的时间是短暂的，不可能有较多时间来购物，因而，包装精美、小巧玲珑的商品容易引起旅游者的注意，而且由于旅途劳累，为避免增添旅游者的负担，商品不宜重、大、笨、粗，而宜小型化、轻便化，独立包装，以方便携带。

7. 环保性

在地球环境不断恶化的今天，人们对环境和资源的忧虑逐渐转化为消费过程中的一种自律行为，更加倾向于适度、无污染、保护环境的绿色消费，绿色需求意识在世界范围内已经逐渐兴起。

【任务拓展】

①列举各种旅游商品，让学生分析

其具有的属性。

②结合实际，列举像撒尼服饰这样的旅游商品。

【任务反馈】

在我国，旅游购物多年来一直是旅游六大要素中最薄弱的环节，为什么呢？

释疑：造成这一现象的原因主要有：旅游商品花色单一、品种单调，缺乏特色；旅游商品制作粗糙、质量低下，难以引起旅游者的购物兴趣；旅游商品装潢和质量差距过大，价值与价格相背离；旅游商品高低档两极分化，国际国内市场不能兼顾；旅游商品开发缺乏专业人才，科研力量薄弱。

活动二　旅游者的购物心理

【案例聚焦】

案例二　东京迪士尼乐园，一对老夫妇抱着一个特大号毛绒米老鼠玩具走进餐厅。虽然平日里可以见到很多狂热的迪士尼迷，但眼见抱着这么大毛绒米老鼠的老人走进餐厅还是第一次。服务人员走到他们身边与他们打招呼："这是带给小孩的礼物吗？"老妇人略显伤感地答道："年初小孙子因交通事故去了。去年的今天带小孙子到这里玩过一次，也买过这么一个特大号的毛绒米老鼠，小孙子高兴的样子怎么也忘不了。抱着它就好像和小孙子在一起似的。"听老人这么一说，服务人员赶忙在两位老人中间加了一把椅子，把老妇人抱着的毛绒米老鼠放在了椅子上。然后，又在订完菜后，在毛绒米老鼠的前面也摆放了一份刀叉和一杯水。两位老人满意地用过餐，临走时再三地对服务人员说："谢谢，谢谢！今天过得太有意义了，明年的今天一定再来。"

请问案例中的服务人员抓住了老夫妇什么样的购物心理来进行服务的？

【任务执行】

在越来越丰富的旅游商品面前，旅游者的消费需求和购物心理是千差万别的。不同旅游者有不同的购买需求，同一消费者在购买不同商品时，其购买动机和行为也会发生变化。案例二是一个特殊的例子，显示出以下三点：老人购买毛绒米老鼠是出于纪念性动机；当时小孙子所选的毛绒米老鼠是迪士尼乐园中最具有代表性和特色的物品；服务人员为老人提供了"有心服务"。下面就先来学习一下旅游者的购物动机。

一、旅游者的购物动机

（一）纪念性动机

旅游者外出旅游除了要放松身心还要让自己的旅游经历通过旅游商品进行物化。这种动机非常传统和典型，持有此种动机的旅游者人数所占比例也较大，主要指旅游者对旅游地具有民族特色、地方特色及审美价值和纪念价值的旅游商品兴趣深厚，并购买它们作为自己曾到过某地旅游的纪念、凭证或者收藏品，用以表明旅游者的旅游经历，体现自己与未进行过这种旅游活动的人在经历和地位上的不同。例如，到南京买云锦、雨花石，到苏州买双面绣，到福建买铁观音茶等。

（二）馈赠性动机

人们外出旅游时购买的旅游商品，除了留作纪念外，还有一个重要的动机就是为赠送他人。在中国，无论是亲人之间、朋友之间，还是同事之间，人们外出旅游归来之后都要送给对方一些从旅游地购买的商品，以增进彼此之间的情谊，甚至还能满足一些人的炫耀心理，这是一种风俗习惯。

（三）新奇动机

对新奇的追求是人们好奇心的表现。在旅游购物中，好奇心也起到一种导向作用。买到新奇的旅游商品是旅游活动的一个组成部分，是旅游活动的一个目的，也是旅游活动成功的一个标志。各地商品消费的习俗不同，商品消费的环境不同，在旅游过程中体验商品消费新方式和环境，可以满足旅游者的好奇心和对新事物的渴望。旅游商品一般具有浓厚的地方特色和民族特色，这种新异刺激具有巨大的吸引力，它能自然地引起人们的注意和直观兴趣，从而满足旅游者探新求异的需要。在购买旅游商品时，具有这种动机的旅游者特别重视商品的外观、造型、款式等，追求新奇和与众不同；对落后、陈旧的旅游商品不愿问津，也不太重视商品的实用和贵贱。这些旅游者大部分是城市旅游者和青年，经济条件较好，富于幻想，思想解放，容易受广告宣传的影响。

（四）求利动机

这是旅游者在购买旅游商品时，由于旅游地某种商品价格较低而产生的购买动机。众所周知，相同或相似的商品在不同的国家、不同的地区、不同的城市常常会有不同的价格。如果旅游地某种商品的价格明显低于旅游者居住地的价格，人们一般就会在旅游地购买该种商品。比如，香港的化妆品价格较低，因此许多人到香港旅游或出差，就会买许多回来，甚至给朋友带。还有的外国旅游者在中国廉价买到的古玩、工艺品等，回国后可能以几倍甚至几十倍的价格出售，这就是受到求利动机的驱使。

（五）实用动机

旅游者外出旅游，把自己从第一现实中解脱出来，暂时走进有些虚拟的第二现实，但他/她并不是完全离开现实生活的人，为现实生活打算也是许多旅游者的正常行为。因此，为实用而购物的动机普遍存在。如果旅游者在旅游活动中发现价廉物美的实用商品，就会购买。在实用动机的支配下所产生的购买行为主要与旅游者的个性特点有关，而与旅游者的经济收入水平无直接关系。如华侨、港澳台胞和不少日本旅游者就很喜欢购买价廉的中药材。这种动机的特点是注重实用、实惠。在这种心理动机的支配下，旅游者购物时一般会仔细慎重、精打细算，不易受外形、包装和商标、广告宣传的影响，注重旅游商品的效用和质量，讲求经久耐用、使用方便，价格上还要经济实惠。

知道了旅游者的购物动机后，再来了解旅游者对旅游商品有什么心理需求。

二、旅游者对旅游商品的心理需求

（一）设计方面

1. 突出民族、地区和旅游景点的特色

旅游商品只有独具特色，才会有吸引力，才能满足旅游者的纪念性动机、新奇动机等。如果一种旅游商品和一般商品相比没有任何突出的特色，或者一个国家的旅游商品与旅游者所在国、所在地区的旅游商品相比没有特色，人们就不会在长途跋涉的旅游中去购买，因为它对旅游者没有什么意义，而且徒增长途携带的辛苦。因此，突出旅游商品的特色，是设计旅游商品的基本要求。为此，各旅游区、旅游点必须设计充分表现自身特色的旅游商品。设计者可以运用当地的自然风光、历史传说或典型建筑来设计旅游商品的造型与图案，并用当地特产的材料来制作，以突出民族特色与地方风格。

2. 突出艺术特色

绝大多数旅游商品是为了做纪念或馈赠之用。因此，只有突出艺术特色才具有欣赏价值，才适合纪念或馈赠的需要。每一个国家和地区都有自己的艺术特色，突出旅游商品的艺术特色，有助于突出民族特色和地方特色，使旅游商品更加符合旅游者纪念性动机、新奇动机、馈赠性动机等。

3. 要系列化、多样化、配套化

旅游者在购物方面虽然有共同的心理，但是由于在文化背景、经济条件、需要、兴趣等方面有差异，表现为对旅游商品有多样化的需求。因此，旅游商品在花色品种、形式、规格、价格等方面应该具有多样性。既要有多种多样的品种和形式，又要使一种商品有不同的规格和价格；既要有优质高价商品，又要有物美价廉的大众化商品，以满足不同旅游者的需求。

（二）包装方面

1. 可识别性

旅游者在旅途中购物时间很短，只有独特的包装才能让来去匆匆的旅游者在短暂的时间里去识别、辨认并产生购买欲望。因此，旅游商品的包装要有特殊性，要能体现当地传统文化、自然风光、建筑的特色，商品包装要符合人们的消费习惯，便于人们识别、记忆。

2. 方便性

旅游活动是一种异地的活动，旅游商品包装要适应旅游生活的特点，因此旅游商品体积要小巧、紧凑、轻便、实用，以便于旅游者在旅途中携带和使用。包装应便于开启。包装上还应印有商品说明，尤其是关于新产品的使用、保管的说明。

3. 审美性

旅游是寻求美、欣赏美的活动。在旅游活动中，旅游者对美的追求特别强烈。现代旅游商品的包装本身就应是艺术品。为此，设计者在旅游商品的包装上要充分利用美学原理以满足不同的消费细分市场的审美需求。

（三）陈列方面

1. 合理排列货架，提高营业厅商品能见度

旅游者刚步入商场，一般都会下意识

地环顾店内四周情况，对商场的摆设、货架的排列、商品的安排会形成一个初步的印象，然后才会趋近自己所关心的商品柜台或货架。因此，旅游企业应根据客人的这种行为规律，把货架作“马蹄型”排列，使客人对所有货架能在环顾之中一览无遗。

2. 适应购买习惯，方便客人选购

为方便旅游者选购，旅游商品的陈列必须适应客人的购买习惯。商品的陈列摆放方法主要有：分门别类地放在专柜里；组合配套，按商品功能的接近与联系摆放；顺应旅游者逛商店时的行走习惯摆放。据研究，国外客人多沿顺时针方向走动，因此商品摆放区域构成的主道与支道要按顺时针方向设计；据观察，国内客人逛商品时会下意识地靠左行走，沿逆时针方向走动，因此在商品陈列中要把那购买次数多、销量大的商品按逆时针方向摆好在通道入口处，那些挑选性强的或妇女用品、儿童用品，应放在离通道入口处较远的地方。

3. 根据旅游商品的实用价值摆放

应根据季节变化和传统节日的来临，把那些适应时节、能满足人们生活需要的旅游商品摆在显眼之处；摆放时要设法展示其个性特点。

知道旅游者的购物动机和对旅游商品的心理需求，那么旅游者又是如何去购物，购物过程中有何心理活动呢？

三、旅游者购物的心理活动过程

（一）旅游者购物的认识过程

认识过程是旅游者购物心理的最初阶段。它是通过旅游者本身的感觉、知觉、记忆、想象、思维等活动，对旅游商品的品质、属性以及各种联系的综合反映。这一过程可分为两个阶段。

1. 认识形成阶段

这一阶段是旅游购物者通过自己的各种感觉器官获得有关商品的各种信息的过程，包括感觉和知觉两种心理活动。人的感觉是多种多样的，主要有视觉、听觉、嗅觉、触觉等。这些不同的感觉使旅游者在认识商品时，能从各个方面了解商品的属性。旅游者可能用眼睛观察商品的外表，用手触摸商品的质地，用鼻子嗅出商品的气味，用嘴品出商品的味道。这样一来，旅游购物者对商品有了感性的认识。知觉是旅游者对直接作用于其感觉器官的客观事物的各种属性的整体反映。购物者在选购商品时，通过知觉活动，对商品的认识又加深了一步。当旅游者看到一件织物的美丽图案，触摸到它的柔软质地时，就会形成整体认识：这是中国的丝绸。经过感觉和知觉阶段，旅游购物者对商品的认识过程已初步完成，对自己要购买的商品也有了大概的印象。

2. 认识发展阶段

在认识形成阶段，旅游购物者已获得了对旅游商品本身的直观了解，但还要进一步加强对商品的认识。当旅游者初步了解商品之后，会运用记忆把以往曾使用过的同类商品以及相关感受联系起来，通过比较，验证自己对商品的认识是否正确。用感知的商品与本国或本地区的同类商品去比较总结的过程中，心理的变化是复杂的，但主要是在进行想象：如旅游纪念品送给朋友亲人时的情景，高级工艺品放入自己居室后的情景等。可以说，旅游购物者对商品认识的过程，是从感性到理性、从低级到高级、从现象到本质的认识转化过程。

（二）旅游者购物的情感过程

情感过程是旅游购物者在购物活动中，对商品或服务是否符合个人需要而形成的态度体验。这种体验是带有感情色彩的，它对个人的行动产生积极或消极的影响。有购买到称心如意商品的喜悦，也有买不到适宜商品的沮丧和失望。旅游购物者的情感过程可分为以下三个阶段。

1. 喜欢阶段

这是情感过程的初级阶段，表现在旅游购物者对商品的态度倾向上。

2. 激情阶段

这是建立在前一阶段的情感基础上，指由旅游购物者对商品的喜欢而引起强烈的购买欲望和购买热情。

3. 评价阶段

旅游购买者产生购买欲望和购买热情之后，随之产生的是对商品的评价，如质量如何、价格如何、是否流行、是否符合自己的身份以及是否有特点等。

（三）旅游者购物的意志过程

在旅游者购物的心理过程中，购物者自觉地确定活动目标，并为实现预定目标有意识地支配和调节自己行动的过程就是意志过程。在意志过程中，旅游购物者往往表现出自觉、果断、自制、坚韧不拔的品质。意志过程可以分为两个阶段：

1. 作出购物决策的阶段

这一阶段包括购买目的的确定、购买方式的选择、购买态度的明确。

2. 执行购物决策的阶段

购物者在采取购物行动时，有时是不失时机地立即执行，而有时并不导致实际购买行为的发生，而是心理定向，为未来购买完成心理上的准备。

【任务拓展】

①到某一购物商店进行调查，了解旅游者的购物动机和对旅游商品的心理需求。

②通过某一商品让学生分析旅游者购物的心理活动过程。

【任务反馈】

在学习了旅游者的购物动机和对旅游商品的心理需求的基础上，通过对旅游购物者的认识过程、情感过程和意志过程的分析，我们可以看出，购物者的心理活动是三个过程的统一。认识过程是基础，情感过程是发展，意志过程是结果。下面来看案例三。

案例三 昆明导游小张带了一个旅游团，一路上小张尽心为旅游者服务。她戴了一只很美的玉镯，晶莹剔透，衬着她雪白的手腕。当她拿起话筒的时候所有的客人都会注意这只手镯。她一路讲解得非常好，客人对她越来越亲近，最后终于有一位女客人忍不住，问她这只镯子多少钱、在哪买的。于是她顺势开始讲玉石挑选的知识，讲得客人频频点头。她还从领子里拉出一个玉挂件，拿出来与镯子的玉质相比较，显得玉挂件没有那么好，她就借此给客人讲解玉器的鉴赏，从玉质讲到雕刻工艺，让全体旅游者大长了一番见识。客人听过她的讲解一个个跃跃欲试，打算到玉器店去一试身手。但在去石林的路上她一路没让停车，客人提到别的团停车买玉，也要求停，她说我们还是先完成我们的景点游览再回来吧。这下把旅游者憋坏了，回程的时候一开车就大声叫道："等会儿千万别忘了停车呀！"最后，这个团不少人买了上万元的挂件和玉镯，回去后拿去鉴定都是真品，而且价格相当合算。旅游者表示，以后再去昆明还找这位导游员带亲戚朋友去买玉器。

小张是如何赢得旅游者信任的？

释疑：在案例三中，导游小张通过展示玉器和专题讲解，使旅游者了解选购玉器的知识，增长了见识，是购物的认识过程；旅游者要求去玉器店，又买了上万元的挂件和玉镯，鉴定为真品，而且价格相当合算，这就是旅游者喜欢—激情—评价的过程，即购物的情感过程和意志过程。导游小张充分抓住了旅游者的购物心理，满足了旅游者的购物需求，旅游者买到了称心如意的商品的同时，也为整个旅游行程画上了圆满的句号。

活动三　旅游购物服务心理实务

【案例聚焦】

案例四　北京一位非常能干的女导游，曾经带了一个山东某日报的记者旅游团，社里工作人员交代，这个团很重要，不加点，不购物，让她小心接待。我们都知道，记者是无冕之王，有些事情让记者追踪上了那是很麻烦的。但导游还是充满了信心，因为她认为，只要为客人真诚服务，接待什么样的客人都是一样的。导游的热心服务很快就换来了客人的理解和支持。在去长城的路上，导游向全体团员介绍了百年老店同仁堂，他们表示要下车参观。后来，在她的解说下客人们还要求去参观珐琅厂，导游和客人相处得非常开心，司机也高兴得不得了。结果，这个记者团不但没有意见，还给导游写了表扬信。其实客人看中的绝不仅是她的讲解技巧，而是导游一心一意地为他们服务，以及导游坦率和真诚的态度。

请问案例中的女导游是如何抓住客人们的购物心理的？

【任务执行】

在案例四中，导游并没有直接介绍商品，而是介绍商品的生产企业、生产工艺等，赢得旅游者信任，燃起了参观的欲望。古人云："直道好跑马，曲径可通幽。"语言艺术的价值是巨大的，但需建立在真诚服务和良好关系的基础上，否则就会被冠以"花言巧语"，收到相反的效果。赢得游客信任，正确引导购物，才是旅行社旅游购物服务心理的基础。下面就来学习一下旅游购物服务心理。

一、选择诚信经营、品种丰富、有特色的购物商店

旅游者在旅途中的购物行为具有随意性、仓促性和非经验性，受到旅游行程安排的限制和旅游活动动态性的影响。旅游商品的品种、特色，导游的导购，经

营者的促销，大众传媒的宣传等，都可能促使旅游者产生购买意向，做出购买决策。所以，在选择团队购物商店时，旅行社必须认真审核其工商营业执照及相关许可证件，并与商家签订诚信经营合同，确保旅游者放心购物。同时，旅行社应当尽量安排旅游者到旅游协会推荐的团队消费商店购物，到能够签订服务承诺和履行服务承诺的店家购物。

虽然不同的旅游者对旅游商品的兴趣各有侧重，但绝大多数旅游者最感兴趣的仍是有特色的旅游纪念品，能够真正代表和体现当地的文化特色且新颖独特、不可替代、品种丰富的物品。因此，旅游购物商店应在开发、生产、采购上更加丰富、更加多样化，要考虑不同消费群体的需要，多提供有纪念性、艺术性与实用性的旅游商品。

二、敏锐观察旅游者的心理活动

（一）认清旅游者的真实动机

来商店的旅游者，其购物目标各异。服务人员可以通过观察、分析做出判断。有的旅游者以参观为主，服务员一般不必主动招呼，否则会使旅游者尴尬、紧张，当他们询问时，再作回答。有的旅游者脚步缓慢，边走边看，遇见合适的商品才买，服务员不要急于向他们演示，当他们停住脚步，似乎对某种商品显示出浓厚兴趣时，再作介绍。有的旅游者脚步匆匆，直奔柜台，这表明购物的目标明确，服务员要尽快为这类旅游者提供服务，即使客人很多，也不能让他们久等。

（二）等待时机

服务员要注意力集中，不要做与工作无关的其他事，要以良好的精神面貌，给旅游者训练有素的第一印象。

接触旅游者要等待时机，当旅游者还在对旅游商品进行认识的时候就搭话，旅游者会因不好意思而离开柜台。最佳时机就是当旅游者心理处于购物的情感过程时，在与旅游者视线相对时，在旅游者表现出对旅游商品感兴趣时，在旅游者像是在寻找什么时，礼貌地微笑与问候，把握时机，适时地为旅游者提供服务，使旅游者的购买目标进一步明确。

为了避免因为旅游者过多而顾此失彼，服务员要做到“接一问二联三”，即在接待第一位旅游者时，便询问第二位旅游者“我能为您做些什么”，顺便向第三位旅游者点头示意或打招呼。尊重每一位旅游者，不要让旅游者受冷落，这是留住旅游者的有效方法。

（三）针对性服务

所谓针对性服务，就是根据旅游者个体心理与行为的差异提供相应的服务。

1. 以客源划分

比如，东南亚旅游者喜欢购买中国的民间工艺品、古玩、字画、中药、保健品、传统食品、茶叶。日本旅游者喜欢选购中国的中药、保健品、玉器、陶瓷、字画。欧美旅游者喜欢中国的丝绸、刺绣、棉毛织品和手工艺品。

2. 以年龄划分

少年儿童天真活泼，喜欢新奇、有趣的玩具和小纪念品；年轻人热情冲动，只要经济条件许可，不吝惜钱财；中老年人阅历广泛，他们在购物时的主要心理是求实，但遇见古董、名家字画、精美的工艺品和首饰时也会不惜重金购买，作为收藏。

3. 以性别划分

男性旅游者自信心较强，挑选商品时速度较快，不愿在购物上花太多时间，向他们介绍时要简单明了，突出重点，服务节奏要快；女性顾客感情丰富，商品传递的情感、美感、环境气氛等都会使她们产生购买动机，购物时挑剔、仔细、敏感，喜欢讨价还价，服务时要尊重她们，要耐心、热情。

三、运用艺术的柜台语言

购物服务时，服务员主要通过语言与对方进行信息和情感交流。俗话说"良言一句三冬暖"，艺术的柜台语言会如和风细雨般让旅游者倍感温馨。

（一）亲切

"您好""欢迎光临""需要买点什么"，这些看似简单的服务用语，如果服务员机械地重复，声音生硬，面无表情，只会让旅游者感到厌烦；当服务员面带甜美的笑容，一句亲切的问候，便能缓解旅游者生理和心理的疲劳。要做到语言亲切，并不容易。服务员要热爱本职工作，自觉地投入情感；应有较强的自制力，控制自己的情绪，不与旅游者争执，谦让忍耐；注意力要集中，上班时不要想工作以外的事；音调适中，音调过高会让旅游者感觉刺耳，音调过低，旅游者又听不清楚；咬字要清楚，语速不要太快；说话时可适当用些手势，但幅度不要太大，不要用手指人，更不能拉扯、拍打旅游者；注意避免习惯性口头禅，以免使旅游者感到反感；交谈要口语化，使旅游者感到自然；多说关心的话，以礼相待，旅游者离开时，用敬语欢送。

（二）得体

服务员要注意观察旅游者的心理活动，说话针对旅游者的情境才能得体，旅游者才会乐于接受。

在称呼顾客和介绍商品时，基本要求是简明、准确、规范。对男士一般称"先生"，对中年女性可称"女士"，对青年女性可称"小姐"，显得礼仪规范；对国内年长的旅游者还可用相当于长辈的称呼，以缩小与旅游者的距离。介绍商品时，语言通俗易懂，简洁明了，使旅游者迅速得到信息。

要注意保护旅游者的自尊心。交谈时要给旅游者说话的机会。在对方说话时，不要轻易打断或插话，应等对方把话说完。如果要打断对方说话，应先委婉地问一下："请等一等，我可以提个问题吗""请允许我插一句"，以免给对方留下不礼貌或不耐烦的印象。尊重对方的宗教、风俗和礼仪，对方不愿谈的敏感话题，不要刨根问底，对引起对方反感的言语表示歉意或立即转移话题。谈话对象超过三人时，不要只把注意力集中在一两个人身上，应不时与其他旅游者攀谈几句，以免让其他人感到冷落。

（三）生动

为旅游者提供服务时使用普通话或相应的外语，声音甜美，字音要清晰，语调要抑扬顿挫，可根据当时要表达的内容来确定语速，需要核对对方信息时放慢语速，确保准确性。

语言要巧妙得体，尽可能地了解旅游者的文化背景，更多地了解旅游者的信息。与旅游者交流的过程中，尽可能选择浅显、鲜活、幽默的语言，让旅游者产生兴趣，放松戒备，增加服务的可感知性。根据不同的场合、地点和旅游者具体的情况，灵活使用语言，更快地缩短与旅游者之间的距离。

四、展示熟练的操作技能

服务员应具有熟练的操作技能，这不仅能提高工作效率，减少旅游购物者的等待时间，还能增强他们对商店及所购买商品的信任感和安全感。服务员应做到对商品的特点、性能、产地了如指掌，在向旅游购物者介绍商品时做到语言流畅、措辞严谨；在向旅游购物者展示商品时，做到操作娴熟、动作到位；在为其包装商品时，做到快速、美观，便于携带。例如，茶艺师一边进行茶艺演示，一边介绍茶叶的品种、特征，冲泡步骤、品茗方法以及与茶叶相关的典故与美文，再请旅游者品饮精选的特色茶汤，随着旅游者品茶活动的深入，茶艺师适时地根据旅游者状况和季节推荐相应的茶品，可谓水到渠成。

服务人员在介绍商品时，可以采用口头介绍和实物展示相结合的方法，让旅游者自发选择。要多用第三人称，例如“很多旅游者都喜欢这种商品”“特别适合老年人使用”，这样显得客观、真实、自然、诚恳，容易为旅游者接受。还可以帮助旅游者试穿、试用商品，让旅游者更直观地感受使用效果，提醒并帮助旅游者检验商品，使旅游者放心购物。

【任务拓展】

①走访部分导游人员，了解如何更好地为旅游者提供旅游购物心理服务。

②走访部分旅游购物商店，了解购物商店的服务人员如何更好地为旅游者提供购物心理服务。

【任务反馈】

案例五 某地女导游小周接待了一个来自山西的旅游团队。由于小周聪明漂亮，服务热情，赢得了旅游者的信任。小周带领旅游者来到一个瓷器商店，其中一位旅游者在小周的劝说下，购买了一套价值五百元的瓷器，而且商家还说是看在导游的面子上打了五折。等到旅游者都坐上车准备离开时，小周还没有上车。于是那位旅游者下去寻找。在商店的办公室，听到小周正在得意地说：“那个傻帽儿，让他出五百就出五百，如果客人都像他这样，这团可就收获很大了。”那位旅游者听了，当时就愣在了那里。

导游小周错在哪里？

释疑：导游小周不顾旅游者的利益，引导旅游者购买质次价高的商品，虽然表面上看导游占了便宜，但她却伤了旅游者的心，失掉的是自己的信誉与威信。所以，导游人员在介绍商品时，要客观、公正，不要为了回扣丧失职业道德。

◆模块评价

【知识/技能评价】

①酒店前厅服务中如何来预防客人

的投诉？

②旅行社如何更好地满足旅游者的需求，为旅游者提供更优质的服务？

③对于不同的旅游交通工具，如何更好地为游客服务？

④如何让客人顺利选择到旅游商品，满意而归？

【能力应变】

项目：旅行社跟团调研

要求：学生分组去不同的旅行社进行跟团，在跟团的过程中调研旅游者对酒店、旅行社、旅游交通、旅游购物等心理需求，并能够把所学的知识运用到跟团中，帮助导游人员做好旅游团的心理服务工作。在做好心理服务的同时，要注重自己能力的培养和锻炼，在工作中有所创新。

成果：个人跟团感想

【模块链接】

心理服务的重要性

山东导游李小姐接待了一个某师范学院的离退休教师的旅游团。在游览过程中，不仅用心讲解，而且在生活上为老人们提供耐心、细致的服务。在游览曲阜孔府时，地面上长有很多的青苔，由于刚刚下过雨，路面很滑，导游不时提醒老人们当心路滑，小心脚下。每过一个门槛，都要提醒老人们门槛太高，要抬高腿，并亲自搀扶他们迈过门槛。考虑到老人们对饭菜的特殊要求，小李提前通知餐厅一定要把肉炒熟炖透，把饭菜做得适合老人口味。老人又提出是否有面条吃，她又找到餐厅经理，好言要求加了清汤面，老人们十分感激。整个行程小李跑前跑后，热情地为老人服务。送团前，许多老人都拉着小李的手不愿意松开，虽然他们只相处了不到两天，但是已经有了很深的感情。

旅游过程中，导游和游客之间的关系融洽直接导致游客对此次旅游的满意度提升，这些都需要导游非常用心地讲解和服务，用心去和游客交流，用心体会游客的需求，微笑服务、细节服务、超常服务，这些心理服务都是游客非常需要的，如果导游能够做到，游客一定会非常满意。

拓展路径

①自发组团旅游，担任不同的角色，了解体会导游和游客的心理。

②与你周围曾有旅游经历的朋友或同学聊天，了解他们作为旅游者时的心理需求和行为表现。

③寻找一些旅行社或酒店服务人员，和他们交流，了解他们对旅游者的认识以及服务技巧。

④通过自身的人脉，联系到旅行社或酒店管理人员，了解他们与上级、平级、下级的沟通方式以及管理策略。

模块三　旅游管理心理与沟通

◆模块目标

【行业要求】

旅游从业人员需要了解和熟悉旅游企业内部和旅游企业部际之间的人际关系，有效地调动企业员工的工作积极性，充分发挥其主观能动性，挖掘其更大的工作潜能，为完成企业奋斗目标而努力奉献。

【学习目标】

结合旅游企业实际情况，运用管理心理学原理来阐述旅游企业人际关系和旅游企业部际关系以及沟通技巧等，提高管理水平。

◆模块任务

旅游企业的人际关系主要包括两类：第一类是人与人之间的关系，包括员工之间的平行关系和员工与领导之间的上下级关系。第二类是企业群体之间，主要指各部门之间的人际关系。要处理好人际关系，就需要研究员工个体与群体的心理和行为、他们的心理变化及其基本规律。只有了解他们的“心”才能管好人，才能调动他们的工作积极性，增强群体的凝聚力，创造良好和谐的工作环境，努力完成企业的奋斗目标。

人际关系需要人们不断地进行有效沟通，并掌握人际沟通的方法、途径和调控的技能。这不仅是企业领导（管理者）应努力学习和掌握的，也是每一位员工需要知晓和学会的。在“以人为本”科学管理的今天，有效的人际沟通是旅游从业人员做人做事的基本素养和应尽的基本职责。

任务一　旅游企业人际关系与沟通

【任务目标】

优秀的团队建设需要建立良好的人际关系，个人的成长也需要建立良好的人际关系。这里主要是从旅游企业管理角度讨论人际关系与沟通，从理论上了解人际关系与沟通的内涵和规律，并在管理实践中运用。企业管理者除了要对员工的工作积极性进行激励之外，还要十分重视员工的心理保健和调适。

活动一　对旅游企业人际关系与沟通的认识

【案例聚焦】

案例一　旅游从业人员小王跟心理咨询老师说："她没有我吸引人，不聪明，也没有什么风度，但是为什么会迷倒那么多人？那些人难道看不出她的真实面目吗？她办事能力很强，每个人都佩服她，但我就是受不了。她得到我想要的每一件东西，她抢走了我的工作，还抢走了我最喜欢的男友，但事后又否认。为此，我很痛苦。"

案例二　小赵是一位非常优秀的旅游企业经理人，业务精湛，琴棋书画样样在行，但是他几乎没有什么朋友。他身边的人说，和他在一起，他所散发的优秀气势让他们很难受，所以，大家都对他敬而远之。

为什么上述案例中优秀的小王和小赵都不受大家欢迎呢？

【任务执行】

在这里涉及的问题就是有关人际沟通的奥秘。那么什么是人际沟通呢？

一、人际关系与沟通概述

（一）人际关系的含义

人类在社会生活中都不是孤立存在的，他们必然要进行交往，要相互接触，相互联系，相互作用，相互影响。因此，人们的这种为了彼此传达思想、交换意见、表达感情和需要等目的，运用语言符号而实现的沟通称为人际交往。而人际关系则是人与人在相互交往过程中形成的心理关系。在这里人际关系其实包括人际认知成分、情感成分、行为成分。人际认知成分指人与人之间是相互肯定还是相互否定，以认识上是否一致为相互选择的标准；情感成分是指人与人之间是相互喜爱还是相互厌恶，以感情上是否倾慕为相互选择的标准；行为成分是指人与人之间是相互交往还是相互隔绝，以行为上是否有共同活动为相互选择的标准。

测一测：蚂蚁在做什么？

你和朋友约好一起逛街，可是你的朋友迟到了。于是你就开始在地上乱画。突然，你发现有很多蚂蚁正成群结队地向前行进。你认为这些蚂蚁正在做什么？请看下面这张图，并从A至D中选出一个答案。

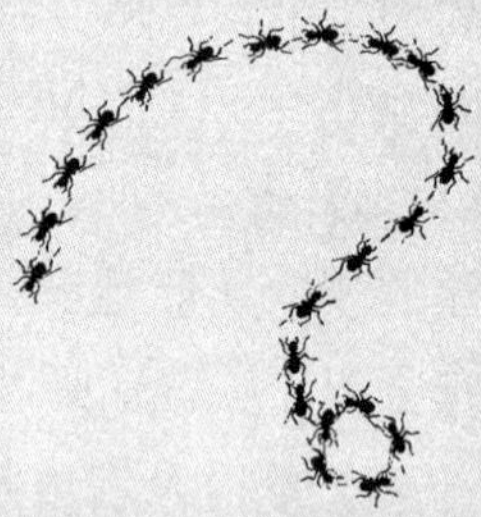

A. 正在搬家

B. 大家正要前往救助掉落穴中的伙伴

C. 发现好吃的食物，大家正要去搬运

D. 正要去袭击侵入他们势力范围的敌人

选项解释：

A. 选择蚂蚁搬家的你，是一个比任何人都具有社交性的类型。对于初次见面的人也不胆怯，因为你笑容满面的言行举止，所以朋友很多。

B. 可以说你是一种不善交际的类型，心中虽然想要有更多的朋友，可是一旦与陌生人见面，就会不知不觉地紧张，似乎常常无法将自己的魅力展现出来。

C. 你的社交性可是高水平的。不管对谁，你都会主动搭讪，也都能正确地选对话题。即使是难以取悦的人，你也可以在短时间内跟他称兄道弟。

D. 你并不是没有社交性，只是你有一个弱点，就是太过于相信别人给你留的第一印象。对于初次见面的人，凭着第一印象就决定喜欢与否，并由此决定与他人的交往关系。

（二）人际沟通的含义

沟通是人与人之间、人与群体之间思想与感情的传递和反馈的过程，以求思想的一致和感情的通畅。具体包含以下意思：

沟通是信息的传递。

沟通意味着理解。信息只有被接收者理解了，才算完成了沟通。

沟通并不意味着在当事各方之间达到了协议，并不意味着别人接受了自己的观点。

沟通无所不在。

二、影响人际交往的因素及人际吸引规律

（一）影响人际交往的因素

影响人际交往的因素很多，归纳起来可以分为以下三种。

1. 认知因素

人际知觉的习惯性会影响到人际交往。例如：第一印象，也就是观察者第一次与对方接触时，根据对方的身体、相貌及外显行为所得的综合性与评鉴性的判断。

小材料

①美国心理学家沃尔斯特（Walster，1966）以明尼苏达大学新生为对象，举行“电脑舞会”，由电脑随机安排舞伴，不得交换。中间休息时填写一个问卷，以了解每个人对其舞伴的印象。得出的结论是：对方被喜欢以至想进一步与其约会的原因只有一条——对方的外表条件。

②曾有学者（Feldmen，1971）分析比较自1900年到1968年之间的美国总统当选人，发现其身材均比对手高。在美国社会中，人们似乎一般认为男子身材高大，有可能具有其他较多而又符合社会期待的人格品质。身材高大似乎更值得人们信赖。

③有这样一个研究，向两组大学生分别出示同一个人的照片。出示之前，对甲组说，这是一个德高望重的学者；而对乙组说，这是一个屡教不改的惯犯。然后，让两组大学生分别从这个人的外貌说明其性格特征。结果，出现了截然不同的评价。甲组的评价是：深邃的目光，显示独特的思想和智慧；高高的额头，表明在科学探索的道路上无坚不摧的坚强意志。乙组的评价是：深陷的眼窝，藏着邪恶与狡诈；高耸的额头，隐含着死不悔改的抵赖之心。从这里可以看出，在得到别人的第一印象时，会伴随产生一定的态度，从而影响进一步的知觉。间接资料左右了人的判断。

与此类似的还有刻板效应、晕轮效应、情绪效应等。

2. 个性因素

良好的性格会使人建立广泛而和谐的人际关系。1968 年有心理学家研究指出:受欢迎的品质有诚实、正直、通情达理、忠实、理智、体贴、热情、友善、快乐、无私、幽默、负责、开朗、亲切、直爽、聪明、独立;不受欢迎的品质有虚伪、暴戾、自私、粗俗、自大、贪婪、冷酷、好高骛远、过分自卑、猜疑、依赖、妒忌心强、说谎、偏见、固执。

3. 类似性因素

有一句话是物以类聚,人以群分。具有相同兴趣、爱好的人趋于参加类似的社会活动;若彼此的价值观、社会态度相似或一致,双方会产生一种社会增强作用;在性别、年龄、学历、社会地位等方面相似者,彼此间的意见容易沟通。相似性在很大程度上能够消除初次见面的陌生感,促进交往。

(二) 人际吸引规律

人际吸引的条件是多方面的,人际吸引具有规律性。在人际交往过程中,相互之间的吸引是有规律的。根据心理学家的研究和人际交往的经验,可以把人际吸引的规律归纳为以下五个方面。

1. 接近律

它是指由于交往双方存在着接近点而导致相互之间的时空距离和心理距离缩小,因此产生相互吸引的规律。一般说来,能够产生相互吸引的接近点主要包括时空接近、兴趣接近、态度接近、职业接近等几个方面。在现实生活中,人们都喜欢那些同样喜欢自己的人,即对等吸引律。"敬人者,人恒敬之;爱人者,人恒爱之"的心理机制,反映的正是这种对等吸引律。值得注意的是,一般来说,人们最喜欢那些对自己的喜欢显得不断增加的人,最讨厌那些对自己的喜欢显得不断减少的人。

2. 互惠律

在人际交往过程中,如果双方能够给对方带来收益、酬偿,就能增加相互之间的吸引。这种互惠主要表现为感情互慰、人格互尊、目标互促、困境互助、过失互谅等几个方面,当然也包括物质上的"礼尚往来"、利益上的"欲取先予"、道义上的"知恩必报"等方面。

3. 互补律

在人际交往过程中,当双方的个性或需要及满足这些需要的途径正好成为互补关系时,就会产生强烈的吸引力。互相补偿的范围主要包括能力特长、人格特征、利益需要以及思想观点等几个方面。互补吸引律在地位不等、角色不同的上下级关系和家庭关系中体现得最突出。

4. 异性律

男女之间由于性别和个性上能相补相悦,因而最容易相互吸引。在异性吸引中,男性更多地注重女性的身体特征,而女性则更多地注重男性在人际交往中的品质特征。异性吸引有"情爱"和"友爱"之分。"情爱"往往会产生激烈的情绪波动,希望见到对方,而见不到时,就会感到怅然若失、烦躁不安;而"友爱"则具有较多的理性成分,仅仅表现为乐于与对方相处,并没有非见不可的欲望,只是喜欢、信任对方而已。

5. 强迫律

这是一种被动的吸引，即一个人迫于某种需要或条件，不得不与对方交往。这种吸引又分两种情况：一是为利害关系所驱使；二是条件所限，别无选择，只好与之交往。

三、旅游企业员工之间的交往艺术

在竞争日益激烈的时代，作为一个团体，如何才能在社会上立足，其中最重要的一点就是团队的协作，而团队的协作离不开团队之间的人际交往和沟通。因此，员工能够巧妙地协调好同事间的人际关系，能够与同事合作是企业获得良好效益的重要因素。根据人际吸引规律，旅游企业员工可以从三个方面来要求自己。

（一）在人际交往中寻找共同点，求大同

人际关系的建立和改善，必须建立在关系双方共同利益和需要的基础上，在人际交往过程中，要清醒地意识到彼此需求的共振是吸引对方的黏合剂。

（二）知己知彼，因势利导

在交往过程中，要充分估计自己与对方在关系中所处的位置，了解对方的目的、要求、长项和弱点，估计自己能在多大程度上影响甚至改变对方的态度，根据对方的情况设计交往方案，行动时便可以胸有成竹。

（三）学会说话，要善于表达自己的情感与想法

注意在不同场合讲话的分寸，不讲不该说的话，在讲话中注意幽默感，这些都能增加人际吸引，克服尴尬场面。在谈话中，注意谈起对方感兴趣的事情和最为珍视的东西，使其高兴，也就不难与对方交往了。在人际交往中，说话是一门艺术，俗话说得好，“一句话把人说跳，一句话把人说笑”。在这里有个例子，它是人际交往失败的反映。

张某在某旅行社做办公室文员，她性格内向，不太爱说话。可每当就某件事情征求她的意见时，她说出来的话总是很“刺”人，而且她的话总是在揭别人的“短儿”。有一回，同事穿了一件新衣服，别人都说“漂亮”“合适”之类称赞的话，可当人家问张某感觉如何时，张某直接回答说：“你身材太胖，不适合。”甚至还说：“这颜色你穿有点艳，根本不合适。”这话一出口，便搞得当事人很生气，而且令周围大赞衣服如何如何好的人也很尴尬。因为张某说的话有一部分是事实，比如说，该同事是比较胖。虽然有时张某会为自己说出的话不招人喜欢而后悔，可很多时候，她仍然说特让人接受不了的话。久而久之，同事们把她排除在集体之外，很少因为某件事情而去征求她的意见。尽管这样，如果偶然需要听听她的意见时，她还是管不住自己，又把别人最不爱听的话说出来。现在在公司里几乎没有人主动搭理她，张某自然明白大家不搭理她的原因。

【任务拓展】

①回忆你刚进大学时对同学的第一印象。

②联系你们班级或宿舍的人际关系状况，分析影响人际关系的因素。

【任务反馈】

一个人能力越高，成就越大，就越为人所欣赏吗？对于这个问题的回答，美国心理学家曾进行了这样一个实验研究(Aronson，1981)：把四卷录像带分别播放给四组被试者，让他们凭主观感觉评分，以表示他们对片中人物的喜欢程度。片中人物由一人扮演，只是事先介绍和访问过程不同。

A录像带内容是，访问者在介绍受访者时，把他描述成一个能力杰出的大学生：荣誉学生、校刊编辑、运动健将。在访问过程中受访者表现杰出，能毫不费力地答对92%的问题。他给人的印象是完美无缺的人。

B录像带的内容和A录像带的内容只有一点差异，受访者表现有点紧张，不小心将面前的咖啡打翻，弄脏了新衣服，形成尴尬的局面。

C录像带将受访者说成是一个普通大学生，在访问过程中他的表现一般。

D录像带内容与C录像带大致相同，只是把B录像带中的尴尬情景的插曲放了进来。

结果发现：受访者被喜欢的顺序依次是：B、A、C、D。

怎么理解这个结果呢？

释疑：这样的结果表明才能平庸者固然不会受人倾慕，而全然无缺点的人，也未必讨人喜欢。最讨人喜欢的是精明而带有小缺点的人。这种现象在心理学中称为“仰巴脚效应”。精明、杰出的人不经意中犯点小错误，不但瑕不掩瑜，反而给人以亲切感和安全感。完美无缺的人难免会让别人因相形见绌、已不如人而感到不安。

活动二　旅游企业员工管理与激励

【案例聚焦】

案例三　沃尔玛总部和各个商店的橱窗中都悬挂着先进员工的照片，各个商店都安排一些退休的老员工身穿沃尔玛工作服，佩戴沃尔玛标志，站在店门口迎接顾客，不时有好奇的顾客同其合影留念，这不但起到保安员的作用而且也满足了老员工的一种精神慰藉需求。公司还对特别优秀的管理人员授予“山姆沃顿企业家”的称号，目前此奖只授予了五个人，沃尔玛(中国)公司总裁是其中之一。

沃尔玛员工从进入公司的第一天起就受到“爱公司如家”的思想熏陶，沃尔玛制定了与员工分享经营成果、分担经营责任的政策，使员工产生责任感和参与感，如利润分享、员工购股、低耗奖励等计划来调动员工积极性。沃尔玛为激发员工的活力与激情，每周六举行一次别开生面的晨会，在活泼、愉快的气氛中表扬先进、发现问题、讨论解决问题的方案。公司还经常邀请社会名人、当红演员、NBA球星等来参加晨会，激发与会者的兴趣。另外，沃尔玛还非常重视对员工的培养与教育，利用业余时间在总部和各级商店开设各类培训班，并专门设有沃尔顿学院，为沃尔玛培养高级管理人员。员工处处可感到沃尔玛是一个团结、平等、向上、愉快的大家庭。

值得一提的是，沃尔玛在员工培训

方面所予以的重视和巨大的投入。沃尔玛的培训观念就是：我们认可每一位同仁的价值，并且对他们取得的成绩给予奖励，最重要的是，我们为同仁提供培训发展计划，让他们与公司一道迈向成功。

沃尔玛在员工关系与员工激励方面的举措，应当是其最具远见的举措，也是沃尔玛成为世界第一零售巨头的关键所在。

请问沃尔玛公司是如何利用激励理论的？

【任务执行】

沃尔玛公司的成功之道可以说给各个企业以很大的启示。企业对员工的激励问题，是每一个企业管理者都应当千方百计地探求最佳效应的重要问题。不了解激励理论，不能有效地运用激励技巧，就不是一个合格的企业管理者，也不可能管理出欣欣向荣的企业。然而，目前不少旅游企业主管人员对激励机制仍然缺乏认识，以致企业奖金月月发，激励作用却很小。甚至有的旅游企业在物质激励方面实行了高投入，而得到的结果却是低产出，员工依然故我，并未给企业带来活力。从旅游企业人才频繁流失也不难看出这一问题，因而有必要对旅游企业如何对员工进行激励进行探讨。

一、激励的概念及原则

（一）激励的概念

所谓激励，就是组织通过适当的外部奖励和工作环境，以一定的行为规范和惩罚性措施，借助信息沟通来激发、引导、保持和规范组织成员的行为，以有效地实现组织以及成员个人目标的系统活动。

（二）激励的原则

1. 因人而异原则

由于不同员工的需求不同，所以相同的激励政策起到的激励效果也会不尽相同。即便是同一位员工，在不同的时间或环境下，也会有不同的需求。由于激励取决于内因，是员工的主观感受，所以激励要因人而异。

在制定和实施激励政策时，首先要调查清楚每个员工真正需要的是什么，将这些需要整理、归类，然后制定相应的激励政策来满足员工这些需求。

2. 公平性原则

公平性是员工管理中一个很重要的原则，员工感到的任何不公的待遇都会影响其工作效率和工作情绪，并且影响激励效果。取得同等成绩的员工，一定要获得同等层次的奖励；同理，犯同等错误的员工，也应受到同等层次的处罚。做不到这一点，管理者宁可不奖励或者不处罚。

管理者在处理员工问题时，一定要有一种公平的心态，不应有任何的偏见和偏爱。虽然某些员工可能让管理者喜欢或不太喜欢，但在工作中，一定要一视同仁，不能有任何不公的言语和行为。

3. 奖励适度原则

奖励和惩罚不适度都会影响激励效果，同时增加激励成本。奖励过度会使员工产生骄傲和满足的情绪，失去进一步提高自己的欲望；奖励过轻起不到激励效果，或者使员工产生不被重视的感觉。惩罚过重会让员工感到不公，或者失去对公司的认同，甚至产生怠工或破坏的情绪;惩罚过轻会让员工轻视错误的严重性,从而可能还会犯同样的错误。

4. 奖励时效性原则

激励要把握最佳时机,奖励越及时,越有利于将人们的激情推向高潮。

5. 正激励与负激励相结合的原则

奖励与惩罚相结合,注重感化教育,西方管理中"胡萝卜加大棒"的做法值得借鉴。

二、激励的作用

曾经在《中国经营报》微博上看到这样一篇文章,一位记者代表《中国经营报》获得了对来华演讲的杰克·韦尔奇先生的独家专访机会,而这很可能是韦尔奇先生的最后一次海外演讲。

然而,令人没有想到的是,在记者的独家专访过程中,韦尔奇一直保持微笑,除了偶尔的思索之外,即使是问题复杂到需要翻译帮忙的时候,他也一直保持微笑,而在这种微笑的眼神中,观众能读到一个词——激励。

在韦尔奇看来,这与他童年的经历有关。童年时期的韦尔奇有一点口吃,讲话讲得不好,演讲的时候经常结结巴巴的,韦尔奇的母亲就告诉他说,"杰克,你之所以会口吃,是因为你脑子转得太快了,舌头跟不上脑子的节奏。"

听到这些,童年的韦尔奇开始觉得口吃并不是很大的问题,反而充满了自信。

也正是从这种经历中,韦尔奇告诉后来者,"对于一个经理,或者是母亲、父亲、家中其他的成员来讲,其要做的很重要的事情就是让人充满自信,让他们觉得自己是很不错的,让他们为自己感到自豪。"

在他看来,企业家要做的一件重要事情,就是要确保让所有的员工都自我感觉很好,每天都让他们觉得非常自信,让他们愿意做更多的事情,承担更多的风险,做更多的尝试。

韦尔奇甚至用以下的比喻来强调激励的重要性:公司的员工就像你的种子一样,你给他们的鼓励就像灌溉和浇水,他们会不断地成长。你在花园中,公司里的花园会长杂草,将他们拔掉,将绩效不好的员工赶出去。你的工作不是吓别人,而是帮助员工不断地发展,就像美丽的植物一样,能够长得非常漂亮。由此可见激励的作用巨大。

(一)通过激励可以激发人们的热情和兴趣,促进在职员工充分发挥其才能和智慧

美国哈佛大学的威廉·詹姆斯教授在对员工激励的研究中发现,按时计酬的分配制度仅能让员工发挥20%~30%的能力,如果受到充分激励的话,员工的能力可以发挥出80%~90%,两种情况之间60%的差距就是有效激励的结果。管理学家的研究表明,员工的工作绩效是员工能力和受激励程度的函数,即绩效=F(能力×激励)。如果把激励制度对员工创造性、革新精神和主动提高自身素质的意愿这些因素考虑进去的话,激励对工作绩效的影响就更大了。

(二)通过激励可以留住优秀人才

"得人才者得天下",这是古代先哲的睿见,也是现代企业竞争的法则。在实际工作中,完善的激励机制是留住人

才的第一法宝。

企业一定要重视对员工的激励，企业可以根据实际情况综合利用多种激励机制，把激励的手段和目的结合起来，改变思维模式，真正建立起符合时代发展的有企业特色的激励机制，使企业在市场竞争中立于不败之地。比如：海底捞创造了“企业＋员工＋员工家庭”的“金三角”管理激励模式，使得员工的流失率大大降低，据说近8年来海底捞店长级以上员工的流失率是零。

（三）通过激励可以造就良性的竞争环境

科学的激励制度包含一种竞争精神，它的运行能够创造出一种良性的竞争环境，进而形成良性的竞争机制。在具有竞争性的环境中，组织成员就会受到环境的压力，这种压力将转变为员工努力工作的动力。正如麦格雷戈所说，“个人与个人之间的竞争，才是激励的主要来源之一”。在这里，员工工作的动力和积极性成了激励工作的间接结果。

（四）通过激励可以提高企业知名度，吸引优秀人才到企业来

企业可以通过提供有竞争优势的薪酬制度等方法把急需的、有能力的人吸引过来，并长期为本企业服务。发达国家的许多企业，特别是那些竞争力强、实力雄厚的企业，都是通过各种优惠政策、各种丰厚的福利待遇、快捷的晋升途径来吸引企业需要的人才。比如美国国际商用机器公司制定了许多颇具吸引力的激励措施：提供养老金、集体人寿保险和优厚的医疗待遇；给员工兴办每年只需交几美元会费就能享受带家属去疗养的乡村俱乐部；为那些愿意重返学校提高知识和技能水平的员工交学费；公司开办各种培训班，让员工到那里学习各种知识。

三、激励理论在旅游企业员工管理上的实践应用

（一）良好的企业文化是关键

每个企业都有它自身价值的评判标准，追求利益最大化的同时兼顾员工的个人利益，这其中必须依靠优秀健康的企业文化来构筑一座牢不可破的“人心长城”，将催人奋进、聚人激情的企业目标与员工个人事业心、展现才华的意念结合在一起，并朝着统一的方向顺利行进。大量的实践证明，企业优秀文化的建设，能够给予企业蓬勃发展的动力，同时给予员工希望、激励和约束。所以有人称：文化是企业在激烈竞争中永不言败的利刃。

企业文化建设是一个长期不懈的系统工程，不可能一蹴而就。管理者在这方面要有远见，不可急功近利，追求义利统一才是上策。管理者可以通过多种内部竞争和培训方式，激活现有的人力资源，建立公平、合理、动态、激励、制约的人力资源管理模式，努力创造一种具有长期服务志愿的合作型的劳资关系，引导员工树立积极主动的合作态度，在个人利益得到保障的前提下，全身心投入企业工作中。

从概念上讲，企业文化又称为公司文化，它最普遍的定义是以企业管理哲学和企业精神为核心，凝聚企业员工归属感、积极性和创造性的人本管理理论。

同时，它又是受社会文化影响和制约的，以企业规章制度和物质现象为载体的一种经济文化。

这个理论概念告诉旅游企业管理者，企业精神和企业管理哲学是核心，而管理哲学虽然似乎有章可循，但必须结合企业自身的特点来形成。企业精神更不是企业管理者说了算，它是企业广大员工在长期的合作中形成的，并由管理者有意识地概括、总结和提炼而确定下来，目的是为了形成一个有号召力、凝聚力和向心力的企业。

（二）信任是最好的激励

激励的目的是追求利润的最大化和建立一个具有凝聚力的团队，吸引并留下优秀的人才。但包容与信任作为一个并不深刻的激励手段，为什么往往被一些老板忽视呢？很简单，这来自于一些人对人性的曲解，把人性定性为贪婪的、自私的，以为管理者与员工是靠物质与利益的诱惑来获取彼此利益的平衡与共享，忽略了精神这种人性的高层次需求，在潜意识中将员工放在被动的位置上，企图用一种外在驱动力，如强制、督促或者物质奖励等来挖掘其才智。其实，如果管理者懂得利用员工的内驱力，也就是熟知员工自身的需求和工作的动力，就会使企业的人本管理和良性发展变得自然而然。

信任是力量的源泉，是留住员工的基础，是企业发展的保证。神谷正太郎原本任职于美国通用汽车公司，日本丰田汽车公司创始人丰田喜一郎看中了他在销售方面的奇才，力邀他来丰田公司担任汽车销售的重任，神谷正太郎深受感动，放弃了“通用”高于“丰田”五分之四的优厚待遇，到“丰田”销售部就职，由于丰田喜一郎对他无比信赖，神谷正太郎竭尽全力投入到汽车销售中。丰田喜一郎去世后，他又为报答丰田家族，推举其长子丰田章一郎学习销售业务，对待丰田章一郎就像对待自己的儿子，言传身教，身体力行，既关怀备至，又严格要求，在神谷正太郎的悉心培养下，丰田章一郎很快由丰田公司的副社长晋升为社长。

还有在前文案例三中提到的沃尔玛公司，每一个经理人都用上了镌有“我们信任我们的员工”字样的纽扣。那里的员工包括最基层的店员都被称为合伙人，同事之间因信任而进入志同道合的合作境界。这是沃尔玛从一家小公司一举发展成为美国最大的零售连锁集团的秘诀之一。

（三）坦诚相待你的员工

伊索寓言中有这样一则故事：

太阳和北风打赌，看谁能先让行人把大衣脱去。于是，太阳用它温暖的光轻而易举地使人们脱下大衣，而北风使劲地吹，反而使行人的大衣裹得更紧。

太阳与北风的故事向旅游企业管理者昭示了这样一个道理：对员工要像太阳那样，用温暖去感化他们，让他们自觉地敞开心扉。如果像北风那样使劲地吹，一味地强制逼压，反而会使他们始终对管理者心存戒备。

人与人相处，总要有一方先敞开胸怀，诚心诚意地接纳他人。如果彼此之间不能坦诚相待，各自怀疑，就别指望会有互相理解、彼此真诚合作的那一天。要想与员工保持良好的关系，管理者就应首先打开胸襟，主动向员工表示友好，用自己的诚意去换取员工的真诚。

（四）赞美你的员工

一个参加赛跑的小孩被身边的人一一超过去了，跑到终点，父母拥抱着他，亲吻着他的脸蛋，还由衷地赞赏着他：你能拼命地跑到尽头，已经非常棒了。汗水淋漓的孩子脸上，绽开了笑意。

接受赞美，是每个人都想要的；给予坦诚的赞美，也是唯有人类才具备的天赋和美德。

管理者与员工之间如果都能以这种坦率和信任相互激励，你的员工就能与你一起胼手胝足、同心协力，把企业带入一个良性发展向上的境界。

人类社会是个互相合作与帮助的社会。人与人之间互相扶持，互相鼓励，必能维持积极向上的生活并成就日益发展的事业。管理者若想要和员工相处融洽和谐，最重要的，莫过于以睿智的心灵，去了解和发现员工们各自的长处与短处，以和蔼温煦的心情去赞美员工的长处，让员工的优点得到充分的发挥，也让他们在企业中的工作热情和积极性得到充分的调动。

【任务拓展】

选择一家旅行社或酒店，采用双因素理论制定激励方案，以有效提高员工的积极性。

【任务反馈】

案例四 某酒店引入了科学的绩效考核体系，根据绩效考核结果评出优秀员工，并将优秀员工用红榜的形式张贴在酒店的前台墙面上。绩效考核体系实施了3个月，酒店本以为员工的绩效会得到很高的提升，但是除了前台外，其他部门比如保安、厨房等却没有明显的成效。

为什么会出现这样的结果呢？

释疑：弗鲁姆的期望理论认为，当人们有需要，又有达到这个需要的可能，其积极性才高。激励水平取决于期望值和效价的乘积，所以企业运用期望理论对员工进行激励时，企业需要进行以下六个步骤：①设计合理的、有一定难度并被员工认同的目标；②设计有效的、公正的绩效评估系统；③设计薪酬支付制度以奖励期望的绩效；④设计任务和工作以便员工通过工作满足自己的需要；⑤将组织个性化，反映不同个体的不同需要；⑥建立员工对组织奖赏的正确预期。

活动三 旅游企业员工的心理保健

【案例聚焦】

案例五 微博上一则“某所美女硕士过劳死”的帖子引起网友关注，仅一晚上就有近万人转发。帖子中说，某会计师事务所审计部门一名入职仅半年的员工由于过度劳累引发急性脑膜炎，不治身亡。

死亡的女子潘洁为某大学毕业的硕士研究生，去年刚入职，在审计一组工作。潘洁平时乐观开朗，人缘很好，深得同事的喜爱。从潘洁的微博上看到，她所发布的最后一条内容定格在4月1日。她从今年1月起不止一次透露自己

"很累""很疲惫""工作很多"。4 月 1 日,她说自己的白细胞达到 1 800;而更早的微博显示,潘洁作息不规律,有时凌晨 4 时还未睡觉;有时感到压力很大,很想一觉睡下去。

请问该案例对旅游企业员工日常心理健康和调适有何启示?

【任务执行】

案例五中的女硕士因为压力大,最终死亡。全国总工会开展的第八次全国职工队伍状况调查显示,47.1%的职工每周工作时间在 40 小时以内,31.3%的职工每周工作时间在 41～48 小时,每周工作时间在 48 小时以上的职工占比 21.6%;加班加点足额拿到加班费或倒休的职工占 44%,没有享受带薪年假、没有获得加班补偿的占 35.1%。现在人们的工作生活压力越来越大,人们的精神压力也越来越大。那么怎样才能在日常工作和生活中保持心理健康呢?

一、心理健康概述

(一) 心理健康的概念

在日常生活中,人们常常把健康理解为躯体没有疾病与缺陷,不虚弱等,没有将健康的概念推延至心理方面。随着社会文明程度的不断提高,健康已被时代赋予了新的含义。1989 年联合国世界卫生组织对健康下了新的定义,即:健康不仅是没有疾病,而且包括躯体健康、心理健康、社会适应良好和道德健康。它具体包括以下四个层次。

(1) 生理健康:这是健康的基础,指人体结构完整,生理功能正常。

(2) 心理健康:具有同情心与爱心,情绪稳定,具有责任心和自信心,热爱生活,和睦相处,善于交往,有较强的社会适应能力,知足常乐。

(3) 道德健康:最高标准是无私奉献,最低标准是不损害他人,不健康标准是损人利己或损人不利己。

(4) 社会适应健康:是指不同时间内在不同岗位上各种角色的适应情况。适应良好是指能胜任各种角色,适应不良是指缺乏角色意识(如在单位是好工作人员,在家不一定是好儿子或好女儿,好父亲或好母亲)。

由此可见,过去对健康的理解是欠全面的,"心理健康是健康的一半"已逐渐被人们认识和接纳,只有心理健康的人才能发挥个人的最大潜能,才能取得最大成就,成为出类拔萃的人才。

当然心理健康是一个相对的概念。它不像人的躯体,健康与不健康有明显的生理指标,比如脉搏、体温等,而要区别心理是否健康却不那么容易。也就是说,心理健康是一个相对的概念,其相对的参照系是正常,即心理健康的理想状态是以有无心理疾病为准的,而"正常"这一概念不论对于整体还是个体都是有阶段性的,因为一个人随时可能产生心境不良,所以个体的心理健康也不是一条直线。这里的"正常"是用于评价某一阶段行为的,不是用来描述某一阶段行为的。要区分心理正常与异常尚无一个适用于任何人任何心境的心理健康标准,因为人的心理世界是复杂多样的,即使一个健康的人,也可能有突发性、暂时性的心理异常。因此,每个人随时随地都可能产生心理问题，心理冲突在当今社会像感冒、发烧一样不足为奇。评价一个人是否心理健康，常用的方法是心理测验，即根据心理学家编制的有关量表所测验的结果来进行论断。但心理测验的结果只能作为心理论断的参考资料，而不能作为唯一的鉴别心理健康与否的指标，另外还应避免以主观意愿来解释测验结果。

（二）心理健康的标准

虽然世上不可能有适用于任何人的任何心境的心理健康标准，但人们仍在不断探究。目前，较为普遍的方法是以定性描述提出各种具体的心理健康的标准。这种方法能较客观地提出心理健康的标准。现在一个人心理是否健康主要从以下五个方面来判断。

1. 行为反应适度

心理健康者的行为具有自觉性，符合社会规范的要求；行为反应的性质和强度与刺激的性质相一致，这是行为反应适度的关键含义；同时，行为具有稳定性、一贯性和统一性。例如，如果某些员工听到特殊的响声有所警觉，这属于正常反应；如果他因响声而惊恐，大呼大叫则属于行为反应失常。再如，当一个人受到别人欺辱而奋起自卫，捍卫自己的尊严，属于行为正常；受到欺辱和不公正对待时，经常表现出畏缩、自卑、忍气吞声，则属于反应反常范畴。当然，如果一个人过于敏感，微弱刺激常引起强烈反应，也可能属于反应失常。

2. 有自知之明，自尊自重，善于自我调控

心理健康者具有正确而客观的自我意识，了解自己的长处、优势及短处、弱点，能客观地评价别人；既不妄自尊大，又不畏惧退缩；善于控制自我的心理和行为，不被环境机械地干扰或诱惑，能以理智调控情绪；在行为上独立自主，既能不断奋斗，勇于进取，有所作为，又能克制不合时宜或违背社会规范的行为等。

3. 情绪健康，乐观开朗

情绪稳定、心情舒畅、乐观积极是心理健康的重要标志。心理健康者能自觉而有效地调整自我情绪状态，保持愉快的心境，心情坦荡，乐观向上。善于排遣烦恼、苦闷、恐惧、焦虑等消极情绪；能够适当地表露情绪，善于转移消极情绪等。

4. 善于处理人际关系

人际关系状况往往反映参与人际交往者的心理活动状况。一般而言，心理健康者乐于参与人际交往，能以尊重、信任、宽容、友善、体谅等积极态度与别人相处，恰当地处理人际矛盾，维持和谐、健康的人际关系，具有较强的集体归属感，能与集体成员齐心协力，合作共事，以集体利益为重，乐意为他人和集体谋求利益。

5. 能保持人格的完整性和协调性

心理健康者能保持人格结构的协调，包括认知、情感、意志、行为协调一致；具有正确的人生观和远大的抱负，能以稳定的人格统整自己的需要、愿望和理想等。随着自我年龄的增长、环境的变化、心理成熟度的发展，能自觉主动地调整，使人格与环境、年龄等保持协调性。

在旅游企业各部门里，有时难免碰

到这样一些员工，他们总感到全身疲乏，精神萎靡不振，休息后也难以恢复，或稍一活动就出虚汗，感到疲惫不堪。这种现象称为病态疲劳。那么什么是疲劳，员工疲劳心理有哪些表现呢？

二、员工的疲劳心理

（一）疲劳的定义

疲劳，是指人在劳动和活动过程中由于能量消耗而引起的机体的生理变化，也就是在连续劳动一段时间以后，劳动者自感不适和劳累，从而使劳动机能减退的现象。一般来说，可以将疲劳分为生理疲劳和心理疲劳两种，由此可以看出疲劳是一种复杂的现象，但是从众多的疲劳状态中可以看出疲劳是多种感受的体验，那么主要有哪些表现呢？这是下文要谈的问题。

（二）疲劳的表现

1. 无力感

当劳动效率还没有下降的时候，员工已经感到劳动能力有所下降，这就是疲劳反应。劳动能力下降表现为特殊的、难忍的紧张造成的难受感觉和缺乏信心，员工感觉到无法按照规定的要求继续工作下去。

2. 注意的失调

注意是最易疲劳的心理机能之一。在疲劳情况下，注意容易分散，少动，或者相反，游移不定，好动。

3. 感觉方面的失调

在疲劳的影响下，参与活动的感觉器官功能会发生功能紊乱。如果一个人不间歇地长时间读书，那么他会说眼前的字行"开始变得模糊不清"；听音乐时间过长，高度紧张，会丧失对曲调的感知能力等。

4. 记忆与思维故障

与工作相关的领域都会直接出现这些故障。在过度疲劳的情况下，员工可能忘记技术规程，把自己的工作岗位弄得杂乱无章，与此同时，对于工作无关的东西反而熟记不忘。脑力劳动造成的疲劳，尤其有损于思维过程，然而在体力劳动造成疲劳的情况下，员工也经常抱怨自己理解能力降低和头脑不够清醒。

5. 意志衰退

在疲劳状态下，人的决心、耐性和自我控制能力减退，缺乏坚持不懈的精神。

6. 睡意

过度疲劳能够引起睡意，在这种情况下，睡意是保护性抑制的反应。人工作得疲倦不堪，睡眠的要求变得强烈，以致任何姿势下（如坐着）都能入睡。

三、员工的挫折心理

俗话说，"人生十之八九是坎坷"，在日常工作和生活中人们难免会遇到这样或那样的困难和挫折，总会有一些需要不能得到满足，总可能有一些理想、愿望不能实现，这样就可能会引起心理失衡，产生心理挫折。那么什么是心理挫折？

（一）挫折的概念

挫折是指个体在从事有目的的活动过程中，遇到障碍或干扰，致使个人需要不能获得满足、个人动机不能实现时产生的紧张情绪状态。它是一种社会心理现象。

人们的行为大都指向特定目标，个体能否实现目标取决于许多主客观条件。有时，人们可以实现预定目标，有时则难以实现目标。当人们无法实现目标时，产生挫折反应是很正常的。挫折的产生具有特定条件，具体包括以下五点：①个体必须具有活动动机和明确的行动目标；②个体采取了为满足动机达到目标的具体行动和手段；③具有挫折情境的发生；④个体实现目标的行为受阻而产生挫折时，他必须对此有所知觉；⑤个体对挫折的认知引起了心理紧张状态和情绪反应。

要判断某种情境对个体是否可以称得上是挫折，只需看这一情境对个体所造成的影响是否同时符合这五个条件，五个条件中缺少任何一条均不能称之为挫折。

（二）挫折后的心理防御

人们在遇到挫折时往往会采取一些措施或方法来减轻自己的挫折感，主要有以下几种。

1. 合理化

它又称文饰作用，即个体无法达到追求的目标，或其表现的行为不符合社会的价值标准时，给自己找出适当理由来解释，这个理由未必是真理由，而且从第三者看来往往是不合乎逻辑的，但本人却能以此说服自己，并心安理得，进而维持个体的心理平衡。常见的合理化作用有“酸葡萄心理”和“甜柠檬心理”。

2. 压抑

将可能引起挫折的欲望以及与此有关的感情、思想等抑制而不承认其存在，即将其排除于意识以外，故压抑可谓是回避自我内部的危险，不敢面对自我的某一部分。压抑的结果虽可减轻焦虑而获得暂时的安全感，但被压抑的欲望并没有因此消失，而是深入个人的潜意识里，影响其性格健全的发展。

3. 替代

个人对某一对象所持的动机、感情与态度，若不为社会所接受，或自忖将遇到困难时，将此种感情与态度转向其他对象以取而代之，称为替代作用。例如升华作用就是将攻击等不为社会所接受的动机，转移到较高境界的艺术或运动的表现上。而当个人的某种有目的的活动受到阻碍，或因个人本身的缺陷，以致无法达到目标时，以另一种可能成功的活动替代之，通常称为补偿作用。

4. 表同

个人为了迎合供给需要满足的保护者，如父母、师长、主管等，在思想及行动上模仿他们，将自己与他们视为一体，按照他们的希望行动，如此可减少挫折，是为表同作用。

表同作用的另一种表现是一个人在现实生活中无法获得成功或满足时，将自己比拟为某一成功者（现有的或历史上的），模拟他的穿着、言行等，借此在心理上分享他的成功之果。如历史上的“东施效颦”。

5. 投射

存在于个体内部的许多动机当中，有些是自己不愿意承认的，或者因为承认了之后会引起内心的不安及厌恶感，因而无意识中把这些动机以及与此有关的态度、习性等排除于本身之外，而加到别人或物体上面，可谓投射作用。如“阿

Q的精神胜利法”“五十步笑百步”等。

6. 反向

个体为了防止某些自认为不好的动机呈现于外表行为，于是采取与动机相反方向的行动，即想借相反的态度与行为，抑止内心的某些动机。过分的亲切及屈从，背后可能隐藏着憎恶与反抗的动机。如“此地无银三百两，隔壁王二不曾偷”。

介绍了员工的疲劳感和挫折感，也许有人要问，那么在旅游行业中，管理者应如何对待员工的这些负面的心理呢，如何使得员工保持健康的心理状态呢？

四、员工心理健康的维护

维护心理健康的方法有很多，但是在日常生活中常用的、具有可行性的有“十法”。

（1）返老还童法。常回忆童年趣事，拜访青少年时的朋友，这样故地重游，旧事重提，仿佛你又回到童稚时代。

（2）精神胜利法。要不服输，保持旺盛精力，遇到挫折失败不灰心丧气，从精神上到行动上要战胜它。

（3）腾云驾雾法。读书、看影视、听音乐或听人讲话，要专心致志并随之腾云驾雾似地将思维扩展开去。

（4）异想天开法。极力把自己想象成是实践者，摆脱观赏者的地位，做主人，莫做客人。

（5）投机取巧法。每天要尽量省时、省力、节约，想出新的办法解决各类问题。

（6）贪得无厌法。对知识的获取永远不要满足，每天的计划要排满，使自己的生活充实丰富。

（7）到处伸手法。广交朋友，乐为大家办好事，做一个社交家、外交家。

（8）众采博集法。要有广泛的兴趣，喜欢钓鱼、养花、书法、绘画以及收藏各种物品等。

（9）平心静气法。遇到不愉快和生气的事，不要发脾气或急于行事，先平心静气10分钟。

（10）见异思迁法。对新鲜的、奇特的、未知的事，要喜欢它、接近它、研究它、掌握它。

当然，上面谈到的保健方法主要适用于一般的心理问题，而对于精神病人，除了一般的心理咨询以外，还需要专业的心理治疗。

【任务拓展】

如何保持自己的心理健康？

【任务反馈】

案例六 某酒店李先生是个能力出色的部门负责人，但是他的性格比较内向，与其他同事沟通不畅。在季度末汇报工作时，他通常要把完成工作的每一个过程详细地讲给经理听，可是经理关心的只是部门最后的营业额。于是李先生觉得自己受到了伤害，没得到尊重，认为经理没人情味。而经理呢，又觉得李先生太注重细节，浪费工作时间。于是二人产生了矛盾，给工作带来了不可避免的影响。因此，李先生觉得非常郁闷，工作也没有了激情。

员工如何在工作中保持心理健康？

释疑： 旅游企业通过心理测试发现，李先生是个完善型的人，他注重过程，高度敏感。而他的经理是个能力型的人，性格急躁，关注结果，忽略人际关系。在这样的情况下，经理要是能了解李先生的性格属于完善型，以后在听他汇报工作时，多几分耐心，就会让李先生觉得被尊重。而李先生要是能了解经理的性格属于能力型，在以后汇报工作时，先把工作完成的结果说出来，就会让经理容易接受些。

任务二　旅游企业部际关系与沟通

【任务目标】

一个企业的协调发展离不开各部门之间相互配合默契，取长补短，共同为完成企业的奋斗目标而凝成强大的合力，因此部门之间的相互了解和沟通就显得十分重要。

首先，旅游企业的基本单位是部门，部门作为员工群体，它的组成、特征、功能等是必须了解的基本知识。其次，群体在企业发展中的作用，取决于它的士气和凝聚力。再次，企业多部门之间常常由于种种原因，发生误解和冲突，出现一些不协调的现象，妨碍工作的顺利进展。因此，只有掌握良好的沟通方法，提高沟通能力，进行积极有效的沟通，才能促使企业协调地可持续发展。

活动一　对旅游企业群体的认识

【案例聚焦】

案例一　常江是秀雅饭店人事培训部经理，他经常把招聘中的最佳人选提供给客房部，两个部门与两位经理之间的关系都很融洽。与之对比，前厅部经理却抱怨道："人事培训部提供的候选人总是不尽如人意。"问题反映出来后，常江矢口否认他在其中有偏心，他解释道："客房部经理知道部门间如何配合，而前厅部经理却办不到，他似乎总想凌驾于人之上，只想别人给他方便。当然他们都是为了工作，可处理问题的方式却不同。"

请分析客房部经理是如何认识部门间的合作关系的？

【任务执行】

上述案例说明：企业是由多部门组合而成的有机整体，多部门之间的合作是双向的，不仅需要权责关系等组织结构的协调，更需要人际关系的协调，需要相互配合形成默契，才能形成合力。每个部门即员工群体，是企业发展不可或缺的重要组成部分。那么，旅游从业人员首先应该了解其作为员工群体在企业发展中的重要意义、它的行为特征以及在企业活动中的动力等基本问题，才能进一步讨论部门之间如何进行协调沟通等问题。

一、企业群体的行为特征

群体是由个体组成的，虽然其行为具有个体人行为的社会性、目的性和意识性，但绝不是群体所有成员行为的简单相加。当群体把成员凝聚在一起的时候，就不再是以个人而是以一个整体来进行活动并发挥作用。群体的活动怎样、效果如何，都反映了这个群体作为主体的状况。因此可以说，介于企业和个体之间的部门（群体），它发挥的作用会对企业产生不同程度的影响，都属于群体行为。一般地讲，群体行为具有如下特征。

（一）群体行为是有意识有目的的活动

人最重要的特点之一是具有意识。作为群体成员的个人，在实现群体目标的过程中，要产生相互作用和相互影响，个人的意识和行为必然要折射到群体行为之中，形成群体的意识。如同个体意识支配个体行为一样，群体意识能够唤起群体广大成员投入某项活动，迫使人们的行为适应社会和集体的要求。事实上，群体的活动都是有意识有目的的活动。平时，我们对一个人“听其言、观其行”，能判断他是怎样一个人，能在他的无数偶然行为中发现必然规律。群体行为也不例外，“听其言、观其行”，可以知道它是怎样一个群体，同样能够在其纷繁复杂的活动中，寻找到群体行为的变化规律。

（二）群体行为可以划分为不同类型

群体行为划分的依据主要是群体行为的作用、任务、持续时间和行为目的。

（1）根据群体行为的作用倾向，可以区分为积极行为和消极行为。凡是有利于完成组织目标的，包括有利于群体成员成长和进步的行为，是积极行为，反之，则为消极行为。

（2）根据群体所承担的任务，可以区分为首要行为和次要行为。首要行为即关系到群体兴旺盛衰的，决定群体命运的行为；次要行为是指那些对群体的生存和发展有一定影响，但没有决定性意义的行为。

（3）根据群体行为的持续时间、作用和目的，可以区分为长期行为和短期行为。群体行为与群体目标相联系，长远目标持续时间长且稳定，并有利于群体正常长远的发展，这种行为是长远行为。相反，短期目标产生短期行为，持续时间比较短，短期行为有可能追求的是眼前的利益，但不能绝对地说短期行为就不好，因为短期行为很可能是由群体近期任务决定的。

（三）群体行为与个体行为的影响是相互的

群体行为对个体的影响，主要是群体规范对个体行为的约束和群体行为对个体行为的熏陶。个体行为对群体行为的影响，主要是从个体行为与群体行为顺向的示范和推动作用中表现出来，以及从与群体行为逆向的干扰和阻滞作用中表现出来的。

那么，作为个体的人为什么要加入多种多样的群体呢？虽然个人加入群体的动机各不相同，但总的来讲，是由于多种群体为其成员提供了不同的利益，满足个人不同的需求。表 3－1 总结了个人加入群体的最常见的原因。

表 3－1　为什么人们会加入群体中

◎安全需要 通过加入一个群体，个体能够减小独处时的不安全感。个体加入到一个群体中之后，会感到自己更有力量，自我怀疑会减少，在威胁面前更有韧性

续表

◎地位需要 加入一个被别人认为是很重要的群体中，个体能够得到被别人承认的满足感
◎自尊需要 群体能使其成员觉得自己活得很有价值，也就是说，群体成员的身份除了能够使群体外面的人认识到群体成员的地位之外，还能够使群体成员自己感受到自己存在的价值
◎情感需要 群体可以满足其成员的社交需要。人们往往会在群体成员的相互作用中，感受到满足。对许多人来说，这种工作中的人际相互作用是他们满足情感需要的最基本的途径
◎权力需要 权力需要是单个人无法实现的，只有在群体活动中才能实现
◎实现目标的需要 有时，为了完成某种特定的目标需要多个人的共同努力，需要集合众人的智慧、力量。在这种时候，主管人员就要依赖正式群体来完成目标

二、企业群体的重要作用

企业群体在整个组织的形成和活动过程中发挥着不可替代的作用。联系旅游企业的实际活动情况，旅游企业内的群体的作用主要表现在对企业和成员两个方面。

(一) 群体对旅游企业的作用

群体对旅游企业的作用主要表现在以下三个方面。

1. 群体是旅游企业生长的细胞和企业任务的主要承担者

在旅游企业组织内，科室、班组是企业组织的细胞。它的主要功能是承担、执行、完成企业组织分配的任务，保证企业目标的实现。从另外一个角度看，一个企业的形象、工作效率，是与企业内部所属的各种群体的行为及绩效密切相关的。只有群体行为合理化并有高绩效，才可能保证企业目标和任务的圆满完成。

2. 群体的整体水平是提高旅游企业管理水平的基础

作为旅游企业，只有通过高水平和现代化的管理，才能出色地完成自己的目标和任务，充分发挥其职能作用。而在旅游企业提高管理水平的过程中，群体管理水平自然是企业管理水平的基础。

3. 群体的活力是增强旅游企业活力的关键因素

在旅游企业组织里，科室、班组与企业的关系，犹如生物细胞和生物肌体的关系。只有“细胞”是有生命的、活动的，整个企业才能生机盎然，充满活力。只有从科室、班组开始入手调动和激发员工的积极性和创造性，企业才具有活力。因此，搞好群体关系是增强企业活力的关键因素。

(二) 群体对其成员的作用

群体对其成员的作用主要表现在以下三个方面。

1. 群体能够满足成员与成员之间的关系心理需要

群体中的成员具有多方面的需要，

有的可以通过工作来满足，有的则是通过群体中人际关系来满足。一般说来，个人只要隶属于某一个群体，个体就会对群体产生认同感，而群体也能够给其带来光荣或利益、自尊或尊严、信心或力量、地位或友谊、安全或荣誉等。在一个具有高效率的群体内，其成员会有强烈的工作意愿、良好的沟通关系和自觉接受群体任务的积极性。以上都是成员生活或工作在群体内的心理需要，这方面的心理需要没有群体的存在是不可能得到的。

2. 群体能够协调成员与成员之间的人际关系

只有在群体里，人们才可以利用正式、非正式的渠道互通信息，进行情感交流。这不仅有利于群体成员间的相互了解、关系融洽，而且在群体间出现隔阂和矛盾时，群体可以根据矛盾发生的不同原因、不同性质，利用群体的力量，做好促进转化工作，协调人际关系。

3. 群体能够促进成员的健康成长

群体是成员了解别人、了解自己的一个窗口。成员在群体中能够确定自己所处的地位，找出自己的不足，能够在与其他成员的互动作用中取长补短，相互促进；在相互鼓励中，共同奋发向上，开拓进取；在良好的群体气氛中优势互补，健康成长。

三、企业群体规范与压力

（一）企业群体的规范

群体规范是由群体成员建立起来的行为标准，这些标准规定着群体对其成员的行为可以接受和容忍的范围，提示其成员应该怎样做而不应该怎样做。任何一个群体都有规范，可能是成文的，也可能是不成文的。它是一个群体生存、巩固、发展的支柱，也是群体每一个成员共同的心理参考原则。它能将成员的行为指向群体的目标，并具有推动符合群体要求行为和阻止不符合群体要求行为的力量。为此，建立适合某一群体的规范，对实现群体的目标和企业目标有着极其重要的意义。

在旅游企业中，标准化、规范化程度相对较高，因此，标准规范建设就显得更为重要。一般来讲，旅游企业在标准规范建设中，应把下列正式规范作为基本内容：①员工手册；②各部门、各岗位、各项操作的服务程序与标准；③企业管理制度、奖惩制度、培训制度、质量管理制度、成本管理制度、利益分配制度等。

在规范建立的过程中应注意广大员工的参与性、规范的科学性、执行的严肃性等方面，以确保规范的有效性。当现有的规范在执行过程中遇到与实际情况相悖时，应注意考虑规范的最高执行目标加以平衡和调整，如规范是否有利于调动员工的工作积极性，等等。是否有利于提高顾客满意度，等等。是否有利于企业效益、形象与长远发展，等等。这样才能使规范真的成为企业发展的动力。

（二）企业群体的压力

所谓群体压力是指群体规范对员工所产生的无形的约束力。因为这种无形的约束力会使员工们产生心理上的紧张、恐惧或不安，他们在心理上很难违抗，所以在群体压力下，员工们往往容易产生从众行为、顺从行为以及标准化倾向。

从众行为就是通常人们所说的“随大流”，实际上是个体在群体压力下，迫使自己在行为上与其他成员保持一致，在思想上放弃原有的意见。

顺从行为则在思想上保留自己的观点，而又不在行动上违背群体的意志。

所谓标准化倾向是指个体在群体环境中，易趋向于统一标准。

作为旅游企业基本单位的部门，都有自己的行为规范，也一定会对部门所属的成员产生一定的压力。那么一个群体究竟会给员工产生哪些压力呢？一般来讲，主要有五种类型的压力。

(1) 理智压力。即摆事实、讲道理、以理服人，使成员在道理上明白是非，接受群体的意见或观点。

(2) 感情压力。理智压力是采用“晓之以理”法，感情压力则是采用“动之以情”法，深厚的、真挚的感情能打动人，促其顺从群体。

(3) 舆论压力。常言说“群言难违”，群体的舆论对其成员易形成一种压力。正面的舆论能促其成员坚持正确行为，惩戒性的舆论使成员不敢再坚持错误的行为。

(4) 心理隔离。即群体使用断绝其成员心理上的沟通和行为上的接触，使之形影孤单，陷入完全被动的状态。

(5) “暴力”压力。即采用强制手段，如惩罚、解雇和开除等。

那么这种群体的压力与工作绩效之间有什么关系呢？简单地讲它们之间的关系可以用图 3－1 表示。

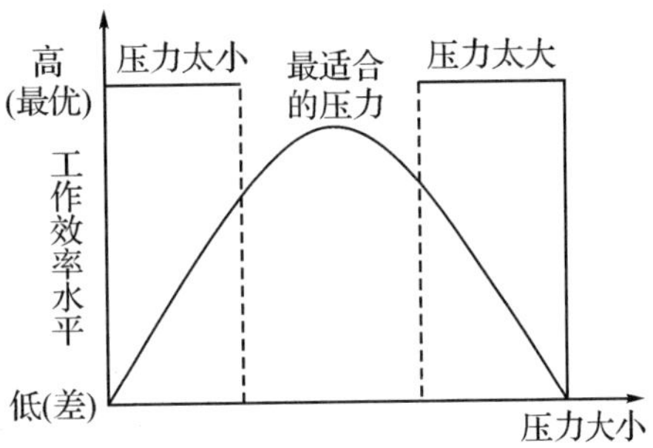

图 3－1　群体压力与工作绩效的关系

图 3－1 中纵坐标表示从低到高变化的工作绩效水平，横坐标表示从低到高变化中群体成员所体验到的压力的大小。在压力小的情况下，员工可能不警惕，没有挑战性，激不起员工的干劲，工作绩效达不到最好水平。当压力太大时，群体成员产生焦虑，易窒息员工的独创性，限制人的思维，使工作绩效水平下降。图中显示压力最合适时，工作绩效水平最高。

当然，同样的压力在不同成员身上也可能产生不同的结果。一般来说，对期望高的员工，在压力面前会持一种积极态度和激励感。对期望低的员工，在压力面前会持消极态度。因此，企业管理者应针对不同员工的情况，采取不同的管理策略。

(1) 对感到激励的员工，管理者应进一步鼓励，并为其提供支持和帮助。

(2) 对持消极态度的员工，应区分情况，做针对性的工作。比如员工的能力较差，应调整工种或岗位，或者加强针对性培训；员工工作动力不足，应采用激励手段并配合工作理念教育；员工与管理者情绪对立，首先应由管理者检查自己的工作，并与此类员工充分地、自由地、诚挚地交换意见，理顺情绪。

（三）群体士气

“士气”一词常用于军队中，表示团结一致、斗志昂扬的集体精神。

现在已经普遍用来表示现代企业组织中，群体成员的工作精神和服务精神状态与相互认同和协作的群体意识。尽管国内外对士气的说法较多，但将士气解释成“群体成员为实现组织目标所表现的工作干劲与协作精神”，似乎较通俗明了一些。

士气是增强企业活力和内部团结的一个重要心理因素。一个企业能否有效地实现自己的目标，在较大程度上取决于所在企业群体成员的士气高低。那么，一个士气高昂的群体究竟是以怎样的尺度来衡量的呢？国外管理心理学家研究结果表明，一个士气高昂的有效群体通常具备七种特征：①群体团结是来自内部的内聚力（又称凝聚力），不是来自外部的压力；②群体内的成员没有分裂成互相对立的小团体倾向；③群体内部具有处理内部冲突与适应外部变化的能力；④群体成员之间具有强烈认同感、归属感；⑤群体中每个成员都了解群体的奋斗目标；⑥群体成员对群体目标和群体领导持肯定和支持的态度；⑦群体成员承认群体存在价值，并具有维护此群体继续存在的意向。

士气也是提高工作（生产）效率的必要条件，但它不是全部条件。高士气并非等于高效率。只有同高度的生产性相结合，才能对提高工作效率、为实现组织目标，产生真正的价值和积极意义。这是因为，士气与生产性在一定条件下不是成比例发展的。例如，一个士气高昂的旅行社，如果资金不足、翻译与导游人员语言水平差、管理不当，就很难发挥这家旅行社应有的功能，取得好的经营效果。相反，一个实行严格科学管理的旅游企业，虽然员工有意见，士气不高，但在一定时期内可能保持高的工作效率。用图 3-2 表示士气与生产性之间的戏剧性关系：

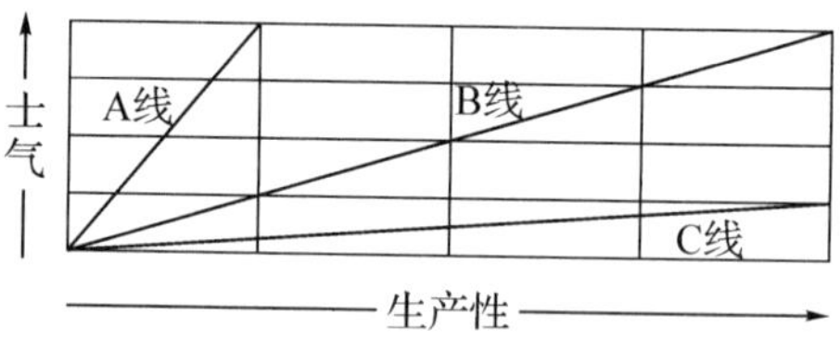

图 3-2　士气与生产性的关系

图 3-2 表明：A 线是单纯提高士气，没与群体目标相联系，使高士气受到限制，结果生产（工作）效率上不去。B 线是把提高群体成员的士气建立在群体目标或企业目标一致的基础上，这样，高士气必然带来生产的高效率。C 线是企业通过严格的科学管理，但不关心群体士气情况下，生产效率高的结果。因此，企业期待的是 B 线状态，所以管理专家认为：“管理人员的主要责任，在于如何安排组织的条件及其执行的方法，指导员工从实现组织的目标中，同时达到自己的目标。”

影响士气的因素很多，概括起来主要有：①领导者大公无私、奋发图强的精神状态，能激发起群体成员积极向上的工作意识、战斗意识与高昂的情绪，士气就高；②个人、群体、组织目标之间一致性；③内部团结性；④经济报酬合理性与需求满足的公平性；⑤领导者采取民主管理，善于倾听群体成员意见；⑥群体成员对工作的满意感；⑦优美的工作环境、安全舒适的工作条件，工作起来士气高；⑧鼓励交往与参与管理，培养集体主义精神；⑨群体成员身心健康、精神饱满、心境良好，对工作充满信心，对群体充满希望，士气高。

【任务拓展】

企业群体对员工会有哪些无形压力？那些压力对员工有何影响？

【任务反馈】

在每个单位都有一些同事特别合得来，他们经常一起聊天、一起逛街、一起娱乐，他们是属于什么群体呢？

释疑：他们属于非正式群体。在企业中大多数为正式群体，即由上级组织按法律规定和程序批准成立的员工群体。但由于种种原因，在企业中，人们除了在正式工作场合按一定的行为规范，扮演组织所分配的角色外，还会与一些志同道合、感情亲近、关系密切的人结为一体，建立非正式的联系，以满足他们共同的心理需求，即非正式群体。这种非正式群体在企业中客观存在，如集邮协会、垂钓协会等，还有如同乡会、校友会等。非正式群体形成后，对于人们的心理倾向和行为具有重要影响，因此，重视和确定非正式群体产生的原因、功能以及如何发挥其积极作用，是管理者不可忽视的问题之一。

活动二　旅游企业群体的凝聚力

【案例聚焦】

案例二　母亲节前夕，某饭店总经理办公会议正在热烈的气氛中进行着，今天的议题比较新鲜：下周的母亲节怎么过？自开业以来，饭店每年都要举办各种活动，过好母亲节，让饭店充满爱心。

大家七嘴八舌，各抒己见。在讨论正热烈的时候，李总说话了：“我建议今年咱们换个方法过。大家想想看，饭店成功是谁的功劳？是我们的员工。没错，他们没日没夜地拼命苦干才打下今天的‘江山’，但他们的靠山又是谁呢？那就是养育和支持我们员工的每一位母亲！她们默默无闻、辛辛苦苦、无怨无悔地奉献着，有了她们才有我们的今天！”听到这儿，大家都很激动。

李总接着说：“世界上母亲最伟大！为了表达对母亲的爱，我建议，母亲节那天，我们送每位员工一支康乃馨，请他们敬献给自己的母亲，并转达饭店全体员工对妈妈们的敬意与祝福！”大家一致同意这个提议。伴随着康乃馨送到母亲手里的还有两张价值150元的饭店火锅城的进餐券，外地员工则发给一张等值的电话卡。

那天晚上，很多员工挽着自己的母亲，手拿康乃馨，来到饭店餐厅。他们说着，笑着，唱着，过了一个愉快的母亲节。

请问为何大家都感觉过了一个愉快的母亲节？

【任务执行】

旅游企业有一句名言：“只有愉快的

员工，才有愉快的客人。”如何使员工愉快？重要的一条是领导要学会善待员工，以情感手段激发员工提高积极性。上述案例中饭店抓住母亲节这一契机，通过一支康乃馨将饭店领导一片真情传递给员工及其亲人。这是善待员工成功的一例。这股人情味，员工才能处处感到温暖，从而把自己的热情融进待客服务之中。情感激励是调动员工积极性的有效手段，正是有了情感才是形成凝聚力的前提和基础，而企业群体的凝聚力是员工之间的吸引力，含有“向心力”和“内部团结”的双重意义。它具有增强群体的功能，是实现群体奋斗目标不可缺少的条件。那么，企业群体的凝聚力受哪些因素影响呢？

一、企业群体凝聚力的形成因素

群体的凝聚力，又称内聚力，受诸多因素的影响，主要因素有如下几点。

（一）群体目标

群体的共同利益与目标是增强内聚力的关键因素。在旅游企业里，当员工有了共同的奋斗目标，就会团结协作，产生良好的人际关系，在工作中，员工们就会进一步增强感情，从而提高群体的内聚力。

（二）群体的社会地位

在社会经济生活中，群体的社会地位越高，内聚力越大；群体的社会地位越低，内聚力越小。例如，声望高、规模大、效益好的企业群体，内聚力就大。

（三）群体的领导方式

心理学研究表明，“专制式”“民主式”和“放任式”三种领导方式，对群体所产生的内聚力是不同的。以“民主式”领导下的群体，内聚力最高。

（四）群体的沟通方式

在群体内部，全方位沟通，内聚力高；单向沟通，内聚力低。例如，只一味强调垂直等级管理的企业，员工怨气较大，人心不稳，内聚力小；而同时辅以全方位沟通的企业内聚力较大。

（五）群体内部的奖励方式

研究表明，以群体为单位的奖励方式有助于增强群体的内聚力，因为以群体为单位的奖励方式可以使成员们意识到个人的命运是与群体连在一起的，因此，可以增加合作精神。

（六）群体的外部影响

当群体受到外部压力时，内聚力增强。但是，这只表明了一种潜在的可能性，而不是自动形成对组织有用的那种力量。如企业经营出现重大危机时，懦弱的管理者会一筹莫展，从而使人心浮动，内聚力降低；而有胆有识的管理者却可以化危机为契机，焕发人们的精神，使员工产生与企业共荣辱的情感，从而增强内聚力，促使企业走出困境。

二、企业群体凝聚力对生产效率的影响

一般来讲，群体凝聚力/内聚力高的，群体士气高，工作效率也高。但实际上并非那么简单，群体内聚力与生产效率之间存在着较为复杂的关系。群体内聚力强可能提高劳动生产效率，也可能降低劳动生产效率。出现截然相反的情

况的原因是，生产效率并非由内聚力单一因素决定。群体工作目标与组织目标的是否一致也是一个重要因素。如果群体工作目标与组织目标一致，则内聚力与工作效率之间成正相关，内聚力高工作效率也高；反之，群体工作目标与组织目标不一致，则内聚力与工作效率之间成负相关，内聚力越高，则会抱团来抵制组织目标，其工作效率反而越低。

社会心理学家沙克特（Schachter S.）研究了群体内聚力与生产效率之间关系。他做了一个实验，在有严格控制条件的情况下，检验了群体内聚力和对群体成员的诱导（即群体工作目标与组织目标的一致性，积极诱导要求成员增加生产；消极诱导要求减慢完成任务速度）对生产（工作）效率的影响。实验的自变量为内聚力诱导，因变量是生产（工作）效率。分 5 个实验组，如图 3－3。

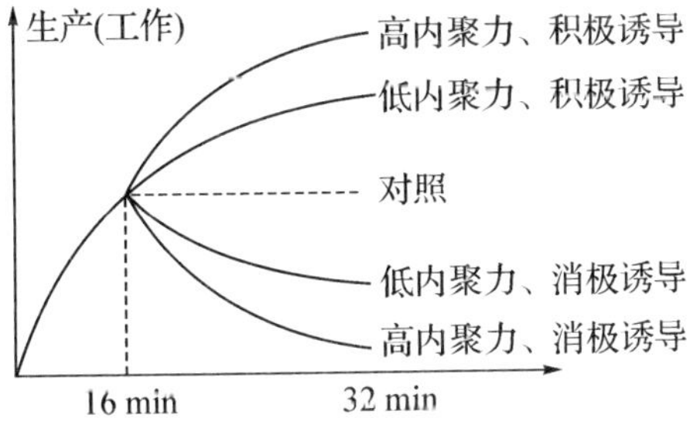

图 3－3　内聚力诱导和生产（工作）效率

沙克特使用两种不同方法，进行 32 min的实验。在前 16 min，对 5 个组都不做诱导，发现各组的产量平衡发展；在后 16 min，对 1 个对照组不做条件改变，而对其余 4 个组进行不同条件的实验。如果在不同的内聚力和积极或消极诱导的条件下，对生产效率的影响是不相同的。从图中可见，内聚力强弱对生产（工作）效率造成了影响，但更重要的是诱导产生的作用。

所以，从管理角度讲，不仅要从加强群体成员之间的感情来提高凝聚力，而且要加强对群体成员的思想教育并进行积极诱导，消除群体中可能出现的消极因素，使群体向正确的方向发展。

三、如何提高企业群体的凝聚力

提高企业群体良好的凝聚力，应从两个方面来做好凝聚力的心理建设工作：

（一）建造企业群体的凝聚力工程

团体的凝聚力工程以关心人、温暖人、培育人为主要核心内容，是“以人为中心”管理的重要方面。部分旅游企业凝聚力工程主题口号是：“让员工身心活跃，让企业温馨如家，让顾客宾至如归。”某餐饮股份有限公司成立于 1994 年 3 月 20 日，是一家以经营川味火锅为主，融会各地火锅特色于一体的大型直营连锁企业。20 余年来，公司在国内 54 个城市有 177 家直营餐厅，在中国台湾有 1 家直营餐厅。在国外，已有新加坡 4 家、美国洛杉矶 1 家、韩国首尔 2 家和日本东京 1 家直营餐厅。在管理上，该公司倡导“双手改变命运”的价值观，为员工创建公平公正的工作环境，实施人性化和亲情化的管理模式，提升员工价值。公司成功地创造了一种“家”的文化，解除了员工的后顾之忧，使员工能全身心投入到工作中去。该公司在简阳建了一所私立寄宿制学校，海底捞员工的孩子可以免费在那里上学，只需要交书本费。

除了工程部、物流中心和财务部里有外来的干部外，整个体系崇尚内部培养提拔，特别是管理门店的干部都是从基层干起来的。该公司新店的扩张为员工的发展提供了职业发展空间，也为员工的长期发展提供了平台。正如其店歌《携手明天》中所唱的："心连心，一起度过艰难，手拉手，分秒并肩作战，创造奇迹拥有梦想，知恩图报，双手创造未来。"其经验值得旅游企业借鉴。

增强团体的凝聚力是一项系统工程，旅游企业抓员工队伍心理建设应从企业具体情况出发，将凝聚力工程放在议事日程上。上海城市酒店提出建设"以人为本，广泛开展形象感人、教育造人、真情暖人、岗位育人、制度管人、事业聚人、目标激人"的凝聚力工程，走出一条符合自己特点的发展之路。目前，树"城市"形象、做文明先锋已成为该酒店员工的共同追求，助人为乐、锐意进取已在员工中蔚然成风。

（二）正确认识企业群体的竞争和冲突

1. 群体的竞争

竞争是一种普遍存在的社会现象。它是指群体中个人与他人之间为达到有限的目标，力求超过别人取得优势地位的心理状态，是人的"争先"意识或"力求优越"动机的表现。在群体中，没有竞争，就没有比较，就没有发展和创造，它是企业发展的动力因素之一。

竞争是有条件的，不是在任何条件下都能发生，它取决于以下因素。

（1）目标有限程度和资源稀缺程度。引起竞争的根本原因是目标有限、资源短缺。试想，在大家都想获得更多资源的情况下，由于数量限制，那就意味着甲得到了，乙就减少了，因此，大家都想得到，就必须竞争。

（2）群体及成员的价值观。群体或个人，只要认为某种资源或某种事情对自己有重大作用，人们都会为之奋斗，彼此之间就可能进行竞争，除非一方在其心目中失去了追求目标的重要意义，否则，竞争是不可避免的。

（3）群体成员的合作性。群体间的竞争成果获得与否取决于有关群体内的成员是否合作，是否一致。心理学研究认为，群体成员的合作是群体间竞争的重要条件。凡集体意识强、关系融洽、团结合作的群体易产生竞争性。

（4）目标与现实的差距。群体目标与现实的距离是指群体的现状与实现群体目标之间的距离。在通常情况下，目标与现实差距小，实现目标的可能性很大，很可能竞争不起来；如果该目标是否实现是决定该企业或群体或个人前途命运的大事，竞争将是十分激烈的。相反，目标与现实差距大，即有相当的难度，实现目标要付出极大的努力，这能体现出对一个人意志和能力以及对企业或群体实力的考验，很可能会产生激烈的竞争。当然，如果差距大到高不可攀时，群体或个人很可能会放弃目标，竞争就难以发生。

在许多旅游企业内部，竞争常常被用作激发员工士气的"杠杆"，或推动工作、提高工作效率的重要管理手段。而群体间的竞争会对有关群体的内部关系产生积极的影响，归结起来影响有四点：①内部冲突减少，团结加强；②成员对群体目标和步调易趋于一致；③成员对集体荣誉关心，工作主动；④群体趋于高度组织化。

2. 群体的冲突

冲突实质上是指两个或两个以上的人或群体，在目标上互不相容或互相排斥，从而产生心理上或行为上的矛盾。冲突的产生不仅会使个人体验到一种过分紧张的情绪，而且还会影响正常的群体活动，对管理工作带来重大的影响。

造成群体冲突的原因很多，主要有下列几种影响因素。

(1) 沟通因素。在群体内如果沟通不良，易使群体成员发生误解造成冲突，但这种冲突不同于本质上对立的冲突。

(2) 结构因素。如果群体结构规模大、层次多、分工复杂，信息易被歪曲，容易造成冲突。

(3) 个人行为因素。在群体内个体差异也是冲突的来源。一般说来，独断专行的人容易扩大事态以攻击别人，自尊心强的人容易感到别人的威胁而先发制人，他们都为了“自我防御”而容易与他人发生冲突。

冲突的存在，一方面会对企业的形象造成不良影响，另一方面会削弱企业员工的凝聚力而影响工作效率的提高，为此有必要化解冲突。化解冲突的策略一般有以下三种。

(1) 设置超级目标。因为超级目标是高水平的目标，使冲突各方都能从中获益，消除敌意，从而使他们共同把精力集中到目标的达成上。

(2) 采取行政手段。暂时使冲突双方远离，使彼此在情绪上冷静下来，有利于冲突的缓解。

(3) 采用托马斯冲突处理的两维模式。托马斯提出的两维空间模式（如图3-4）中，横坐标表示合作程度，纵坐标表示武断程度。在这两维之间有五种解决冲突的策略：

一是强制，既不合作而又非常武断。

二是回避，合作与武断程度都很低，对一切缺少兴趣。

三是妥协，两个维度都取中间状态，是一种权宜的解决办法。

四是克制，合作程度高而武断程度低，有牺牲自己利益去满足他人利益的精神。

五是解决问题（开诚合作），双方通过坦率、真诚的交谈，决定共享资源。

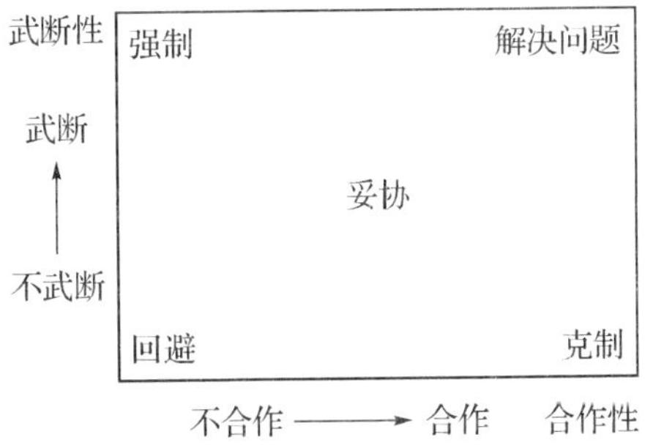

图3-4 处理冲突的两维模式

除上述两方面外，企业群体的凝聚力提高还需要加强群体中的人际关系与意见沟通，这方面知识和技能将在下一活动内容中较为详细地进行介绍。

【任务拓展】

如何提高旅游企业群体的凝聚力，

塑造企业优秀团队？

【任务反馈】

旅游企业部门之间的竞争可能引发冲突吗？

释疑：部门之间的竞争可能引发冲突，如当两个部门为了扩大销售额以赢得总公司的奖励，就可能因追求局部利益，在争夺资金、人员等方面产生冲突，如果处理不当，就可能对总公司整体效果产生影响。

活动三　旅游企业部际关系的改善

【案例聚焦】

案例三　王小姐是某市五星级酒店的宴会部经理，因为酒店厅房出新改造，白天会有装修噪音，不可避免地影响到餐饮的生意。因此酒店一般在有生意的时候就事先通知工程负责人，倒也没有出现什么大的问题。某日，酒店来了一批老客，预订了一间会议室召开半天会议。王小姐很重视，提前一天就打电话给工程部负责人说明情况，提醒工程部注意施工时间。哪知道，第二天会议结束后，客人向王小姐投诉酒店环境不好，服务态度差，不符合五星级酒店标准等并拒绝买单。原来上午客人在开会的时候，餐饮部正好有个经营分析会，王小姐就安排了一位服务员负责，那位服务员可能在服务态度上出了一些差错，然而最主要的原因却是会议室临近中午的时候有很大的敲击声，破坏了会议的氛围，让会议无法正常地进行下去。而工程部负责人称酒店要求他们加快建造速度，争取尽快投入使用，也就没有过多考虑对会议室的影响。之后，王小姐委婉地向客人说明了情况，可是客人就是坚持不结账，觉得酒店太不尊重客人。部际沟通的缺失把饭店的这单交易逼入了绝路。

请问导致这次酒店管理失败的原因在哪里？

【任务执行】

上述案例反映，任何企业中同级管理人员之间的矛盾与竞争都是客观存在的。每个部门都要完成自己的目标，以实现企业的总目标，而在实现各自目标的过程中又必须得到其他部门的支持与合作。各部门之间的合作是双向的，不仅需要企业权责关系等组织结构的协调，更需要人际关系的协调，需要相互支持与配合才能实现各自目标并实现企业的总目标，由此可见，企业部际关系的协调是多么重要。

一、企业部际中的人际关系

企业员工的凝聚力来自于员工们的团结一致，突出表现在群体中的人际关系方面。人际关系的良好与否对于工作、生产效率有极大的影响，是决定企业成败的重要因素之一。因此，旅游企业管理者应重视和加强对群体人际关系的研究。

（一）企业群体中人际关系形成过程

良好的人际关系是在人际交往过程中建立和发展起来的，良好的人际关系形成过程一般要经历四个阶段。

1. 定向阶段

良好人际关系形成的最初阶段，人

们总是依据自己的意愿、审美观、价值观选择对自己来说最有意义和魅力的交往对象，并在自己心理定势的前提下搜集对方的信息，以求深入地了解对方。同时人们还可能从正面展示自己，以求给对方创造一个良好的最初印象。

2. 探索情感阶段

在搜寻对方信息和创造最初印象的基础上，人们会进一步向对方表露自己较浅层次的思想情感倾向，扩展新领域、增加新内容，以探寻对方的情感倾向。此时，交往双方若都有继续交往的倾向，则会进入第三个阶段——情感交换过程；如果对方毫无情感表示，二者将不会显示出继续交往的倾向。

3. 情感交换阶段

情感交换阶段是人际关系建立的关键阶段，人际关系能否建立，关键取决于情感这个联系纽带。在这个阶段里，双方若能很少保留地表现自己的个性，或相当自由且中肯地相互赞扬或批评，就能为人际关系的建立打下坚实的基础。

4. 稳定情感阶段

经过前三个阶段的交往接触，彼此已形成良好稳定的情感，心理距离已达到相当接近的程度，两方在外在的行为上会表现出相亲相爱的举动，至此，良好的人际关系便告形成。

总之，在人际关系的形成过程中，情感程度是逐阶段上升的，前一阶段是后一阶段的基础，后一阶段是前一阶段的结果。在人际关系形成过程中，无论哪一个阶段出现障碍，都将意味着交往的中断或破裂，关系便不能建立和形成。

（二）企业群体中良好人际关系的形成条件

良好人际关系的建立，除思想政治倾向外还必须具备如下基本条件。

1. 空间因素

人与人在空间位置上接近，人们相互交往的机会就越多，交往频率也越高，彼此会有更多的了解，人们的感情也就越浓，容易形成密切的关系。

2. 相似因素

人与人之间相似的因素很多，如年龄、经历、长相、性格、态度、家庭社会背景、经济条件、职业、文化素质、宗教信仰、价值观念等。相似且相近，相近且相亲，容易形成良好的人际关系。

3. 需要互补

当一方的需要正好与对方的期望成互补关系时，彼此容易产生吸引力，形成友好的关系。

4. 仪表因素

仪表是重要的吸引因素，人们都喜欢漂亮的人，仪表在人际交往初期能够给人以良好的印象。

5. 能力专长

能力专长是实践性和科学性因素，具有很强的影响力。一个能力较强且有专长的人，容易使人对其产生一种敬佩感和信赖感，愿意与之接近，成为好朋友。

6. 情境因素

情境因素指社会环境、自然环境和心理环境。良好的社会环境容易给人提供交往机会，良好的自然环境能给人提供理想的交往场所，积极的情绪状态是交往得以顺利进行的必备条件。

二、企业部际中的意见沟通

（一）企业部际意见沟通概述

在了解了企业群体良好人际关系形成过程和形成条件的基础上，还必须掌握人际沟通的相关知识和技能，才能保证良好人际关系的持续发展。

1. 意见沟通的意义

随着我国旅游事业的发展，旅游企业的组织规模越来越大，群体也越来越多，群体的内部关系和外部关系也日益复杂。群体对外信息的获得、对内意见的综合，都与意见沟通有关。旅游企业属劳动密集型企业，人员众多，管理层次也较多，有效沟通的难度也越大。研究表明，由于在很多时候未能实现有效沟通，使得高层管理者的经营管理思想不能为员工所理解，员工的很多想法也难以通过正常途径与上级沟通，上下级之间误解渐多；企业缺乏对沟通重要性的认识，正常的沟通制度不健全，流言、小道消息传播甚盛，从而使人际关系复杂化，严重影响了员工的工作士气和企业的凝聚力。为此，研究群体中的意见沟通，对搞好企业管理、提高管理效能，有着十分重要的意义。

2. 意见沟通的功能

意见沟通是旅游企业科学管理工作的基础，也是充分发挥企业员工主人翁态度、责任感的重要途径，它的功能主要表现在以下四点。

（1）搜集信息的功能。企业组织为了求得生存和发展，必须适应周围环境，了解社会一般消费趋向和市场动态；同时还必须了解企业员工的需要、工作士气、各群体之间的内外关系、组织管理的效能及企业目标的落实情况等。所有这些外部和内部信息的获得，都是通过意见沟通实现的。

（2）满足心理需要的功能。沟通是人的一种重要心理需要，它是企业员工解除内心紧张情绪、表达情感与愿望、寻求同情与支持的重要手段。在企业内部如果沟通渠道阻塞或不畅，员工的意见得不到反映，群体气氛将出现压抑、郁闷、紧张的情况，长此以往，对员工心理健康会发生危害作用。

（3）影响和改变行为的功能。信息是态度形成的基础，意见是用语言表明的态度，二者是人们心理活动的外界重要刺激因素。人们在不同的信息和意见影响下，会形成不同的态度，引发不同的行为。在一般情况下，人们为了改变自己的行为或他人行为，常采取的办法就是获取更多的信息或向他人输送更多的信息，以达到改变行为的目的。

（4）改善人际关系、鼓舞士气的功能。意见沟通能使领导与员工、员工与员工、群体与群体之间加深了解，彼此接纳、相互协作。它是产生心理效果的基础。在一个特定的环境和适当的条件下，一个激动人心的信息，会使员工群情激昂、精神振奋；一系列明确的信息会消除许多误解、猜测和流言，从而改善人际关系，增强企业凝聚力。

3. 意见沟通的障碍与改善

（1）意见沟通的障碍。造成意见沟通的障碍因素很多，从沟通过程看，主要有以下四个方面：

①意见形成与发送过程所造成的障碍。意见沟通的初始阶段,发送者对接受者负有重要的责任。发送者组织的有关信息不准确、传送不全、传送不及时或不适时,都是进行意见沟通的障碍因素。

②传送过程所造成的障碍。传送过程中所造成的障碍主要表现在沟通通道上。一般来说,沟通媒介不合适、沟通媒介之间有冲突或沟通通道太长、中间环节太多等都会阻碍沟通。

③接受信息过程造成的障碍。接受信息过程所造成的障碍主要表现在接受者身上,接受者忽视信息、接触与理解信息不准确或拒绝接受信息,这些都会影响沟通的实现。

④沟通双方的心理障碍。在旅游企业中常见的上下级沟通中,常因双方未能有效地解除各自的心理障碍而使沟通的有效性大大降低。上级因对下级不能充分信任,传播的只是部分信息而使下属不能全面正确地理解传播内容。上下级间因上一次沟通的不愉快,而常常把消极情绪转嫁到面前进行的沟通中。下级如对上级的人品、能力、处理问题的公正与艺术性等持否定态度,就会对上级传播的信息进行多方位的否定,而感到受上级重用的下属则多会从积极的方面响应上级的传播。

(2) 意见沟通的改善。意见沟通的改善主要体现在发送者和接受者两方面。一般说来,发送者可以按照下述步骤对沟通进行改善:

①要熟悉接受者。"知己知彼,百战不殆",说明了解自己又了解对方,多次作战都不会失败的道理。这里引用此话,目的是想要说明,要想使沟通达到效果,就必须熟悉接受者。例如,熟悉接受者的人格特征、文化水平等。在沟通中要注意,若接受者是一个自我中心、优越感强的人,发送者就要尊重他,态度要谦逊些;若接受者文化程度低,发送者选择的措词就不能太深奥。

②选择最佳的沟通媒介。如前所述,沟通媒介各种各样,并各有其优点和缺点。因此,要想使沟通达到好的效果,就必须因时因地因场合不同,使用不同的媒介,也可将各种媒介综合起来使用。

③发送信息要准确,要掌握好时机。发送信息准确指意义明确,内容无误,这易于被接受者理解和接受。发送信息时,选择的时间恰到好处,接受者会心满意足,乐于接受。

④沟通制度化。任务信息、企业发展信息、同行竞争信息、企业政策信息、员工对管理工作和管理者评价信息等,应以企业管理制度的方式加以规定并遵照执行,避免盲目性和随意性。

对接受者来说,要想正确无误地接触和理解发送者的信息,在沟通中应注意改善以下三点:

①养成良好的沟通习惯。良好的沟通习惯包括注意力集中、情绪稳定和态度端正等。无论在什么形式下沟通,注意力集中便于准确理解信息,避免或减少信息损失。情绪稳定有助于正确地判断信息,避免由于偏激而歪曲信息。态度端正会使人心平气和,有助于对信息的正确理解与接受。

②学会有效的倾听方法。不同的倾听方法会产生不同的倾听效果。漫不经心地听，易伤害发送者的自尊心，影响正常沟通；争论式地听，不易使沟通正常进行；只有全神贯注地听，才能达到好的沟通效果。它是改善意见沟通的重要方面。

③掌握理解沟通信息的基本能力。对传播者提供的信息，单纯从消极方面加以否定或单纯从积极方面一味接受均是不合理的。企业中上下级或同级人员之间的沟通，均应本着这样的一个原则，即充分考虑发送者动机的积极意义，对不足给予反馈。当接受者在接收信息前就已做好否定发送者意见时，沟通注定要失败，并进而加剧、加深双方的误解与隔阂，给工作带来损失，给双方利益造成损害。

三、企业部际人际关系的改善途径

良好的人际关系具有积极的意义，为了在群体中形成良好的人际关系，改善途径主要有以下四个方面。

（一）建立坚强的领导班子

领导班子的思想作风，对群体士气和人际关系具有重要的影响。坚强的领导班子具有良好的思想作风、工作作风和生活作风，在工作中就能表现出高度的事业心、正确的权力观、实事求是的态度、讲究领导方式、关心员工疾苦、广泛联系群众等优良作风。这些作风能够使集体心理气氛融洽、和谐，形成良好的人际关系。

（二）创立有利的群体环境和良好的交往气氛

情境因素是建立良好人际关系的必备条件。从管理角度讲，管理者要有意识地利用组织的力量，创造适宜的群体气氛，如优美的工作环境、优越的工作条件、团结的集体、有竞争性的工作任务、和谐的上下级关系、发表意见的自由和有情趣的集体活动等，都能促进成员的相互交往，建立良好的人际关系。

（三）建立合理的组织结构

组织机构是组织实现其特定目标与完成任务的基础，只有建立科学的组织机构，组织内部分工才能得以实现，组织的整体目标与任务才能分解落实到岗位与个人。依据组织实现目标需要设置机构，划分部门与岗位，明确各自职责和协作关系，辅之以“责—权—利”机制，则人们任务清，职责明，有利于建立良好的人际关系。反之，必然出现互相扯皮、推诿责任，甚至相互拆台。例如，饭店中的质量管理工作，由一个与其他部门平级的质量管理部负责时，常常引起该部与其他部门关系的紧张与恶化，其原因在于结构设置不合理。质量管理工作包括对所有业务与行政部门工作的监督、指导、评估与奖惩，通常这些职能是由上级对下级实行的，而一旦是同级部门间实行这些职能，由于权力不足，许多部门会对来自同级部门的质量管理部的工作产生抵触情绪，而将“质量管理部”改成由总经理亲自担任主任，各部门配备副经理级质量管理员的“质量管理委员会”时，上述问题就迎刃而解了。由此可见，组织机构设置的合理与否，对组织内人际关系的状况影响是巨大的。

（四）提高群体成员的自我修养

在群体中，良好人际关系的建立与群体成员的自我修养是密不可分的。为了建立良好的人际关系，群体成员必须树立正确的世界观。树立正确的世界观，就能正确地对待个人、集体、人与人之间的关系，科学地分析人与人之间的矛盾，客观、冷静地处理人与人之间的关系。良好的性格能改善与增进人际关系，心胸开阔、性情开朗、严于律己、宽以待人是良好性格的表现，加强这方面的修养，就能为搞好人际关系提供有利的心理条件。人贵有自知之明，自我意识成熟的人，对自己了解深刻，能正确对待自己，自觉调节自己的意识和行为，控制自己的动机与情绪，这样的人容易搞好人际关系。为此，加强自我意识修养，是搞好人际关系的一个很重要的方面。人不是天生就会与人搞好关系的，需要从诸多方面学习才能获得。学习和人相处的技巧，是提高人际交往水平的重要途径之一。

【任务拓展】

旅游从业人员应如何排除部际沟通中的障碍？

【任务反馈】

如何创造良好的旅游企业心理氛围？

释疑：旅游企业要创造良好的心理氛围，主要表现在以下三个方面。

1.集体意识

集体意识是指员工对集体的正确态度，是集体主义精神的思想基础。当旅游企业集体意识成为企业员工共同的意识时，企业才有良好的心理氛围。

集体意识一经形成，它首先呈现的特征是企业员工对企业有认同感和归属感，服从组织决定，遵守组织纪律，同心同德，具有良好的凝聚力和向心力。其次，企业员工对企业具有责任感、效力感，以饱满的热情对待工作，保质保量完成或超额完成企业交给的任务，自觉关心集体，参与管理，必要时甚至可以为企业作出牺牲。再次，企业员工具有强烈的集体荣誉感，少有嫉妒、保守等不良现象，在企业取得成就后为企业自豪，在企业遇到挫折时不气馁，不互相埋怨，并以积极的态度群策群力，共渡难关。

2.主人翁精神

主人翁精神即员工把自己当成企业的主人，具有主人意识。但主人意识与主人地位是联系在一起的，而主人地位既受宏观宣传的积极影响（如社会主义国家人民群众当家作主），又受微观条件的制约（如三资企业中普通员工并不具备实际意义上的所有权、管理权和监督权），还受企业内部管理思想、管理者素质和管理水平的影响，还有企业员工的自我意识等，所以，要强化集体中员工的主人意识既有困难，同时也大有文章可做。

3.公众意识

公众意识在非严格意义上来说就是公共关系意识，因为在公共关系意识中就包括了公众意识，在公共关系的构成要素中，公众占了相当重要的位置。在现代的旅游企业中，重视公众利益，将公众意愿作为决策和行动的根据，将满足公众要求作为企业重要的经营方针，追求顾客满意，寻求企业利益与公众利益之间的平衡是丝毫不能懈怠的目标。因此，在旅游企业团体氛围中营建公众意识是当务之急。

集体意识、主人翁精神、公众意识是构成旅游企业内部心理环境的重要因素。毫无疑问，健康、积极、生气勃勃的企业内部心理氛围是现代社会中一个优秀旅游企业生存与发展的必要条件，因此，饭店、旅行社等旅游企业在市场竞争中要保持内部基石坚强有力，研究和发展这一课题不仅是迫切的，也是十分必要的。

◆模块评价

【知识/技能评价】

①如何在旅游企业中实施 EAP 服务？

②如何让旅游企业的总目标来增加旅游企业部际间的合作程度？

【能力应变】

通过本模块的学习，要求学生了解和熟悉人际关系与沟通的相关知识和理论，掌握人际沟通的基本方法，提高人际沟通的能力。为了有效地提高学生的实践能力，配合学生在企业实习过程中建立调研项目。

项目一：旅游企业员工心理健康调查

调查对象：旅游企业一线员工

主要内容：①设计员工心理健康调查表及配合访谈；②分析员工存在的主要心理健康问题及原因；③针对员工心理健康存在的主要问题，找出应对策略和措施

项目二：酒店部际合作关系现状调研

调查对象：主管级以上管理人员

主要内容：①设计部际合作关系问卷调查表及配合访谈；②分析存在的主要问题和原因；③找出如何通过沟通达到最好合作的主要途径和措施

【模块链接】

企业优秀团队建设的合力

企业要实现可持续化经营，关键在于企业的持续发展力与核心竞争力。企业的力量来自于三种力量的整合：一是员工个体的战斗力；二是企业团队的凝聚力；三是领导者的影响力。

企业高质量的产品是靠高素质的员工生产出来的，员工的战斗力取决于员工的能力与努力的大小及其发挥；员工的能力靠培训，努力靠激励。一个集合体要有力量，关键在于“有序”整合。个体“无序”的凑合、混合，犹如鸡兔共笼、同床异梦，往往没有任何力量，甚至产生负面效应。“无序”的个体越有战斗力，团队的混战越厉害，你争我斗，尔虞我诈，结果你死我不活，其产生的恶果就越严重。团队的组成一定要进入到整合、融合的有序状态，“人心齐泰山移”，产生“团结起来力量大”的聚合效应。

团队要产生凝聚力，一靠组织建设；

二靠心理建设。组织建设就是法治，通过权威、刚性的规章制度把人有序地组织起来，分工合作，进行专业化的生产；心理建设就是要重视德治，通过鼓舞士气、民主管理、爱心工程、道德教育、职业生涯管理等使员工统一认识、统一目标、统一行动，强大的凝聚力产生巨大的企业发展推动力。

不论是员工的战斗力还是团队的凝聚力，还须靠领导者的影响力。领导者一靠权力威信，通过权力统一组织，建立权威，有效地发挥组织的作用；二靠非权力威信，即领导者的品德、才能、专长和情感，让员工心服口服，从“服从”到“认同”，最后达到管理的“内化”境界。领导者通过严爱结合的领导艺术，使员工分散的战斗力整合为统一的团队凝聚力，最终实现企业目标。

个体的战斗力、团队的凝聚力和领导者的影响力，三力合一力，融合为核心竞争力、持续发展力。企业的这些“力”，形成了“力场”，这个力场就是文化，就是文化力。企业文化把三力融合为一体，形成了企业价值观、企业精神、企业道德和企业形象，对员工产生深刻的影响。

拓展路径

①登陆中国旅游饭店业协会网(http://www.ctha.com.cn/)，可了解饭店业的历史发展和各季度的经营分析。

②登陆中国旅行社协会网(http://www.cats.org.cn/)，可了解旅游业的动态。

③登陆中国交通运输协会网(http://www.cctaw.cn/)，可了解全面的交通路线。

参考文献

[1] 陈琦主编.旅游心理学[M].北京:北京大学出版社,2006.

[2] 陈筱编.旅游心理学[M].湖北:武汉大学出版社,2003.

[3] 陈筱,袁俊主编.旅游心理学[M]. 武汉:华中师范大学出版社,2008.

[4] 程新造编著.导游接待案例选析[M].北京:旅游教育出版社,2004.

[5] 戴彦臻主编.旅游心理学[M].济南:山东大学出版社,2006.

[6] 甘朝友编著.旅游心理学[M].天津:南开大学出版社,2001.

[7] 胡林主编.旅游心理学[M].广州:华南理工大学出版社,2005.

[8] 胡研.旅游心理学(宜宾学院经济与管理学院精品课程):第五章 旅游动机[EB/OL].http://dep.yibinu.cn/glx/ReadNews.asp? NewsID=682[2011-08-10].

[9] 贾静主编.旅游心理学[M].郑州:郑州大学出版社,2002.

[10] 李晴主编.旅游心理学基础[M].北京:清华大学出版社,2006.

[11] 李任芷主编.旅游饭店经营管理服务案例[M].北京:中华工商联合出版社,2000.

[12] 李一文著译.旅游心理学[M].大连:大连理工大学出版社,2010.

[13] 梁智,刘春梅,张杰编著.旅行社经营管理精选案例解析[M].北京:旅游教育出版社,2007.

[14] 刘纯.旅游心理学[M].北京:科学出版社,2004.

[15] 刘惠余编著.旅游购物品开发与营销[M].昆明:云南大学出版社,2007.

[16] 刘晓杰主编.旅游心理学[M].南京:东南大学出版社,2007.

[17] 吕勤,徐施编著.旅游心理学[M].北京:北京师范大学出版社,2010.

[18] 麻益军,芦爱英编著.旅游心理原理与实务[M].北京:旅游教育出版社,2009.

[19] 马继兴主编.旅游心理学[M].北京:清华大学出版社,2010.

[20] 秦明编著.旅游心理学[M].北京:北京大学出版社,2005.

[21] 沈祖祥.旅游心理学[M].福州:福建人民出版社,2009.

[22] 孙喜林,荣晓华编著.旅游心理学[M].大连:东北财经大学出版社,2002.

[23] 屠如骥编.现代旅游心理学[M].青岛:青岛出版社,2000.

[24] 汪红烨,王立新主编.旅游心理学[M].上海:上海交通大学出版社,2011.

[25] 王赫男主编.饭店服务心理学[M].北京:电子工业出版社,2009.

[26] 王利琴.旅游心理学(河南职业技术学院精品课程):第二章 旅游行为的动因[EB/OL].http://jpkc1.hnzj.edu.cn/jpkc/C131/Course/Index.htm[2011-08-10].

[27] 王婉飞编著.旅游心理学[M].杭州:浙江大学出版社,2006.

[28] 谢苏编著.旅游心理概论[M].北京:旅游教育出版社,2001.

[29] 徐文燕编著.旅游心理学原理与应用[M].上海:格致出版社,2010.

[30] 叶伯平主编.旅游心理学[M].北京:清华大学出版社,2009.

[31] 余敦旺编.旅游心理学[M].合肥:中国科学技术大学出版社,2006.
[32] 曾力生著译.旅游心理学[M].长沙:中南大学出版社,2005.
[33] 张大均,吴明霞主编.大学生心理健康[M].北京:清华大学出版社,2007.
[34] 张建宏主编.饭店服务36计[M].北京:旅游教育出版社,2008.
[35] 张树夫主编.旅游心理[M].北京:中国林业出版社,2000.
[36] 张树夫主编.旅游心理学[M].北京:高等教育出版社,2003.
[37] 周丽主编.酒店服务心理学[M].北京:中国物资出版社,2004.
[38] 周义龙,龚芸编著.旅游心理学[M].武汉:武汉理工大学出版社,2010.
[39] 邹本涛,赵恒德主编.旅游心理学[M].北京:中国林业出版社,北京大学出版社,2009.
[40] 中国旅游饭店业协会网,http://www.ctha.com.cn/
[41] 中国旅行社协会网,http://www.cats.org.cn/
[42] 中国交通运输协会网,http://www.cctaw.org.cn/